외국인 사회학자가 본
한국의 집단 따돌림

K폭력

외국인 사회학자가 본
한국의 집단 따돌림

K 폭력

트렌트 백스Trent Bax 지음
이은구·심은지·양성은 옮김

Bullying and Violence in South Korea – From Home to School and Beyond

한울
아카데미

일러두기

1. 저자가 참고한 자료 중에는 영문으로 작성된 기사가 많아 국내에서 발간된 신문의 문구와 정확히 일치하지 않는 부분이 있으며, 국내 서적이나 보고서, 프로그램 등의 내용을 영문으로 옮긴 책을 다시 우리말로 번역했으므로 원자료의 문구나 구술과 다를 수 있습니다. 되도록 원자료를 찾아 수정했으나 찾지 못한 경우에는 원서의 내용대로 번역했습니다.
2. 원서에서 실명으로 거론된 인물이라도 이 책에서는 가명이나 알파벳으로 처리했습니다. 단, 일부 유명인이나 유명 사건의 당사자는 실명을 밝혔습니다.
3. 인물의 나이는 원서에 근거해 표기했으므로 한국 나이와 만 나이가 섞여 있습니다.

Bullying and Violence in South Korea: From Home to School and Beyond
by Trent Bax

Copyright ⓒ 2016 by Trent Bax
Korean translation copyright ⓒ 2021 by HanulMPlus Inc.

머리말

이 책은 한국 사회 중심부에서 타오르는 화염(fire)에 관한 이야기다. 2011년 말 왕따로 인한 자살 사건(이 사건을 시작으로 이후 비슷한 사건이 이어졌다)이 대한민국 학교 내 왕따와 폭력에 대한 대중적·정치적 우려를 불러일으켰으며, 이후 한국 사회는 학교폭력 문제에 대해 더욱 민감해졌다. 2013년 초 왕따로 인한 또 다른 자살 사건이 발생한 후 한국 사회에서 왕따와 폭력을 뿌리 뽑기 위해 학교 안전을 집중적으로 단속하면서 학교폭력은 '사회악'으로 간주되었다. 그러나 이와 같은 성급한 판단으로 교문 밖, 예를 들어 집, 직장, 군대와 같은 곳에서 발생하는 왕따와 폭력은 상대적으로 간과되었다. 이 책은 이와 같은 오해에 대해 한국 대중문화 스타의 영향력과 소비주의를 포함한 현재의 역사적·사회적·발전적·문화적 역동성을 좀 더 깊이 들여다보며 설명한다. 학교폭력이 (언뜻 보기에 갑자기) 더 만연한다는 주장과 학생들이 (마치 조직폭력배마냥) 조직화되었다는 담론에 반해, 역사적 자료는 1950년대 이래 학교 내 왕따와 폭력에 대한 우려가 지속적으로 제기되었다는 것을 보여준다. 또한 왕따와 폭력이 주로 학교에만, 특히 아이들과 청소년에게만 국한된 문제라는 인식에 반해 이 책은 성인에 의한 (잔혹하고 악랄한) 왕따와 폭력 사건이 만연한다는 점을 강조한다. 이 책에서는 주로 비난을 받지만 학교폭력에 대해 제대로 인식하지 못한 채 가해자가 된 소수의 소년범들을 면밀히 살펴보는 데 집중했다. 학교폭력을 두 부분으로 나눈 개념적 해석 즉 왕따(피해자)와 대립하는 일진(가해자)에 반해, 이들의 삶을 사례별로 자세히 들여다보면 (가정 내) 범죄 피해자와 (학교 내) 가해자 사이의 순환 속에 겹치는 과정이 있다는 것을 보여준다.

학교폭력은 실제로 가정에서 시작될 수 있지만, 그에 국한되지 않고 한국 사회와 문화의 어두운 면을 드러내는 문제이기도 하다. 그러므로 '청년 대 노인' 사회를 살아가는 한국 시민의 사회적 역할이 무엇이든 간에 한국 시민들은 바쁘게 살아가는 과정에서 서열, 권위, 착취, 불평등, 소외, 도덕적 무관심과 마주한다. 이와 같은 힘은 왕따 행위와 한국 문화의 중심에 놓인 '지배-피지배 심리'와 마주할 수밖에 없도록 만든다.

차례

1장
들어가며 한국의 아이들, 안녕들 하십니까
비바람을 이기고 단단한 뿌리를 내린 나무는 더 많은 열매를 맺는다*

1. 윤지의 사례

2011년 말 학교폭력이 국내 뉴스의 헤드라인을 장식하기 시작할 무렵 '윤지'(가명)는 학교폭력에 가담한 혐의로 소년분류심사원에 한 달 동안 위탁되어 있었다. 윤지는 전과가 없었고 경찰 조사를 받는 것은 이번이 처음이었다. 윤지가 속해 있는 일진의 멤버는 7명이었다. 윤지만 고3이 었고, 나머지 멤버들은 고2였다. 윤지는 그들의 선배였으므로 어느 정도 의 **권위**와 **힘**이 있었다. 일진 멤버들은 모두 중학교 때부터 알던 사이였 고, 고등학교에 진학한 이후에도 친밀한 관계를 유지했다. 그들은 모두 정도의 차이는 있지만, 학생들의 돈을 갈취하는 데 가담했다.

일진의 리더였던 성민은 후배들에게 열흘 내로 10만 원을 가져오라고

---

* 이 문구는 서울소년원(고봉중고등학교 ― 옮긴이) 입구 비석에 새겨져 있다. 저자는 이곳에서 연구 와 자원봉사를 했다.

협박했다. 다른 멤버 동우는 이런 식으로 2만 원, 3만 원씩을 받아냈다. 동우도 노래방에서 본드를 흡입한 것을 학교에 알리겠다고 친구를 협박해 47만 원을 받아냈다. 또 다른 멤버인 현우는 이 사건의 주요 피해자인 도연에게 두 차례 돈을 뺏었다. 그리고 호준과 진수는 후배들에게 돈을 가져오라고 협박했다. 진수는 또한 후배들에게 폭력을 행사했는데, 어느 날 도연을 포함한 후배들을 모두 불러 모아놓고 "너희 다들 무개념인데, 대표로 누가 맞을 거냐?"라고 말했다.

도연이 희생양을 자처했다. 진수는 야구방망이로 도연을 쳤고, 장식용 칼로도 도연의 엉덩이를 여러 차례 때렸다. 진수는 도연의 가슴도 한 차례 가격했다. 그러고 나서 군대 부사관처럼 2학년 3명에게 '엎드려뻗쳐'를 하라고 한 뒤 그들의 배를 다섯 차례 걷어찼다.

윤지가 구금되는 계기가 된 이 폭행 사건은 윤지가 도연이 자신을 **뒷담화** 하는 등 무례하게 굴어 도연의 태도를 고치려고 진수에게 도움을 요청한 데서 비롯되었다. 윤지는 어느 날 방과 후 귀갓길에 도연을 포함한 6명의 1학년 학생들에게 텅 빈 지하 주차장으로 따라오라고 했다. 군대 부사관처럼 윤지는 그 아이들을 일렬로 세우고 일진 무리에게 후배들의 머리와 가슴을 주먹으로 때리도록 지시했다. 그 후에도 윤지는 이들이 자신을 예의 바르게 대하지 않았다는 이유로 다른 일진 멤버들을 시켜 같은 짓을 반복했다. 공터로 불려간 뒤 일렬로 서서 맞는 일이 세 차례 반복되자 도연은 이들을 경찰에 신고했다. 리더였던 성민은 도연이 고자질했다는 것을 알게 되자 학교 남자 화장실로 도연을 불러 젓가락으로 허벅지를 찔렀다. 그러는 동안 다른 일진 무리는 교직원들이 오는지 망을 봤다.

"별로 심하게 때리지도 않았어요, 멍도 없고 다치지도 않았는데"라고 윤지는 자신을 변호했다. 이후 윤지는 도연에게 사과했고, 윤지의 말에 따르면, 그들은 놀랍게도 그러고 나서 그냥 잘 지냈다고 한다. 윤지에게 진짜 우정이 무엇인지 물었더니 다음과 같이 썼다. "진정한 친구라면 친구를 바른길로 이끈다. 친구가 나쁜 짓을 하도록 내버려 두지 않고 어려움을 겪을 때 서로 도와주는 관계다."

2. 미영의 사례

윤지와 달리 미영은 이전에 다음과 같은 죄목의 청소년범죄로 경찰 조사를 받은 전력이 있다.

① 2010년 6월, 집단 폭행
② 2012년 1월, 집단 폭행
③ 2012년 3월, 특수강도
④ 2012년 3월, 폭행 및 특수강도
⑤ 2012년 5월, 특수강도
⑥ 2012년 5월, 집단 폭행 및 감금[1]

미영은 집단 폭행과 감금으로 최근 구금되었는데, 이것은 그녀가 가출 후 남자 친구인 지훈과 다른 가출 청소년인 연희와 함께 살면서 생긴 일이었다. 연희가 자신의 돈 10만 원을 훔쳤다고 의심한 미영은 지훈과 다른 공범자 민지와 함께 돈을 돌려달라고 연희와 싸우면서 돈을 돌려주지 않으면 가만두지 않겠다고 말했다. 연희가 이러한 요구에 응하지 않고 미영의 머리채를 잡아당기고 오른손으로 세 차례 뺨을 때리며 반항하자 미영은 화가 났다. 미영은 자신의 오른발로 연희의 얼굴을 세 번 짓밟았고, 그러는 동안 지훈은 연희의 얼굴에 두루마리 휴지를 집어 던지고 왼손으로 연희의 뺨을 8번 때린 뒤 뒤통수를 때렸으며, 복부와 허벅지를 짓밟았다. 그리고 나서 민지는 연희의 머리채를 잡아당기고 발로 찼다. 연희를 폭행하고 나서 그들은 연희에게 돈을 다 갚을 때까지 아파트 밖으로 못 나간다고 말했다. 그들은 연희가 도망가지 못하도록 비좁은 아파트 입구에서 잠을 잤다. 그리고 밖에 나갈 때는 연희를 데리고 나갔다. 최종 감금 시간은 44시간 40분이었다.

윤지와 마찬가지로 미영 역시 "진정한 우정이 무엇이라고 생각하느냐?"는 질문에 "친구가 잘못된 행동을 할 때, 나는 그 친구를 바른길로 이끌 것"이라고 답했다. 자신의 혐의와는 상반되게, 미영은 연희에게 10만 원을 갚을 필요가 없다고 말했다고 주장했다. 미영은 연희가 먼저 자신을 욕해 화가 나서 때렸으며, 연희가 코피가 나기 시작하자 멈췄다고 말했다. 미영은 자신의 범행 동기와 통제력 상실에 대해 "걔가 계속 짜증 나게 했기 때문"이라고 말하며, "더 이상 참을 수가 없어서 그런 일을 저질렀다"라고 진술했다.

미영은 또한 감금 혐의를 부인했고, 연희가 자진해 그 아파트에서 지낸 것이라고 주장했다. 그리고 이 범행이 자신이 벌인 다른 사건들과는 무관하다고 하면서, 그 사건들은 남자 친구와 동거하면서 거리에서 살아남기 위해 한 행동일 뿐이라고 했다. 미영의 사건을 분류하고 조사·분석했던 분류심사관은 미영이 이 사건에서 자신이 저지른 비행의 본질이 무엇인지 자각하지 못하고 있다는 소견을 밝혔다.

3. 명훈의 사례

명훈은 갈취, 폭행, 공범과 모의 협박(단독범행보다 가중처벌 됨) 혐의로 청소년 교정 센터에 구금되었다. 길에서 먹고살기 위해 명훈은 2명의 친한 친구와 함께 싸이월드 메신저를 통해 후배들에게 돈을 요구했다. 오토바이를 고치려면 돈이 필요하다는 것이 주된 이유였다. 돈이 없다고 하면 그들의 후배들에게 돈을 얻어 오라고 시켰다. 만약에 그 후배들도 돈이 없다고 하면 협박하고, 가슴과 복부, 허벅지를 때리거나 발로 차며 폭행했다. 이러한 방법으로 총 19차례에 걸쳐 돈을 받아냈고, 갈취 금액은 총 7만 3000원(건당 평균 약 3842원)이었다. 이 중 두 차례는 명훈이 친구들을 위해 후배들 중 1명을 비인격적으로 협박했다.

이와 같은 선후배 구분, 학생들 간의 힘의 불균형을 개념화하는 한 가지 방법은 영화 〈스타워즈 에피소드 1: 보이지 않는 위험〉의 한 장면을 참고하는 것이다. 이 장면에서 콰이곤 진, 오비완 케노비, 자자 빙크스는 잠수함 같은 배를 타고 나부해(海)를 횡단하던 중 거대한 물고기에게 공격당한다. 이 거대한 물고기가 배를 삼키려고 할 때, 물고기는 갑자기 훨씬 더 큰 물고기에 잡아먹힌다. 이를 보며 콰이곤은 "항상 더 큰 물고기가 있는 법이지"라고 말한다. 이 에피소드는 어딘가에서는 누군가의 선배인 사람이 다른 어딘가에서는 또 다른 누군가의 후배가 되는 한국의 선후배 문화에도 대입해 볼 수 있다. 그러나 모든 사람은 선배 또는 더 큰 물고기가 되기를 원한다. 그들은 결국 **착취**와 **불평등**이라는 어두운 이면이 있는 (폐쇄적인) 유교사상 및 가부장제의 '견고한' 과거와 화려하고 최면적인 K팝 문화 이면의 **소외** 및 도덕적 **무관심**이 자리하고 있는 (전 세계로 개방된) 경쟁적이고 소비주의적인 '유동적' 현재 사이에 있는 **'선배 대 후배 사회'**라는 과도기에 살고 있는 것이다(2장, 4장 참고). 부산의 한 아파트 단지의 중산층 입주민들이 주민 대표를 통해 저임금을 받는 나이 지긋한 경비원에게 출근길 주민에게 일일이 허리 숙여 인사하라고 강요한 것을 눈여겨보라.[2]

분류심사관에 따르면 명훈이 후배들을 협박하고 폭행하고 돈을 갈취할 마음을 행동으로 옮긴 시기는 그가 학교를 중퇴하고 가출한 때라고 한다. 부모에게서 용돈을 충분히 받지 못하자 거리에서 먹고살고 유흥을 즐기기 위해 그는 상황에 대한 반작용으로, 우발적으로 범행을 저지른다. 또 다른 중요한 동기는 같은 동네에 살면서 주기적으로 가출을 했던 친구들이다. 이들은 후배들에게 돈을 얻기 위해 서로의 비행을 격려하고 부추겼다. 분류심사관은 다른 분류심사 대상자들처럼 명훈에게도 진정한 우정이 무엇인지 물었다. 명훈은 그의 일기에 "진정한 친구는 내가 나쁜 일을 하기 전에 말리는 사람이다"라고 썼다. 가끔, 아니 어쩌면 자주 우리는 말과 행동의 불일치를 본다.

4. 태영의 사례

태영은 청소년 교정 센터에 도착하기 전 세 건의 폭행 사건으로 조사를 받은 전력이 있다.

① 2012년 5월, 협박
② 2013년 1월, 폭행과 협박 및 갈취
③ 2013년 3월, 폭행 및 공공기물 파손

어느 날 밤 태영은 동네 운동장에 2명의 후배들과 함께 있었다. 태영은 후배들에게 억지로 술을 먹였고, 그중 1명이 태영의 옷에 구토를 했다. 화가 난 태영은 후배의 얼굴을 수차례 때려 심각한 부상을 입혔다. 몇 주 후 같은 동네에 있는 다른 운동장에서 태영은 다른 후배들 중 1명에게 나이트클럽에 가자고 했다. 후배가 거부하자 태영은 후배의 얼굴을 계속 가격했다. 그러고는 다른 후배에게서 2만 원을 빼앗아 소주를 샀다. 술에 취한 태영은 자신이 농담을 하고 있는데 말대꾸를 했다는 이유로 그들을 폭행했다.

하지만 태영이의 사례가 술에 취했을 때 폭력적으로 돌변하는 유일한 사례는 아니다. 경기지방경찰청 자료에 따르면, 2014년 경기 지역에서 성폭력이나 가정폭력 혐의로 체포된 사람의 70%가 범죄가 발생했을 때 술에 취해 있었다고 한다.[3] 마찬가지로 2014년 폭력 범죄로 체포된 4851명을 대상으로 한 조사에서도 가정폭력으로 체포된 사람 가운데 73.1%와 성범죄로 체포된 사람의 67.9%가 만취한 상태에서 범행을 저지른 것으로 밝혀졌다(Lee, Claire, 2015b). 한국에서 주폭(취중 폭력)의 역사는 오래되었고 계속 반복되어 왔다. 한 역사학자에 따르면 조선 시대(1392~1897)에 마을 단위로 발생한 범죄의 많은 사례가 만취로 인해 발생했다고 한다(Seth, 2011: 173).

태영의 폭력 행위와 밀접히 관련된 사례로는 대학교 신입생 오리엔테이션 때 술을 마시고 정신을 잃은 많은 1학년 여대생들의 경우를 들 수 있다. 해당 사건을 보도한 기자는 선배들이 후배들에게 음주를 강요할 때 다음과 같은 문화적 현상이 나타난다고 설명했다.

지나치거나 때때로 강압적인 한국의 대학 신입생 오리엔테이션에서 음주로 인한 사망사건은 이전에도 있었다. 선배들이 '신입생들이 어떻게 행동해야 하는지', 즉 선배들이 시키면 후배들은 따라야 한다는 것을 가르쳐주기 위해 신입생들에게 술 먹기를 강요하는 것은 흔한 관행이다(Lee, Kyung-min, 2015c).

5. 종민의 사례

종민은 구금되기 전에 전과가 있거나 경찰 조사를 받은 적이 없었다. 청소년 교정 센터에 있는 다른 친구들과 달리, 종민은 가출, 음주, 흡연, 섹스 혹은 자해 등의 경험이 전혀 없다고 말했다. 다른 신입 재소자들과 달리 그는 친구 인맥이 좁았기 때문이다. 종민(그리고 그를 과잉보호 하는 성향의 부모)은 자신을 모범생으로 여겼지만, 그는 피해 학생이 자살한 후 폭행과 협박, 갈취 혐의로 기소되었다.

피해 학생은 자살하기 하루 전날 수업을 받고 있었지만 집중하지 않고 있었다. 그래서 종민은 그냥 단순히 그 학생에게 장난을 쳤다. 담임교사의 말로는 그 학생은 심약하고 우울증을 앓고 있던 상태였는데, 종민이 창문에서 뛰어내리는 시늉을 했다는 것이다. 종민은 이 일로 그 학생의 자살에 대한 책임을 자신이 지게 된 것이라고 경찰에 진술했다. 피해 학생을 괴롭히는 데 다른 학생들도 연루되었지만 그들 모두가 책임을 회피하기 위해 종민을 가해자로 지목했다고, 종민의 상황을 알고 있는 담임교사는 말했다. 이는 종민이 피해자를 자신보다 못한 존재, 그가 이용할 수 있는 존재로 여기면서 함께 어울렸던 유일한 학생이기 때문에 가능한 일이었다. 학생들은 2013년 4월부터 6월 사이에 종민이 피해 학생에게 욕을 하고 엉덩이를 때리고 어깨를 치고 몸을 발로 차는 식으로 주 2~3회 폭행했다고 경찰에 진술했다. 신체적인 학대 외에도 종민은 학용품을 사는 데 1000원을 빌려달라고 피해 학생을 협박했다. 그가 돈이 없다고 하면 종민은 욕을 했다.

그러나 종민의 진술에 따르면 그가 피해자에게 한 행동은 그저 '남자애들 사이에서 흔한 일'이라는 것이다. 가끔 종민은 피해 학생을 때렸는데 그 이유는 반장으로서 그를 격려하기 위한 것이라고 했다. 종민은 또한 자신이 준비물 가져오는 것을 잊어버려서 그저 돈을 빌렸을 뿐이라고 말했다. 종민이 이전에도 누군가를 이런 방식으로 괴롭힌 경험이 있었는지에 조사의 초점이 맞춰졌다. "초등학교 5학년 때 당했던 왕따의 괴로움을 해소하기 위해 자신보다 약한 학생을 괴롭힌 적이 있느냐?"라는 질문에 종민은 "그렇다"라고 답했다. 종민을 조사한 분류심사관은 일진 학생들 몇 명이 종민의 물건을 빼앗고 때로는 그를 폭행하면서 괴롭혔던 경험이 종민이 비행을 저지르는 계기가 되었다고 생각했다. 종민은 반장이 되고 나서 어느 정도 권위와 힘을 얻게 되자 자신보다 약한 학생을 괴롭힘으로써 자신이 괴롭힘을 당하면서 느꼈던 감정을 해소했던 것이다.

6. 따돌림과 폭력의 K폭력적 순환

종민의 행위에서 바로 이 부분이 중요한 의미가 있다. 피해자가 다시 가해자가 되어 또 다른 의미에서 피해자가 되는 **순환**이 이루어진다. 이것이 왕따 더 나아가서는 한국 문화로까지 확장되는 현상의 중심에 내재한 **지배-복종** 관계의 **동적 상호작용**이다. 가해자와 피해자의 이중 경험, 더 중요하게는 이른바 왕따 대상을 더 잘 개념화하고, '일진'이라 불리는 아이들(학교폭력의 가해자)과 **'왕따'**(학교폭력의 피해자)의 삶이 보여주는 순환적 특성을 시각화해 강조하고 이해시키기 위해 '**따돌림과 폭력의 K폭력적**(원서에서는 이를 'Kimchi'라고 일컬었다 — 옮긴이) **순환**'이라는 용어를 제안한다. 가해자이자 피해자인 이중 경험은 중요한 현상인데, 많은 연구에서 밝힌 바와 같이 왕따 피해자들은 일반적인 폭력 피해자들보다 더 문제 있고 심각한 폭력의 가해자가 되는 경향이 있다고 한다(Unnever, 2005). 한 연구를 보면 왕따 피해자들은 인간 본성에 대한 신뢰가 상당히 결여되어 있으며, 전반적인 '마키아벨리즘' 성향에서도 가장 높은 순위를 보였다. 또 다른 연구에 따르면, 왕따 피해자들은 다른 아이들보다 부정행위(커닝)에 대해 훨씬 더 수용적인 태도를 보였다(Glew et al., 2005: 1026~1031).

2014년 4월 학생들이 주요 피해자였던 세월호 사건의 비극이 있기 전까지, 학교폭력과 왕따는 즉각적이고 효과적인 대응책을 요구하는 사회적 이슈 중 제일 시급한 문제였다. 가장 중요한 것은 학교폭력 이슈가

① 가정폭력, ② 성폭력, ③ 식품 관련 범죄와 함께 4대 **사회악**으로 지정되어, (결국 실패했지만) 박근혜 정부의 공약대로 한국 사회에서 신속히 **근절**해야 할 대상으로 형사 사법 정책의 중심에 있었다는 점이다. 결과적으로 학교폭력은 학교 교문 안팎에서 벌어지는 폭력의 근간으로 오용되는 용어가 되었고, 대체로 '사회악인 폭력 학생'(일진)과 '죄 없는 피해자'(왕따)라는 이분법적인 관점에서 인식되었다. 이처럼 폭력적인 학생들이 그 자체로 현대 한국 사회의 순환적인 특성을 나타낸다는 점에서 도덕적인 공황을 일으키는 가운데, 학교폭력 담론은 과도하게 피해자에게 집중되었고, 폭력을 주도하는 아이들에 대한 이해는 뒷전인 결과를 낳았다. 피해자들에 대한 집중은 사람들이 기대한 것이기도 했고 심지어 환영받기까지 했지만, 그럼에도 다소 편파적이거나 불분명한 결과를 초래했다. 청소년범죄 분야의 세계적 전문가 데이비드 패링턴(David Farrington)의 말대로 왕따는 범죄행위와 마찬가지로 기회가 제공되는 환경에서 잠재적 가해자와 잠재적 피해자 간의 상호작용을 통해 발생한다(Farrington, 1993: 383). 지금 일반적으로 받아들여지듯, **왕따는 관계의 문제**다. 따라서 관계라는 관점에서 해결책이 필요하다(Salmivalli et al., 1996: 1~15). 학교폭력을 근절하고 싶다면 애초부터 문제를 일으키는 아이들의 존재를 좀 더 명확히 이해하는 것이 중요하다. 2014년 8월에 프란치스코(Francisco) 교황이 독실한 기독교 국가인 한국에 록 스타처럼 방문했을 때, 사회 모든 구성원의 목소리를 듣고 열린 자세로 소통과 대화와 협력을 증진하는 것이 얼마나 중요한지 설파한 바 있다(Seo, Ji-eun, 2014).

문제를 일으키고 다른 학생들을 괴롭히며 사회적·도덕적·법적 규범을 어기는 청소년들에게 '뭐가 문제니?'라고 묻는 것이 이상한 일은 아니지만, 우리가 해야 할 중요한 질문은 '네게 무슨 일이 있었던 거니?'이다(Doward, 2013). 이 질문에 답하려면 **비행청소년**의 인생과 가정생활, 학교생활, 사회생활, 심리적 측면까지 이해할 필요가 있다.

소년과 소녀가, 남자와 여자가 서로 작용-반작용 하는 사회문화적 맥락을 고려하려면 찰스 라이트 밀(Charles Wright Mill)이 정의한 그 유명한 '**사회학적 상상력**'이 필요하다(Mill, 1959). 밀에 따르면, 사회학적 상상력을 발휘하기 위해서는 사람들의 감정과 공포, 열망을 포함해서 누군가에게 일어난 일을 소설이 인물을 포착하고 언론이 공명을 불러일으키듯 이야기할 필요가 있다. 만일 사회학적 상상력이 제대로 발휘된다면 개인의 과거와 현재를 아우르는 역사적 시대를 설명할 수 있다. 그러한 설명은 사적인 개인과 공적인 시민 모두가 역사 속 자신의 삶의 의미를 더 잘 이해하는 데 도움이 될 수 있다. 간단히 말하자면 사회학적 상상력은 시대와 경험을 연결해 주는 이야기로서, 또는 '상세한 서술'[4]을 제공할 수 있다는 점에서 유용한 도구다(Jacobsen and Tester, 2014). 이 책의 목표는 사회학적 상상력의 함양이다.

프란치스코 교황은 한국인들에게(참고로 2015년 현재 한국인 중 29%가 천주교와 개신교인이다)[5] 인간의 정직성을 해치고 새로운 형태의 빈곤을 양산하며 진정한 의미의 영적·문화적 가치(Kang, 2014)를 억압하는 비인격적 물질주의 경제 모델의 세속적인 유혹을 물리치라는 요청과 더불어, 진정한 대화를 위해서는 열린 마음과 공감이 필요하다고 말했다. 프란치스코 교황은 또한 5만 명 이상이 모인 '아시아 청년의 날' 행사 참석자들에게 "우리는 도전에 직면해 있다"라고 말하면서 다른 사람들이 말하는 내용에만 귀 기울일 것이 아니라 그들의 경험, 소망, 바람, 어려움, 그리고 가장 깊은 고민과 같은 들리지 않는 소리에도 귀 기울여야 한다고 강조했다(Kwon and Baek, 2014).

문제 학생들의 상황에 대해 더욱 심도 깊게 전후 맥락을 살피고 발달적인 측면을 이해하기 위해 5장에서는 20개의 '청소년 비행' 사례를 제시하고 있다. 그중에는 윤지, 미영, 명훈, 태영, 종민의 이야기가 포함되어 있다. 이 11명의 남학생과 9명의 여학생은 모두 14세에서 18세로, 2011년부터 2013년 사이에 가정법원 혹은 청소년법원을 통해 학교폭력 관련 혐의로 소년원에 보내졌다.

이 책의 사례연구는 한국을 비롯해 전 세계적으로 이 분야의 주된 연구 방법인 설문조사 기반의 양적 연구와 같이, 왕따와 폭력에 연루된 학생들의 삶을 요약·설명하는 수준을 넘어서고자 한다. 한국의 사회과학 분야 전반에서는 사회적 삶과 인간 행동을 해석하는 데 사실상 압도적으로 정량적 조사 방법을 사용한다. 또한 조사 결과를 맥락화하기 위해 이른바 '설문조사협회'에서 일하고 있는 이 분야의 학계 전문가들은 자신들의 결과를 OECD 자료와 비교하는 경향이 있다. **수량화하고 비교하는** 방식이 이 분야의 관행이다. 왕따와 폭력에 연루된 사람들이 속한 시대를 맥락화하기 위한 방법으로 이와 같은 관행은 여러 조사 자료를 참고하는 방식으로 조심스럽게 심지어는 비밀스럽게 지속되어 왔다. 그럼에도 이 책의 목표는 독자들이 한국의 비행청소년과 그들이 속한 사회를 전체적으로 이해하는 데 어렴풋한 실마리라도 제공하는 것이다. 이런 관점에서 이 연구는 한국 사회 따돌림-폭력의 '사례연구'라기보다는 '사례에 관한 연구'에 가깝다고 할 수 있다. 그러나 이 책의 주요 목적 중 하나가 이러한 사례들의 생태적·발달적 맥락을 파악하는 것이므로, 서론 부분에서는 한국의 아동들과 청소년들 **모두**가 일반적으로 자신들이 성장하고 있는 사회를 어떻게 인식하고 경험하는지에 초점을 맞추고자 한다.

'학교폭력'이라는 용어는 폭력이 대체로 학교에 국한되어 있음을 전제하지만 학교라는 기관은 발달심리학자 유리 브론펜브레너(Urie Bronfenbrenner)의 생태학적 접근이 보여주듯이(Bronfenbrenner, 1979) 여타 모든 사회 계층구조(가정, 직장, 군대, 쇼핑몰, 콘서트홀 등)의 일부다. 왕따와 폭력은 한국인의 밥상에 늘 김치가 올라가듯 한국 사회의 모든 측면에서 매일의 일상에 엮인 듯 편재해 있다. 3장에서 자세히 언급하겠지만 따돌림은 밥상의 김치처럼 한국 사회구조 전반에 나타나며, 문화 속에 또 개인 간의 관계 속에 뿌리박혀 있다. 그러나 현재 학교의 왕따 문제와 폭력에 대한 대중적이고 정치적인 관심의 한 가지 부작용은 이 관심이 한국 사회 전반에서 발생하는 폭력과 왕따 문제에 대한 깊은 인식의 부재로 귀결된다는 것이다. 폭력과 왕따 문제를 깊이 들여다보면 이 문제는 한국 사회의 더욱 심층적인 **역사적·문화적·사회적** 힘에 대한 담론을 가능케 한다. 특히 **위계질서**와 **권위**라는 주제는 유교적 윤리관과 사회관계에서, **개인주의**와 **소외**의 문제는 소비사회 윤리관에서 그 깊은 원인을 찾아볼 수 있다.

김치는 한국의 상징이다. 김치는 남북한 모든 곳에서 매일매일 식단에 등장하는 음식이며 남북한 사람 모두 어린 시절부터 김치에 입맛을 들여, 김치는 한국인 개개인의 정체성의 일부로 간주되어 왔기 때문이다 (Lucy, 2014). 김치는 배추, 고추, 소금, 설탕, 젓갈, 마늘, 생강, 양파 등의 재료로 만들어진다. 그러나 은유적으로 보자면, 배추의 겹겹은 상호 인간관계로 얽혀 있는 개인을 상징하고, 설탕은 그들이 경험하는 '달달하고 행복한' 순간을, 소금과 젓갈은 '쓰디쓴' 경험을, 양파와 마늘은 '통렬한 적대감'을, 마지막으로 고추는 '폭력적 에너지'를 상징하는 것으로 볼 수도 있다. 이러한 관점에서 이 책은 한국 사회 중심에서 타오르고 있는 '불'에 대한 이야기라고 말할 수 있다.

7. 한국은 ○○한 사회이다. 왜냐하면 ……

한국의 교육제도 더 나아가 한국 사회의 시각을 살펴보기 위해 실패자로 간주되는 청소년 20명의 사례에 이어 갓 스무 살이 넘은 이화여대 학부생들의 설문조사 응답을 주목해 보자. 필자는 한 수업의 초반부에 수강생들에게 "한국은 ○○한 사회이다. 왜냐하면 ……"이라는 문장의 빈

칸을 채우도록 했다.

2장에서 언급된 유서에 묘사된 것과 같이 학습의 측면에서는 '승자'이고, 한국 '창조경제'의 미래 동력으로 간주되는 이 '고학력자(수강생)'들은 한국 사회를 어둡고 비인간적이며 무자비한 액체사회로 묘사하고 있었다. 다음은 그 내용으로, 한국 사회에 불만족스러운 시각을 가진 젊은 세대들이 2015년 중반에 한국 사회를 '헬조선'(2장 참고)으로 명명하고 묘사한 8개의 예를 정리했다.

① 한국은 **불행한** 사회이다. 왜냐하면 자살률이 높고 사람들은 자신이 진짜 무엇을 하고 싶은지 모르기 때문이다. 오직 돈이 인생의 유일한 기준인 것 같다.

② 한국은 **불안정한** 사회이다. 왜냐하면 사회의 모든 사람들이 항상 불안함을 느끼고 그들의 지위, 미래, 경력을 염려하기 때문이다.

③ 한국은 **불신** 사회이다. 왜냐하면 빈부 격차가 커지고 있고 사람들은 정부와 정치인들을 신뢰하지 않는다. 게다가 인구가 고령화됨에도 복지제도는 허술하다.

④ 한국은 **경쟁적인** 사회이다. 왜냐하면 사람들 대부분의 일상은 너무나 분주하고 가질 수 없는 것을 얻기 위해 애쓰기 때문이다.

⑤ 한국은 **빠르게 돌아가는** 사회이다. 왜냐하면 모든 것이 너무나 빠르게 사라지고 변한다. 사람들은 항상 시간이 없는 듯이 행동하며 모든 일에 분주하다.

⑥ 한국은 **피상적인** 사회이다. 왜냐하면 사람들이 대부분 자신이 누구인지보다는 자신이 소유한 것과 (그들 자신이) 어떻게 보이는지에 관심이 있기 때문이다.

⑦ 한국은 **가부장적인** 사회이다. 왜냐하면 수많은 성형외과, 미용실, 화장품 가게가 있기 때문이다. 마치 여성은 남성과 대중의 시각에서 자신을

아름답게 꾸며야 한다는 기대를 부여받고 사회로부터 무의식적인 압박을 받고 있는 것 같다.

⑧ 한국은 **양면적인** 사회이다. 왜냐하면 외부에서 보면 따뜻해 보이지만 실상은 경쟁으로 가득 차 있고 사람들은 항상 바쁘고 늘 착하지만은 않다.

모든 것을 종합해 보면, 한국 사회는 이 젊은 여성들에게 불행하고 불안정하며 신뢰하기 어렵고 분열되어 있으며 정량화되어 있고 서로 비교하는 데 익숙하고 경쟁적이며 분쟁 요소가 많고 이데올로기적이고 가부장적이며 빠르게 변화하고 피상적이며 양면적인, 끝없는 마라톤 같다.

이것은 한국 정부가 외국의 성형 관광객 혹은 K팝 팬들을 불러들이기 위해 새로운 경제발전 엔진으로서 '문화'를 표방하며 광고하는 내용과는 매우 거리가 먼 이야기다(Kwon, Mee-yoo, 2016).

8. 아이들의 얘기를 들어보자

대학생 말고 한국의 초등학생들은 한국 사회를 어떻게 생각하고 있을까? 2014년 초록우산어린이재단(Child Fund Korea)에서 5~6학년 초등학생 23명을 '어린이 연구자'로 모집해 서울과 청주 지역에 거주하는 100명의 친구들의 삶을 인터뷰하도록 한 적이 있다. 보고서의 제목 「한국 아동을 말한다」가 보여주듯, 이 프로젝트는 아이들이 자신들의 삶에 대해 직접 말할 수 있는 기회를 만들어주는 데 의미가 있었다. 그리고 아이들이 발견한 것은 이 보고서의 슬픈 부제처럼 '한국 아이들은 공부 때문에 불행하다'는 것이었다. 아이들은 노예처럼 공부하는 습관에 얽매여 있고 보고서에 나타난 바와 같이 매우 **빡빡한** 일상을 감당하고 있었다. 이는 서울의 부촌 강남 지역에 사는 한 초등학교 6학년 학생의 하루 일정을 통해 잘 나타난다.

새벽 2시 30분에 자고 아침 7시에 기상 → 학교에 8시까지 가서 3시에 귀
가 → 3시간을 영어 학원에서 보내고 저녁 식사 → 10시까지 수학 학원에서
공부 → 집에 와서 영어 학원과 수학 학원 숙제와 피아노 연습을 하고 새
벽 2시 30분까지 한자와 중국어 공부(Choi, Woo-ri, 2014).

평균적으로 이 아이들은 12시 9분에 자고 6시 52분에 기상했다. 겨우
6시간 43분을 잘 수 있는 것이다. 이것은 대한수면연구학회의 또래 아동
하루 권장 수면 시간인 9~10시간에 훨씬 못 미치는 것이다.

그들이 직면한 '피곤한 학업의 압박'과 매우 제한된 여가 시간을 이해
하기 위해 아이들에게 "왜 공부를 하는가?"라는 질문을 던졌다. 40%의
아이들이 재능을 개발하기 위해서라고 답한 반면, 과반수(52.7%)는 대학
에 들어가 직업을 찾기 위해서라고 답했다. 더 당황스러운 것은 거의 3분
의 1가량(31.8%)의 아이들이 학업 습관을 들인 동기가 인생에서 '낙오자'
가 될지도 모른다는 두려움 때문이라고 답한 점이다. 이 보고서는 결론
에서 이러한 환경을 재생산하는 어른들에 대한 아이들의 다음과 같은 호
소로 끝맺음하고 있다. "어린이들은 자아실현과 개인 성장의 기회를 부
여받아 학업의 목적과 이유를 이해할 수 있어야 한다. 아이들은 충분한
수면 시간과 여가 시간을 가져야 한다"(Choi, Woo-ri, 2014).

「한국 아동을 말한다」 보고서는 2013년 '한국아동종합실태조사' 결과
를 발표한 직후에 나온 것이다. 이 조사는 한국 아동들의 삶의 질을 이해
하기 위해 수행되었고, 아동들이 자신의 삶에 대한 만족도를 주관적으로
평가하는 방식으로 이뤄졌다. 총 100점 만점에 60.3점을 기록하면서 아
동들의 삶에 대한 만족도 수준은 OECD의 여타 국가보다 낮은 것으로 드
러났다(Park and Choi, 2014). 이처럼 낮은 삶의 질은 주로 '극도의 학업

스트레스'에서 기인한 것이다. 이것은 지나치게 많은 과제와 시험, 학교 성적에 대한 높은 기대 때문으로, 아이들의 스트레스가 매년 증가하는 이유이기도 하다. 아이들의 학업 성취에 대한 부모의 높은 기대는 아시아 문화에서 성공적인 학업 성취로 이어질 확률이 매우 높지만(You and Hguyen, 2011: 547~548), 동전의 양면과 같이 높은 기대는 사춘기 청소년들의 우울증 증가로 이어지거나 더 나아가 한국 청소년들의 행복지수가 모든 OECD 국가 중 최하위인 이유이기도 한다(Song, S. H., 2011).

다른 곳에서도 언급되듯이 심한 학업 압박으로 인한 스트레스는 한국이 OECD 국가 중 가장 높은 청소년 자살률을 꾸준히 기록한다는(2001년에서 2013년 사이 거의 2배가 되었다) 오명의 원인이기도 하다. 한 조사 결과에 따르면 청소년 중 11%가 2012년에 자살을 생각해 본 적이 있다고 답변했고,[6] 2014년 조사에 따르면 한국의 과반수 청소년들이 그해에 자살을 생각해 봤다고 답했고, 3분의 1은 "매우 우울하다"라고 답했다(Kang, Yewon, 2014). 또한 2013년 조사에서 자살을 생각해 본 적이 있다고 한 37%의 중학생 중 40%는 이런 생각이 '나쁜 성적'에 따른 스트레스 때문이라고 말했다(Ock, Hyun-ju, 2014). 삶에 대한 만족도 저하의 부작용 중 하나는 '아동 결핍'의 동반 증가다. 아동들의 영양 섭취와 여가 활동을 측정하는 '아동결핍지수'가 58.4%를 기록해 한국 아동들은 OECD 국가 중 헝가리와 포르투갈에만 앞서, 꼴찌에서 세 번째를 기록하는 불명예를 안았다. 아동들이 가장 결핍되었다고 느끼는 것은 적절한 여가와 가족과 보내는 시간이었다(Park and Choi, 2014). 국제인권감시단 한국 지부에서 근무했던 한 원구원은 "아장아장 걷기 시작하는 순간부터 한국 아이들은 지나친 부모의 기대, 억압적인 교육, 피곤한 경쟁, 심지어는 육체적인 학대로 인해 자유의지, 자기결정권, 행복추구권을 박탈당한다"라고 말한다(Oh, Soo-Young, 2014). 이는 청소년 비행을 막을 수 있는 조건과는 아주 거리가 멀다. 달리 표현하자면 따돌림과 학교폭력이 더 만연하지 않은 것이 놀라울 정도다.

학생 4명 중 약 3명에게 방과 후 사교육(학원)이 여가와 가족과의 시간을 좀먹는 주요 원인이므로, 초등학교 5~6학년 아이들에게 가장 큰 스트레스 요인이 사교육이라는 또 다른 조사 결과도 놀라울 것이 없다. 그러나 51.2%의 아이들이 방과 후 학업이 그들의 주요 스트레스 원인이라고 말한 반면, 48.4%는 "학업적 성취"라고 답했다. 게다가 (조사가 중복 응답을 허용했기 때문에) 5분의 1의 응답자들이 **"왕따당하거나 소외당할** 때 가장 스트레스를 받는다"라고 답했고, 15.8%는 "**외모** 때문에 가장 스트레스를 받는다"라고 답했다. 겨우 3.5%만이 "학업이 즐겁다"라고 답했다 (Lee, Soo-Bum, 2014).

「학원가기 싫은 날」(Lee, Sun-Min, 2015)이라는 자작시를 지은 열 살의 소녀 시인은 시각적인 이미지를 사용해 엄마가 학원을 보냈을 때 느낀 부정적인 감정을 표현했다.

학원에 가고 싶지 않을 땐
이렇게
엄마를 씹어 먹어

이 시를 읽다 보면 피로 뒤범벅된 심장을 먹고 있는 한 소녀의 이미지가 떠오른다. 말 그대로 이 시는 엄마가 억지로 학원에 보낸 것에 대한 벌로 엄마의 신체 일부분을 씹어 먹는다는 내용이기 때문에 이 시는 대중에게, 특히 엄마들 사이에서 논란거리가 되었다. 도덕적인 비난을 완화하기 위해 출판사는 이 책을 모두 회수하고 발행된 책을 모두 없애기로 했다. 그러나 6개월 후에 이 책은 다시 서점에 등장했다. 어쩔 수 없이 해당 시는 들어내고 빈 면으로 남겨둔 것이다(Lee, Sun-min, 2015). '**사라졌지만 잊을 수는 없다**'는 것이 어린 시인과 그녀의 지지자인 어머니의 메시지인 것 같았다.

'서울소년원'에서는 시를 치료 목적으로 쓰기도 했다. 이곳은 서울 근교에 있는 청소년 교정 시설인 소년원에 있던 명훈, 태영, 종민과 같은 청소년들을 교육, 훈련, (바라건대) 교정 목적으로 보내는 곳이다. '시 치료' 봉사 프로그램의 일환으로 수많은 여성 시인들이 10대 소년 집단을 대상으로 시 쓰는 방법을 가르친다. 시가 소년들의 내면 깊은 곳에 감춰진 무수한 감정과 느낌, 특히 부모와의 꼬인 관계에서 느끼는 감정이 표현되는 분출구가 되기를 바라는 취지다. '바른현'이라는 필명의 작가는 「아버지」라는 제목으로 다음과 같이 아버지에 대한 감정을 표현하고 있다.

나 하나 때문에
그렇게 강하게 키우신건데
아버지는 자기 때문이라면서
눈물을 보이셨다
아직까지 아버지의 눈물이
잊혀지지 않는다

'고니'(필명) 역시 「아버지」라는 제목의 시를 썼다.

어릴 적에는 무섭고 엄한 아버지였다
……
엄하고 무서운 아버지는 안보이고
늙고 힘없는 아버지가 있었다
……7)

9. 그림자 속에서 사는 것

이 책은 안전하고 평화롭고 공손하고 동정심이 있고 도덕적이고 영광스럽고 존경스러운 한국 사회의 실제 면모에 대한 이야기가 아니다. 또한 이 책은 따뜻하고 사랑이 넘치는 부모, 친절하고 배려하는 교사, 동정심 많고 든든한 고용주에 대한 이야기가 아니다. 이와 같은 한국 사회의 인간적이고 친사회적 측면이 더욱 광범위하게 퍼져 있는 따돌림과 폭력을 방지하는 '**보호막**'처럼 기능하기 때문에 항상 그러한 측면을 먼저 염두에 두어야 함에도, 이 책은 한국 사회에서의 삶의 어두운 측면을 다루었다. 이것은 현대 한국 사회의 중요한 일면을 말해준다. **어떤 사회도 어두운 면을 보지 않고서는 완전히 이해되지 않기** 때문이다(Maté, 2008: 2). 그리고 어둠은 마틴 루터 킹(Martin Luther King)과 〈스타워즈〉의 대사와 같이 더 많은 어둠이 아니라 오직 빛으로만 몰아낼 수 있다.

"벼랑 끝에 서 있는 기분이에요." 고등학생이자 학교 따돌림의 피해자인 K는 "어차피 저는 평생을 그렇게 못 어울릴 테니까"[8]라고 말했다. 학교폭력의 피해자였던 K는 '스스로 왕따'가 되었다고 한다. K는 다른 사람들을 멀리하고 혼자 시간을 보낸다. 건우는 다른 사람들이 어울려 노는 사진을 찍어주며 만족을 얻기는 했지만, "솔직히 말해 애들이랑 같이 있을 때는, 어떨 때는 불편해요"라고 말했다. 다큐멘터리 〈학교폭력〉(이 책의 전반에서 언급되고 있다)에서는 K의 학교에서 1학년 학급을 대상으로 '교실 평화 프로젝트'를 실시하는 모습을 보여준다. 이 다큐멘터리를 위해 방송사는 학교들에 취재 협조 요청서를 보냈다. 그러나 모든 학교가 이 제안을 거절했다. 몇몇 학교는 학교폭력 문제가 있다는 것을 부인했고, 어떤 학교는 "누가 우리 학교를 학교폭력이 있는 곳이라고 하던가요?"라고 따져 물었다. 또 다른 학교에서는 이 프로젝트에 참여하는 것이 어떤 홍보 효과가 있는지 한번 봐야겠다고까지 말하기도 했다. 간단히 말해 학교들은 그들

의 이미지나 명예에만 관심이 있거나, 혹은 자기 학교의 문제를 숨기기에
급급했다. 그래서 이들은 학교의 어두운 이면을 꼬집는 TV 프로그램을 달
가워하지 않았다. 반면 건우가 다니는 고등학교 교장은 "우리 학교에 어떤
부정적인 요소가 있지 않을까, 공개되면 꺼림칙한 것이 있지 않을까, 이런
생각을 했지만, 혹시 그런 것이 발견된다고 해도 그것을 시정해 나가고 고
쳐나가면 학교가 발전되지 않을까"라고 말했다. 또한 교장은 학교폭력은
개인의 문제가 아니라 주로 관계 문제에서 비롯된다고 했다.

당연하게도 학교생활에서 소외되었던 K는 처음에는 이 프로젝트에서
어떤 역할도 맡고 싶어 하지 않았다. 하지만 그는 단합대회에 잘 참여했
고 심지어 자원해서 뭔가를 말하기도 했다. 그는 용기를 내서 반 친구들
에게 이렇게 말했다. "반창고같이 애들에게 무슨 일이 있다, 누군가 아프
다 그럴 때 서로 보듬어줄 수 있었으면 좋겠고, 칼이 사람을 해칠 수도
있고 혹은 사람에게 중요한 영양분을 줄 수 있는 양면성을 지녔는데 좋
은 쪽으로만 했으면 좋겠고, 비누가 물과 기름을 섞이게 하듯 함께 있을
수 있으면 좋겠어." 건우의 담임교사는 "말할 수 있는 입이 있잖아. 입을
어떻게? 안 좋게 사용하면 상대방한테 상처를 줄 수 있지만 좋게 사용하
면 상대방한테 따뜻함을 줄 수 있잖아, 그렇지? 그러니까 좋은 의미로 사
용할 수 있게"라고 덧붙였다.

대체로 한국의 사회문화가 양날의 칼과 같다고 말할 수 있다. 그 칼은
좋은 사람들을 깎고 다듬는 데 쓰일 수도 있지만, 동시에 사람들을 저미
고 써는 데 쓰일 수도 있다.

포용하는 **힘을 키울 것인가, 소외시키고 해를 입힐 것인가**. 선택은 우
리의 몫이다.

10. 이 책의 구성

이 책은 서론 형식의 1장과 5개 장(점화, 연료, 화재, 폭발, 여파-피해)의 본론으로 이루어져 있다. 이 책의 소제목들은 K팝 분야에서 있었던 한 유명한 왕따 사건을 분석한 인터넷 기사에서 인용한 것이다. 이 소제목들은 이 책이 순차적으로 이야기를 진행하고 있음을 말해준다. '**점화**'는 연구 대상인 학교폭력에 관한 현재의 관심을 불러일으킨 사건으로 이야기를 시작해, 학교폭력의 **역사적** 전개에 초점을 맞추기 전에 이 사건 이후 발생한 다양한 사례를 살펴보고 있다. 3장 '**연료**'에서의 초점은 폭력의 역사를 넘어 문화가 따돌림과 폭력의 '도화선'이 되는 방식으로 옮아간다. 즉, 학교폭력을 이야기하려면 한국의 문화를 고려해야 한다는 접근법이다. 그리고 4장 '**화재**'에서는 **직장** 안에서의 문화와 사회관계에 특히 더 중점을 두고 있다. 5장 '**폭발**'에서는 논의의 초점을 4장에서 주목하는 '**노동**'에서 '**정치**' 영역으로 이동시켜, 정치 영역에서 폭력의 폭발이 일어난 사례와 따돌림·폭력 문제에 대한 정치인들의 대응 방식을 조명하고 있다. 이 책은 왕따와 학교폭력 문제를 점진적으로 사회 전반에 걸친 이슈로 확장하다가 다시 제자리로 되돌아오면서 현대적·역사적·문화적·경제적·정치적인 맥락에서 파악하고자 한다. 이러한 책의 구성은 그 자체로 한국 사회에서 따돌림-폭력이 순환되고 있다는 관점과 동일 선상에 있다. 그리고 마지막 장인 6장으로 이어진다. 이 장에서는 **인간관계**에 초점을 맞춰 2장 서두에서 제기하는 핵심 질문인 '청소년들은 어떻게 서로에게 그토록 잔인하고 폭력적인 행동을 하게 되었나?'에 대한 해답을 찾고자 한다.

2장
점화 학교폭력의 현대사

1. 승윤의 사례

제가 그동안 말을 못했지만 매일 라면이 없어지고, 먹을 게 없어지고, 갖가지가 없어진 이유가 있었어요. 제 친구들이라고 했는데, ×××하고 ×××이라는 애들이 매일 우리 집에 와서 절 괴롭혔어요. 매일 라면을 먹거나 가져가고 쌀국수나, 만두, 스프, 과자, 커피, 치즈 같은 걸 매일 먹거나 가져갔어요.

  3월 중순에 ×××라는 애가 같이 게임을 키우자고 했는데 협박을 하더라고요. 그래서 제가 그때부터 매일 컴퓨터를 많이 하게 된 거예요. 그리고 그 게임에 쓴다고 제 통장의 돈까지 가져갔고, 매일 돈을 벌라고 했어요. 그래서 제 등수는 떨어지고 2학기 때쯤 제가 일하면서 돈을 벌었어요. 계속 돈을 달라고 해서 엄마한테 매일 돈 달라고 했어요. 날이 갈수록 더 심해지고, 담배도 피우게 되고 오만 심부름과 숙제를 대신 해주고, 빵지까지 써줬어요. 게다가 매일 우리 집에 와서 때리고 나중에는 ×××이라는 애하고 같이 저를 괴롭혔어요. 키우라는 게임의 양은 더 늘고, 때리는 양도 늘고, 수업 시간에는 공부하지 말고, 시험문제 다 찍고, 돈 벌라고 하고, 물로

고문하고, 모욕을 하고, 단소로 때리고, 우리 가족을 욕하고 문제집을 공부
못하도록 다 가져가고, 학교에서도 몰래 때리고, 온갖 심부름과 숙제를 시
키는 등 그런 짓을 했어요.

12월에 들어서 자살하자고 몇 번이나 결심을 했는데 그때마다 엄마, 아
빠가 생각나서 저를 막았어요. 그런데 날이 갈수록 심해지자 저도 정말 미
치겠어요. 또 밀레 옷을 사라고해서 자기가 가져가고 매일 나는 그 녀석들
때문에 엄마한테 돈 달라 하고, 화내고 매일 게임하고, 공부 안 하고 말도
안 듣고, 뭘 사달라는 등 계속 불효만 했어요. 전 너무 무서웠고 한편으로
는 엄마에게 너무 죄송했어요. 하지만 내가 사는 유일한 이유는 우리 가족
이었기에 쉽게 죽지는 못했어요. 시간이 지날수록 제 몸은 성치 않아서 매
일 피곤했고 상처도 잘 낫지 않고 병도 잘 낫지 않았어요. 또 요즘 들어 제
가 부쩍 엄마한테 전화해서 언제 오냐는 전화를 했을 거예요. 그 녀석들이
저한테 시켜서 엄마가 언제 오냐고 물은 다음 오시기 전에 나갔어요. 저 진
짜 죄송해요. 물론 이 방법이 가장 불효이기도 하지만, 제가 이대로 계속
살아 있으면 오히려 살면서 더 불효를 끼칠 것 같아요. 남한테 말하려고 했
지만 협박을 했어요.[1]

이것은 승윤의 유서가 시작되는 부분이다. 유서의 내용에는 대구에 사
는 그가 2011년 12월 20일 죽기 전에 당했던 따돌림이 상세히 서술되어
있다. 왕따로 인한 승윤의 자살 사례가 학교폭력 가해자와 피해 학생에
대한 지금의 관심을 **점화**시킨 계기가 되었다는 점에서 이 편지는 현재의
학교폭력을 이해하는 데 매우 중요하다.

앞서 말했듯이 한국의 학교폭력은, 정확히 말하면 한국의 폭력적인 학
교 풍경은 최근 현상이 아니다. 사실 그것은 학교가 생긴 역사만큼이나
오래되었다. 하지만 2011년 말부터 2014년 사이에 학교폭력과 왕따 문
제가 한국 사회를 사회적·실존적·도덕적 패닉 상태로 휘몰아 갔다.

2013년 3월 왕따로 인한 15세 C 모 학생의 자살 사건(5장 참고) 이후에 당시 여당이던 새누리당(현재 국민의힘 ─ 옮긴이) 대표가 학교폭력을 정부와 국가가 근절해야 할 가장 중대한 범죄 중 하나로 언급했고 신임 교육부 장관에게 학교폭력을 근절하는 데 총력을 다할 것을 촉구했다(Chu, Chung-un, 2013). 이후 학교폭력 문제는 대중의 관심, 상상, 분노, (최소한 밝혀진 사건의 피해 학생들에 대한) 공감과 염려의 상당 부분, 아니 때로는 과도할 정도로 **지나친 부분**을 차지했다. 문제의 심각성을 축소하지 않고 현상을 모든 각도에서 살피면서 이 책은 한국 사회에 너무나 만연해 있고 당연시되었던 (현재에도 존재하고 더 먼 과거에도 있었던) 학교폭력에 대한 '도덕적 패닉'을 묘사하기 위해 최선을 다했다. 사실상 도덕적 패닉의 중요한 특징은 불균형성이다. 문제시되는 사회적 이슈가 사회 현실을 **정확하게** 반영하는 것이 아니라는 측면에서 그렇다(Cohen, 1987).

승윤이 자살하던 날, 이 13세 중학생 소년은 부모님, 형과 함께 살던 아파트 7층을 청소했다. 승윤의 유서는 집안일을 하기 전날 쓴 것으로 전해진다. 마음을 정하고 집을 청소한 후에 승윤은 갑작스럽고 비극적인 죽음으로 자신을 내던졌다. 그의 자살은 이후 이어진 이와 유사한 자살 사건의 시초였고, 왜 그리고 어떻게 어린 학생들이 그토록 잔인하고 폭력적인 일을 서로에게 할 수 있는지를 국가적이고 집단적인 차원에서 (비록 일시적이지만) 성찰하는 동인이 되었다. 그가 가족에게 남긴 유서의 후반부를 마저 읽어보겠다.

오늘은 12월 19일, 그 녀석들은 저에게 라디오를 들게 해서 무릎을 꿇리고 벌을 세웠어요. 그리고 5시 20분쯤 그 녀석들은 저를 피아노 의자에 엎드려놓고 손을 봉쇄한 다음 무차별적으로 저를 구타했어요. 또 제 목에 칼등을 새기려고 했을 때 실패하자 제 오른쪽 팔에 불을 붙이려고 했어요. 그리고 할머니 칠순 잔치 사진을 보고 우리 가족들을 욕했어요. 저는 참아보려고 했는데 그럴 수가 없었어요. 걔들이 나가고 난 뒤, 저는 제 자신이 비통했어요. 사실 알고 보면 매일 화내지만 마음씨 착한 우리 아빠, 나에게 아낌없이 베푸는 우리 엄마, 나에게 잘 대해주는 우리 형을 둔 저는 정말 운이 좋은 거예요. 매일 장난기 심하게 하고 철이 안 든 척했지만, 속으로는 무엇보다 우리 가족을 사랑했어요. 아마 제가 하는 일은 엄청 큰 불효일지도 몰라요. 집에 먹을 게 없어졌거나, 게임을 너무 많이 한다고 혼내실 때, 부모님을 원망하기보단 그 녀석들에게 당하고 살며, 효도도 한 번도 안 한 제가 너무 얄밉고 원망스러웠어요. 제 이야기는 끝이 났네요. 그리고 마지막 부탁인데 그 녀석들은 저희 집 도어 키 번호를 알고 있어요. 우리 집 도어 키 번호 좀 바꿔주세요. 저는 멀리 가서 100년이든 1000년이든 저희 가족을 기다릴게요.

12월 19일 전 엄마한테 무지하게 혼났어요. 저로서는 억울했지만, 엄마를 원망하지는 않았어요. 그리고 그 녀석들은 그날 짜증난다며 제 영어 자습서를 찢고 3학년 때 수업 듣지 말라고 ×××은 한문, ×××는 수학책을 가져갔어요. 그리고 그날 제 라디오 선을 뽑아 제 목에 묶고 끌고 다니면서 떨어진 부스러기를 주워 먹으라고 하였고, 5시 20분쯤부터는 아까 한 이야기와 똑같아요. 저는 정말 엄마한테 죄송해서 자살도 하지 않았어요. 어제 혼날 때의 엄마의 모습은 절 혼내고 계셨지만, 속으로는 저를 걱정하시더라고요. 저는 그냥 부모님한테나 선생님, 경찰 등에게 도움을 구하려 했지만, 걔들의 보복이 너무 두려웠어요. …… 저는 매일매일 가족들 몰래 제 몸의 수많은 멍들을 보면서 한탄했어요.

항상 저를 아껴주시고 가끔 저에게 용돈도 주시는 아빠, 고맙습니다. 매일 제가 불효를 했지만, 웃지만 넘어가 주시고 저를 너무나 잘 생각해 주시는 엄마 사랑합니다. 항상 그 녀석들이 먹을 걸 다 먹어도 나를 용서해 주고 나에게 잘해주던 우리 형 고마워. 그리고 항상 나에게 잘 대해주던 내 친구들, 고마워.

또 학교에서 잘하는 게 없던 저를 잘 격려해 주시는 선생님들 감사합니다.

저희 집 도어 키 번호 좀 바꿔주세요. 걔들이 알고 있어서 또 문 열고 저희 집에 들어올지 몰라요. 모두들 안녕히 계세요.

아빠, 매일 공부 안 하고 화만 내는 제가 걱정되셨죠? 죄송해요.

엄마, 친구 데려온답시고 먹을 걸 먹게 해준 제가 바보스러웠죠? 죄송해요.

형, 매일 내가 얄밉게 굴고 짜증나게 했지? 미안해.

하지만, 내가 그런 이유는 제가 그러고 싶어서 그런 게 아니란 걸 앞에서 밝혔으니 전 이제 여한이 없어요. 저는 원래 제가 진실을 말해서 우리 가족들과 행복하게 사는 게 꿈이지만, 제가 진실을 말해서 억울함과 우리 가족 간의 오해와 다툼이 없어진 대신, 제 인생, 아니 제 모든 것들을 포기했네요. …… 더 이상 가족들을 못 본다는 생각에 슬프지만, 저는 오히려 그간의 오해가 다 풀려서 후련하기도 해요. 우리 가족들, 제가 이제 앞으로 없어도 제 걱정 없이 앞으로 잘 살아가기를 빌게요. 저희 가족들이 행복하다면 저도 분명 행복할 거예요. 걱정하거나 슬퍼하지 마세요. 언제가 우리는 한곳에서 다시 만날 거예요. 아마도 저는 좋은 곳은 못 갈 것 같지만, 우리 가족들은 꼭 좋은 곳을 갔으면 좋겠네요. 매일 남몰래 울고, 제가 한 것도 아닌데, 억울하게 꾸중을 듣고, 매일 맞던 시절을 끝내는 대신 가족들을 볼 수가 없다는 생각에 벌써부터 눈물이 앞을 가리네요. 그리고 제가 없다고 해서 슬퍼하시거나 저처럼 죽지 마세요. 저의 가족들이 슬프다면 저도 분명히 슬플 거예요. 부디 제가 없어도 행복하길 빌게요.

우리 가족을 너무나 사랑하는 막내 ○○○올림

P.S. 부모님께 한 번도 진지하게 사랑한다는 말 못 전했지만 지금 전할게요.
엄마 아빠 사랑해요!!!!

승윤이 자살한 당일, 어머니는 담임교사에게서 승윤이 학교에 오지 않았다는 문자를 받았다. 그의 어머니는 중학교 교사였다. 아파트에 도착한 어머니는 승윤이 교복을 입은 채 길바닥에 누워 있는 것을 보았다. 어머니 임 씨는 처음에 그가 자는 것 같았다고 죽었을지도 모른다는 생각은 하지 못했다. 그녀가 아들의 몸을 안았을 때 몸은 여전히 따뜻했지만, 안고 한참 있으니까 코에서 피가 나오는 것을 보고 깜짝 놀랐다. 병원에서 집으로 돌아온 어머니는 아마도 심한 쇼크 상태였을 텐데, 거실에서 유서를 발견했다. 그 유서에는 그녀가 상상도 못 했던 내용이 담겨 있었다. 그 내용이 너무나 비현실적이고, 현실에서 자주 일어나는 일은 아니었기 때문에, 그녀는 흡사 소설을 읽는 느낌을 받았다. 그러나 어머니는 승윤이 서술한 사건들을 전혀 몰랐기 때문에, 이 비현실적 감각은 곧 아들이 견뎌야 했던 고통을 전혀 알지 못해 아들의 자살을 막지 못했다는 뼈아픈 죄책감으로 변했다.[2] 그의 유서에서 우리가 관찰할 수 있는 것은 승윤은 단순히 따돌림을 당한 것이라기보다는 갈취당하고, 고문당하고, 구타당하고, 명령에 휘둘리고, 모욕을 당하고, 무시당하고, 부인되고, 억압당하고, 인격 모독을 당하고, 조종당하고, 창피당하고, 통제당하고, 협박당하고, 희롱당했다는 사실이다.

이것은 그가 물고문을 당한 것, 가해자들이 그의 팔에 불을 붙이려고 한 것, 그를 질질 끌고 다니려고 목에 전깃줄을 감은 것, 땅바닥에 떨어진 음식을 (개처럼) 먹으라고 한 것에서 알 수 있다. 그는 또한 학교와 집에서 그의 부모가 외출했을 때 구타를 당했기 때문에 부모는 그 사실을 알지 못했던 것이다. 이 사실을 이야기하면 보복할 거라고 협박했기 때문에 그는 누구에게도 도움을 청할 수 없다고 느꼈다. 가해자들은 승윤의 돈을 갈취하는 것으로는 만족하지 못해 승윤이 아르바이트를 하도록 했다. 이와 동시에 승윤을 그들의 '게임용 종'으로 만들었다. 그들은 승윤이 공부를 하지 못하게 강요하고 시험 성적을 통제하고 조작했으며, 교과서를 보지 못하게 했다. 가해자들이 승윤의 현관문 비밀번호를 알고 있어서 언제든 들어올 수 있었기 때문에 승윤은 더욱 심한 불안과 공포를 느꼈다. 면대면의 언어적·신체적 공격뿐 아니라 9월부터 12월 그가 죽는 날까지 가해자 중 1명은 승윤에게 매일 5~6개의 협박 메시지를 휴대폰으로 보냈다(Koo, Dae-sun, 2011).

2. 따돌림의 정의

학술 논문에서 따돌림에 대한 연구를 소개할 때면 먼저 따돌림이 세계적으로 발생하고 있는 심각하고 만연한 사회문제이며 그것이 얼마나 광범위하게 일어나는지 설명한 뒤, 승윤이 같은 사람들이 겪는 일의 일반적인 부정적 효과와 결과를 간단히 기술한다(Juvonen, Graham and Schuster, 2003: 1231~1237). 따돌림의 광범위성과 결과를 관찰할 때, 그 발생률은 매우 다른 반면에 그 결과에는 공통점이 있음을 발견했다. 따돌림 피해자들이 잠재적으로 다양한 정서적·심리적·교육적 문제로 고통받을 수 있다는 것은 잘 알려져 있고 합의된 사안이다(Rigby and Slee, 1999: 119~130). 또한 댄 올베우스(Dan Olweus)의 선구적인 연구를 시작으로(Olweus, 1993), 문화적으로 다양한 환경에 걸쳐 학교폭력에 연루된 학생들은 이후에 청소년 비행이나 성인 범죄를 저지를 가능성이 증가한다는 점이 밝혀졌다(Nansel et al., 2004: 730~736). 예를 들어 따돌림을 주도한 가해 학생들은 반사회적 행위와 성인 범죄를 저지를 확률이 높아진다는 것이다(Farrington, 1991: 5~30). 역으로 한국 초등학교 여학생들을 대상으로 한 연구 결과에 따르면, 집단 따돌림을 당하는 여학생들은 불안감으로 인해 방어적이며 공격적인 비행으로 대응하는 것으로 밝혀졌다(Yang, S. et al., 2006: 69~77). 이러한 연구 결과는 학교폭력과 정신병리학적 행동 간 관계의 방향성에 관한 연구의 '미결의 논란'에 시사하는 바가 있다. 무엇이 '**원인**'이고 무엇이 '**효과**'인지를 풀어내기 위해서 2개의 상반된 주장이 제기되었다.

① 정신병리학적 행동은 이후의 따돌림 행위의 원인이 된다.
② 따돌림 행위는 이후에 정신병리학적 행동으로 이어진다(Kim, Young Shin, 2006: 1035).

간단히 말해서 이는 문제 아동들이 따돌림을 주도하느냐, 아니면 따돌림에 연루될 때 아이들이 문제를 일으키느냐에 관한 것이다. 연구 결과들은 양쪽 모두의 근거가 되고 있다(Boulton and Smith, 1994: 315~329; Hodges and Perry, 1999: 677~685; Olweus, 1994: 97~130; Ladd and Troop-Gordon, 2003: 1344~1367). 그러나 일명 '**역동적 상호작용**' 발달 이론에 기반을 둔 접근에서는 이 논쟁이 미결인 채로 남아 있을 수밖에 없다고 주장하는데, 이는 따돌림이 문제 행동의 원인이면서 결과이기 때문이다.

우리가 '따돌림'이라는 용어를 사용하기 시작할 당시, 대부분의 연구는 따돌림이 전 세계적으로 흔하며 심지어 보편적이기까지 한 문제라는 데 동의하면서도 하나의 단일한 정의를 도출하는 데는 실패했다(Ross, 2002: 105~135). 하지만 이러한 보편적인 합의의 부재에도 '따돌림'을 구성하는 행위가 다음과 같은 요소들을 포함한다면 이를 따돌림으로 정의할 수 있다는 광범위한 합의는 존재한다(Farrington, 1993: 384).

① 피해자에게 고통, 두려움 또는 상해를 입히고자 의도적으로 가하는 신체적·언어적·심리적 공격이나 위협
② 힘을 더 가진 자가 덜 가진 자를 억압하는 힘의 불균형

③ 피해자가 저항하지 못함

④ 장기간에 걸쳐서 같은 인물들 간에 반복적으로 발생한 사건

요컨대 따돌림은 '조직적인 권력의 남용'으로 이해할 수 있다(Smith and Sharp, 1994: 2). 그러나 이러한 권력의 남용은 매우 다양한 억압적 행동들을 포함한다. 예를 들어 신체적·심리적 잔혹 행위와 위협, 금전이나 귀중품 도난이나 갈취, 의도적인 재산 파괴, 다른 사람의 작업 파괴, 욕설, 의도적인 무시, 위협하는 눈빛(Cohn, 1987: 8~11), 가족 구성원에 대한 모욕적이고 성적인 발언 등이다(Frost, 1991: 30). 그럼에도 이렇게 다양한 권력의 남용은 보통 '따돌림의 3요소'(Lee, Chang-Hun, 2010: 152~76)를 통해 성취된다고 알려져 있다. 이 세 가지는 서로 다르지만 종종 상호 연결되어 있는 행동 형태, 즉 **신체적·언어적·관계적** 요소다(Olweus, 2003: 12~17). 한국에서 '따돌림'을 표현하는 정부의 공식적이며 법적인 용어는 앞 네 요소 중 '힘의 불균형', 즉 '피해자 측의 무방비성'이라는 요소를 간과한 채 다음과 같이 정의된다.

학교 내외에서 2명 이상의 학생들이 특정인이나 특정집단의 학생들을 대상으로 지속적이거나 반복적으로 신체적 또는 심리적 공격을 가하여 상대방이 고통을 느끼도록 하는 일체의 행위를 말한다.[3]

법률상 '학교폭력'은 다음과 같이 정의된다.

학교 내외에서 학생을 대상으로 발생한 상해, 폭행, 감금, 협박, 약취·유인, 명예훼손·모욕, 공갈, 강요·강제적인 심부름 및 성폭력, 따돌림, 사이버 따돌림, 정보통신망을 이용한 음란·폭력 정보 등에 의하여 신체·정신 또는 재산상의 피해를 수반하는 행위를 말한다.[4]

왜 '최소한 2명의 학생'이 '따돌림'의 정의에 필요한가라는 문제는, 한 사회의 문화적·사회적 특수성을 고려해 따돌림에 대해 보편적으로 수용 가능한 정의를 내리려는 시도가 직면하는 저항을 보여준다. 한국과 역사적·문화적으로 유사한 일본에서 따돌림은 신체적인 폭력보다는 좀 더 심리적인 괴롭힘과 희롱을 포함하는 개념이다(Naito and Gielen, 2005: 169~190; Hilton, Anngela-Cole and Wakita, 2010: 413~422). 한국에서 따돌림은 집단 소외, 사회적 배제, 또래 간 괴롭힘으로 개념화되어 왔다 (Ahn, H. 2002; Lee, J. 2006: 124~138). 한 연구에 따르면 한 학생에게만 괴롭힘을 당하는 학생은 상대적으로 적은 수이고, 과반수의 피해자들은 3~5명의 학생들에게 괴롭힘을 당하며, 25% 이상의 학생들은 10명 이상의 학생들에게 피해를 입고 있었다(Koo, Kwak and Smith, 2008: 119~139). 이 연구 결과는 서구 사회에서는 1 대 1 혹은 2 대 1 형태의 따돌림의 비율이 높은 것과는 대조적이다.

한편 에릭 존스(Eric Jones)는 따돌림의 문맥상 정의를 제시하고 있다. 따돌림을 적절하게 정의하고자 할 때의 문제점 중 하나는 '따돌림'과 '놀림' 또는 '다툼' 사이의 정의를 명확히 내리는 것이다. 또는 더 정확하게 말하자면, 놀림과 다툼이 끝나고 따돌림이 시작되는 지점에 명확하게 선을 긋는 것이 문제다. 존스는 '깡패'를 이렇게 정의한다.

> 왕따를 주도하는 사람은 **계획적이고, 지속적이며, 악의적이며, 경멸하는 폭행에** 중심에 있는 사람입니다. **왕따를 당하는 사람은 끝없이 무방비 상태이며** 이길 수 없는 위치에 있습니다. …… 어느 누구도 그가 가진 특이한 점 때문에 친구들에게 놀림을 당하고, 웃음거리가 되는 친구들을 좋아하지는 않지만, 그것이 곧바로 따돌림으로 이어지는 것은 아닙니다. 어느 누구도 돈이나 과자를 훔치는 아이들을 좋아하지는 않지만, 그것이 그들을 곧장 왕따로 만들지는 않습니다. 왕따를 하는 사람들은 **약한 사람들을 계획적이**

고 **반복적으로 괴롭히는** 경향이 있습니다. …… 교사들은 서로 싸우거나 남을 괴롭히는 학생들을 질려합니다. 그러나 그러한 학생들은 싸우기 때문에 또한 싸움에서 이기기 때문에 왕따를 당하지 않습니다. **왕따를 당하는 사람들은 싸움에서 졌기 때문에 왕따를 당하는 것이 아니고, 왕따를 주도하는 사람들이 폭력을 심각하게 생각하지 않고, 가해를 개의치 않아 하며, 약한 자에게 강하게 하는 사람들이기 때문에 왕따를 하는 것입니다**(Jones, 1991: 16~17).

좀 더 분명하게 말하자면, 이러한 정의에 따르면 승윤은 철저하게 괴롭힘을 당했다. 그는 계획적이고 지속적이며 악의적이고 인격 모독적으로 자신을 무시하는 폭군에게 계속 그리고 무방비하게 당하는 '을'이었다. 그러나 사람들은 따돌림을 힘의 남용으로 이해하는 반면, **'힘'이란 무엇인가**라는 질문은 충분히 제기하지 않는 것 같다. 20세기의 가장 영향력 있는 정신분석학자 에리히 프롬(Erich Fromm)은 '힘'을 다음의 두 가지 대립적인 개념으로 정의했다.

① **능력**(무언가를 할 수 있는 '역량')
② **지배력**(사람, 동물, 사물을 지배하는 힘)(Fromm, 1947)

능력은 '생산성'을 높이기 위한 역량으로 이해할 수 있고, 때로는 생명을 낳는 잠재력이 될 수 있다. 그리고 **이성의 힘**을 통해 우리는 현상의 표면을 꿰뚫고 그 본질을 이해할 수 있다. **사랑의 힘**을 통해 우리는 서로를 분리하는 벽을 허물 수 있다. 그리고 **상상력의 힘**을 통해 우리는 아직 존재하지 않는 것들을 시각화할 수 있고 이를 통해 계획, 창조, 실행이 가능해진다.

반면에 **지배력**은 생산적인 힘의 왜곡에서 비롯된다. 능력이 잠재력을 발휘하지 못하는 곳에서 존재의 세상과의 관계는 비생산적이고 "사람을 물건 취급하면서 다른 사람에 대한 힘을 행사하려는 지배욕"이 되고 만다(Fromm, 1947: 87). 한국 중학생들 간에 왕따 문제가 만연한 점에 대해 연구하면서 덧붙이고 싶은 것은 이들이 위계구조와 권위주의, 불평등으로 점철된 사회에서 살고 있기 때문에 왕따 문제는 "타인에 대해 지배력을 가지거나 유지하려는" 학생들이 일으키는 것으로 알려져 있다(Kim, Koh and Leventhal, 2004: 739). 왕따의 **의도**는 "다른 이에게 정신적·신체적 고통을 유발하는 것"이다(Kim, Koh and Leventhal, 2004: 739에서 재인용). 그러나 더 심층적인 정신역학 단계에서 이러한 지배욕은 프롬의 유명한 용어인 **가학적 동기**에 기인하며 가학적 동기의 가장 강한 형태는 다음과 같이 정의된다. "생물체나 동물, 인간에 대해 완전하고 절대적인 통제를 하고자 하는 동기"(Fromm, 1964: 87).

승윤이 경험했던 바와 같이 다른 사람에 대한 지배력 행사는 그 사람을 나의 의지의 대상으로 만들면서 개인을 '물건'으로 바꾸어 해치고 모욕하고 노예로 삼는 일을 포함해 내가 원하는 것을 하도록 만드는 것을 의미한다. 한국에서 이 현상(인간을 사물로 바꾸는 것)은 따돌림을 하는 학생들이 '약한' 학생들을 '셔틀'로 만들면서 그들에 대한 '지배력'을 추구하는 방식으로 다음과 같이 여러 형태로 나타난다.

- 빵 셔틀: '(일진) 우두머리'를 위해 빵이나 간식을 사오도록 심부름을 강요당하는 것
- 가방 셔틀: '우두머리'의 소지품을 가져오도록 강요당하는 것
- 숙제 셔틀: 우두머리의 숙제를 하도록 강요당하는 것
- 페이스북 셔틀: 우두머리의 인기 상승을 위해 '좋아요' 버튼을 누르도록 강요당하는 것
- 카카오스토리 셔틀: 우두머리의 개인 카카오스토리 페이지에 '좋아요'를

누르고 긍정적인 코멘트를 남기도록 강요당하는 것

- 데이터 셔틀: 우두머리에게 자신의 스마트폰 데이터를 주도록 강요당하
  는 것

이러한 형태의 지배를 통해 '노예가 된' 사람은 삶의 질에서 중요한 한 가지인 **자유**를 잃는다. 이 '가학적 동기'의 가장 극단적인 목적은 다른 사람을 고통스럽게 하는 것이다. 프롬은 다음과 같이 말했다. "타인에 대한 가장 강력한 힘의 행사는 그가 스스로 방어할 수 없는 상태에서 고통을 겪도록 하는 것이다"(Fromm, 1964: 29).

그러나 사람이 다른 사람에게 지배력을 행사하려고 애쓰는 이유는 그 사람이 스스로는 무언가를 할 수 있는 역량을 가지지 못했기 때문이다. 지배를 통해 다른 사람이 한 개인을 섬기도록 할 수 있지만 그 과정에서 지배를 하는 사람이 지녀야 할, 생산적인 존재로서 필요한 자질은 점차 마비되어 간다. 프롬에 따르면 가학성은 무기력하고 삶에서 기쁨을 거의 느끼지 못하는 좌절감에 빠진 사람들에게서 훨씬 더 자주 발견된다고 한다(Fromm, 1973). 5장에서 실제 사례 분석을 보며 이것을 염두에 두기 바란다. 일련의 연구가 밝힌 바와 같이 사회경제적 불이익은 폭력적이고 심각한 청소년범죄를 낳는 가장 강력한 변수 중 하나다(Lipsey and Derzon, 1998: 86~105). 한국의 경우도 마찬가지다(Han, Youngsun, 2011). 한 인권조사관이 묘사한 바와 같이 한국의 아동과 청소년의 삶은 스트레스에 노출되어 있고 억압받고 있으며 자유가 없다(Oh, Soo-young, 2014).

프롬의 정신분석적인 해석이 맞는지 아닌지 문제보다는 **능력**과 **지배력** 간의 차이에 집중하는 것이 더 중요하다. 이것이 왕따 문제의 핵심인 **'지배-복종'** 순환을 이해하는 데 도움이 되기 때문이다. 뒤에서 설명하겠지만 프롬은 인간의 잔인함과 파괴력은 단순히 인간 본성에 내재된 공격

적 성향의 결과로 이해하기는 힘들다고 했다. 오히려 너무나도 인간적인 이러한 '악하고 파괴적인 공격성'은 '문명화'의 결과라는 것이 그의 주장이다. 기원전 3000년경에 이집트에서 처음 시작된 '도시혁명'은 느리고 불균일한 도시화를 통해 계급 기반의 가부장적이며 전문화되고 위계적인 사회(예를 들어 한국과 같은 사회)를 형성했다. 개인의 차원에서 보자면 비생산적이고 역기능적인 발달 환경으로 인해 청소년의 생산적 잠재력이 결여되는 경우는 5장에서 볼 수 있듯이, '생산적으로 살기'보다는 지배를 꿈꾸고 다른 사람들을 마치 '물건'인 것처럼 다루고 지배력을 행사하려고 할 때다(Farrington, 2010: 203~222). 따라서 우리는 자문해 보아야 한다. "'학교와 안전 중심' 정책과 대책들이 이와 같은 심층적 발달과 문명적 요인들을 해결해 줄까?"

안타깝게도 '왕따'를 구성하는 주요 요소들, 예컨대 공격·위협, 힘의 불균형, 부당하고 반복적인 행동과 같은 것들은 항상 적절하고 일관성 있게 정의되지는 않는다. 왕따 현상이 '만연'하다는 개념이 매우 다양한 것도 일부 이러한 비일관성에 기인한다. 한국의 경우 왕따 발생 비율은 0.25%(Kim, Jae-won, 2013)에서 48%(Kim, Y.T. and Park, H.S., 1997)이고, 전 세계로는 0.7%에서 76% 사이 수준으로 측정된다. 예를 들어 연구자가 학생들에게 왕따 경험이 한 번이라도 있었는지에 대한 자기 보고를 하라고 하면 보통 꽤 높은 수치가 나온다(그러나 이러한 경험은 반복적인 학대만을 의미하지는 않으므로 '왕따'라고 정의하기는 곤란하다)(Farrington, 1993: 392). 그렇기 때문에 더블린시의 연구에서 남학생 중 76%, 여학생 중 58%가 왕따를 한 번이라도 당해본 적이 있다고 보고된 것이다(O'Moore and Hillery. 1989: 426~441). 하지만 설문조사에서 빈도를 묻는 항목을 '주 1회 혹은 그 이상'과 같이 더 세밀하게 적용하면, 발생률은 (보통 10% 이하로) 현저히 감소한다(Farrington, 1993: 392에서 재인용). 예를 들어 영국의 연구 결과에 따르면, 고등학교 남학생의 1.7%와 여학생의 0.7%가 다른 이들을 자주 괴롭힌다고 보고되었다. 한편 기간이 '한 학기 이내'에서 '한 달 혹은 그 이하'로 줄어들 때, 한국에서 따돌림을 행하는 것(왕따 시키는 것)과 피해자가 되는 것(왕따 당하는 것)의 '본질과 정도'를 검토하는 연구에서 피해율은 5.8%에서 2.9%로 반감되었다(Koo, Kwak and Smith, 2008: 119~139). 결과적으로 높은 왕따 비율을 보여주는 연구는 왕따의 정의가 매우 넓어서 사실상 왕따 문제로 정의되기 어려운 많은 행위들을 '왕따'로 함께 분류하는 경향이 있고, 왕따 현상의 만연성을 보여주는 연구로 언급된다. 그러나 반복적이지 않은 괴롭힘까지를 **'왕따'**로 정의하는 것은 문제의 본질을 벗어나는 것이다. 기존 '왕따' 논의의 또 다른 문제는 이 문제가 보통 아동들과 청소년들 사이에서만 일어나는 일로 간주된다는 것이다. 그러나 왕따는 학교 운동장에서도, 직장에서도, 군대나 가정, 양로원에서도 일어나며, 문제를 제대로 논의하기 위해서는 어디에서 일어난 것이든 왕따 문제는 반복적인 양상을 띤다는 것을 기억해야 한다(Smith and Brain, 2000: 1~9).

3. 군대 내 따돌림

슬픔에 빠진 승윤의 부모가 2014년 8월 초 언론에 관심이 있었더라면, 그들은 아들의 수난과 소름 끼칠 정도로 유사한 따돌림을 다룬 뉴스 보도를 보고 충격을 받았을지도 모른다. 2014년 4월, 28사단에서 복무 중이던 23세의 윤 일병은 막사에서 6명의 동료들에게 흉부를 맞고 사망했다. 마치 교내 따돌림 문제를 회피해 많은 비판을 받았던 교육기관처럼 그 부대는 처음에는 사건을 은폐하려고 했다. 그들은 음식 조각이 기도를 막아 윤 일병이 '질식사'했다고 주장했고(Jeong and Yoo, 2014), 유가족에게 중요한 정보 제공을 거부했다(Jun, Ji-hye, 2014a). 그러나 군검찰이 윤 일병의 사망을 조사한 결과, 동료 군인들이 그의 손과 발에 빈번하게 거의 매일 폭행과 학대 행위를 가했음이 밝혀냈다. 죽기 바로 전날에도 윤 일병은 성적 수치심을 느끼고 신체적 고통을 겪었는데, 보고에 따르면 가해자들은 윤 일병에게 구타로 멍이 든 생식기에 소염제를 바르도록 강요했다. 게다가 그들은 새벽 3시까지 그를 깨워놓고 그들이 바닥에 뱉은 침을 핥도록 시켰다고 한다.[5] 병원에 실려 갔을 때 윤 일병은 갈비뼈 14대가 부러져 있었고 온몸은 피멍으로 덮여 있었다. 군은 처음에 멍과 부러진 갈비뼈가 병원에서 받은 심폐소생술 때문이라고 말했다. 그러나 28사단의 한 동료 사병은 윤 일병이 당한 마지막 구타를 목격했다고 증언했고, 그를 폭행한 사람들이 계속해서 윤 일병의 배를 발로 밟았다고 진술했다(Kim, Hee-jin, 2014).

그러나 윤 일병만 이런 일을 당한 것은 아니었다. 군검찰의 주장에 따르면 이 모 일병 역시 지속적이고 조직적인 방식으로 같은 막사에서 집단 폭력을 겪었다고 한다. 이 일병에게 치약 한 통을 억지로 삼키게 하고 그가 바닥에 누워 있는 동안 얼굴에 물을 뿌리는 일종의 '물고문'(이전에 독재 군부가 정치범들에게 사용했던 기술)을 했다는 것이다. 이 사건에 직접적으로 연루된 6명의 사병들 중 3명은 윤 일병의 선임이었는데, 2명은 병장이었고 1명은 하사였다. 4장에서 보게 될 보육교사들처럼 이 사병들 중 몇몇은 의대생이었는데, 자신의 행위를 가리켜 "엄격한 규율을 지키기" 위한 것이었다고 말하면서 폭력을 정당화했다.[6] 그러나 윤 일병은 무방비 상태에서 사전에 계획된 지속적이고 악의적이며 인격 모독적인 괴롭힘을 반복적으로 겪는 대상이었다고 말하는 것이 적합한 표현일 것이다.

이 사건은 세간의 이목을 끈 수많은 군대폭력 사건들 줄지어 밝혀지면서 세상에 폭로되었고, 당시 함께 밝혀진 사건으로는 2014년 7월 말 따돌림을 당하던 2명의 일병이 막사에서 자살한 사건과, 같은 해 6월 심하게 따돌림을 당해온 병장의 총기난사 사건이 있다. 이에 국방부는 그러한 "나쁜 관행의 근본적인 원인을 근절할 근본적인 조치"를 마련하겠다고 약속했다.[7] 군은 또한 따돌림에 대한 '무관용'과 군대폭력에 대처할 '최선의 조치'를 약속했다(Kang, Seung-woo, 2014). 그러나 정부가 군대 폭력을 청산하기 위한 계획을 세운 것은 이번이 처음이 아니었다. 1997년 군인들 간에 행해지는 신체적·언어적·성적 학대를 금지하는 입법에도(Kim, Daisy, 2007), 그러한 조치들은 심각한 사건들이 언론에 밝혀지면서 몇 년에 한 차례씩 발표되었다. 예를 들어 2011년 군은 '군대 문화 개선 운동'을 제안했고 '발전된 군대 문화를 위한 비전'을 펼쳤다(Seo, Ji-eun, 2014). 그러나 군 문화와 전반적인 군대 관행의 변화는 거의 없었던 것으로 보인다. 특히 28사단의 폭력 문제는 역사가 깊었다. 1985년에 28사단의 일병 1명이 선임들에게 학대를 받은 후 무차별로 동료 병사들을 총살한 사건이 일어났다. 2005년에는 한 일병이 8명을 죽이고 4명에게 부상을 입힌 총기난사 사건이 있었다. 그리고 2012년에는 무장한 장교가 탈영한 후 자살한 사건이 있었다(Seo and Yoo, 2014).

박근혜 대통령은 학교폭력 가해자들과 세월호 비극의 책임자로 보이는 사람들 모두를 처벌하겠다고 약속했던 그 담화를 인용하면서, 윤 일병 사건 조사가 한국 사회에 만연한 비행과 부패를 뿌리 뽑는 전환점이 되어야 한다고 말했다. 책임자들을 향해 박 대통령은 다음과 같이 선언했다. "모든 가해자와 방조자들을 철저하게 조사해서 잘못이 있는 사람들은 일벌백계로 책임을 물어 또 다시 이런 사고가 일어날 여지를 완전히 뿌리 뽑기 바랍니다"(국무회의 영상, 2014.8.14).

4명의 사병들은 결국 살인죄 판결을 받고 12년에서 35년의 징역형을 받았다(Ser, Myo-ja, 2015). 그러나 28사단 두 '문제'의 상병은 윤 일병처럼 군대에 심리적으로 적응하지 못해 특별한 관심을 요구하는 병사로 분류되었고, 이들이 자살(Seo and Yoo, 2014)한 후 박 대통령의 표현은 심각해졌다. 이전에는 군대폭력 행위를 '비인권적인 악행'이라고 부르거나 더 이전에는 '폐습', '용납할 수 없는 행동', '잘못된 행동' 정도로 이야기되었지만, 이제 그 일들은 사회악에 관한 박 대통령의 담화에서 더욱 심각하게 다뤄졌다(Seo, Ji-eun, 2014). 그러나 한 중학교 교사의 발언과 같이 군대 내에는 구타와 기타 형태의 신체적 폭력을 '질서와 규율을 유지'하기 위한 '필요악'으로 보는 뿌리 깊고 만연한 의식이 있다(Choi, Tae-hwan, 2014).

윤 일병의 내무반에서 폭력 사건이 만연했음이 밝혀진 이후 군대폭력에 대한 더욱 광범위한 전국적 조사가 이뤄진 결과 '정신적·신체적 학대'가 3900건 발견되었다(전체 3만 4400명의 현역 병사 수를 생각해 보면 88명 중 1명꼴로 발생한 것으로, 이는 1%가 조금 넘는 수치다). 학대의 유형은 언어적인 형태에서 신체적·성적 학대까지 다양하다. 예를 들어 장교들은 사병들에게 규율과 규칙을 세세히 다 외우도록 강요했는데, 훈련에 필요해서가 아니라 괴롭힘의 한 형태(혹은 군대에서 '더 엄격한 규율을 유지하기 위한' 방식)로 작동될 수 있기 때문이었다(Jun, Ji-hye, 2014b). 특히 주목할 만한 사례는 육군 6사단 상병이던 남○○ 전 경기도지사의 아들이 연루된 사건이었는데, 그는 의무와 훈련을 제대로 수행하지 않았다는 이유로 수하에 있던 한 일병의 얼굴과 복부를 가격한 것을 '괴롭힘'으로 인정했다. 그는 다른 일병을 '장난'으로 뒤에서 끌어안고 바지 지퍼 부분을 친 행위로 인해 성추행 혐의로 기소되었다(Jun, Ji-hye, 2014d). 한편 그의 힘 있는 아버지는 아들의 문제 행동을 자신이 잘못 가르친 결과라고 말했다(Kang, Hyun-kyung, 2014).

학교폭력 현상과 마찬가지로 윤 일병의 죽음이 외부에 알려진 이후 보고된 군대 내 학대 건수는 증가했다. 인권위 상담전화에 접수된 사건은 8월 1일부터 19일 사이에만 758건이었다. 신고 내용으로는 성추행이나 성적 비행(성기 접촉 등)이 포함되어 있었다. 예를 들어 3명의 이병이 7명의 어린 신병을 상대로 저지른 30건 이상의 성추행(목을 핥거나 귀를 물거나 볼에 입을 맞추는 행위 등) 혐의로 기소되었다. 다른 사건으로는 사병들의 손을 묶은 뒤 구타하고 목을 조른 혐의로 군경찰이 어떤 병장을 조사한 경우도 있었다. 그는 이것에 대해 단순히 "웃자고 한 장난"이었다고 주장했다(Kim, Sarah, 2014). 이러한 사례를 통해 우리는 한국 사회에서 괴롭힘에 대한 담론은 학교만의 문제가 아니라는 것을 알 수 있다. 동아시아학을 전공하는 어느 교수는 한국 사회 괴롭힘 문화를 설명하는 한 가지 중요한 이유로 한국이 "경제적으로 발전한 국가들 중에 가장 군대화된 사회 중 하나"이기 때문이라고 언급했다(Kim, Tong-hyung, 2013a). 박 대통령이 이러한 잘못된 관행을 두고 한국 사회의 뿌리 깊은 문제라고 이야기했을 때(Yi, Whan-woo, 2014a), 대통령은 아마도 대학교 캠퍼스에서 매년 발생하는 다양한 괴롭힘 의식을 염두에 두었을 것이다. D 대학교에서 선배들이 음식물 쓰레기를 막걸리에 섞어 신입생들 머리 위에 부은 사건이 그러한 예다(Kim, Se-jeong, 2016).

4. 자살의 악순환

"정말 죄송합니다." 승윤의 가해자들은 체포된 후 예상대로 자백했다. 그러나 그들이 승윤에게 행한 폭력의 **질**과 **양**, **기간**을 고려하면 "우리가 **장난으로 한 일**이 이렇게 될 줄 몰랐다"라는(Koo, Dae-sun, 2011) 진부하기 짝이 없는 말로 자신들의 행동을 정당화하는 모습은 많은 사람을 뜻밖의 충격에 빠뜨리기에 충분했다. 한국 내 21개 초등학교 4~6학년 학생 7000명을 대상으로 조사한 결과, 3분의 1(29.3%)에 가까운 학생들이 (그들의 표현을 빌리자면) "**그냥 장난**으로 학급 친구들에게 폭력을 사용한 적이 있다"라고 대답했다(더욱이 그중 8%는 폭력적으로 행동하면서 '만족감'을 느꼈다고 응답했다)(Kwon, Dae-kyoung, 2012). 경찰의 보고에 따르면 승윤의 폭력 사건에서 4명의 남학생들은 '조폭보다 더한' 행동을 한 것으로 드러났다(Yim, Seung-hye, 2011). 하지만 승윤의 유서에는 이들 중 2명만 언급되었는데, 둘 다 만 15세로 모두 기소되어 1명은 징역 3년, 다른 1명은 징역 3년 6개월을 선고받았다. 판결을 선고한 양지정 판사는 선고문에서 **만연한 학교폭력의 심각성**을 고려할 때, 또한 이들의 행동이 처벌받아 마땅하다는 것을 고려할 때, 법원이 이들에게 선처를 베풀기 어렵다고 말했다. 따라서 징역형은 불가피한 것이었다. 양지정 판사는 이어서 그들보다 상대적으로 약자였다고 볼 수 있는 승윤에게 가해진 희롱과 모욕은 그의 일상을 파괴하고 영혼을 피폐하게 만드는 것이었다고 말했다.[8]

승윤의 어머니는 자신의 아들이 학교 따돌림의 마지막 희생자이길 바란다고 했다(Yim, Seung-hye, 2011). 그러나 열흘 후인 12월 30일에 대구의 한 여중생이 집 근처의 13층 아파트에서 투신자살하는 사건이 발생했다(이 사건은 7월에 발생했으나 12월에 보도되었다 ― 옮긴이)[9] TV 저녁 뉴스에 의하면 피해 학생은 친구가 따돌림을 당하고 있다는 것을 알리는 편지를 교무실에 들러 담임교사의 책상에 두고 나왔다. 그 교사는 자신의 학급에서 일어난 따돌림 사건에 대한 벌로 학생 전원을 책상 위에 꿇어앉혔다(이와 유사한 사건으로, 2014년 한 교사가 학생들을 일렬로 세우고 1명씩 뺨을 때리는 영상이 떠돌았다).[10] 피해 학생은 단체기합 후 집으로 돌아가 자살을 한다. 그녀의 어머니는 딸이 마지막 희망으로 기댔던 담임교사가 문제를 해결하기보다 색출에 나서면서 딸이 충격을 받았을 것이며, 반 친구들 사이에서 자신이 밀고한 것으로 지목되면서 심리적 부담을 견디지 못해 자살했다고 주장했다. 피해 학생은 결국 죽음을 선택하기 전에 자신을 '날 해친 아이들' 명단을 작성한 것으로 보도되었다. 그러나 학교도 경찰도 피해자의 주장에 대해 어떤 조치도 취하지 않았다. 한편 TV 뉴스 영상은 그녀가 적은 쪽지를 보여주고 있다.

자신이 화날 때마다 제 친구한테 욕을 한다고...요. …… 그리고 정말 화가 나더군요. 제 친구를 마치 **장난감처럼 다루고 있다**는 사실에 화가 났습니다. …… 또 그들 때문에 진정으로 …… 아이들이 길을 잃고 방황하고 괴로워 몸부림 치고 있습니다. …… 이 편지는 저 혼자가 아닌 13명의 고백이 담겨 있습니다. …… 최소한 우리들이 **하인**이 아닌 행복한 학교생활을 보내도록 만들어주십시오.[11]

2012년 6월에 15세 K 모 군이 수개월의 상습적인 구타와 갈취를 견디다 못해 대구의 한 아파트 건물에서 투신자살한 사건이 발생했다.[12] K 군은 자살 직전에 자신의 SNS 메시지를 통해 목숨을 끊고 싶다고 했다. 그가 유서에 가해자들의 이름을 적었기 때문에(Chung and Song, 2012), K 군과 같은 반인 15세 학생들이 체포되고 2년 6개월 징역형을 선고받아 소년교도소에 수감될 수 있었다. 일종의 끔찍한 데자뷔처럼, 양 판사가 또 이 사건을 판결했다. 판결문에서 양 판사는 K 군이 피고에 의해 상습적으로 오랜 기간 괴롭힘을 당했고, 이로써 심각한 정신적 피해를 입으면서 결국 자살을 하게 된 것이라고 말했다. 양 판사는 재차 징역형이 불가피하다고 하면서 이번에는 단지 극악한 행위뿐만이 아니라 가해자 학생이 범죄 행위에 대한 반성의 기미를 보이지 않았으며, 무엇보다 피해자 가족이 (예상대로) 엄중한 처벌을 원했기 때문이라고 말했다.[13] 승윤의 죽음과 K 군의 자살 사건 사이에 6개월이 흐르는 동안 정부는 학교폭력에 대한 대대적인 근절 캠페인을 진행했지만, 대구에서만 총 9명의 학생들이 자살했다.[14]

4개월 후인 2012년 10월에는 10대 이 모 양이 대구의 한 아파트 8층 자신의 집에서 투신자살했다. 유서에서 그녀는 자신이 왜 죽음을 선택하게 되었는지에 대해, 특히 같은 반 학생 1명이 얼마나 심하게 자신을 치욕스럽게 대했는지에 대해 언급했다. 이러한 상황에서 벗어나기 위해 그녀는 경찰에 신고하고 사과를 받으려고 시도하기도 했다(Chung and Song, 2012). 2011년 12월 승윤의 죽음 이후, 대구에서 13건의 자살 시도가 있었고 그중 11건은 실제 사망으로 이어졌다(Chung and Song, 2012).

대구 지역이 왕따로 인한 자살 도미노 현상 담론의 중심이 되면서, 대구광역시 교육청은 '양질의 교육'을 제공하는 것을 목표로 했던 기존 교육 정책에서 '행복한 교육'을 실현하는 것으로 방향을 전환함으로써 폭증하는 10대의 자살을 막아보고자 했다. 이렇게 대구광역시가 교육 정책의 방향 전환을 꾀하고 나서 4개월이 지난 후에 취임한 박 대통령은 '행복의 시대'를 열 것이라고 약속했다. 한편, 2008년 연예인 최진실의 자살(Kim, Jae-Hyun et al., 2013) 이후 (연이은 자살 사건을 겪어온) 대구가 '베르테르 효과'나 모방 자살에 휩싸일지 모른다는 우려가 있던 가운데, 한 신문사가 자살 학생들의 가족, 친구들, 교사를 대상으로 인터뷰를 진행했다. 인터뷰에 따르면 이 청소년들 사이에서 어떤 패턴이 발견되었는데, 승윤을 비롯한 13명이 모두 고층 빌딩에서 뛰어내리기로 결정했다는 것과 그중 승윤을 포함한 5명이 유서를 남겼다는 것이다. 그리고 유서에는 다음과 같은 내용이 공통적으로 들어 있었다.

① 왕따 가해자에 대한 이름이 언급되었음.
② 자살을 결심한 이유를 설명함.
③ 관계 당국에 가해자를 확실하게 처벌해 달라고 요구함.

이는 베르테르 효과 혹은 모방 자살의 한 예로 볼 수도 있을 것이다. 승윤은 가족들에게 100년이고 1000년이고 가족들을 기다릴 것이라는 표현을 사용했고, 6개월 후에 대구에서 다른 학생이 남긴 유서에도 10년이든 100년이든 1000년이든 기다리고 지켜볼 것이라는 내용이 있어, 유사성을 확인할 수 있기 때문이다(Chung and Song, 2012).

13번의 자살 시도 중에서 네 건이 대구 수성에서 일어났다. 이 지역은 학생과 학부모가 '심각하게 경쟁적'인 지역으로 알려져 있다. 수성에 거주하는 고3 학생인 B 모 군은 대학 진학의 스트레스로 자살한 것으로 보도되었다. B 군이 다녔던 고등학교에서 근무하는 한 교사는 이렇게 말했다. "저희 학교는 매년 10명 이상 서울대학교에 보낸 것을 자랑스럽게 생각합니다. 그러나 엄청난 스트레스를 경험하면서 학교에 입학했다면 그것이 학생들의 삶에서 중요할까요?"

한 중학교 학생은 기자에게 본인의 부모님과 선생님들이 학생들의 성적에 대한 기대를 낮출 필요가 있다고 이야기하기도 했다(Chung and Song, 2012). 분당 지역 한 고3 학생은 "부모님의 기대에 못 미쳐 죄송하다"라는 말을 유서에 남겼다. 이 어린 학생은 학교 화장실에서 목을 매단 채로 발견되었다. 그는 학교 성적이 떨어져 심하게 걱정했던 것으로 전해진다. 마침 이 사건이 수능 직전에 발생한 것이라, 이 사건으로 대학 입시를 준비하는 학생들이 직면한 스트레스와 압박(학생 자살의 주된 요인)에 큰 관심이 쏠렸다. 수능을 잘 보는 것이 개인의 인생에 너무나 중요해 수능 스트레스와 압박 때문에 생기는 다양한 심리적·신체적 질병을 일컫는 '고3병'이라는 용어가 생길 정도이다(Yoon, Min-sik, 2012). 2014년 초 1000명의 한국 청소년들의 절반이 자살을 생각한 적이 있고, 3분의 1가량은 "매우 우울하다"라고 답변한 설문조사 결과가 있다. 40% 이상의 응답자가 꼽은 스트레스의 최대 요인은 '대학 스트레스와 미래에 대한 불안함"이었다. 그들 중 17%는 자신의 외모에 가장 스트레스를 받았고 16%는 '가정불화'를 스트레스의 가장 큰 원인으로 꼽았다. 상담가들은 10대들이 자살 욕구를 이야기하는 데 대해 이전보다 더 열린 사회가 되었다고 생각하는 반면에, 조사 응답자 중 25%는 개인적인 문제점을 겪을 때 이야기할 사람이 아무도 없다고 답했다. 의지할 누군가가 있다고 응답한 75%의 사람 중 절반은 도움을 청하는 대상이 부모나 교사,

혹은 상담가가 아니라 친구였다(Kang, Yewon, 2014).

승윤의 죽음 이후 그의 어머니는 점차 학교폭력 문제에 대해 사회적으로 또 정치적으로 목소리를 내게 되었다. 아들을 잃기 전에는 스스로를 단지 중학교 교사라고 소개했으나 사건의 중대성으로 인해, 그리고 대중적 담론의 형성을 지켜보고 정치적 활동에 참여하게 되면서, 그녀는 자신을 "대구에서 자살한 중학생 엄마"로 소개하게 되었다.[15] 사람들이 '어떤 학생이요?'라고 물어봐도 상관없었다.

승윤이 죽은 뒤 몇 주 또는 몇 달이 지난 후에 그의 가족은 겨우 후폭풍에서 빠져나올 수 있었다. 그들은 항우울제와 정신과 치료에 의지해 자살충동을 이겨낼 수 있었다. 승윤의 아버지는 그저 '충격' 때문이라고 하면서 고등학교 도덕 교사 일을 그만두었다. 그는 복직하고픈 마음이 있다고 했지만 '가족의 안전' 특히 하나밖에 남지 않은 아들을 위해 그럴 수 없다고 말했다. 한때 웃음으로 가득했던 식탁은 이제 무거운 침묵만 가득한 자리가 되어버렸다. 승윤의 부모는 사건 이후 가장 위태로운 것은 고등학생인 승윤의 형이라고 했다. 승윤의 형은 처음에 가해자들을 죽이고 죽어버릴까라고 말했다고 한다. 내면에 들끓는 복수심의 불을 끄기 위해 그는 피가 날 정도로 벽을 주먹으로 쳤다고 한다. 승윤의 아버지는 때때로 큰아들과 함께 죽고 싶을 때가 있었다고 했다. 그러나 정신을 차리고 나서 그는 승윤의 몫만큼 살아야 한다고 느꼈다고 한다. 그는 여전히 아프며, 아픈 것이 사그라들면 용서가 되지 않을까 생각한다고 말했다.[16]

그들의 이야기가 담긴 다큐멘터리에서 해설자는 승윤의 죽음이 그의 가족뿐만 아니라 한국 사회 전체에 많은 숙제를 남겼다고 말했다. 다큐멘터리가 전하고자 한 메시지는 중요한 교훈과 냉엄한 진실을 마주해야 한다는 것이었다. 승윤의 죽음으로 학교폭력 가해자에 대한 관심이 촉발되기는 했지만, 학교폭력의 시발점은 오래전일 수 있기 때문에 학교폭력 문제를 잠잠하게 하거나 종식시키는 것은 쉽지 않을 것이라는 가능성에 대해서도 우리는 치열하게 고민해 봐야 한다.

5. 학교폭력: 길고 굽은 길

요즘 학생들이 부쩍 지난 세대와 달리 더 폭력적이고 잔인하고 파괴적으로 변한 탓에 학교폭력이 갑자기 증가했다는 대중의 인식에 대해 회의감을 느낀(Huw, 2013) '고든'이라는 필명의 통찰력 있고 꼼꼼한 블로거는 학교폭력의 역사를 되짚어가면서 이 대중적 담론을 탐색해 보고자 했다.[17] 학교폭력이 되풀이되는 것처럼 보이는 데 당황한 고든은 한국의 학교폭력을 역사적인 맥락에서 살펴보고자 1950년대부터 현재에 이르기까지 예전 기사와 최근 기사, 실제 사건들을 조사했다. 다음 문단부터 소개되는 글은 학교폭력 연구자 민병욱의 기사 "왕따, 학교폭력의 시작"에서 일부분을 발췌 인용한 것이다.

고든의 연구 중 하나는 2010년 학교폭력 연구자인 민병욱이 기사로 작성한 것을 토대로 이뤄졌다. 민 교수는 학교폭력의 역사가 조선 시대(1392~1897)까지 거슬러 올라간다고 주장했다(Min, Pyeong-uk, 2010). 그러나 고든은 학교폭력이 학교와 역사를 같이한다는 주장도 꽤 설득력이 있다고 했다. 이러한 견해와 동일하게, 학교폭력을 연구하는 서양의 학자들은 역사가 기록된 이래 학교폭력이 있어왔다고 주장했다(Ross, 2002: 105~135). 더 구체적으로는 의무교육이 이뤄지기 시작한 시기에 본격적으로 학교폭력이 발생했다는 주장이 중론이었다. 이러한 견해는 학생과 교사 모두가 서로와 학교에 대해 깊이 있고 긍정적인 유대감이 없었기 때문이라는 시각에서 비롯된 것이었다. 유대감이 부재해 결과적으로 학생들에 대한 징계 문제가 만연하게 되었고 학교 당국은 (폭력적인) 체벌을 사용해 이 문제를 다루게 되었다는 것이다(Midlarsky and

Klain, 2005).

간단히 한국의 교육 역사를 훑어보면 최초의 교육기관은 고구려 시대 (B.C. 37년~A.D. 668년)인 372년에 세워진 것으로 보인다. 태학이라고 불린 이 최초의 교육기관은 정치·문화·경제 전반을 지배했던 지배층인 양반 혹은 귀족 계층의 전유물이었다.[18] 이후 고려 시대(935~1392)인 986년에 이르러서야 최초로 교육기관이 지방으로 확대되었고 1127년에는 각 지역에 공공 교육기관을 설립하는 정책에 대한 기록이 존재한다. 이러한 학교들의 교육과정은 공자의 『효경』과 『논어』와 같은 서적에 기반하고 있었다. 학생들은 또한 매년 시험을 치렀다. 이 시기(992)에 한국 최초의 대학인 국자감이 세워지기도 했다. 국자감은 사회적 계급과 계층에 대한 규제가 있어서 최고위층 관리들의 자제들만 입학할 수 있었다.[19]

1392년 조선왕조가 세워진 이래 국가의 공식 철학으로 유교사상을 부각하면서 이는 결과적으로 불교에 대한 정치적·사상적 '배척'으로 이어졌는데, 그에 따라 불교 사찰이 산으로 추방되고 모든 도시에서 승려와 비구니의 출입이 금지되었다. 이후 양반 계급 중심의 교육이 이뤄지고 유교 경전 학습을 통한 학생 개인의 입신양명에 집중하게 되면서, 직업교육과 같은 평민 교육은 하층 계급의 것이 되었다. 이러한 교육철학은 교육이 사회적 수직 이동과 주류 사회로의 진입을 위해 필수적이라는 인식으로 이어졌고(직업·기술 교육보다 인문학이 학습적 우위를 차지하면서), 이는 부모의 큰 희생과 압박을 통해 실현되었다. 이러한 교육철학의 방향은 오늘날에도 여전히 유지되고 있다(Moon, Morash and McCluskey, 2012: 827~855). 한편, 학교를 다닐 수 없던 학생들을 위한 학교가 설립된 시점을 학교폭력이 시작된 시점이라고 본다면, 학교폭력은 372년 또는 986년, 1127년에 시작되었다고 볼 수 있겠지만, 민 교수는 그 시점을 김홍도의 유명한 그림인 〈서당〉(1780)으로 본다.[20]

제목이 말해주듯이, 이 그림은 서당 혹은 지역의 사설 학교를 묘사하고 있고, 당시 평민들의 교육은 대개 서당에서 시작해서 서당에서 끝이 났다(Seth, 2011: 140). 『단원 김홍도 연구』라는 책의 저자이자 학예연구 가인 진준현의 해석에 따르면(Jin, Jun-hyun, 2014), 이 그림은 1명의 선생님과 바닥에 두 열로 앉아 있는 9명의 학생들을 묘사하고 있다. 그들 사이에 한 학생이 책을 바닥에 펼쳐놓은 채 선생님의 작은 책상 앞에 앉아 있다. 또한 그는 곧 선생님께 회초리로 종아리를 맞을 것이기 때문에 겁에 질려 있는 상태다. 선생님의 책상 옆에는 회초리가 놓여 있고, 8~10세로 보이는 이 학생은 교사에게 맨 종아리를 보여주기 위해 바지 매듭 끈을 풀며 손등으로 눈물을 훔치고 있다. 한편 소년의 급우들은 두 그룹으로 나뉘어 있다. 소년의 오른쪽 그룹은 곧 혼날 소년에게 동정심을 느끼는 것처럼 보인다. 그들 중 하나는 손으로 입을 가리고 그에게 정답을 속삭이는 것 같고, 다른 학생은 자신의 책을 엿보라고 하는 것 같다. 소년의 왼쪽에 있는 무리는 이와는 대조적으로 소년에게 무관심하거나 심지어는 이 학생의 불행에 기뻐하는 것처럼 보인다. 이 소년들이 무관심하거나 홀로된 학우를 비웃는 집단을 포함해 둘로 나뉘면서, 민 교수는 이 소년을 왕따, 즉 '집단에서 무시당하고 따돌림 받는 소외되는 학생'으로 해석할 수 있다고 주장한다(Chee, 2006: 225~239).

조선 시대가 전통적인 한국 문화, 문학, 과학, 무역과 기술 발전의 절정에 달한 반면에, 우리는 조선 사회가 매우 가부장적이고 계층적이라는 현실과 학생들과 교사 모두가 남성이라는 것을 간과할 수 없다. 어떤 연구에 따르면 고려 시대에 29개의 엘리트 귀족 집단이 정부 고위 관료의 40%를 차지했던 것처럼(Seth, 2011: 96), 조선 사회에서 사회질서는 소수 엘리트 집단의 통제 아래 있었다. 그 결과 지배적인 소수에 의해 다수가 광범위하게 착취당했다. 다른 계급에 대한 양반 계급의 착취는 다음과 같다.

- 천민: 종으로 일하며 사회 계층의 '밑바닥'에 있는 천민 혹은 '천박한/천시
  당하는/밑바닥 인생'을 사는 계층
- 상민 혹은 평민: 가난한 농부이거나 소상공인으로 엄청난 세금의 압박을
  감당하며 부역과 징병 의무를 수행하는 계층
- 백정: '부정'하다고 여겨졌던 도축업 종사 계층으로 사람들과 멀리 떨어
  져서 분리된 집단으로 살도록 강요되었음[21]

4세기에 시작되어 1894년 공식적으로 폐지되기까지 노예제에 대한 기
록의 부족과 정의 관련 문제로 그 제도를 정확히 평가할 수는 없지만
(Salem, 2004: 185~198), 일반적으로 노비가 인구의 상당 부분을 차지한
것으로 알려져 있다. 고려 시대 말부터 조선 시대 초 사이(935~1392)에
노예는 관노비와 사노비로 나뉘는데 이때의 노예 인구는 전체 인구의 3분
의 1에 달한 것으로 추정된다(Seth, 2011: 96에서 재인용). 노예제가 사회
와 문화 속으로 흡수되면서 최소한 지배계층은 경제적으로도 중요한 계
층으로 간주되었지만, 종들의 삶은 여전히 자기 수양, 덕치, 양선, 공의
와 예의범절이라는 유교적인 이상에 정면으로 배치되는 면이 있었고(Han,
Young Woo, 2010: 150~151), 동물 살생을 혐오하는 불교사상에도 반하
는 측면이 있었다. 예를 들어 1392년 대간(고려~조선시대 관료를 감찰·탄
핵하는 임무를 맡은 '대관'과 국왕의 견해에 대해 간쟁·봉박하는 임무를 맡은 '간
관'을 합쳐 부른 말 — 옮긴이)의 한 관리는 "종들이 천하기는 하지만 하늘
이 내려준 사람이다. 우리는 보통 그들을 물건처럼 이야기하고 사고팔거
나 소와 말과 바꾸려고 한다"라고 말하기도 했다(Seth, 2011: 168). 17세
기에 유형원(1622~1673)은 노예제가 종과 주인 모두를 **타락**시켰다고 주
장했다(Seth, 2011).

6. 에리히 프롬: 인간 파괴성의 해부

1970년대 독일의 유명 정신분석학자 에리히 프롬은 '인간파괴성'(인간의 공격적·폭력적·가학적·지배적·착취적 행동)의 '근원'을 역사적·유물론적·정신분석적·인문학적 측면에서 연구했다. 인류의 **지배-복종 심리**'를 연구하며, 프롬은 상기한 바와 같이 인간의 파괴력은 "인간의 본성"이 아니라 "문명화의 결과"라고 주장했다. 만약 우리가 인간의 공격성, 더 중요하게는 그 근원과 특성을 적절하게 이해하고자 한다면 인간의 두 가지 상이한 공격성을 구별해야 한다고 프롬은 주장한다.

① 선의에 의한 방어적인 공격성
② 악의적이고 파괴적인 공격성

선의에 의한 방어적 공격성은 인간이 동물과 공유하는 특성으로, 우리의 사활이 달린 이익이 위협받을 때 또 싸우거나 도망치기 위해서 '계통발생적으로 프로그램화된 충동'이다(Fromm, 1973: 25). 이러한 형태의 '싸우거나 도망치는' 공격성은 본질적으로 **선하고 방어적**이다. 개인이나 종의 생존을 위한 활동이기 때문이다. 이러한 공격성은 **생물학적인 적응**을 가능하게 하고 위협이 중단되면 사라진다.

반면에 악의적이고 파괴적인 공격성은 **잔인함과 파괴성**이라는 특성이 있다. 프롬에 따르면 이것은 여타 대부분의 포유류에는 없고 인간에게서만 유일하게 발견되는 특성이라고 한다. 악의적이고 인간에게만 있는 이러한 공격성은 계통발생적으로 내재된 것이 아니며 생물학적인 적응 활동도 아니다. 생물학적으로 말하자면 그것은 아무런 목적도 없고 그 만족 역시도 상당 부분 탐욕적이라고 프롬은 말한다. 프롬은 파괴적이고 가학적인 행동이 인간의 타고난 본능 때문이고 이러한 사실은 무장해제된 채로 가만히 있다가 적당한 때에 자연스럽게 표출된다는 '선천성 명제'에 대항해 다음 세 가지 반대 논거를 제시했다(Fromm, 1973).

① 역사적·문화적으로 인간 집단은 파괴성과 잔인성의 정도 면에서 상대적으로 큰 차이를 보인다(본능적 특성이라면 균일성을 보여야 한다).
② 인간 집단의 파괴성과 잔인함의 다양한 정도는 다른 주관적·심리적 요소들, 각각의 사회구조와 상호 연관되어 있다.
③ 인간 집단의 파괴성 정도는 문명이 점점 발달하면서 감소하기보다는 오히려 증가하는 경향이 있다.

프롬은 인간이 다른 동물과는 달리 인간만이 유일하게 생물학적이거나 경제적인 이유를 벗어나 아무 이유 없이 같은 종의 다른 구성원들을 괴롭히거나 죽이면서 그것으로 만족을 느끼는 영장류라고 주장한다. 이러한 측면에서 프롬은 이와 같이 인간에게서만 발휘되는 악의에 찬 공격성이 인간의 파괴성과 착취 문제 중심에 있다고 생각한다.

하지만 프롬은 인간에게는 선하고 방어적인 공격성과 악하고 파괴적인 공격성을 구분하는 것 이상의 구분이 필요하다고 덧붙이고 있다. 그것은 **본능**과 **인격** 간의 구분이다. 본능과 인격의 구별은 생리적 동기(음식, 주거, 성적 욕망을 위한 신체적 동기)와 인간 특유의 인격에 근거한 열정(인격적 열정 혹은 인간적 열정)을 구별하는 것을 의미한다. 프롬에 따르면 우리의 인격은 '제2의 본능'으로 볼 수 있는데, 그것은 제대로 발달되지 못하고 제한된 **본능**에 대한 대체물로서 기능한다. 파괴, 피학성, 가학성에 대한 욕구, 권력과 부를 추구하는 것뿐만 아니라 친절함, 사랑, 자유를 갈망하는 인간의 **열정**은 실존적 필요에 대한 인간의 반응으로 이해할 수 있다. 그리고 이 실존적 필요는 역으로 인간이 존재하기 위한 필수 조건에 기반하고 있다. 이러한 면에서 인격에 기반을 둔 열정이 실존적 필요에 대한 반응이고 그렇기 때문에 인간에게 고유한 것(따라서 수정 가능)이라고 한다면, 본능은 생리적인 필요에 대한 반응으로 볼 수 있다.

이러한 실존적 필요는 기본적으로 모두에게 동일한 반면,[22] 어떤 열정이 지배적이 되는지에는 개인차가 존재한다. 따라서 한 개인이 사랑에 의해 동기부여가 되든, 파괴 욕구에 의해 동기부여가 되든, 각각의 열정을 통해 개인은 그들의 실존적 필요, 즉 뭔가에 영향을 미치거나 움직이고자 하는(무언가를 향한 영향력이라는) 필요를 충족시킨다. 이러한 측면에서 한 사람의 지배적 열정이 사랑이든 가학적인 파괴성이든 간에 그것은 인간이 동물과 공유하는 (또는 문명화를 통해 최선을 다해서 제거해 버린) 본능이 아니라 상당 부분 사회적·환경적 상황에 달려 있다. 이른바 원시적 사회의 좀 더 평등한 특성과는 달리, 프롬은 **지배-복종 심리를 두고 이는 다수가 지배적 소수에 의해** 5000년 동안 **착취를 당하면서 적응**해 온 결과라고, 즉 '문명화'의 결과이지 원인이 아니라고(다시 말해 위계적 사회구조는 인간의 타고난 본능적 필요에 따른 결과가 아니며, 따라서 자연적이고 불가피한 것이 아니라고) 분석했다(Fromm, 1973: 166).

프롬에 따르면 중앙집권적인 생산 방식과 업무 전문화가 심화되고 잉여생산물을 자본으로 전환시킨 '도시혁명'으로 인해 인류 역사에서 가장 중요한 변화가 일어났다. 수렵·채집 사회나 초기 농경사회와는 달리 잉여생산물은 식량을 직접적으로 생산하지 않는 사람들을 부양하는 데 사용되었고, 따라서 이들은 농사일 대신에 주택, 도시, 피라미드, 궁전을 건축하거나 군인이나 노예로 일할 수 있었다. 기술 발전과 노동의 분업이 이루어지면서 노동력의 고용이 가능해졌고, 이와 같은 형태의 노동구조를 통해 인류 역사에서 가장 근본적인 변화 중 하나가 나타났다. 프롬은 이를 두고, "인간이 경제적 수단으로 사용되고 착취의 대상이 되기도 하고 노예가 되기도 했다"라고 말했다(Fromm, 1973: 188). 아마도 우리는 이 내용으로부터 왕따의 근원을 발견할 수 있다. 왜냐하면 왕따의 결정적인 특징 중 하나는 승윤이 아르바이트를 하면서까지 '게임 노예' 역할을 하도록 강요받았던 것처럼, 한 사람이 경제적 도구로 사용되고 착취되며 '셔틀'이 되는 것이기 때문이다.

또한 최근 연구에서 밝혀진 바와 같이 인간은 제물이 되기도 했다. 93개의 오스트로네시아어족(예를 들면 타이완, 마다가스카르, 이스터섬, 하와이, 뉴질랜드 지방의 언어를 사용하는 사람들)을 연구한 결과 인간 제물은 초기 인간 사회에서 흔히 볼 수 있던 특징이었다. 이러한 사회에서는 종교적 제사 의식에서 인간 제물을 통해 계층화된 사회의 성립과 유지를 확인했다. 연구 결과, 사회가 평등해질수록 인간이 그 사회를 위해 제물로 바쳐질 가능성이 낮아질 뿐만 아니라, 더 계층화되고 경직된 사회일수록 하층 계급이 희생양으로 선택될 가능성이 커진다(Radford, 2016). 결과적으로 이 연구는 '일단 계층화가 발생해서 엄격하게 승계되는 계급 구조가 활성화되면, 인간의 희생은 사회적 계층화를 안정시킨다'는 가정에 '강한 지지 근거'를 제공한 셈이다(Watts et al., 2016: 1).

프롬은 새로운 도시사회의 첫 번째 결과물은 다른 계층의 등장이라고 주장했다. 특권계층들은 조직하고 지시하고 주장함으로써 자기의 이익을 위해서 부적절하게 거대한 분량의 생산물을 취했다(Fromm, 1973: 189). 그 결과 대다수 인간의 삶이 피폐해졌을 뿐만 아니라 가치 있고 독점적인 재화와 서비스를 원하는 사람들 사이에서 일어난 시기와 질투 같은 '주관적인 인격적 동기'가 생겨났다. 오늘날의 한국 사회를 들여다보면 여전히 특권 계층이 한국 사회를 주도하고 조직하고 그와 동시에 생산물의 상당 부분을 부적절하게 착취하는 것을 볼 수 있다.

이처럼 새로운 도시사회의 또 다른 현저한 특징은 **가부장적 지배** 원칙에 기반을 둔 방식이다. 가부장제에는 **통제**의 법칙이 내재해 있다. 여자, 아이, 노예, 심지어 자연까지도 통제한다. 프롬에 따르면 이 새로운 가부장적 인간은 말 그대로 세상을 '만든다'. 이 표현의 의미는 '인간'이 단순히 사회적·자연적 과정을 수정하는 것에 그치는 것이 아니라, 그들을 통제하고 지배하고자 한다는 것이다. 지도자는 사람들을 통제하기 위해 권력을 필요로 했고, 사람들은 우월한 힘에 대해 순종하고 굴복하는 것을 배워야 했다. 이것은 또한 통치자들의 우월한 힘(물리적이든 마술적이든)에 대한 신뢰를 요구했다. 따라서 새로운 가부장 제도와 결과적인 '지배-복종 심리'는 **힘, 권력, 통제, 착취**에 기반하며, 반대로 **공포, 경외, 복종, 순종**과 같은 심리적 메커니즘에 의해 중재되었다(Fromm, 1973: 191).

7. 1950년대의 학교폭력

프롬의 분석을 염두에 두고 폭력에 대한 고든의 고고학적 천착으로 돌아가 보자. 이 절부터 우리는 한국의 학교폭력의 역사를 10년 단위로 살펴볼 것이다. 먼저 1950년대부터 시작하려 한다.

1957년, "학원에서 폭력은 축방(逐放)해야 한다"라는 제목의 신문 기사가 눈에 띈다.[23] 이 기사는 두 가지 사건을 소개하고 있다. 첫 번째 사건은 두 학생 집단 간의 큰 싸움에 대해 개략적으로 서술하고 있는데, 각 집단은 서로에 대해 적대감을 품고 있는 상태였다. 이 싸움은 아주 폭력적으로 변해 결국 한 학생이 사망했다. 또 다른 사건에서는 한 남자 고등학교의 학생이 '과도'로 급우 1명을 칼로 찔러 사망하게 한 일도 있었다. 기사는 사회가 이 사건을 간과할 수 없다고 말하며, 그 사건이 학교라는 "신성하고", "고결한" 장소에서 발생했기 때문이라고 밝히고 있다.

이 사건이 사회적인 이슈로 부상하면서 기자는 교육제도를 재고할 필요가 있으며, 사회는 이런 일이 발생한 것에 책임을 져야 한다고 말했다. 1958년에 작성된 한 기사도 유사한 사건을 다루고 있는데, 이 기사는 한 학생이 금품을 갈취하려는 학생 깡패의 공격으로 사망한 사건을 다루고 있다.[24] 기사는 이 사건이 동료 학생에 의한 최초의 학생 살해 사건이 아님을 언급하면서 수많은 유사 사건을 함께 서술하고 있다.

1959년에는 "소풍철 맞아 폭력사태"라는 제목의 기사가 작성되었다.[25] 소풍철(봄, 가을), 진주의 어느 학교에서 야외 활동 중에 다수의 학생들이 속해 있는 집단이 주변 학교 학생들과 큰 싸움이 붙은 내용을 다루고 있는 이 기사는 두 집단의 학생들이 서로 칼부림을 하고 돌을 던지며 싸웠다고 밝혔다. 이틀 후에 이들은 다른 패싸움을 하게 되고 그로부터 약 2주 뒤에 "폭력에 떠는 교실"이라는 제목의 기사가 등장한다.[26] 이 기사는 (흔히 발생하듯이) 보복이 두려워서 다른 이들에게 진실을 밝히지 않았다는 학교폭력 피해자들의 말을 실었다. 그 밖에도 소풍을 간 몇몇 고등학교 학생들이 술에 취해 교사를 살해하겠다고 협박한 사건도 조명했다. 이들은 경찰서에 불려갔지만 학교는 이 사건을 무마하기 위해 이들을 처벌하지 않았다. 몇몇 학부모들이 사건 이후 학교가 자신들의 이익을 위해 이 문제를 덮으려고 한 점을 비난했다. 이 중 한 학부모는 학교가 규율을 좀 더 엄격하게 시행해야 하며, 그렇지 않고 가만히 있으면 질서를 세울 길이 없다고 발언했다. 해당 학교의 교장은 단순히 학생들을 처벌하는 것이 능사는 아니며, 몇몇 학부모들이 이야기하는 만큼 사건이 심각하지 않다고 반박했다 전한다.

고든은 1950년대 이후 한국의 학교폭력 사례들을 분석하면서, 이 문제가 즉각적인 관심을 요하는 문제인데도 전쟁이 끝나고 수년이 지난 시점에 다양한 사회문제가 공론화되기 시작했기 때문에 1950년대 후반이 되어서야 수면 위로 올라오게 되었다고 했다. 고든은 또한 폭력적인 비디오게임과 영화와 같은 매체가 최근 학교폭력이 만연하게 된 주요 요인이라는 주장에 대해 의문을 제기한다. 그는 1950년대부터의 사례들을 통해 학교폭력이 대중매체의 폭력 묘사가 광범위해지기 훨씬 전부터 존재했음을 통찰력 있게 주목하고 있다. 그는 또한 1950년대 언론이 학교폭력의 주요한 요인이 가난이라고 주장한 점에 주목한다. 이러한 주장은 이를테면 불우한 배경을 가진 학생들이 다른 사람들의 금품을 빼앗는다는 것이다. 언론은 또한 한 학급에 60명 이상의 학생들이 있기 때문에 교사가 모든 학생을 통제하기는 어렵다고 주장했다. 언론이 제기한 또 다른 인과적 요인으로는 전쟁으로 인한 의도치 않은 결과가 있었다. 예를 들어, 전쟁 중에 부모 중 1명이 사망해 경제적 어려움에 직면한 결손가정의 학생들이 단지 생존을 위해 인생의 모든 면에서 더 강하고 공격적으로 변해야 했을지 모른다는 것이다.

8. 1960년대의 학교폭력[27]

1960년대 학교폭력에 관한 내용은 할리우드 영화 〈블랙보드 정글 (Blackboard Jungle)〉(1955)을 언급하며 시작해 보고자 한다. 이 영화는 내용 때문에 한국 수입을 놓고 대중과 학부모들의 격렬한 저항을 불러일으켰다. 선정적이며 충격적인 영화 예고편에 따르면 이 영화는 '학교에서 일어나는 10대 테러 행위', 특히 '대도시 학교를 범죄 소굴로 만든 흉포한 10대들'에 대한 내용이다. 이 영화는 한 교사가 다민족 노동자 계층의 자녀인 학생들이 폭력과 반사회적인 행동을 일삼는 뉴욕 도심 학교에서 일하는 모습을 담고 있다. 〈블랙보드 정글〉은 1950년대에 제임스 딘 (James Dean)이 출연한 〈이유 없는 반항(Rebel Without A Cause)〉, 말론 브란도(Marlon Brando)가 출연한 〈위험한 질주(The Wild One)〉 등 미국 도시 젊은이들의 범죄에 대한 광범위한 대중의 관심을 다룬 많은 영화 중 하나다(McCarthy, 2007). 언론을 통해 이 영화의 한국 개봉 반대를 피력한 어떤 의견은 이러한 영화가 젊은이들의 정신을 오염시키고 결국 청소년범죄율을 증가시킨다고 주장했다. 이것은 '청소년 비행의 원인으로 매체 비난하기' 담론의 시발점이라고 볼 수 있다. 그러나 이런 영화가 수입되고 상영되었는데도 청소년범죄는 이와 상응해 증가하지는 않았다.

다음으로는 1960년 5월, 박정희 전 대통령의 군사쿠데타 이후 그가 정부의 권위와 권력으로 학교 규제를 포함해 다양한 학교폭력 저지 움직임을 보인 것을 살펴볼 수 있다. 당시 경찰은 조폭들을 다루는 방식과 마찬가지로 '학교 깡패들'을 다루기 위해 조직도를 만들기도 했다. 경찰은 이와 같은 '폭력 서클'을 소탕하기 위해 일정한 조치를 취했다. ≪경향신문≫은 경찰이 성공적으로 사회문제를 해결할 수 있을 것이라고 보도했다. 놀라운 것은 박정희 정권(1963~1979), 이후 전두환 군사 정권(1980~1988년)과 김영삼 정권(1993~1998), 박근혜 정부(2013~2017) 모두 학교폭력 문제 해결의 접근 방식을 **근절**이라는 단어를 사용해 표현했다는 점이다. 또한 같은 맥락에서 김대중 정권(1998~2003)은 2001년 학교폭력에 대해 '전쟁'을 선포했다.[28]

1960년대 조직적인 학교폭력배의 사례로, 학교의 명성만큼이나 교내 '폭력 서클'로도 유명한 한 고등학교가 있었다.[29] 20~30명의 학생들로 구성된 이 서클은 '착한' 학생들을 괴롭히고 담임교사를 돌로 때리려 한 것으로 알려졌다. 게다가 이들은 학교에 야구방망이를 들고 와서 다른 교사들을 공격하려 들기도 했다. 이 학생들 중 10명은 퇴학을 당했다. 그들이 다니던 명문 고등학교에 폭력 서클이 있었다는 사실은 아마 대부분의 학교에 그러한 폭력 서클이 있었음을 방증한다. 예를 들어, 1963년에 쓰인 한 기사에 따르면 급우에 의해 살해당한 아들의 어머니가 아들이 다닌 명문 고등학교를 상대로 100만 원의 위자료 청구 소송을 제기한 적이 있다. 당시로서는 드문 일이었다.[30]

또한 1960년대에는 치명적인 무기를 사용하는 큰 규모의 패싸움이 보고되었지만, 폭력을 시작한 그 학생은 면밀한 공개 조사를 받지 않았다. 왜냐하면 그러한 행동이 가난 해소, 국가 재건, 경제 개발과 같은 더 중요하고 굵직한 현안에 이목을 빼앗겼기 때문이다. 그러나 피해자가 복수하려고 한 경우에는 보고된 사례가 더 많다. 예를 들어, 1963년에 왕따를 당한 한 중학교 1학년 학생이 식수에 수산화나트륨(양잿물)을 타서 복수하려고 한 사건이 있었다. 그는 결국 살인미수로 경찰에 고발되었다. 박정희 전 대통령은 (그리고 50년 후에 그의 딸도) 자신의 군사 정부가 한국 사회에서 학교폭력을 성공적으로 근절했다고 주장했지만, 역사는 반대 결과를 보여주었다.

9. 1970년대의 학교폭력[31]

1975년에 쓰인 한 신문 기사는 '중앙청소년보호대책위원회'의 조사 결과 하나를 보여주고 있다.[32] 위원회는 46개 고등학교 1만 3900명의 학생들을 대상으로 조사를 시행했다. 동시에 이들은 6개 대도시에서 1609명의 졸업생 중 취업자들을 대상으로 조사를 실시했다. 최근, 해당 조사를 그대로 재실시한 결과 고등학생의 32.4%가 다른 학생들에게 폭행, 강탈, 성희롱을 포함한 피해를 입은 적이 있다고 답했다. 또한 같은 내용의 발달에 근거한 연구 결과에 따르면 청소년 취업자 중 오직 3.6%만이 피해를 당한 적이 있다고 보고되었다.

1960년대와 매우 유사하게, 1970년대의 학교폭력 문제는 대중의 긴밀한 관심의 대상이 되지는 못했다. 한국 사회가 군사정부와 고속 경제성장으로 '정신없는' 와중에 있었기 때문이다. 그러나 학생 간 싸움이나 왕따 문제는 여전히 언론에 의해 보도되고 있었다. 예를 들어, 언론은 1972년 학교 방화로 기소된 학생의 사건을 보도했다. 그는 학교 성적이 부진한 학생이었고 교사들이 싫어했으며, 학급 친구들에게는 무시와 따돌림을 당했다. 집에서는 아버지와 계모의 무관심 속에 방치되어 있었다. 어느 날 그는 교실에서 몰래 빠져나와 교실 뒤쪽에 걸려 있던, 모범생들이 그린 그림들을 끌어내려 불을 질렀다. 소방관들과 학생들이 화재를 진압하려 애쓸 때 그 소년은 "잘 탄다, 내가 불 질렀어"라고 소리를 질렀다고 자백했다(Min, Pyeong-uk, 2010).

시간을 훌쩍 뛰어넘어 2012년, 17세 고등학교 중퇴생 J 군이 연쇄방화 혐의로 체포된 사건을 볼 수 있다. 한 시간 동안 그는 서울 북부 지역의 집 세 채에 불을 질렀다. 그는 불을 끄기 위해 애쓰는 소방관들을 구경하는 것에서 '(가학적) 즐거움'을 느꼈다고 한다. 이 일이 발생하기 수개월 전에 그는 자신이 다녔던 중학교에 휘발유 폭탄을 던졌었다. J 군은 1995년 모스크바 태생으로, 한국인 아버지와 그가 유학 시절 만난 러시아 여성 사이에서 태어났다. 그러나 그의 아버지는 그가 태어나고 몇 년 후에 갑자기 사망했다. J 군의 어머니는 러시아에 남아 있었고, 그는 남동생과 함께 서울에 있는 할아버지의 아파트에서 어린 시절부터 지냈다. 오늘날까지 그는 어머니의 이름도 거처도 얼굴조차도 모르는 상태다. 초등학교 때 그는 (인종)차별을 당하고 놀림을 받고 소외당했으며, 자라면서 점점 말썽을 피우고 불만과 분노가 가득 찬 학생이 되었다. 중학교 2학년 때는 우울증이 생겨 학교를 중퇴하고 정신과 치료를 받았다. 겨우 고등학교에 진학했지만 이내 중퇴하고 할아버지 집에서 가출하고 말았다. 그를 찾으러 나선 할머니는 비극적이게도 자동차 사고를 당해 사망했다. 한편 그의 남동생은 절도 혐의로 소년교도소에 수감된다. J 군은 할머니의 사망 원인이 자신이라며 탓하고 꾸중했던 할아버지를 미워하면서 길거리 삶을 살게 된다. 그는 경찰에게 그를 따돌린 학급 친구들에 대한 격분과 할머니의 죽음에 대한 죄책감, 인종차별적인 사회에 대한 반감으로 불을 질렀다고 말했다. 그의 사례는 많은 혼혈 아동들이 '순수혈통에 대한 자부심'으로 가득한 한국 사회에서 경험해야 하는 좌절과 고뇌와 고통, 심리적 압박감을 포괄적으로 조명한 사건이었다(Lee, Chang-sup, 2012).

10. 1980년대의 학교폭력

1980년대에는 집단 따돌림과 청소년 비행이 주요한 대중의 관심사가 되었다. 이는 일본에서 유행한 '이지메 현상'에서 상당 부분 영향을 받은 것으로, 일본 사회 역시 '이지메'(왕따) 피해자들이 자살하면서 이목을 집중시켰다. 2011~2014년 한국의 상황과 소름 끼칠 정도로 유사하게, 일본 언론은 수많은 학생의 유서를 보도했고, 유서에는 도움을 요청하는 비통한 울부짖음이 담겨 있었다(Naito and Gielen, 2005: 169~190). 이 현상은 한국 시민사회의 관심과 두려움을 자극했고 뒤이어 '일진'과 '왕따'라는 용어가 등장했다. '왕'은 '최고'를, '따'는 소외시키는 것 혹은 배척하는 것을 의미한다. 이것은 학생들이 사용하는 은어로, 서서히 광범위하게 사용되면서 주류 어휘가 되었다.

1986년 5월에는 "폭력교실 …… 도피전학 잇따라"라는 기사가 등장했다(Kim, Jeong-du, 1986). 왕따를 피하기 위해 전학 가는 학생의 수가 서울의 초등학교와 중학교에서 증가하면서 일본의 이지메 현상이 한국에 퍼졌다는 주장이 제기되었다. '서울시교육위원회 상담실'에 따르면 전학을 요청하는 학생이 한 달에 10명 이상 있었다고 한다. 게다가 서울시내 다양한 교육구청 민원상담실에서는 전학을 원하는 학생들의 상담 전화를 한 달 평균 30통 받았다. 이러한 부처들은 대부분 설득을 시켜 이러한 문제를 해결하려고 하지만, 이러한 접근 방식이 비효율적이라고 판단되면 학생들의 주민등록을 변경해 준다. 대부분의 사례는 집단 따돌림이 원인인데, 특정한 단점으로 놀림을 받거나 구타를 당하거나 학교 기물(예를 들어, 책상)에 이들에 대해 모욕적인 낙서가 되어 있거나 완전히 무시를 당한 경우다. 신문 기사는 학교폭력이 고등학교보다는 초등학교나 중학교에서 더 심각하다고 보도했다. 같은 주장이 오늘날에도 제기되고 있음에도 이것은(학내 폭력을 둘러싸고 국제적으로 일어나는 양상에 따른 현상이라기보다는) 새로운 현상으로 주장되고 있다.

이 기사는 2개의 사례를 조명하고 있다. 한 사례에서 어떤 여학생은 자신의 경험을 회상하면서, 학교에 가기 싫은 이유는 친구들이 자기 책상에 앉아 자신을 욕하는 말들을 주고받기 때문이라고 말한다. 다른 친구들은 그녀를 비웃거나 그녀와 아예 말을 섞지 않았다. 그녀는 놀림과 소외로부터 오는 심리적 압박을 견딜 수 없었고 결국 학교를 떠나게 되었다. 다른 하나는 남학생의 사례다. 그는 한 학년을 유급당한 이후 한 학년 위인 동년배 학생들에게 집단 따돌림을 당했다. 한 번은 하교 후 은밀한 장소에서 구타를 당해 치아 여러 개가 부러졌다. 그는 자신이 왕따를 당한 유일한 이유는 다른 학생들보다 그가 뚱뚱했기 때문인 것 같다고 말했다. 이 기사는 이러한 왕따가 일본의 이지메에서도 발견된다고 서술하면서 반복되는 왕따 문제로 학생들이 학교를 떠나게 되었다고 했다. 이것은 특별히 새로 전학 온 학생들이나 다른 학생들과 잘 어울리지 못하는 학생들을 대상으로 벌어진 일이다.

1986년 ≪동아일보≫에서는 생활 방식이 비슷하거나 같은 아파트 단지에 사는 아이들이 그룹을 지어 모이는 경향이 있다는 기사를 실었다. 그룹만 만들어지는 것이 아니라 생활 방식이 다르거나 다른 주거 환경에 사는 학생들이 따돌림을 당하게 되어 큰 문제가 되고 있다는 내용이었다. 같은 아파트에 사는 아이들은 빌라에 사는 아이들을 괴롭혔다. 혹은 부촌에 사는 아이들이 가난한 동네 아이들을 괴롭혔다. 이것이 왕따의 근거를 제공하는 계급 구분이나 소비에 근거한 정체성 형성 문제로 조명되면서, 이 기사는 이러한 행동 방식을 유유상종 문제로 치부했다. 그러나 이와 같이 '우리'라는 동질성은 '그들'과의 차이에 관한 부정적인 편 가르기를 하면서 강조된다. 왕따 이론은 또래 간에 공격성을 표출하는 것이 집단 안팎에 대한 구별을 가능하게 하고, 집단 내 결속을 강화하며, 구성원들 간의 소속감을 증진시킨다고 주장한다(Nishina, 2004: 36~59).

이 기사는 초등학교 4학년부터 6학년 여학생들 중에서 이런 종류의 왕따가 더 빈번하게 발생한다고 보도했다. 왕따의 표적이 되는 여학생들은 주로 교사들의 사랑을 받거나 자기중심적인 혹은 잘난 척하는 태도를 보이거나 또는 성적이 매우 높거나 매우 낮은 학생들인 것으로 나타났다. 왕따의 또 다른 이유는 외모(혹은 옷 입는 방식)와 인격이나 성격 같은 것이었다. 예를 들어, 일명 왕자병이나 공주병인 학생들은 '쉬운 사냥감'이었다.

이처럼 1980년대의 기사 내용도 앞선 시대와 유사한 패턴을 보였다. 학교폭력 문제는 요즘과 마찬가지로 개선되기보다는 악화되는 것처럼 보였고, 학생들은 점점 더 잔인하고 악랄해진다고 인식되었다. 1960년대부터 1970년대에는 유혈 사태에 관심을 집중했던 반면, 1980년대에는 권위자나 권력자들을 둘러싼 싸움에 대한 보고가 많았고, 거리에서 귀중품이나 금품 갈취 사건이 많이 발생한다는 특징이 있었다. 갈취 사건의 증가는 경제발전으로 학생들이 전쟁 이후 처음으로 현금이나 귀중품을 가지고 다닐 수 있게 되었기 때문이라고 보도되기도 했다. 또한 금품 갈취는 학생들이 새 소지품들을 가지고 다니는 학기 초 등하굣길에 '폭력적인 학생들'에 의해 빈번하게 발생하는 것으로 나타났다.

1982년 "포악해지는 무서운 십대"라는 제목의 기사는 학생들이 점차 잔인하고 악랄해지는 방식을 조명했다(Lee, Jeong-yeon, 1982). 흥미롭게도, 30년이 지난 오늘날 우리는 학생들을 두고 "요즘 애들 무서워"라는 표현을 사용하고 있다(Huw, 2013). 앞에서 서술한 기사에 따르면, 이런 '무서운 아이들'이 교육기관에서 '독버섯'처럼 퍼져나가고 있으며, 학교를 '폭력이 난무하는 곳'으로 만들고 있었다. 이런 무서운 아이들은 학생들을 불안하고 우울하게 만들어, 대다수 아이들에게 재미있는 기억으로 남아야 할 학창 시절을 파괴했다. 예를 들어, '야생마 클럽'에 소속된 8명의 남학생들은 한 중학생을 '째려보았다'는 이유로 폭행했다. 그리고 그 8명 중 1명은 해당 중학생을 칼로 찔러 죽였다. 이 외에도 한 중학생이 교실에서 살해당한 사건이 있었다. 해당 기사는 패싸움, 칼부림, 금품 갈취를 포함한 학교폭력의 양상이 학생을 살해하는 수준으로까지 심각해졌다는 것을 보여주려 했다. 기자는 등·하교하는 학생들에게 시비를 걸어 이유 없이 폭행하는 상황까지 추가로 언급했다. 심지어 남학생들은 그들의 은신처로 여학생들을 꾀어 단체로 위협하고 성폭행까지 저질렀다. 또 다른 경우로는 10명의 남학생들이 다른 4명과 싸우다 1명이 칼에 찔려 결국 사망한 사건이 있었다. 가해 학생들은 본드를 흡입하고 취해 있는 상태에서 한 여학생을 성폭행하기도 했다.[33] 이러한 폭력적인 사건들이 갈수록 만성적인 형태로 일어나고 있다는 주장까지 나오고 있다. 복수가 두려운 피해자들이 교사나 부모에게 폭행 사실을 숨기려 했기 때문이다. 다른 사건에서는 어떤 학생이 매일 갈취를 당했지만, 자존심과 복수에 대한 두려움으로 누구에게도 이 사실을 알릴 수 없다고 생각한 일도 있었다. 또한 불이익을 당할 것을 우려해 폭행 사건을 교육 당국에 알리지 않고 은폐한 학교들도 발각되었다. 이 기사는 학교폭력과 청소년범죄의 한 가지 주목할 만한 특징은 학생들이 마치 폭력배처럼 폭력 서클을 만들고 집단적으로 행동해 청소년범죄가 조직적으로 일어나는 경향이라고 강조하고 있다. 서울에는 거의 모든 학교에 2~3개의 폭력 서클이 존재한다고 알려져 있다.

여기서 알 수 있는 점은 1960~1970년대에는 주로 학교끼리 싸움을 벌였기 때문에, '학교 간 폭행'에는 하나의 폭력 서클만 관여했다. 하지만 1980년대 들어서는 학내에 2~3개의 경쟁 서클이 생겨나면서 '학내 폭행'의 형태로 분열되기 시작했다. 이런 현상은 일진 패거리나 한 반 전체가 1~2명의 왕따를 만드는 오늘날의 '개별화된' 상황과 유사하다고 볼 수 있다.

이 기사는 이런 '서클'들이 형성되는 과정도 설명하고 있다. 서클의 리더는 주로 가장 덩치가 크고 강하며 싸움도 잘하는 학생이다. 서클 회원은 대략 15~20명이다. 오늘날 K팝 아이돌을 스토킹하는 사생팬 모임처럼, 서클 회원 중 한두 학생들은 부잣집 자제로 서클 운영에 필요한 금전적인 지원을 했다. 멤버들은 빵집이나 떡볶이 가게에서 매일 만났고, 밤에는 공원이나 주택가 으슥한 골목길 혹은 공터에서 만나곤 한다. 그리고 그들은 지나가는 학생에게 시비를 걸어 폭행하거나 금품을 뺏는다. 이런 폭력 서클 명칭은 유명 가요제 명칭이나 무기 이름, 지역적 특징을 따서 짓는다. 본인들을 '변전소 클럽'이라고 지칭한 단체를 예로 들자면, 그들은 가입을 거절한 학생들을 돌로 찍었다. 일단 회원이 되면 팔뚝을 담뱃불로 지지는 가입 의례를 거쳐야 했다. 서클에 충성심을 보이기 위해 손바닥을 칼로 긋고 흐르는 피로 의리를 지킬 것을 맹세한다. 또한 위력을 과시하기 위해 선배 기수들이 후배 기수들을 몽둥이로 때린다. 학생들은 파이프, 칼, 톱 그리고 염산까지 가지고 다니며 다른 서클 회원들을 포함한 여러 사람을 위협하고 물건을 강탈한다. 게다가 그들은 여학생이나 여공들을 성폭행하기도 했다. 기자는 그들 중 1명을 인터뷰했는데, 그는 "이제는 어쩔 수 없이 함께 행동해야 한다. 집단보복이 있기 때문에 탈퇴란 생각할 수 없다"라고 말했다.

서클 안팎의 피해자들은 복수가 두려워 경찰에 신고하지 않아 경찰이 청소년들의 비행에 효과적으로 대응할 수 없었다. 이런 폭행 서클의 상담을 맡았던 전문가는 조직에서 폭행을 저지르며 외부의 관심을 끄는 것에서 학생들이 가학의 쾌감을 즐기게 된다고 말했다.

또 다른 폭력 서클의 사례에서는 회원들끼리 비슷한 특징이 있었던 것으로 나타났다. 그들은 ① 경제적으로 궁핍한 환경에서 자라왔고, ② 성적이 나쁘며, ③ 부모 중 1명이 없는 결손가정 출신인 경우가 많았다. 이런 특징들은 오늘날에만 나타나는 것이 아니며, 왕따에 대한 국제 연구에서도 나타난다. 관련 연구에 따르면 왕따는 주로 자식을 교육시키려는 의지가 부족하며 사회경제적 지위가 낮은 집안에서 불균형적으로 나올 확률이 높고, 해당 학생은 학교생활에서 낙오되는 경우가 많았다(Farrington, 1993: 381~458). 학교폭력과 청소년범죄가 더욱 악랄하고 잔혹해지는 것을 설명하기 위해 경찰 통계가 인용되기도 했다. 경찰 당국이 집계한 1980년 청소년범죄 유형별 추세를 보면 폭행, 상해, 공갈, 협박이 47.8%를 차지했고, 절도 등이 33.1%, 살인과 강도, 강간을 포함한 심각한 강력범죄가 4.8%를 차지했다. 하지만 1977년 통계와 비교했을 때, 조폭범은 21.2% 증가했고, 강력범은 67.7%로 증가했다. 특히 강력범은 강도 85.5%, 강간 62.1%, 살인 46.7%가 증가했다(5년 동안 매년 13.9%씩 증가했다).

이 현상을 설명하기 위해 여러 교수와 의사를 인터뷰했다. 홍익대학교의 한 교수의 말에 따르면, 청소년범죄는 약자나 무방비 상태인 피해자에 대한 공격성으로 나타난다고 한다. 비행청소년들은 힘이 없거나 여성인 학생들을 학대하며 쾌락을 느낀다. 또 어떤 의사는 청소년기가 심리적 격변기이기 때문에, 무분별하게 성인을 모방하고 충동에 따라 행동하는 경향이 심하다고 말했다. 그는 이 문제를 해결하기 위해서는 학교 관계자들과 보호자들이 자칫 가치관의 혼란에 빠지기 쉬운 청소년들에게 체계적인 가치관을 심어주어야 한다고 조언했다. 또한 사회는 학생들이 비행에 빠지도록 유혹하는 불안정한 요소들을 제거해야 한다고 덧붙였다. 한 고등학교 교사는 학교가 우선적으로 책임을 져야 하지만 현실적으로 교사들이 학생들을 24시간 선도하는 것이 불가능하다고 말했다. 게다가 청소년기에는 호기심이 많고 매우 반항적인 시기라 학생들은 사회에 대항하고 싶어 한다. 그렇기 때문에 어른과 사회는 학생들이 반사회적 에너지를 건강하게 표출할 기회를 제공해야 한다는 것이다.

11. 2013년의 칼빵 현상

청소년 비행이 갈수록 잔인하고 악랄하며 (깡패처럼) 조직화되고 연령 대가 낮아지는 것으로 규정한 1980년대의 학교폭력 담론은 2013년 8월에도 명백히 확인할 수 있다. '칼빵' 혹은 '칼로 손목 긋기' 현상과 폭력 및 왕따의 재생산 과정에서 소셜미디어의 역할을 다룬 기사가 그것이다(Park, Su-yeon, 2013). 초등학교 6학년 딸의 어머니는 딸이 자신의 '카카오스토리'(모바일 사진 공유 애플리케이션)에 올린 사진을 보고 충격을 받았다. 그 사진 속 딸의 팔목에는 빨간 흉터 자국이 있었고, 그것은 딸이 의도적이고 반복적으로 피부를 긁은 흔적이었다.

청소년들 사이에서는 칼빵 사진을 카카오스토리에 공유하는 것이 하나의 유행이 되었다고 한다. 칼빵을 하기 싫거나 자해하는 성향이 약한 학생들은 화장품을 사용해 흉터 자국을 만들기도 했다. 앞에서 언급한 '변전소 클럽' 회원들처럼 친구들은 서로를 칼로 베면서 피를 공유하기도 했다. 초등학교 교사 K에 따르면, 학생들에게서 칼 장사를 해도 될 정도로 많은 칼을 압수했다고 한다.

이 기사는 초등학교 3학년인 만 9세 어린이 C의 사례를 소개한다. 학기 초부터 그는 4명의 반 아이들에게 3개월 동안 반복해서 폭행을 당했다. 4명의 학생들은 같은 반 아이들 20여 명에게 해당 학생을 폭행하도록 시키기까지 했다. 영화에 나오는 조폭들(혹은 군대의 군인들)을 따라 하듯이, 남학생들은 각자 역할을 나눠 맡았다. 1명은 두목을, 1명은 지시자, 1명은 행동대장, 1명은 망보는 역할을 맡았다. 또한 이들은 소셜네트워크 애플리케이션 '카카오톡'을 활용해 방과 후에도 피해 학생을 괴롭혔다. 경찰에 따르면 승윤이가 당한 폭력은 조폭들이 행하는 폭력보다 심했다. 피해자의 어머니는 이 4명의 남학생들이 보통의 그 나이 대 아이들 같지 않고 오히려 조폭과 같았다고 말하면서, 요즘 아이들은 3~4학년부터 폭력에 노출된다고 주장했다.

이 남학생들이 서로 다른 역할을 주고받거나 역할을 할당받는 모습은 왕따 행위의 성격이 사회적이라는 것을 보여준다. 왕따에 대한 연구를 보면 가해자-피해자 관계에만 집중한 경우가 흔하다. 왕따 행위를 가해자나 피해자의 개인적 특성의 함수로 바라보는 경향에 따른 연구다(Salmivalli et al., 1996: 1~15). 이 연구의 연구자들은 **그들은 누구인가, 그들은 어떠한가, 그들은 다른 아이들과 어떻게 다른가**와 같은 질문을 던지며 가해자와 피해자의 전형적인 특징을 확인하는 데 집중했다(Hazlerr et al., 1997: 6). 하지만 이러한 관점은 집단의 상황과 폭력 과정을 경시한다는 단점이 있다. 그러나 이 사례는 왕따의 두 가지 중요한 특징을 강조하는데, 왕따의 집단성과 단체 내에서 왕따가 겪는 사회적 관계에 기반을 둔다는 점이다(Lagerspetz et al., 1982: 45~52). 이것이 의미하는 바는 왕따를 **관계 문제**로 이해해야 한다는 것이다(Pepler and Jiang, 2008: 325~338). 핀란드의 11개 학교 23개 반을 대상으로 진행한 왕따에 대한 저명한 연구 프로젝트에 따르면 87%의 학생들은 어떤 형태로든 '참가자 역할'(괴롭히는 역할, 괴롭히는 학생을 부추기는 역할, 괴롭히는 학생을 보조하는 역할, 피해자를 보호하는 역할, 혹은 방관자)을 맡는다(Salmivalli et al., 1996: 1~15).

앞서 언급한 칼빵에 대한 기사를 작성한 기자에 따르면, 폭력과 비행이 인터넷과 SNS를 통해 중·고등학교는 물론이고, 더 어린 학생들에게도 퍼지면서 초등학생들까지 위험에 빠지고 있다. 특히, 카카오스토리는 급우들을 넘어 학교 전체(혹은 그 이상)로 사진을 전달할 수 있는 매체이기 때문에 폭력을 재생산하는 주요 매체가 되고 있었다. 이런 맥락에서 소셜미디어는 왕따 현상을 증폭시키는 측면이 있다. 왜냐하면 사진을 공유하고 댓글을 남기는 행위는 다른 학생들이 본인들의 이야기를 올리도록 부추기기 때문이다. 소셜미디어의 이런 소용돌이 같은 속성은 학교 밖에 있지만 같은 이야기나 사진에 접근할 수 있는 익명의 학생들까지 끌어들인다. 그러므로 소셜미디어와 SNS는 학생들이 폭력성을 자랑하거나 보여주고 싶을 때 활용하는 창과 같다고 볼 수 있다. 소셜미디어로 인해 피해자들은 더욱 쉽고 지속적으로 자신을 향한 집단적 언어폭력과 정서적 폭행에 노출된다. 또한 학생들은 카카오스토리에 (마피아처럼) 행동강령까지 적용해 '교사들 안티카페' 등에서 교사들에 대한 비판적이고 조롱 섞인 말을 나눈다.

결론적으로, 학교폭력은 갈수록 '조직적'이고 '구체적'인 형태로 변하고 있었다. 반면, 교사와 학부모는 상황이 심각하다고 판단하지만 효과적인 대응책을 찾지 못하고 있다. 한 초등학교 여교사는 인터뷰를 통해 예전에는 뒤에서 욕하다 끝날 일이 요즘에는 작은 일로 학교 전체가 피해자를 무시하는 '전따'에 이를 때까지 끝나지 않는다고 말했다. 또 어떤 정신건강의학과 교수는 과거에는 미디어에 비치는 폭력을 검열해 아이들을 문화폭력으로부터 보호할 수 있었지만, 현세대 아이들은 스마트폰이나 SNS를 통해 여과되지 않은 폭력에 자연스레 노출된다는 점을 강조했다. 이 교수는 심지어 SNS는 폭력에 취약한 아이들의 뇌기능을 손상시킬 수 있다는 측면에서 히로뽕이나 대마초에 비견된다는 주장까지 했다.

청소년 비행이 악화되고 있다는 관점을 뒷받침하기 위해, 시민단체인 '청소년학교폭력예방재단'(현재 푸른나무재단 — 옮긴이)에서 진행한 연구를 인용하려 한다. 연구에 따르면 학교폭력을 경험한 1264명의 사춘기 학생들 중 78.4%가 초등학교에서 처음 폭력을 경험했다고 답했다. 또한 학교폭력 신고상담센터는 2012년 6월에서 2013년 5월 사이에만 11만 1576건의 신고 전화를 받았다고 밝히기도 했다. 이 중 초등학생의 전화 비율은 2011년과 2012년 사이에 49.9%에서 56.5%까지 올랐다. 2013년 중학생 전화의 비중은 30.2%에서 27.7%로 소폭 감소했다. 고등학생 전화는 중학생과 비슷하게 12.9%에서 11.6%로 소폭 감소했다. 이 통계에서 도출되는 결론은 갈수록 폭력이 어린 나이부터 시작된다는 점이다.

그뿐 아니다. '서울시청소년상담복지센터'의 팀장은 2~3년 전부터 상담을 받고 싶어 하는 초등학생들이 급속히 증가했다고 말했다. 하지만 이것이 2011년 12월부터 증가한 학교폭력에 대한 관심과 예민함 때문일 수 있다는 언급은 없었다. 그럼에도 초등학생 상담 희망자의 증가는 폭력 행위가 중학교와 고등학교까지 이어질 수 있기 때문에 매우 심각하게 받아들여졌다. 앞에서 언급한 1982년도 고등학교 교사의 발언처럼, 서울시청소년상담복지센터의 팀장은 SNS(사이버 왕따 증가의 주범으로 여겨진다) 외에 스트레스를 해소할 수 있는 다양한 창구를 마련하고 편히 놀 수 있는 사회적 분위기를 만들어줄 필요가 있다고 말한다.

이 담론은 학교폭력이 과거에 순진했던 아이들의 영역을 침투하고 있기에 더욱 심각한 문제가 되고 있다고 본다. 반면에 비교문화 연구는 따돌림이 초등학교에서 시작되는 것이 정상이라고(이때가 가장 폭력적인 시기일 수도 있다고) 보는 경향이 있으며, 따돌림이 중학교 말기부터 고등학교 초기에 정점을 찍고 고등학교 과정에서 점점 줄어든다고 말한다. 청소년범죄 분야의 세계적 권위자로 알려진 데이비드 패링턴은 왕따 현상에 대한 전 세계 연구 논문을 검토하여 왕따 문제가 중학교와 고등학교보다 초등학교에서 더욱 많이 일어난다고 결론을 내렸다(Farrington, 1993: 393). 또한 학교폭력 연구의 선구자 올베우스의 연구는 남녀 모두 연령 증가에 따라 피해자 수가 점차 줄어드는 경향이 있음을 보여준다(Olewus, 1990). 예를 들어 왕따 문제와 관련해 도움을 받고 싶어 **'아동상담전화'**에 전화한 영국의 아동들을 대상으로 수집한 정보를 분석한 결과, 연령이 높을수록 신체적 폭행 사건의 비중이 줄어들었다(La Fontaine, 1991: 23). 또한 미국에서 진행된 두 차례의 전국적인 조사에 따르면, 또래 폭력 피해는 6학년 때 정점을 찍은 후 점차 하락한다(Kaufman et al., 2001: 2094~2100). 마찬가지로 1990년도 중반에 일본의 '이지메'에 대해 조사한 국가적 연구 결과를 보면 초등학생의 경우 21.9%가 '이지메'의 피해자였고, 고등학교 저학년 학생의 경우는 피해자 비율이 13.2%로 감소했다. 고등학교 고학년의 경우는 피해자 비율이 3.9%까지 떨어졌다(Naito and Gielen, 2005: 169~190). 한국에서는 초등학교 6학년과 중학교 2학년 시기에 괴롭힘 문제가 정점을 찍고 고등학교에서 서서히 감소한다고 알려져 있다(Lee, Chang-Hun, 2010: 156). 또 다른 연구는 각 학년별로 폭행 비율이 꾸준히 줄어든다고 결론을 내리기도 했다(Koo, Kwak and Smith, 2008: 132).

따돌림을 발달의 관점에서 바라보면 이런 폭행의 궤적이 이해될 것이다. 아동기와 사춘기의 핵심 도전 과제 중 하나는 개인의 행동과 사회적 능력을 배우고 탐구하며 권력, 권위, 일탈의 역학을 시험해 보는 것이다. 따라서 초등학생들은 우월해지기 위해 괴롭힘을 이용하지만, 서열이 정리되면 권력을 공격적으로 쓰는 빈도수가 줄어들며, 사회도덕적 이해가 발달하면서 '친화 전략'을 활용하기 시작한다(대인관계의 친밀감과 거리감을 배운다)(Pepler et al., 2008: 325~338). 한 종단연구는 초등학교에서 중학교로 이행하면서 발견되는 왕따 현상의 정점은 학생 집단 내의 불안정한 지배구조 때문이라고 주장한다. 이에 따르면 지배구조가 안정화되면서 왕따 발생률이 줄어들게 된다(Pellegrini, 2004: 177~202). 다른 연구자들도 비슷하게 왕따가 고등학교로 이행하면서 정점을 찍고, 고등학교를 졸업할 때쯤에는 그 비율이 매우 낮아진다고 밝혔다. 이는 사회와 대인관계에 대한 청소년들의 이해도가 성숙해지고 또래 규범이 바뀌면서 일어나는 현상이다(Pepler et al., 2008: 325~338). 하지만 지속적으로 폭행하는 아이들의 지배, 파괴, 권력, 위신에 대한 욕구는 '사악함'이나 '강력함'에서 오기보다는 잠재적 생산성의 부족(무기력함)에서 온다.

12. 1990년대의 학교폭력

1990년(1995년 – 옮긴이)에 발행된 한 신문의 기사는 청소년 잡지 ≪십대들의 쪽지≫의 내용을 요약해 보여줬다.[34] 이 잡지는 1987년부터 매년 청소년 독자들이 잡지사에 보내는 상담 편지를 분석해 왔다(이 잡지는 꽤 많은 수의 편지를 받았는데, 이를테면 1989년에는 2000통의 편지를 받았고 1994년에는 2936통을 받았다). 이 기사는 청소년들의 고충이 부모의 높은 기대와 진학에 대한 압박감에서 온다고 주장한다. 하지만 1989년부터 1994년 사이에 수집된 데이터에 따르면, 다음 문제도 그들의 고충에 영향을 끼쳤다.

① 외모 및 성격에 대한 열등감

② 사는 것이 싫고 허무

③ 소외되거나 친구들과 갈등

④ 다른 사람들에게 괴롭힘을 당할까 두렵거나 교제 중인 이성과의 갈등

⑤ 성적과 진로에 대한 갈등

⑥ 형제자매와의 갈등, 가정문제로 인한 가출 고민, 부모에 대한 불만

⑦ 성폭행

≪십대들의 쪽지≫ 발행인 김(형모) 씨는 학부모와 교사들에게 청소년들의 고민을 알리기 위해 1987년부터 편지 내용을 분석하고 대중에게 알려왔다고 말했다. 흥미롭게도 그는 '개인적인 문제'가 갈수록 두드러졌으며, 이는 **개인적인** 문제가 부각되는 방향으로 변화하는 사회를 반영한다고 주장했다. 1987년도를 둘러싼 시기에 한국이 독재정에서 민주정으로 이행하면서 '액체근대'와 개인주의가 한국 사회에 미친 영향과 관계가 있는 것일까?(액체근대에 대한 논의는 이 책 3장 참고).

1980년대와 같이 1990년대의 언론도 증가하는 학교폭력에 주목했다. 신문 기사들은 학교폭력의 **잔인함**이 점차 극심해지는 상황을 지속적으로 보도했고, 이 문제는 1997년 중반에 매우 중대한 사회문제로 인식되었다. 이 문제가 대중의 관심을 받기 시작한 것은 전국을 강타한 여러 사건 때문이었다. 예를 들어, 한 초등학교 고학년 학생이 저학년 학생의 혀를 자른 사건이 있었다. 또한 1996년에는 고등학교 3학년 학생이 자신을 괴롭힌 학생을 칼로 찔렀다. 이러한 사건들은 1997년 '청소년보호법' 제정으로 이어졌다.[35] 이 기사를 쓴 기자는 이런 법 적용이 근본적인 해결책이 될 수 없다는 의견을 내세웠다. 왜냐하면 학교폭력의 원인이 위험한 가정, 학교 그리고 사회 환경과 뿌리 깊게 연관되어 있었기 때문이다. 따라서 기자는 법의 엄격한 법 적용과 함께 사회 전체적으로 아이들에게 부정적인 영향을 줄 수 있는 유해 환경을 개선하기 위해 노력해야 한다고 주장했다.

1997년 여름, 한 기사는 일본 만화를 비판하며 청소년들이 만화를 통해 다른 학생들을 폭행하는 방법을 배운다고 주장했다.[36] 이 기사는 청소년들이 일본 만화에 묘사된 행위를 모방한 것으로 보이는 다양한 학교폭력 사건을 조명했다. 청소년 문제 전문가들은 일본 만화, 홍콩 영화, 그리고 1980년대의 암울한 현실을 그린 1995년도 인기 드라마 〈모래시계〉가 폭력을 미화시켜 사춘기 청소년들의 행동에 부정적인 영향을 미쳤다고 주장했다. 학교폭력으로 체포된 많은 학생들의 진술에 따르면, 폭력 서클의 이름을 일본 만화에서 따오거나 폭행 방법을 일본 만화나 홍콩 영화에서 모방한 경우가 많았다. 또한 전문가들은 부모들의 과잉보호도 학교폭력에 일조했다고 말한다. 과잉보호로 학생들이 인내심이 없을 뿐 아니라 개인주의 성향이 강해졌다는 주장이다. 그러나 이러한 주장들이 간과한 부분은 만화책이 존재하지 않던 1950~1960년대에도 학교폭력이 존재했다는 것이다.

앞의 기사가 나가고 4일 뒤, 같은 신문사에서는 새로 제정된 '청소년보호법'에 관해 보도했다.[37] 해당 법의 주목적은 비행청소년들이 자주 가는 '문제 있는 유해 환경'(만화가게, 전자오락실, 비디오방, 노래방, 당구장, 디스코텍과 술집)으로부터 그들을 보호하는 것이었다. 하지만 이 기사를 쓴 기자는 많은 청소년들이 휴식을 취할 수 있는 공간이 부족하다는 불만을 토로했기 때문에 이런 여가 공간을 집중 단속하는 것이 효과적일지 의문을 제기했다. 또한 고든은 한국의 교육체계가 학생들을 지나치게 감시하는 형태이기 때문에, 학생들은 어른들의 눈을 피해 자유롭게 놀 수 있는 곳을 찾게 된다고 말했다. 이런 이유로 학생들은 노래방, 게임방, 비디오방과 같은 어둡고 숨겨진 곳으로 이끌린다.

다음 날 "김 대통령 학교폭력 근절 지시"라는 제목의 기사가 보도됐다 (Lee, Yong-hwan, 1997). 전임과 후임 대통령들과 마찬가지로, 김영삼 대통령은 기사가 나오기 전날(1997년 7월 8일 – 옮긴이) 학교폭력을 한국 사회에서 근절하라고 지시했다. 그는 학교폭력을 단편적으로 다루면 안 되며 종합적인 관점에서 다루어야 한다고 강조했다. 또한 학교폭력 척결이 정부와 기성세대의 책무라고 강조했으며, 이는 '청소년보호법'(승윤의 자살로 촉발된 따돌림에 대한 대중의 우려에 따라, 이 법은 2012년 청소년들을 웹툰과 온라인게임으로부터 보호하는 내용을 보완해 개정되었다)으로 강력히 지원할 것이라고 했다. 하지만 고든이 말한 것처럼 만약 이 법이 실제로 청소년들을 보호하고 학교폭력에 효과적이었다면 학교폭력이 오늘날에도 이렇게 큰 사회적 문제로 남아 있지는 않았을 것이다.

학교폭력의 근본적인 원인을 근절하는 한 방법으로 청소년들에게 해로운 만화를 그린 작가들을 표적으로 삼았다. 김영삼 대통령의 학교폭력 근절 선언으로부터 2주 뒤, 만화가 이현세는 그의 인기작 『천국의 신화』에 묘사된 단체 성행위나 폭력 장면과 관련해 검찰 조사를 받았다.[38] 이현세는 그의 작품과 예술적 자유를 방어하면서 해당 장면은 **문명시대 이**

전의 혼미하고 야만스러움을 표현하기 위해 그린 것이라며 반박했다.

그로부터 20년이 지난 지금, 우리는 학생들이 조직적인 범죄자들과 유사해져 간다는 주장이 어떻게 전개되어 왔는지 보고 있다. 그들의 행동 패턴은 폭력적인 조폭 영화를 보며 익힌 것으로 추정된다. 이 대목에서 앞서 언급한 2012년 2월 '경쟁이 치열한' 대구 수성구에서 일어난 불미스러운 사건을 생각해 볼 수 있다. 수성구가 치솟는 자살률을 잡으려 하던 시기에, 16세의 고등학생 P 군은 그의 친구에게서 학교가 보이는 근처 언덕으로 오라는 연락을 받았다. P 군은 이것이 그저 평소와 같이 담배를 피우거나, 술을 마시거나, 본드를 흡입하거나, 여자를 만나거나, 아니면 후배들에게서 갈취한 돈을 나누기 위해 모이는 자리라 생각했다. 도착할 무렵 P 군은 친구들이 땅을 파고 있는 모습을 발견했다. 그는 친구들에게 땅을 파는 이유를 물었고, 친구는 갑자기 그의 뺨을 때리며 말했다. "너를 여기에 묻을 거야. 우리한테 무례하게 굴었으니 벌을 받아야지"(Na, Jeong-ju, 2012b). 친구들이 그를 구덩이 쪽으로 질질 끌고 가는 동안, 그는 소리를 지르며 용서해 달라고 빌었다. 친구들은 P 군에게 욕을 퍼부으면서 목 부위까지 그의 몸을 묻었고, 30분 동안 생매장된 두려움에 떨도록 방치해 두었다. 한술 더 떠서 친구들은 그의 얼굴에 소변을 누어 모욕감을 주기까지 했다. 친구들은 그를 구덩이에서 꺼낸 뒤 폭행하면서 경찰에 신고하면 죽이겠다고 위협했다. 가해자들이 체포된 후, P 군은 그들이 조폭 영화에서 본 장면을 재현했던 것이라고 기자에게 설명했다.

해당 사건을 맡은 경찰관은 P 군 사건은 단지 심각한 학교폭력의 한 사례에 그치지 않으며, 그들은 잔혹하고 냉혈한 조폭과 다름없었다고 말했다(Na, Jeong-ju, 2012b). 이 사건을 조사한 형사들은 그들이 급우들을 위협하고 돈을 갈취하기 위해 다른 방법도 사용했다고 말했다. 그들에게 '버릇이 없다'는 이유로 두 학생은 기중기에 묶인 채 2시간 동안 허공에 매달려 있어야 했다. 그들은 이 아이들의 음모(陰毛)를 라이터로 태우고 물에 빠뜨리기도 했다. 또 다른 학생에겐 그가 샤워를 하는 중에 몸에 오줌을 누기도 했다. 이런 수법들은 따돌림의 원인(예의를 지키지 않은 것)과 그에 대한 반응(고문)이 지나치게 불균형하다는 흔한 현상을 반영한다. 이것은 옛 격언인 "범죄에 맞게 처벌하라"와는 상반되는 현상이다. 처벌이 지은 죄 이상으로 가혹하기 때문이다. 이런 불균형은 합리적인 사고에 어긋나기 때문에 폭행이 왜 냉혈하고 잔혹하며 악랄하고 비인간적인지 어느 정도 설명해 준다. 하지만 이들의 인간적인 모습은 경찰관이 가해자들도 한때 피해자였다는 것을 알았을 때 나타났다. 이들은 어렸을 때 선배들에게 따돌림과 고문을 당했고, 선배가 되자 같은 행위를 후배들에게 저지르면서 이 (K폭력의) 사이클을 지속시켰다. 아마도 이들의 과거 피해 이력을 보면 이들의 양심과 잔인함이 이해될 것이다. 앞서 언급했듯이 왕따 피해자들은 피해 경험이 없는 일진보다 더 잔혹한 범죄를 저지르는 경향이 있기 때문이다(Suzet, Samara and Wolke, 2013: 1091~1108). 이런 경우는 피해자 경험이 그들의 가학적인 행동을 부채질했다고 볼 수 있다.

P 군은 교사들이 이런 폭력을 인지하고 있었지만 아무런 '조치'를 취하지 않았다고 주장했다. 그에 따르면 그가 교사들에게 도움을 요청했지만, 교사들 또한 이 학생들을 두려워한다는 것을 알고 포기했다고 한다. 교사들은 개인적인 대응 방안 한 가지를 제안하기는 했었다. 자기 자신을 잘 챙기고 해당 학생들과 친하게 지내라는 것이었다. 승윤의 부모처럼 P 군의 부모도 2명의 교사를 '업무 태만'으로 고소할까 생각했었다. 한편 전문가들은 다른 시민들이 1950년대부터 10년마다 우려를 표했듯이, P 군 사건은 학교폭력이 단순히 학생과 학부모, 교사들만의 문제가 아니라 사회 전체가 시급히 해결해야 할 대중적 관심사라는 것을 보여줬다고 주장했다.

13. 2000년대의 학교폭력

학교폭력의 발전을 정리한 연표에 나타나듯이,[39] 세기 전환기에 김대중 정권이 등장했고 2001년 학교폭력과의 전쟁을 선포했다. 이 전쟁의 최전선에는 여성 경찰관으로만 구성된 '학교폭력전담부'가 있었다. 전쟁이라는 미사여구를 사용한 계기는 부산에서 한 고등학생 학교폭력 피해자가 가해자에게 앙심을 품고 살해한 사건이었다. 2003년 교육부는 '학교폭력예방 및 대책에 관한 법률'을 제정하고자 했고, 이 법안에는 모든 학교가 매년 '예방교육 프로그램'을 실시할 것을 의무화하는 내용이 들어 있었다. 이 법률은 또한 학교들이 '학교폭력대책위원회'를 설립하고 전문 상담사들을 섭외해 상담 서비스를 제공할 것을 촉구하기도 했다. 이 법은 2004년 발효되었고 뒤이어 노무현 정권의 폭력 태스크포스 설립으로 이어졌다. 폭력 태스크포스는 2004년 학교폭력 사례가 급격히 증가하자 구성되었다. 이 기간 중 해당 법에 생긴 여러 가지 변화 중 하나는, 2012년 승윤의 죽음 이후 폭력에 개입한 모든 학생의 학생기록부에 해당 사실이 기록되도록 한 것이다.

2005년 교육인적자원부는 (경찰청을 포함한) 7개 유관 부처와 함께 '학교폭력 예방 및 대책에 관한 법률 5개년 계획'을 수립했다. 이런 대책들은 학교폭력을 매년 5%씩 감소시킬 것이라 공약했다. 하지만 이 공약의 결과로 가해자 수는 줄었지만, 피해자 수는 오히려 늘어났다.

2006년 인천시는 '인천원스톱지원센터'(현재 인천동부해바라기센터 — 옮긴이)를 열고 3000명의 인천시 학교폭력 피해자들을 돕고자 했다. 같은 해에 경북지방경찰청과 여성가족부, 안동의료원은 함께 '여성-학교폭력 피해자 경북 지원센터'를 설립했다.

교육부는 2007년 3월 삼덕초등학교를 학교폭력에 대한 상담 네트워크를 만들 정책 연구학교로 선정했다. 2007년 6월 '청소년학교폭력예방재단'(1995년 설립, 현재 푸른나무재단)은 교육부와 함께 학교폭력을 위한 지원 체계를 구축하고 학교폭력 피해자들에게 응급 전화, 구조와 상담 서비스를 제공했다. 이듬해 해당 단체는 현장 실습을 기반으로 학교폭력 가해자와 피해자들을 위한 임상 프로그램을 만들었다.

2008년 새로 선출된 이명박 대통령이 학교폭력 억제를 위한 특별법 제정을 지시했을 때, 경기도에서만 총 1140건의 학교폭력이 발생한 것으로 보고되었다. 이 중 3분의 2(767건)가 중학교에서 발생한 것을 근거로, 당시에는 학교폭력 좀 더 어린 나이 대에서 처음 발생하는 것으로 추정되었다.

14. 학교폭력의 역사

고든은 학교폭력 관련 마지막 게시물에서 고든은 한국 학교폭력의 역사를 간단히 요약했다. 먼저 그는 21세기로 진입하던 시기에도 집단 따돌림과 갈취, 여타의 폭력 행위가 1950년대 이후와 같이 여전히 존재했지만, (앞서 언급했듯이) '빵셔틀'이라는 새로운 경향을 수반했다고 주장했다. 몇십 년간 해로운 미디어 자료는 학생들의 폭력성을 증가시키는 핵심 원인으로 지목되어 왔다. 시대에 따라 영화, 만화, 드라마, 온라인 게임, 웹툰은 청소년들이 모방하는 폭력적인 문화상품으로 지목되었다. 이 매체들의 '야만화 효과'가 학교폭력 증가로 연결된다고 여겨져 왔다. 하지만 이 담론을 바라보는 또 다른 관점은, 특정 미디어와 그것이 묘사한 내용이 실제로 학교폭력에 영향을 끼치는지는 실질적인 증거가 부족하다는 것이다. 이런 문화상품의 판매, 배급, 소비에 대한 규제가 실제로 얼마나 학교폭력의 감소로 이어졌는지 알 수 없기 때문이다. 따라서 독자는 최신 미디어 상품이 청소년들을 '야만화'하고 있다는 관점에 의문을 가질 수밖에 없다. 10년마다 학생들이 최신 미디어의 내용 때문에 지속적으로 야만화되었다고 하면, 1950년대에 칼이나 다른 살인 무기를 사용했듯이 오늘날 학생들은 첨단 총기를 소지하고 등교해야 했을 것이기 때문이다.

해로운 미디어 규제에 집중하는 것과 관련해 고든은 같은 수준의 관심으로 교육 시스템의 해로운 부분을 바라봤어야 한다고 말한다. 고든이 보기에 대학입시에 전적으로 힘을 쏟는, 지나치게 경쟁적인 한국의 교육 시스템은 학생들의 정신에 해로우며, 대학 진학 경쟁에서 뒤처진 학생들에겐 비난이 쏟아지는 결과를 낳는다. 학생의 가치를 성적으로만 측정하기 때문에 '꼭대기'에 오른 학생들은 '뒤처진' 학생들보다 자신들이 우월하다고 느낀다. '패배자'들은 약한 존재로 하찮게 대우받고, 쉽게 무시해도 되고 괴롭힘당해도 되고 왕따당할 수 있는 존재로 여겨진다(서틀로 취급된다). 고든에 따르면 교사들의 가장 큰 목표는 학생들의 성적을 올리는 것이기 때문에 그들은 폭력과 그로 인한 피해에 무관심해진다. 고든은 '열등한' 학생들이 부족한 성적으로 모욕당하고 거부되는 과정을 직접 경험했지만, 어떤 교사도 이런 학생들을 돕기 위해 나서는 것을 본 적이 없다고 말한다. 또한 고든은 많은 학부모들이 '우리 사회는 패배자들에게 친절하지 않다'는 사회적 통념을 두려워하며, 학생들의 학업에 지나치게 간섭한다고 생각한다. 그는 대학진학률이 70~80%인 사회는 정상적이지 않으며, 이로써 (하위권 대학은 말할 것도 없거니와) 좋은 대학을 졸업한 사람들도 공정한 대우를 받기 어렵다고 말한다. 일진의 경우 학창 시절 '멋진 삶'을 사는 것처럼 보이지만, 사회에 진출하면 그들은 순식간에 '패배자'로 전락한다. 사회에서 성공하기 위해 필요한 자격을 갖추지 못했기 때문이다.

고든은 이런 시험 중심의 초경쟁적인 교육 환경에서 타인의 권리를 존중하고 남들이 나를 대해줬으면 하는 태도로 남을 대하는(유교의 핵심 도덕) 자세는 실제로는 미덕으로 여겨지지 않는다고 말한다. 그는 급우들의 성적이 떨어져야 내 성적이 오르고, 남들이 대학 입학에 실패해야 내가 원하는 대학에 입학할 수 있는 한국의 교육 현실은 너무 잔혹하다고 말했다. 이런 환경에서 학교폭력이 해결책 없이 영원한 문제로 남는 것은 고든에게는 놀랍지 않다. 오히려 그는 성장기를 거치면서 폭력적이고 반사회적으로 변해 사회적 규범을 무시하는 학생이 많다는 사실에 놀란다.

3장
연료 소비문화, 왕따, 윤리와 아이돌

1. 태영의 사례

1장에서 보았듯이 태영은 후배들에게 강제로 술을 먹이고 가혹 행위를 자행한 후 협박과 폭행을 저지르고 물품을 갈취한 죄로 기소되었다. 태영은 자신의 행동에 대해 다음과 같이 진술했다.

후배들에게 술을 마시자고 권했고, 우리 집 근처 놀이터에서 술을 마셨다. 나는 "토하면 죽는다"라고 했지만 후배들 중 1명이 내 옷에 토를 했다. 나는 화가 나서 그의 얼굴을 때렸다. 지금은 그들에게 미안하고 안타까운 생각이 든다. 모든 것은 내 잘못이고 형으로서 부적절한 행동을 한 것에 대해 피해자들에게 미안하다고 말하고 싶다.

15세인 태영은 1997년 9월 아시아 금융위기가 가장 심각할 때 태어났다. 태영이 6세가 되던 해에 어머니는 불륜을 저질렀고 이혼 후 집을 떠났다. 태영은 그 후로 아버지, 형과 함께 살았다. 이 셋은 정부의 지원을 받으며 월세 25만 원인 집에서 살았다. 태영의 아버지는 한 달 수입이 약 150만 원이었다. 아침 9시부터 밤 10시까지 두발 관리 제품과 화장품을 판매했지만 실적이 없는 날이 많았다. 긴 근무 시간과 적은 보수로 태영의 아버지는 자식들을 제대로 교육시키지 못했다. 그의 아버지는 외향적이면서도 욱하는 성미였는데, 그 때문에 자식을 가르치거나 훈계할 때 욕을 내뱉고 체벌했다. 아버지의 좋은 점과 나쁜 점을 물었을 때 태영은 아버지가 담배를 끊어서 좋다고 했지만, 아버지가 짜증 내고 화를 내는 것은 싫다고 답했다.

태영의 어머니는 재혼을 했고 태영은 부모가 이혼한 뒤 2년간은 어머니를 한 달에 두 번씩 몰래 만났다. 어머니는 태영에게 용돈을 조금씩 주었고, 태영은 그런 어머니에게 좋은 감정이 있었다. 하지만 어머니가 자신의 단점을 이해한다고 느낄 때는 좋은 감정이 생기지만, 아버지처럼 화낼 때는 어머니가 싫다고 태영은 말한다. 태영의 형은 현재 고등학교 3학년이다. 태영의 비행은 그가 폭행 혐의를 받고 무면허로 오토바이를 몰다 잡혔을 때 비로소 극명히 드러났다. 태영은 언제나 자기 자신이 형의 분노의 대상이며 형이 아무 이유 없이 자기를 때린다고 생각한다. 형의 분노가 폭발하는 것을 피하기 위해, 태영은 중학교 1학년 때부터 가출을 했다. 가출청소년쉼터에서 두 번, 친구 집에서 두 번 지냈는데 첫 쉼터 생활은 두 달 동안 이어졌다. 그의 일기 중 '내 가족'이라는 제목의 일기에는 다음과 같이 쓰여 있다.

우리 아빠는 아침 9시에 일을 하러 가서 저녁 10시에 돌아온다. 나는 집에서 형이랑 있지만, 형은 나를 자주 때리기 때문에 나는 아빠가 오기 전까지 집 밖에 있거나 다른 사람들과 시간을 보낸다. 형의 폭력은 갈수록 심각해지고 있어 너무 무서워서 가출을 했다. 형은 사과했고 나는 집에 돌아갔다. 형은 잘해줬지만, 1주일 뒤 담배를 피우다 형에게 걸렸고 많이 맞았다. 나는 또다시 도망을 갔고 쉼터에 숨어 지냈다. 그곳에 두 달간 있었다. 아빠와 형은 나에게 찾아와 미안하다고 했지만, 형은 아빠가 없을 때마다 나를 때리고 협박했고, 그래서 집에 있기가 너무 무서웠다. 나는 주로 학교가 끝나면 집에 일찍 귀가했지만, 형이 나를 자주 때렸기 때문에 집에 가지 않고 도망갔다. 도망갈 때마다 매번 가족들에게 미안해서 돌아가곤 했다. 하지만 형이 날 때릴 때마다 누구에게도 말하지 않았고, 형은 이걸 알고는 더 때렸다. 나는 형이 학교에 갈 때 가장 행복하고 해방감을 느낀다. 형은 어느 선까지는 나에게 잘해주지만, 그 선을 넘으면 나를 때린다. 나는 그게 너무 두려워 도망쳤고 매우 힘든 삶을 살았다. 잘 살고 싶었지만 형 때문에 그럴 수 없었다. 나는 또다시 도망쳤고, 자살을 생각하기도 했지만 아버지가 슬퍼할 것이기 때문에 그럴 순 없다고 생각했다. 형만 없었다면 뭐든지 괜찮았을 것이다.

태영은 15명의 친구들과 어울려 다니는 것을 좋아한다고 말했다. 그들은 담배를 피우고 PC방이나 노래방에서 놀았다. 중학교 1학년 때는 초등학생들의 돈을 갈취했다. 그는 "선배들이 시켰다"라는 말로 그렇게 행동한 이유를 설명했다. 하지만 아마도 태영은 이런 선배들을 진정한 친구로 생각하지는 않는 것 같다. 그는 이렇게 말했다. "진정한 친구는 서로가 탈선하는 것을 막아준다." 태영은 중학교 1학년 때 담배를 피우기 시작했고 형에 대한 분노로 집에서 도망치기 시작했다. 그 시절 그는 하루에 담배 20개비를 피웠고, 소주를 매달 2병씩 마셨다. 달마다 아버지가 3만 5000원씩 줬다고 말했지만, 두 개의 아르바이트를 하며 돈을 더 벌기도 했다. 태영은 청소부로 첫 아르바이트를 했고, 이후엔 주차 요원으로 일했다. 이 일을 통해 (아버지와 같은) 모든 사람들이 살기 위해 힘들게 돈을 번다는 것을 깨달았다.

태영은 결석이 잦았다. 중학교 1학년 때 그는 무단결석과 병결을 각각

17번씩 했다. 2학년 때는 70번이나 무단결석을 했고, 5번의 병결이 기록되었다. 당연히 성적은 최하위였지만, IQ는 91(평균 수준)이었다고 한다. 성적이 나빴던 태영은 현재 학교에 다닐 수가 없다. 태영의 중학교 담임교사에 따르면 태영은 과제를 제대로 수행하지 못했고, 자기중심적이었으며, 균형 잡힌 생활습관을 익히지 못했다고 한다. 이 교사는 태영이 인내심을 갖고 더 열심히 노력해야 한다고 생각했다. 태영의 꿈은 모델이 되는 것이었다. 꿈을 향한 그의 생각은 그가 스스로를 잘생기고, 멋있고, 인기가 많다고 쓴 '문장 완성 검사(SCT: Sentence Completion Test)'에서도 드러난다. 그는 체육 선생님이 멋있다고 생각하지는 않았다. 오히려 자신을 항상 때렸다는 이유로 선생님을 증오했다. 이런 체벌이 결석으로 이어졌다고 태영은 설명했다.

태영이 수감된 직후 담당 분류심사관은 태영의 아버지에게 연락해 아들에 대한 문제를 의논하고 싶어 했으나, 그가 모든 전화 수신을 차단해 연락할 수 없었다. 한편 당시 태영은 일기에 "4주간 부모님을 얼마나 볼수 있을지 걱정이다"라고 적었다. 분류심사관은 어머니와 연락이 닿았고 그녀는 협조적이었으며 태영의 행동에 대해 솔직했다고 한다. 어머니는 심사관에게 선처해 달라고 했다. 태영이가 본래 매우 병약했으며 비행은 충동적인 행동이었고 지금은 자신이 한 일을 후회하고 있다고 말했다. 태영은 미래 계획을 쓰라는 지시에 다음과 같이 썼다.

소년원을 나가면 중졸 검정고시를 준비할 것이다. 시험을 통과한 후, 고등학교 입학시험을 볼 것이다. 2014년엔 고등학교에 입학할 것이고 열심히 공부해서 인서울 대학에 진학할 것이다. 대학에서 열심히 공부해서 의사가 되고 싶다. 나는 성실한 마음가짐으로 지금 사귀고 있는 여자 친구와 결혼하고 싶다. 나는 더 이상 부모님에게 욕을 먹지 않을 것이며 효도하는 자식이 될 것이다.

재판 날 좋은 결과가 있다면 올바르게 살 것이다. 다른 사람들과 비교했을 때 멋진 사람이 되고 싶다. 나는 부모님에게 효도할 것이다. 내가 고등학생이 된다면 비행청소년이 되지 않고 열심히 공부하며 바르게 살 것이다. 사회로 나간다면 다시는 싸우지 않겠다. 또한 중학교 졸업 시험을 위해 열심히 공부할 것이다. 나는 선생님들의 말도 잘 들을 것이며 소년원에 있는 4주 동안 아무런 문제도 일으키지 않을 것이다.

나는 나이가 들고 있고 올바르게 살고 싶으며 나쁜 생각을 하고 싶지 않다. **사실 나는 특별한 사람이 되고 싶다. 가수가 되고 싶고 사람들에게 행복을 주고 싶다.**

2. 창조경제 대 사회악

이 절의 내용은 학교폭력을 직접적으로 다루지 않고, **소비문화**에 더 초점을 맞춘다. 학교폭력과 관련된 사람들은 소비문화와 깊은 연관성이 있을 뿐만 아니라 소비문화를 형성 및 재형성하며, 한국 사회와 경제, 그리고 가장 핵심이 되는 사회관계의 중심을 이루는 소비문화의 물질적·상징적·윤리적 힘에 영향을 받는다. 태영이 썼듯이, 그는 가수가 되고 싶어 하며 적어도 타인에게 행복을 줄 수 있는 특별한 사람이 되고 싶어 한다. 이 점으로 보아, 문화적 패턴과 사회제도만이 개인에게 영향을 끼치기만 하는 것이 아니라, 오히려 개인이 타인과 관계 맺는 방식과 사회경제적 구조에 따라 개인의 성격 자체가 형성되거나 3장의 제목이 나타내듯 '연료'를 제공한다(Fromm, 1947).

브론펜브레너의 '인간 발달의 생태학적 모형'(이 책 6장 참고)에 따르면, 문화적 신념, 관습, 지식 공유, 생활 방식은 '매크로 시스템' 수준에 위치해 있다. 문화적 청사진으로도 불리는 매크로 시스템은 '마이크로 시스템' 내에 있는 특정한 조건과 과정에 영향을 끼친다. 예를 들어, 학교에서 친구들과의 관계, 육아, 정체성의 형성 등에 영향을 끼치는 것이다. 유명한 역사학자 브루스 커밍스(Bruce Cumings)는 한국 상부구조의 상태, 문화, 이념이 몹시 완고하다고 했다(Cumings, 1997). 더불어 그는 "역동적인 사회적·경제적 힘으로부터 도전받지 않으면 이 구조는 완고하게 버틸 것"이라고 경고하기도 했다. 좀 더 폭넓은 문화적 상황과 동적인 사회경제적 힘의 영향을 받는 개인, 가족, 학교, 공동체 간의 관계를 조사함으로써 우리는 청소년, 특히 비행청소년에 대해 더 잘 분석하고 맥락화할 수 있을 것이다(Hong, Jun Sung et al., 2011: 1120~1126). 특히 필자는 K팝 문화가 그 자체로도 한국 현대 소비문화의 중요한 부분이자 상품을 넘어 학교폭력 문화와 떼려야 뗄 수 없는 관계라 생각한다. K팝은 소비문화, 사회관계, 정체성 형성의 윤리와 가치 사이에서 '중재자 역할'을 수행한다.

이러한 문화적 힘은 정치적 과정과도 상호 연결되는데, 박근혜 정부 경제 정책의 핵심은 그 뜻도 모호한 창조경제의 발전이기 때문이다. 또한 박 대통령이 취임사에서 강조한 내용은[1] 창조경제에서 중요한 것은 벤처 캐피털이나 K팝과 같은 문화산업의 융합이며, 과학기술이 창조산업을 구축하는 발판이 되어야 한다는 것이었다. 창조경제의 성장을 위해 박 정부는 창의적인 벤처기업이나 스타트업의 인수·합병을 유도하는 수단으로 각종 규제 철폐를 활용했다. 신자유주의적 자본주의의 흐름대로, 박 대통령은 융합에 걸림돌이 되는 것들을 제거하려는 목적으로 불필요한 규제를 철폐해(Kang, Seung-woo, 2014), 기업친화적인 환경(감세 조치 포함)을 조성하겠다고 약속했다.[2] 마치 '규제와의 전쟁'을 펼치듯이, 박 대통령은 한발 더 나아가 불필요한 규제가 "처부숴야 할 원수"이고 "제거해야만 하는 암 덩어리"라고 말했다(Cho, Chung-un, 2014b).

박근혜 정권이 경제 면에서는 자본의 자유로운 흐름을 억누르는 규제들을 제거해 '창의성'을 육성하고자 했다면, 사법적 초점은 (앞서 언급했듯이) 4개의 '사회악'(학교폭력, 성폭력, 가정폭력, 식품 관련 범죄)을 제거하는 데 있었다. 일반적으로 창조경제의 접근법은 한국의 미래 경제성장을 위해 과학과 기술에 기반을 둔 **해결 방안**을 제공하는 것으로 이해할 수 있었다. 반면에 처벌에 의존하는 안전 중심적 '사회악 제거' 접근법은 한국 사회의 특정 **문제들**을 근절 또는 제거하고자 한다. 하지만 만약 학교폭력 자체가 창조경제와 일정 부분 연관된 문제라면, 창조경제 흐름에 입각해 문화산업을 육성하면서 학교폭력 문제에 효과적으로 대응하기는 어려울 것이다. 간단히 말하면 박 정권은 문화와 자본의 '융합'을 이루고 싶어 했지만, 소비문화와 학교폭력 사이에 이미 존재하는 '융합'부터 살피는 작업이 필요했다는 것이다.

학교폭력의 **원인**으로서의 융합보다 그 잠재적 **해결책**으로서의 융합을 고려했을 때 들 수 있는 좋은 사례가 인기 K팝 걸그룹 '걸스데이'를 통해 진행한 분당경찰서의 '학교폭력 근절 캠페인'이다. 걸스데이는 팬들에게 프리 허그를 해주면서 **사랑을 나누고 증오 범죄와 싸우고자** 했다. 이에 유머 감각과 통찰력을 겸비한 한 네티즌은 그런 전략이 증오의 불꽃을 끄기보다는 불난 집에 부채질하는 양상에 더 가까워질 것이라 생각해 다음과 같은 댓글을 달았다.

"남자들은 (연예인들을 꺼안는) 최초의 팬이 되기 위해 서로 싸울 것이기 때문에 이것은 더 큰 폭력으로 이어질 것이다."[3]

3. 지그문트 바우만의 『액체근대』

한국 사회에서 소비문화와 사회관계 및 개인 정체성의 본질 사이의 심오한 불가분의 관계를 더욱 명확히 이해하기 위해, 지그문트 바우만

(Zygmunt Bauman)의 사회학을 인용해 보고자 한다. 바우만은 사회학 분야에서 가장 유명한 **해설가**이자 현대화 과정에 관한 탁월한 연대기 작성가로 알려져 있다(Blackshaw, 2005). 특히 바우만은 현대를 두 개의 다르지만 상호 연결된 표현으로 구분했는데, 그는 이것을 은유적으로 '**고체근대**'와 '**액체**근대'라고 불렀다.

계몽주의 시대에 그 성격의 토대가 마련된 고체근대는 현대 자본주의의 산업화 시기에 지배적이었다고 할 수 있다. 이 시기의 특징은 전형적인 포드식 생산, 과감한 시스템 구축, 대규모 사회공학으로 대표되며, 자연과 인간 세상을 분류하고 위계화하는 분류학 또한 이 시기의 산물이다. 고체화된 현대 생활은 강력한 도덕적 힘과 사회 규제에 둘러싸여 있었으며, 개인은 위계화된 사회질서 속에서 본인의 위치를 깨달아 **반항보다는 순응**을, 그리고 **개인적 자아실현보다는 의무**를 선택하도록 강요받았다(Blackshaw, 2005: 29). 하지만 1960년대에 이르러 점진적으로 '무거운' 고체에서 '가벼운' 액체근대로의 사회적·경제적 변화가 일어나기 시작했고, 신자유주의적 자본주의 자유시장이 사람들의 사회적·경제적·정치적 삶의 중심이 되었다. 이러한 변화는 대처주의와 레이건주의에서 특히 두드러졌다. 신자유주의의 등장과 점진적인 통합은 개인의 자유와 책임, 무역의 자유를 추구함으로써 추진되었고(Harvey, 2010), 이는 대규모 **민영화**, **규제 완화**, **개별화**, **사회적 양극화** 등의 결과로 이어졌다. 바우만에 따르면 현대 산업 자본주의에 대한 이런 기념비적인 변화들은 소비와 **소비문화**가 사회경제적 삶의 중추인 **생산과 일**을 대신하는 결과를 가져왔다.

한국 사회의 고체근대화는 군사독재가 만연했던 박정희 정권과 전두환 정권 시대에 시작됐다고 볼 수 있다. 박정희 대통령이 펼친 현대화 정책의 핵심인 산업 주도 국가 건설 계획은 선진 기술, 강력한 군사력, 높은 경제생산성을 바탕으로 실현되었다는 견해가 있다. 군사적으로 강력하고 경제적으로 부유한 국가를 만들기 위해서는 국민을 대규모로 동원할 수 있는 환경이 필요했다. 의무를 짊어진 '국민'을 만들기 위해 남성에게 의무 복무를 요구하고, 주요 노동력을 책임지도록 함으로써 국가 수호와 가족 부양의 역할을 부여했다. 여성은 (역시 중요하지만) 2차적 노동력으로서 소외되었고, 남성의 의무를 '보조'하기 위해 아이를 낳고 '가정의 합리적인 관리'를 책임지는 역할을 맡았다(Moon, Seungsook, 2005: 2). 반항보다는 순응이 강조되었고, 자아실현보다는 국가의 경제적 의무를 강요하기 위해 한국 국민들은 억압적인 규율에 자주 노출되었으며, 반항하는 국민들을 순응하도록 돌려놓기 위해 폭력적 처벌을 행사하기도 했다(Moon, Seungsook, 2005). 일반적으로 고체근대는 **안보를 위해 자유가 희생된 시대**라고 이해할 수 있다.

바우만의 주장에 따르면 산업 기반과 공업 노동자 계층의 감소와 이것이 초래한 업무 성격의 변화(안정적인 평생직장의 감소와 불안정한 유연근무 환경의 증가)를 통해 현대는 더욱 '무질서하고 불확실한' 시대가 되었다. 따라서 동일함, 안정성, 질서, 통제, 순응, 제한된 자유로 대표되는 고체근대에서의 생활은 서서히 '불안정'해졌고, '걷잡을 수 없고 파편화되었으며', 사회는 점점 (자유시장에 대해) '유연'해졌다. 질서 있는 삶이 서서히 무너졌으며, 현대의 구조화된 모습들이 갈수록 비연속적이고 미완성적이며 해체 가능하고 지속적으로 변화하는 상태가 되었다. 고체근대 시대의 '**일관되고 고정된**' 속성과는 대조적으로, 액체근대는 인간과 사물이 **끊임없이 변화하고 이리저리 옮겨 다니는** 특성이 있다(Blackshaw, 2005). 그 때문에 바우만은 현재 우리가 사는 이러한 세상을 '액체'라고 부르며, 모든 액체와 마찬가지로 액체근대는 정지해 있거나 오랫동안 그 모습을 유지할 수 없다고 말했다(Bauman, 2010: 1). 하지만 지속적으로 변화하려는 성질 때문에 액체근대에는 **불안함, 불확실성, 위험, 파편화, 우발성, 양면성, 불안정성**과 같은 특징이 불필요할 정도로 과도하게 나타난다

(Blackshaw, 2005).

이러한 특징들은 개인 차원에서는 '실존적 딜레마'로 해석될 수 있으며, 또한 '안정 대 자유'의 추가 반대 방향으로 기울면서 액체근대에서 **자유를 위해 안정이 희생되어** 발생하는 결과로 볼 수 있다. 예를 들어, 정부는 안전에 대한 국민 의식을 측정하기 위해 '4대 사회악'에 대한 설문조사를 실시했다. 조사 대상인 1000명의 성인 중 30%, 1000명의 학생 중 52%, 100명의 전문가 중 37%는 사회가 안전하다고 생각하지 않았다. 또한 중·고등학생을 포함한 여성 3명 중 2명이 성범죄로부터 안전하지 않다고 느낀다고 답변했다(Lee, Joo-hee, 2013). 비슷하게 2013년 5월 ≪코리아헤럴드(The Korea Herald)≫는 "불안한 사회"라는 제목의 사설을 실었다.[4] 액체근대에 내재한 불안함, 두려움, 불안정성, 경쟁, 정신질환과 함께 당시 유행했던 '힐링'을 강조하면서, 이 사설은 액체근대화에 반대하는 듯한 내용을 설파했다. 사설의 필자는 불안함과 괴로움이 한국 사회에 팽배해 있다며 한탄했다. 그는 경쟁이 심화되는 곳에 범죄가 늘어나고 있으며, 전통적인 가족구조가 무너지고 있다고 쓰기도 했다. 사람들이 느끼는 불안함은 안전과 관련한 서비스와 상품에 대한 요구 증가로 이어졌고 건물, 아파트 단지, 공공시설, 길거리에 400만 개 이상의 폐쇄회로 TV(이하 CCTV) 카메라를 설치하는 결과를 낳았다. 또한 이런 CCTV 카메라와 더불어 무인 전자 보안 시스템과 접근 통제 시스템의 개수와 설치 장소도 늘어났다.

도시 거주민들이 불안정한 생활환경에 대해 갈수록 민감해지고 히스테릭해지는 모습을 설명하기 위해, 소비자 트렌드를 연구하는 한 연구센터는 서울(세계에서 가장 안전한 거대 도시 중 하나)에 **'히스테리 도시'**라는 이름을 붙였다. 서울의 '히스테리'한 본성은 정신질환에 시달리는 시민의 증가와 OECD 국가 중 자살률이 가장 높다는 달갑지 않은 오명에 관한 보도를 통해 알려져 있다. 또한 젊은 사람들은 제한된 수의 좋은 일자리를 놓고 펼치는 극심한 경쟁에 직면해 있으며, 이 때문에 학생들은 더 좋은 학업성적을 얻기 위해 치열한 경쟁으로 내몰린다. 강력범죄의 증가와 함께 '사회적 불안'은 '가족의 분열'에 의해 가중되기도 했다. 절반에 가까운 가정이 1명이나 2명으로 이루어지면서, 가족은 더 이상 전통적으로 가족이 수행해 왔던 경제적·정서적 안정성의 기반 역할을 효과적으로 수행하지 못하게 되었다. 이런 불안과 불안정함, 긴장을 막거나 최소한 줄이기라도 하기 위해 갈수록 많은 사람들이 '힐링'을 제공하는 서적이나 (연예인이 등장하는) TV 프로그램으로 시선을 돌리고 있다. 힐링이라는 단어가 사회적 중요성을 띠기 시작했다는 점을 주목할 필요가 있는데, 힐링은 '바로잡다', '고치다' 혹은 '회복하다'라는 의미가 있으며 이 단어가 떠올랐다는 것은 무엇인가가 고장 나 있고 고칠 필요가 있음을 인정하는 것이기 때문이다. 힐링 열풍과 함께 개인의 삶에서 과도한 불안을 줄이는 것이 시급한 문제로 여겨졌는데, 이는 사회심리학자들에 따르면 불안감이 주로 바이러스와 같이 빠르고 쉽게 다른 사람에게 전염되는 경향이 있기 때문이다.[5]

바우만이 말한 액체근대 세계는 단 하나의 견고한 확실성만이 있다. 그것은 내일이 오늘 같지 않아야 하고, 그럴 수도 없으며, 그래서는 안 된다는 점이다. 이런 맥락에서 액체적 삶은 한 **에피소드**에서 다른 에피소드로의 도전의 연속이며, (유명한 한국 드라마처럼) 수명이 짧다(Bauman, 2006). 바우만은 액체근대가 개인주의와 소비지상주의의 동적인 사회경제적 힘을 초래함과 동시에 개인이 공동체를 형성하는 방법을 변형시켰다고 주장한다. 바우만에 따르면 개인주의는 액체근대 **그** 사회의 토대가 되었다(Bauman, 2002b: 22). 바우만은 우리의 개인화된 '운명'에 대해 다음과 같이 말한다.

남성이나 여성 개개인이 이전보다 더 진정으로 자율적이며 주도적이고 스스로의 선택과 행동에 따라 결정을 하게 되었는지는 중요하지 않다. 중요한 것은 그들이 이제 잘못된 과정이나 실패 혹은 패배에 대해 전적으로 책임을 져야 한다는 것이다(Bauman and Yakimova, 2002).

혹은 울리히 벡이 간결하게 말하듯이 "우리 모두는 사회적으로 발생한 문제에 대해 개별적으로 특화된 해결 방안을 찾도록 기대받는다"(Beck and Beck-Gernsheim, 2002: 22). 웰빙 현상에 이은 힐링 현상은 개인이 사회문제에 대해 개별적으로 특화되고, 이에 맞춰 소비자 중심적인 해결책을 찾으려 는 노력으로 볼 수 있다.

개인주의가 현대 사회의 핵심 특징으로 자리 잡으면서 사회적 유대감과 결속이 사라지거나 약해지고 외로움, 불안정함, 불확실성, 위태로움과 같은 실존적 딜레마가 증가했다. 따라서 학교폭력에 대한 정부의 고민이 5장에서 강조한 바와 같이 '보호 조치의 부족'에 초점이 맞춰져 있다는 것은 놀랍지 않다. 개인주의의 맹점에 대응하는 한 가지 방법은 새로운 '액체'공동체를 형성하는 것이다. 바우만은 이를 각각 **고정공동체**(peg communities), **즉석공동체**(ad hoc communities), **폭발적 공통체**(explosive communities)라고 부른다. 사람들이 집에서 밥 먹는 모습을 실시간으로 스트리밍하는 **먹방** 현상처럼 이러한 새로운 액체공동체는 즉각적이고 단기적인 몰입을 위해 존재한다. 이들은 일시적으로나마 안전과 소속감에 대한 고착화된 갈증을 해소하는 역할을 하며, 동시에 개인의 소중한 개성을 유지할 수 있게 해준다(Blackshaw, 2005).

나아가 소비중심주의가 현대의 액체사회에서 수행하는 핵심 역할과 관련해, 바우만은 다음과 같은 의견을 제시했다. "우리 조상들이 다른 무엇보다 생산자로 다듬어지고 훈련받았다면, 우리는 갈수록 다른 특성보다 먼저 소비자로 다듬어지고 훈련받는다"(Bauman, 2004: 66).

바우만의 주장은 소비사회에서 우리는 단순히 소비자들이 아니라 소비문화를 소유하고 소비문화에 의해 소유되고 있으며 우리가 구입하고 소비하는 물체를 **통해** 살아가는 사람으로서, 고객임과 동시에 상품이기도 하다는 의미이다(Blackshaw, 2005: 112). 그러므로 소비사회에서 '성공적'으로 살기 위한 핵심은 **스스로를 상품으로 재구성**하는 능력이다(Bauman, 2007).

4. 연예인과 왕따: 액체근대의 사회통제

바우만은 소비자중심주의가 사회시스템의 핵심 동력으로 작동할 때 **윤리**보다 미학이 시민들을 '**규율**'하고 통제하는 데 사용된다고 주장한다. 이런 세상에서 **외모**와 **성격**은 매우 중요하며, 연예인들은 자아 구성과 자아 변형에 집착하는 액체근대 사회에서 기적과 같은 존재로 인식된다. 왜냐하면 연예인들은 '특출 난 스타'이며 자기 자신을 재창조하고 싶어하는 '일반'인들에게 희망을 주기 때문이다. 연예인들은 소비문화에서 윤리의 씨앗을 대중에게 전달하는 콩꼬투리의 역할을 하며, 메시지를 통해 소비자들에게 영향을 끼치고 그들을 격려한다. 그들은 우리도 그들처럼 성공하고 유명해지고자 노력한다면 아름다운 외모와 재밌는 성격, 자유로운 영혼을 갖출 수 있다는 희망을 준다. 이는 소비시장이 살아남고 성장하려면 소비자를 그들의 이미지에 맞게 구체화해야 하기 때문에 일어나는 현상이다(Blackshaw, 2005: 129). 이러한 맥락에서 연예인들의 사회적 기능은 소비사회 내에서 청중을 만드는 데 성공하는 것이다. 간단하게 말하면, 스타와 아이돌들은 일반인들이 모방하려는 **삶의 표준을 상징한다**(Fromm, 1947: 72). 보이그룹 비스트의 한 젊은 여성 팬은 "나는 종교를 믿지 않는다, 나는 비스트만 믿는다"라고 했다.[6]

한국의 군대는 이 말을 이해한 것 같다. 한국군은 북한에 대한 심리전의 일환으로 휴전선 부근에 대형 스피커를 설치해 K팝을 틀었다. 이 노래들이 북한 방향으로 20km까지 퍼져나가면 (어리고 예민한) 북한 병사들의 귀와 의식에 다다를 수 있기 때문이다. 이러한 심리전에 대해 한 정책 자문가는 K팝은 20~30대 북한 사람들에게 강력한 영향을 끼칠 수 있다고 말했다(Jang and Kang, 2015). 또한 음악이 도파민 분비를 촉진시켜 사람들을 신체적·심리적으로 변화시킨다는 연구를 인용하면서, 통일연구원의 한 연구원은 K팝이 북한 병사들에게 강한 심리적 영향을 줄 수 있다고 주장했다. 그에 따르면 지속적으로 K팝 음악을 들은 북한 병사들은 K팝이 묘사하는 자본주의적 세계를 긍정적으로 인식할 가능성이 높다는 것이다(그리고 연구원은 그러한 인식이 장래에는 북한 공산주의 정권의 힘을 약화할 수 있다고 내다봤다)(Kang, Seung-woo, 2015). 젊은 탈북자 박연미 씨는 한국 영화와 뮤직비디오가 북한의 '장마당 세대' 젊은이들이 탈북해 '코리안 드림'을 달성하는 것을 공공연히 얘기하도록 영향을 끼쳤다고 말한다(Park, Yeon-mi, 2014).

아름다움과 외모에 더 많은 가치를 부여하는 사회를 염두에 두면 식품의약품안전처에서 실시한 온라인 설문조사 결과를 이해할 수 있다. 이 설문조사에 의하면 외모를 의식하는 한국 남성은 평균적으로 13종의 서로 다른 화장품을 쓴다는 결과가 나왔다. 그중에서 20대가 가장 많은 종류의 화장품을 썼고 30대가 그 뒤를 이었다. 식품의약품안전처 대변인에 따르면, 한국 남성들이 화장품을 많이 쓰는 현상은 아름다움에 대한 그들의 관심을 반영한 것이었다.[7] 마찬가지로 취업정보 사이트 '사람인'이 기업 인사담당자 880명을 대상으로 한 조사에서 약 64%가 채용 과정에서 지원자의 외모를 평가했다고 답했다. 잘생긴 지원자에 대한 선호는 다음과 같은 이유에서 비롯된다.

① 외모는 업무 성과에 영향을 끼친다.
② 외모도 경쟁력이다.

③ 그들은 더욱 자신감 있어 보인다.

④ 대인관계가 원만할 것 같다.

⑤ 자기 관리가 뛰어날 것 같다.[8]

우리는 젊은 사람들이 목소리를 바꾸려고 성형 시술 하는 현상도 점점 더 많이 접한다. 그들은 고음의 목소리를 억누르기 위해 성대에 미량의 보톡스를 맞고 싶어 한다. 이 시술을 통해 일시적으로 생기는 깨끗한 목소리는 그들이 가수, TV 진행자, 예능 프로그램 참가자나 승무원이 될 수 있는 기회를 조금이나마 늘려준다고 믿기 때문이다.[9]

바우만은 이러한 소비문화에서 액체자본주의의 힘에 위계가 존재해 사람들이 시간을 들여 자신의 이상적인 모습과 같아지고 싶어 하고 튀어 보이고 싶어 하는 이미지를 만들어낸다고 주장한다. 그리고 이 관중은 **수행성**을 통해 그들만의 중요한 개성을 찾고자 한다. 이 수행성은 부분적으로 **존재감이 없어지는 것에 대한 두려움**(지그문트 바우만의 표현으로는 "붐비는 시장에서 길을 잃거나 인파에 파묻히는 두려움")에서 나온다. 이것은 사람들이 관심을 받고 '판매 가능한' '누군가'가 되고 싶으면 스스로를 상품화해야 하기 때문에 (페이스북, 트위터, 카카오톡 등을 통해) 그들 스스로를 창조·재창조하며 드러내는 행위를 수반한다. 유사한 맥락으로 우리는 한국 연예기획사들이 **노이즈 마케팅**을 통해 자사 연예인에 대해 과장되게 부풀림으로써 젊은 소비자들의 관심을 끌려는 전략을 볼 수 있다.[10]

바우만은 "그 결과 소비문화가 새로운 형태의 불평등을 낳는다"라고 말한다. 소비문화가 낡은 고체 사회에 존재하던 계급 간의 경계선을 '흔쾌히 소비하는 소비자'와 그리고 싶어도 그러지 못하는 '(가난하고 소외당한) 결함 있는 소비자' 사이의 관계로 재설정했기 때문이다. 그러므로 액체근대 사회의 억압에 대한 오늘날의 표어는 **갈취**보다는 **소외**로 대표된다. 액체근대 사회는 억압하며 통제하기보다 **즉각적인 만족**이 주요 특징인 지그문트 프로이트(Sigmund Freud)의 쾌락 원칙을 중심으로 움직인다. 소비 중심적 사회는 지금 갖고 싶은 것은 꼭 가져야 한다는 원칙을 가장 상위에 두고, 필요하면 기다리지 않는다(Blackshaw, 2005: 130). 지연이 제거된 현상은 한국인들이 휴대폰을 세계에서 가장 빨리 교체하는 모습에서 볼 수 있는데, 한국인의 60% 이상이 매년 낡은 휴대폰을 교체한다.

그러므로 '개인의 정체성 형성'을 추구하는 이 시스템은 고체근대 시대를 대표했던 억압적이고 하향 훈육적인 사회통제 도구와는 대조된다. 억압적인 훈육과 폭력적인 처벌은 대부분 '종관적 시선'이라 불리는 성적 유혹으로 대체됐다(Mathiesen, 1997: 215~234). 미셸 푸코(Michel Foucault)가 훈육과 처벌의 '판옵티콘' 모델을 제시하며 **소수가 다수**(그리고 다수가 서로)**를 감시하는** 체제를 주장했던 고체근대 시대의 사회통제와 달리(Foucault, 1977), 액체사회에서 사회통제의 종관적 모델은 관음증적 시선에 기반을 둔 사회로서 **다수가 소수**(스타와 연예인)**를 감시하는** 형태로 나타난다(Blackshaw, 2005: 128). 고체근대와 달리, 소비사회에서의 사회통제는 사람들을 **안**에 (일렬로) 모아두는 것이 아니라 '리얼리티 TV'처럼 소외를 통해 사람들을 밖으로 쫓아내는(투표로 **탈락시키거나 내쳐지거나 쫓겨나는**) 행위가 핵심 제어력으로 기능하고 있다. 이의 연장선에서 서바이벌 오디션 프로그램 〈댄싱 9〉 시즌 2에서는 심사위원들이 참가자들에게 '커트라인'을 넘었는지 아닌지를 알려준다. 잘리느냐 살아남느냐, 그것이 문제다.

바우만은 이것이 소비문화의 핵심 동력이라고 말한다. 왜냐하면 소비중심주의가 올바르게 작동해 소비자들이 상품을 지속적으로 **구매하고 소비하고 버리려면**, 소비중심주의를 움직이는 힘이 사람들을 단순히 **상품**을 도용하거나 소유하도록 두는 데서 그치는 것이 아니라 상품을 소유한 소비자들이 주기적으로 그 상품을 버리도록 유도하는 것이 중요하다. 섹시 아이콘인 K팝 스타 현아에게 한 기자가 "언제까지 가수를 하실 건

가요?"라고 질문한 적이 있다. 그녀는 "대중이 저를 원할 때까지요"라고
답했다(Um and Park, 2014). 이 답변에서도 엿볼 수 있듯이 지금의 사회
관계는 **원하지 않는 이들을 배제하는** 패턴으로 형성되었고, 다른 사람들
을 괴롭히고 배척하는 행위는 유명인과 그렇지 않은 사람들, 반가운 사
람들과 반갑지 않은 사람들, 중요한 사람들과 중요하지 않은 사람들, 유
용한 사람들과 쓸모없는 사람들을 걸러 내거나 구분하는 방법이 되었다.

이런 '**배타적 사회**'의 부산물 중 하나는 **두려움**의 증가다(Young, 1999).
액체근대 사회에서 두려움은 액체화된다. 이는 두려움이 우리에게 무작
위로, 무차별적으로, 아무 이유 없이, 준비가 안 된 무방비 상태일 때 다
가온다는 것을 의미한다(Bauman, 2006: 18). 심지어 두려움의 종류도 다
양하다. 군중 속에서 지목당해 다른 사람들이 즐거워할 때 홀로 고통받
는 두려움, 표적으로 지목되는 두려움, 뒤처지거나 도태되는 두려움은
간단히 말하면 소외에 대한 두려움이다(Bauman, 2006: 18). 리얼리티 TV
프로그램은 '대본상의 허구'임에도 **배제의 불가피함**을 내비침으로써 승
자와 패자가 갈리는 액체사회의 냉혹한 현실을 단적으로 보여준다. 방송
가의 '큰형님'(가장 영향력이 강한 사람 — 옮긴이)에게서 가장 분명히 보이
듯이, 그들에게는 누군가를 쫓아낼 방법이 많다. 그 결과 사람들은 본인
이 소외당하지 않기 위해 다른 사람들을 소외시키려 한다. 바우만에 따
르면, 개인은 소외를 무릅쓰고 무엇인가를 해야 할 필요가 없기 때문에
소외는 정의와 전혀 관계가 없다. 다음 문단에서 소개하는 '뒷담화 현상'
이 보여주듯이, 사람들은 자신이 언제 배제될지 모르기 때문에 소외는
일종의 '**피할 수 없는 운명**'이 되었다(Bauman, 2006: 24).

14세의 중학생 K 양은 2011년 자살하기 직전 유서에 "내 편은 아무도
없어"라고 적었다(Park, Dae-lu, 2012). K 양은 이어서 "그냥 나 죽으면
모든 게 다 끝이야", "내가 나만 죽으면 다 끝이야"라고 적었다. 현지 경
찰에 따르면 K 양은 8명의 14세 남학생들과 같은 학급이었는데 그중에

는 A 군이라 불리는 짱(따돌림을 지시한 패거리의 우두머리)도 있었다. 이 8명의 남학생들은 K 양이 자신들에게 복종하지 않는다고 불만을 품고 혼을 내주기로 마음먹었다. 학기가 시작되고 2개월이 지날 무렵 A 군과 B 군은 그녀를 "미친년"이라 부르기 시작했다. 그들은 욕을 하며 K 양을 괴롭히고 교실에서 그녀의 머리를 때리기 시작했다. 처음엔 필통으로, 이후엔 주먹으로 때렸다.

K 양의 부모는 딸이 괴롭힘을 당한 것을 확인하고 교장을 찾아가 남학생들의 잘못된 행동에 상응하는 처벌을 내려줄 것을 요구했다. A 군은 K 양의 부모님이 학교를 찾아왔다는 얘기를 들은 후 K 양을 "고자질쟁이"라고 부르기 시작했고 갈수록 심하게 괴롭혔다. A 군은 반에 있는 모든 학생들에게 이렇게 말했다. "학교에서 무슨 일 생기면 부모에게 이르는 바보 같은 짓을 하는 애가 있네, 걘 이제 죽었네." 그런 다음 A 군은 같은 반 친구들에게 동조와 침묵을 강요했다. 이후 8명의 남학생들의 괴롭힘은 더욱 심해졌다. 그들은 그녀의 어깨, 머리, 배를 때렸고, 그녀를 땅바닥에 내던졌으며 그녀에게 물을 뿌리고 책상 서랍에 물을 부었으며, 손거울을 훔치고 휴대폰을 숨겼다. 급식이나 간식을 못 먹게 해 굶기기도 했다. 하루는 그녀가 체육시간에 담장으로 넘긴 공을 주워오지 않았다고 머리채를 잡고 흔들었다. K 양은 "더럽게 냄새 난다", "어디 가서 찌그러져 있어"라는 말을 들은 후 아파트 건물 옥상에서 뛰어내렸다.

K 양의 죽음을 조사하는 과정에서 K 양의 부모는 그녀가 담임교사에게 왕따 문제 해결을 여러 번 요구했다는 것이 밝혀졌다. 하지만 소문에 따르면 담임교사는 K 양의 서면 진술이 없다는 이유로 아무런 조치를 취하지 않았다고 한다. 이 교사는 직무유기로 불구속 입건됐다(Park, Dae-lu, 2012). 한국교원단체총연합회(KFTA)는 담임교사를 변호하면서 담임교사의 직무유기 혐의에 신중한 태도를 보였다. 이들은 6명의 수사관이 사전 통지 없이 학교를 2시간 이상 수색하고 여러 문서를 압수하는

과정은 폭거에 가깝다고 비판했다.[11] 한편 용의자들은 처음에는 범죄를 부인했으며 나중에는 자신들의 행동이 별일 아닌 듯한 태도를 보였다(Park, Dae-lu, 2012).

바우만은 K 양과 같은 학생들의 본성이 나빠서 소외당하는 것이 아니라, 게임의 법칙상 누군가가 소외**되어야만** 하도록 정해져 있고 어떤(A 군과 같은) 사람들이 남들을 압도하는 데 훨씬 뛰어나다는 것을 증명했기에 발생한다고 말한다. 문제는 **누군가**가 소외되느냐 마느냐가 아니라, 누가 그리고 **언제** 소외되느냐라는 것이다. 학교폭력에 대한 독일의 한 연구는 학교폭력에서 아주 흔하고 '불가피한' 본질을 강조한다. 연구에 따르면 거의 모든 교실에 1명 내지 2명의 피해자가 있었고, 피해자가 1명도 없는 교실은 거의 없었으며, 2명 이상 존재하는 교실 또한 드물었다(Schuster, 1999: 175~190). '희생양' 모델이 이 현상을 가장 잘 설명해 주는데, 이에 따르면 '정신역학적 관점'에서 각 교실에는 피해자가 1명씩 '필요하다'(Smith, 2004: 98~103).

바우만은 희생양 모델을 촉발하는 정신역학적 관점을 도덕적 영역에서 특정 개인이나 단체를 제외시키는 '무관심하기(adiaphorizing)'로 보고 있는지도 모른다(Blackshaw, 2005: 128). 아디아포라(adiaphora)는 세상에서 일어나는 것들에 대한 **무관심한** 태도를 의미하는 일종의 도덕적 무감각 현상을 말한다. 많은 규제가 철폐된, 사유화되고 개인주의적인 사회경제 시스템에서 '타인'에 대한 걱정과 책임은 윤리적 의무의 범주에서 자아실현과 개인적 위험을 계산하는 범주로 넘어갔다. 책임은 갈수록 스스로에 대한 책임(이건 네 자신 덕분이다, 너는 자격이 있다)을 의미하게 되고 '책임감 있는 선택'은 개인의 이익과 욕구를 대변하는 선택을 뜻하게 되었다(Bauman, 2007: 92). 보이그룹 M의 멤버 G는 배우를 하기 위해 그룹을 떠난다는 L의 소식에 대해 "결국 배려심이 이기심을 안고 가리다"라고 말하며 한탄했다.[12]

액체근대의 시민을 통제하고 훈육하기 위해 윤리보다 미학이 더욱 많이 동원되면서 '그들'과 '우리'를 구분 짓는 데 필요한 **널찍한 거리**가 더 중요해졌다. 무관심(adiaphorization)은 '그들'을 도덕적 평가나 윤리적 책임이 아닌 미학과 입맛에 따라 구성하면서 생긴 결과다. 무관심은 '우리'처럼 행동하지 않는(또는 그렇게 보이는) 사람들에 대한 헌신과 책임을 저버림으로써(Blackshaw, 2005: 128) 도덕적 이탈과 도덕적 맹목성을 초래했다(Bauman and Leonidas, 2013). 바우만은 액체근대의 소비자들이 온 힘을 다해 싸우고 지켜야 한다고 조언받는 무대는 다른 사람들(특히 보살핌을 받아야 하는 사람들)을 쫓아냄으로써 정복할 수 있다고 말한다 (Bauman, 2007). 2013년 바우만에 대한 필자의 강의를 들은 한 학부생은 (어려움에 처한) 다른 사람을 향한 무감각함과 무관심한 태도가 분열되고 개인주의적인 현대 한국 사회의 모습을 나타내는 한 단면이라며 다음과 같이 적었다.

최근에 김포에서 외롭게 죽은 한 남성의 시체가 사망한 지 며칠 뒤 발견됐다. 2주 전 충주에서는 2명의 노인이 차례로 홀로 죽은 채 발견됐다. 최근 들어 '고독사'에 대한 뉴스가 자주 등장하고 있다. 이들은 주로 오랫동안 혼자 생활했던 병든 노인들이었다. 이런 사건의 증가는 '핵가족'의 증가와 1인 가족의 증가와 관련이 있다. 이런 현상은 이웃에 대해 무관심한 사회 분위기에서 비롯됐다.

5. 폭발과 파괴 경고

2012년 7월 30일, (남성으로 추정되는) 한 유튜브 이용자는 자신이 K팝 걸그룹 T의 팬에서 그들을 향해 불타는 혐오심을 가진 사람으로 급격히

변했음을 암시하는, 격렬한 종교의식처럼 보이기도 하는 영상을 게시했다.[13] 해당 걸그룹에 대한 그의 즉각적인 적대감은 그가 과거에 가장 아끼던 그룹 T의 팬 상품을 흙구덩이에 넣고 불태우며 그 물건이 불타서 재가 되는 모습을 녹화한 후 그가 치른 의식을 유튜브에 공유하는 행위로 나타났다. 특별해 보이지 않던 해당 영상은 2016년 중순쯤 70만 뷰 이상을 기록했다. **악마**가 불과 관련된다는 믿음은 우연의 산물은 아닐 것이다. 왜냐하면 그의 의식이 보여주듯이, 불은 파괴의 궁극적 상징이기 때문이다.

사실적이면서도 상징적인 그의 행동은 왕따 행위에 대한 **반응**이었다. T의 멤버들이 K팝 여론 법정에서 유죄 판정을 받으면서, 그는 한 멤버를 왕따 한 것으로 알려진 나머지 T의 멤버들을 상징적인 차원에서 파괴함으로써 그들을 그의 인생에서 **버리고 잘라내는** 방식으로 빠르게 반응했다. 화가 난 팬들 다수는 마그네슘 불꽃과 같은 분노와 실망감을 T의 소속사 대표에게 표출했다. 그들은 계란을 소속사 건물에 던지며 분노를 표출했다.[14] 'K 대표와 그의 회사에 죽음을'이 그들의 상징적인 메시지인 것 같았다. 하지만 피해자를 지지하는 차원에서 가해자로 알려진 이들을 배척하는 행위는 가해자들을 피해자로 만들고 그 과정에서 가해자-피해자 (K폭력) 사이클을 영구화할 위험이 있다. 그런 측면에서 이 전략의 효율성에는 의문이 제기된다. 왜냐하면 왕따에 대한 징벌적인 접근으로 단순히 **가해자들을 응징**하는 방법은 아무것도 해결하지 못하고 오히려 왕따 행위를 하는 주체가 한 그룹에서 다른 그룹으로 대체될 뿐이기 때문이다.

이쯤에서 독자들은 그룹 T의 왕따 스캔들에 대한 배경지식이 필요할 것이다. 이 사건은 '올케이팝(allkpop)'(최대 규모의 영어권 한류 소식 사이트 – 옮긴이)이라는 웹사이트에 세세하게 기록되었고 해당 사이트는 왕따 사건의 전개 과정을 불을 은유 삼아 ① 점화, ② 연료, ③ 화재, ④ 폭발, ⑤ 여파-피해,[15] 이렇게 다섯 가지 제목으로 크게 나누어 기록했다.

1) 점화

최초의 불꽃은 팀의 새로운 멤버인 H가 일본에서 공연을 하던 중 다리를 다쳐 무대에 오르지 못하면서 점화됐다. 공연이 끝난 후 멤버들은 뒷담화나 모함식으로 트위터에 **H의 의지 부족**을 조롱했다.[16] 일주일 뒤 대재앙과 다름없는 스캔들은 주요 미디어와 소셜 미디어에서 격렬한 반응을 일으켰고 수십만에 달하는 사람들의 관심을 끌었다.[17] T의 소속사 관계자는 H가 '연예인병'에 걸려 거만해졌다고 말해 불꽃을 더욱 크게 키웠다.[18]

2) 연료

팬들이 이런 '뒷담화 트윗'을 H에 대한 비난으로 해석하면서 최초의 불꽃에 기름이 끼얹어졌다. 어떤 팬들은 멤버들을 향해 그룹에서 집중 조명을 받기 위한 경쟁을 하다가 정신이 나간 것 같다고 말했다.[19] 또한 팬들은 멤버들이 하나의 '**소집단**'(K팝 업계에서 '서브유닛'이라 불리는)이 되었다고 말하며 다친 멤버 1명을 의지 부족으로 욕하는 모습은 **팀워크의 균열**을 보여주는 사례라고 주장했다.[20] 많은 학교 행정 담당자들이 **그들의 학교에서 일어나는 학교폭력을 마주했을 때와 다르지 않게**(Chun and Hwang, 2012), 소속사는 처음에 그룹 T의 트위터 계정이 해킹당했다며 '팀워크 균열' 문제를 덮으려 했다. 그사이, H의 언니가 다음과 같은 트윗으로 팬들의 분노를 더욱 부채질했다. "얼굴이예쁘면 뭐하니. 마음이 예뻐야지. 아픈사람은 사람도 아니니. 나도아프다."[21]

3) 화재

이 분노의 불꽃은 팬들이 T의 과거 방송 출연 모습에서 멤버 H를 왕따하는 것으로 의심되는 행동을 **발견하면서** 더욱 커졌다. 여기엔 떡을 강제로 먹이는 장면과 H의 눈을 찌르는 장면이 있었다. 팬들은 가해자들을 징벌하는 방식으로 왕따 행위에 반응했다. 예를 들어 그들은 같은 팀 멤버인 J가 드라마에서 하차할 것을 요구했는데, 한 팬은 '배역과는 딴판'인 그녀를 출연시키면 드라마를 시청하지 않겠다고 말하기도 했다.[22] 엔터테인먼트 회사와 소속 스타들을 포함한 소비자 기업은 무엇보다도 소비자들이 그들을 버리거나 떠나는 것을 두려워하기 때문에, J는 출연 예정이던 드라마에서 하차할 수밖에 없었다.

4) 폭발

소속사 대표가 H와의 계약을 파기하면서 폭발의 순간이 다가왔다. H는 **자신을 다른 사람들보다 우선시해 풍파를 일으켰다고** 비난받았다.[23] 그녀의 **이기적인 개인주의**가 그룹의 안정성에 균열을 만들면서 부정적인 영향을 줬다고 말하기도 했다. 앞서 보도된 왕따 사건을 부인하며, 소속사 대표는 그들의 갈등이 단순히 "어린 친구들의 질투"에서 비롯되었다고 말했다.[24] 어느 정도 포장된 방송용 멘트를 넘어서, 유명한 걸그룹 S의 한 멤버는 K팝 멤버들 사이에서 발생하는 불협화음에 대해 좀 더 현실적인 이유를 포착했다. "4명의 여자들이 같이 살면 번번히 싸움이 일어날 수밖에 없다"(Kim, So-ra, 2014). 당시에 왕따는 사회적으로 가장 민감한 사안이었지만, 일부 사람들에게 그 발생 이유는 밀려드는 공황과 비난 속에 묻혔다. 팬들은 이 스캔들이 발생하기 전에 멤버를 7명에서 9명으로 늘리기로 결정했고, 기존 멤버라 하더라도 최선을 다하지 않으면 멤버를 **교체하거나 영입하겠다고** 공개적으로 위협했던 사실을 소속사 대표에게 상기시켜 줬다. 어떤 팬들은 이와 같은 T의 재결성을 부정적으로 바라봤지만, 다른 이들은 T가 "계속 변화하고 빠르게 적응할 줄 아는" 그룹이라고 강조했다.[25]

5) 여파-피해

왕따 사건으로 발생한 피해는 순식간에 소속사 대표의 책임이 되었고, 한 기자는 대표가 이 유명 그룹의 제체와 콘셉트를 바꾸고 싶어 한 가장 큰 이유는 다음과 같은 최후통첩으로 그들을 **처벌**하고 **괴롭히려는** 것이 었다고 말했다. "내가 너희를 만들 수 있다면, 너희를 해체할 수도 있어."[26] T는 최고의 그룹으로 올라서는 과정에서 일반적인 대다수 학생 멤버들이 그렇듯 K팝계에서 가장 **혹사당하는** 그룹으로 유명했다. 한 멤버는 "데뷔 이후 지금껏 휴가가 없었고 최근 1년 동안은 단 하루도 쉰 적이 없다"라고 토로했고, 다른 멤버는 자신의 **우울한** 감정을 트위터에 올렸다. "안에서 폭발할 것 같다"라는 글이었다. 또 다른 멤버는 팀 생활로 "과로했으며 지쳤다"라고 적었다. 자신들의 '웰빙'을 요구하기 위해 일을 지나치게 많이 하는 것도 감수했다는 멤버들의 불만에 대표는 멤버들 사이에서 치열한 경쟁을 부추겨 그들이 스스로 더 열심히 일하도록 만들었다. 심지어 그는 이에 따르지 않는 멤버는 내쫓을 것이라는 위협까지 했다. 관심을 못 받는 K팝 그룹처럼 소외당하고 버려지는 것이 두려워 멤버들은 목소리를 낼 용기조차 없었다. 대표의 행동은 독단적이었고 멤버들에게 정신적으로나 신체적으로나 해로운 행동이었다(H의 다리 부상과 J의 인대 파열, L의 다리뼈와 코뼈 골절 등).[27]

300여 명의 어린 생명을 앗아간 세월호 사태의 원인이 된, 한국의 사회·문화에 존재하는 **뿌리 깊은 악들**을 **근절**하겠다고 박 정권은 맹세했었다. T의 소속사 대표는 현대 한국 사회의 뿌리 깊은 사회악으로서 젊은 이들의 삶에 부정적 영향을 주는 사례로 남게 될까?

6. 오뚝이 캐릭터

T의 노래 중에는 「ㅇㅇㅇㅇ」라는 노래가 있다. 이 제목은 **밀어도 원래 대로 돌아오는** 장난감 오뚝이를 뜻한다. 오뚝이는 밀면 잠시 흔들린 후 다시 똑바로 선다. 이런 특징은 역경을 이겨내고 불운을 떨쳐내며 궁극적으로 성공을 쟁취하는 능력을 상징한다. T의 노래에서 이러한 불운을 떨치는 능력은 K팝 음악, 한국 엔터테인먼트 업계, 그리고 일반적으로는 한국 문화생활 전반에 퍼져 있는 **사랑**이라는 주제와 연관된다. 실패한 사랑 앞에서, 남들에게 **소외되고 버려지는** 상황에서 '오뚝이 성격'은 인내하고 바로 설 수 있다. 소속사 대표는 다른 대표들이나 권위적 인물들과 다름없이 어린 연예인들을 오뚝이처럼 밀려 넘어져도 잠시 흔들렸다 다시 돌아올 수 있는 사람으로 취급했다고 볼 수 있다. 즉, T의 멤버들은 **계속해서 변화하고 빠르게 적응**할 수 있는 능력을 키워야 했다. 하지만 그들은 단순히 K팝 시장에서 팔리는 상품이 아닌 인간이기 때문에, 그들에게 무엇인가를 주어야 하지 않았을까?

K팝 업계의 비평가들과 전문가들은 이 업계가 '오뚝이 성격'을 만드는 방법을 강조했다. 어린 아이돌 가수들은 그들을 선망하는 학생들처럼 엔터테인먼트산업의 극한 경쟁 속에서 살아남기 위해 다른 멤버들을 향한 **관심을 자신에게로 돌려야 한다**는 데 엄청난 압박감을 느끼고 있다. 아이돌 스타들은 (대박을 터뜨리는 데 성공한다면) 몇 년 내로 팀이 해체될 것을 알고 있다. 그러므로 그들은 그룹이 **더는 필요하지 않은** 시점이 오기 전에 소비자들의 관심을 놓고 다른 멤버들과 경쟁해야 한다(Cho,

Chung-un, 2012). 11년간의 연습생 생활을 떠올리면서, 한 배우는 연습생들은 **잘릴 위험이 있는** 사내 오디션에 계속 참여해야 한다고 말했다. 그룹에서 잘린다는 것은 가방을 싸고 그동안 친하게 지냈던 연습생들과 작별 인사를 하는 것을 의미한다.[28] 이런 끔찍한 경쟁에도 (태영처럼) 대다수가 청소년인 200만 명의 참가자가 〈슈퍼스타 K〉 시즌 5의 100개 출전권을 놓고 경쟁했다(2만 대 1의 경쟁률이었다). 한국직업능력개발원은 2012년 말, 연예인은 직업으로서 교사나 의사와 함께 초·중·고교생들에게 장래희망으로 가장 인기가 많다고 발표했다(Choe, Sang-hun, 2013).

　따돌림이 학교에 널리 퍼져 있듯이, 아이돌 그룹 사이에도 비슷한 행동이 퍼져 있다고 알려져 있다. 앞에서 걸그룹 S의 멤버가 상기시켰듯이, 그들은 매우 가깝고 행동반경이 제한된 숙소에서 함께 살고, 일하고, 자고, 놀아야 한다. 어느 보이그룹의 멤버는 99%의 아이돌 그룹 멤버들이 **내부 갈등**으로 사이가 좋지 않다고 주장했다(Cho, Chung-un, 2012). 이런 내부 갈등은 주로 **스트레스**로 인한 것이다. 스트레스를 받는 평범한 학생들의 상황(그리고 안타깝게도 매우 높은 청소년 자살률)을 알리며 한 엔터테인먼트 회사의 홍보 담당자는 이렇게 말했다. "문제는 어린 가수들이 아직 성숙하지 않아서 자신들이 얼마나 큰 스트레스를 겪고 있고 그것을 어떻게 다뤄야 할지 모른다는 점이다"(Cho, Chung-un, 2012). 또 다른 보이그룹의 멤버 1명은 싸움으로 이런 스트레스를 해결할 수 있다고 말했다. "싸워서 풀어야 할 게 있으면 그 자리에서 싸워서 풀고, 위기가 닥치면 다 같이 뭉쳐서 '다른 멤버들끼리 잘해보자' 그런 얘기들도 많이 하고 무서워하지 않는 게 팀워크 비결인 것 같다"(Writer, 2012).

　K팝 아이돌을 모방하는 현상은 학생의 정체성 형성에 중요한 요소이다. 예를 들어, 대학의 실용음악과는 경쟁률이 극도로 높다. 2013년 한양대학교에서는 보컬 전공자 5명을 뽑는데 2357명이 지원했고, 3명을 뽑는 경희대학교에는 735명이 지원했다(Ko, Dong-hwan, 2013). 이렇듯

많은 이들이 연예인이라는 직종을 선망하는 상황을 고려했을 때, T의 왕따 스캔들 이후 전국의 학생들이 해당 그룹의 이름을 딴 게임 'T'를 시작했다는 사실은 놀랍지 않다(Shin, Su-won, 2012). 이 게임에선 그룹의 친구들 중 1명이 'H의 역할'을 맡아 조롱을 당하고 왕따를 당해야 한다. 즉, 그들은 의도적으로 왕따가 되는 것이다. 그렇게 일정 시간이 지나면 다른 사람이 왕따의 역할을 하고, 이런 방식으로 **포함과 배제**의 사이클이 이어진다.

2013년 4월 말 T는 4명의 멤버로 유닛을 결성해 「ㅇㅇㅇㅇ」라는 노래로 컴백했다. 예상대로, 남아 있는 멤버들은 그들의 컴백에 대한 대중의 반응을 불안해했다. 대중이 그들을 용서해 주고 받아줄지 불확실했기 때문이다. 멤버 J는 이러한 자신의 감정을 고백했고, 한편으로는 그룹과 신곡을 홍보하기도 했다. "긴장되고 떨리고 생각도 많이 들고 두려운 순간이기도 했다. 그런데 웃으며 시작할 수 있어서 너무 좋다. 「ㅇㅇㅇㅇ」 산삼댄스 많이 출 테니까 노래 많이 들어주셨으면 좋겠다."[29]

새로운 관심을 바라며, L이 호소했다. "이번에 열심히 준비했고 열심히 노력하고 있으니까 많이 사랑해 주시고 춤과 노래도 많이 따라해 달라."[30]

그들이 우리에게 따라해 주고, 사랑해 주고, 기뻐해 달라며 호소했던 노래는 은연중에 폭발적인 왕따 스캔들과 그들을 향한 비난, 그로 인한 피해와 그럼에도 시련을 이겨내는 그들의 오뚝이 성격을 담은 (심지어 파괴적인) 발언으로 해석될 수 있었다. 실제로 (복잡한 도시를 벗어나 단순한 전원으로 간다는) 「ㅇㅇㅇㅇ」의 가사 자체도 학교폭력 피해자의 감정을 묘사하는 데 사용될 수 있었다.

......

허구한 날마다 왜 날 갖고 그러나요

듣기 싫은 잔소리 제발 그만해 줄래요

7. 뒷담화, 분열과 왕따

그룹 T의 왕따 스캔들은 다음과 같은 문제를 드러냈다.

① 신분에 대한 극한의 경쟁: 특히 대중의 관심을 받고 유명해지기 위해 군
   중 속에서 '눈에 띄어야' 하는 상황
② 멤버 소외: '연예인병'에 걸린 경우, 그룹에서 집중적인 관심을 받기 위
   해 경쟁하다가 실패한 경우, 풍파를 일으킬 경우, 본인을 남들보다 우선
   시할 경우, 이기적인 개인주의를 갖고 있을 경우 등
③ 팀 분열 혹은 내부 갈등으로 인해 그룹을 재결성하는 경우
④ 스트레스와 불안정
⑤ 오뚝이 성격

　이와 같은 문제들은 EBS 방송에서 방영한 〈청소년 특별 기획 시리즈-
학교폭력〉이라는 6부작 다큐멘터리에서도 강조되었다. 다큐멘터리 2부
에서 초등학교 6학년 학생들에게 친구를 사귈 때 중요한 것들이 무엇인
지 물었다. 그들은 공통적으로 다음의 특징이 가장 중요하다고 말했다.

- 적극성
- 외모
- 개성
- 재미 또는 유머러스
- 경제력

한 남학생은 중요하게 여겨지는 이와 같은 특징들을 다음과 같이 간략하게 말했다. "나는 착하고 잘생기고 재미있고 돈 많고 자유로운 친구를 원합니다."

한 여학생은 이렇게 고백했다. "날 배신하지 않고 항상 나의 편이 되어주고 나를 먼저 챙겨주는 친구가 좋다."

또 다른 여학생은 사회적으로 이상적이고 개인적으로 바람직한 윤리적 가치를 의식하며 겪는 갈등을 다음과 같이 설명했다. "믿음, 착한 마음이 중요하다고 썼지만, 실제 난 인기 많은 친구랑 친해지려고 한다. 걔랑 친해지면 친구가 많아지기 때문이다."

우리는 이렇게 학생들이 중요하고 바람직하게 생각하는 특징들이 소비시장에서 아이돌 스타들에게 요구되는 특징과 얼마나 밀접하게 연관되는지에 주목해야 한다. 남들의 관심을 끄는 '누군가'가 되고 싶으면, 우선 스스로를 일종의 상품으로, 즉 '팔릴 수 있는'(인기 있는) 사람으로 변모시켜야 한다.

해당 다큐멘터리는 여중생 6명이 책상에 둘러앉아 그들의 사회관계에 대해 토론하는 장면을 찍기도 했다. 그들에게 중요한 것은 '인기 있고', '힘 있는' 친구와 친하게 지내는 것이었다. 한 여학생은 학교에서 힘 있는 애들이 옆에 있어야 한다고 말한다. 그들은 인기 있는 친구와 함께 있으면 그들이 자신을 '보호'해 주는 일종의 보호막 역할을 해줄 수 있을 것이라 생각하는 동시에 본인들도 인기가 많다고 느낀다고 말했다. 한 여학생은 "인기 있는 애랑 친구가 되면 나도 인기 많아진 것 같고"라고 말한다. 또 다른 여학생은 "1학년 때는 아무도 나를 몰랐어. 초등학교에서 혼자 올라왔으니까 아무도 모르고 잠잠하게 1학년 생활하다가 애(전교 부회장 — 옮긴이)랑 2학년 붙자마자 내가 부각됐어"라고 덧붙였다.

K팝 그룹이나 일진 그룹이 한 멤버를 그룹의 리더로 선정하듯이, 이 그룹에서는 'A'가 힘 있는 학생으로 간주됐다. 한 여학생은 A를 두고 천

성적으로 인기가 많다고 묘사했다. 그 결과, 다른 여학생들은 그녀와 멀어지는 것을 '두려워'했다. 이 그룹의 중심 권력에서 멀어지는 것을 두려워하는 이유는 주로 뒷담화와 관련이 있었다. 다른 이들의 뒤통수치는 것을 원치 않는 멤버들을 내치는 가장 전형적인 방법이었기 때문이다. 이 그룹은 얼마 전까지 12명의 멤버가 있었지만 소외 과정을 통해 6명만 남은, 약하고 위태로운 소집단으로 분열되었다. 이들은 모두 뒷담화의 두려움 속에서 살고 있었다.

뒷담화는 한 멤버가 다른 친구에게 누군가가 맘에 안 든다고 하면서 시작된다. 만약 이 얘기를 들은 친구가 이에 동의하고 수긍한다면 뒷담화가 진행될 수 있다. 다른 이들은 최초의 핵심 불꽃을 중심으로 뭉치고 해당 여학생은 단체에서 쫓겨나거나 내쳐지는 끔찍한 결과로 이어진다. 하지만 이렇게 멤버를 '잘라내는' 과정은 본질적으로 양면적이다. 그들은 한편으론 소외당하는 여학생에 대해 동정심과 죄책감을 느낀다. 하지만 그들은 동시에 다른 친구들과 같은 감정을 공유하며 가까워졌다는 점에서 어느 정도의 행복함과 만족감을 느낀다. 한 여학생은 이를 두고 "양면성이 있다"라고 언급하며 이렇게 말했다. "그 애에게 미안한 감정이 생기기도 하지만, 동시에 그 애를 정말 혐오하고 다른 친구들과 같은 감정을 느낀다는 점에서 기쁘기도 하다." 그들 중 다른 1명도 "그렇다. 다른 사람을 같이 뒷담화하는 친구들에게 친근감을 느낀다"라고 덧붙였다.

학생들에게 뒷담화에 대한 그들의 감정을 그림으로 표현해 보라고 요청했고, 그들은 앞에서 묘사한 양면성을 그림으로 표현했다. 한 여학생은 자신의 도덕적 갈등을 나타내기 위해 기쁜 얼굴과 슬픈 얼굴 각각 하나씩 그렸다. 그녀는 기쁜 얼굴 위에는 태양을, 슬픈 얼굴 위에는 초승달을 그렸다. 그녀는 낮에 뒷담화를 할 때는 기분이 좋아 신나지만, 밤에 그 행동을 생각하면 미안하고 후회스러울 거 같아서 그렇게 그렸다고 했다. 조금 더 심오하게 말하자면 뒷담화는 한 여학생의 표현처럼 "모든 사람들을 우울하게 만드는" 먹구름과도 같다. 뒷담화는 **두려움, 불신, 위태로움**을 조장하면서 이런 어두움을 만든다. 그들은 자신이 다음으로 소외될 사람일까 봐 두려워하고, 그로써 다른 친구들을 진심으로 신뢰하지 못한다. 이런 두려움은 힘은 세지만 불안정한 리더 A까지도 사로잡았고, 그녀는 그룹 친구들에게 다음과 같이 말했다. "나는 24시간 내내 생각해", "갑자기 어느 날 너희가 '쟤 별론 거 같아' 이럴 거 같은 거야."

또 다른 여학생은 친구들이 자기를 버릴 수도 있다는 가능성에 대해 걱정했다. "그날따라 별로 친하게 보이지 않을 때 그럴 때, 마음속 한구석이 답답해지고 집에 가서 처음부터 끝까지 그날 있었던 일을 생각하면서 내가 잘못한 게 있나, 되돌아보지. 항상 마음 한 구석에는 그런 불안한 마음이 있어요."

또 한 여학생은 그들의 위태로운 우정에서 비롯된 비슷한 두려움을 표현했다. "내가 학교에서 기운 없게 있어서 애들이 날 싫어할지도 모르겠다. 집에 가서 '내일부터는 더 나대야지'……."

지속적으로 변화하고 본질적으로 불확실한 사회의 산물인 이런 위태로움은 삶에서 사람의 **성격**이 갖는 강력한 힘과 관련이 있다. 한국 청소년들은 소비시장에서 선택한 일종의 'DIY 정체성 콘셉트'를 만들도록 요구받는다. 인기 많고 힘이 있는 '짱' A는 이렇게 말했다. "처음 새 학기를 맞이했을 때 자기 캐릭터를 딱 알아차리고 캐릭터대로 행동해야 하는 것을 알아야 하는 것 같아요."

또 다른 멤버는 이 과정이 어떻게 진행되는지 설명했다. "저는 항상 활기차고 애들 웃겨주는 캐릭터이기 때문에 애들을 웃겨주지 않으면 '애 왜 이래'라고 생각할까 봐. 애들이 제 옆에 안 와줄 것 같아요, 활발하게 행동하지 않으면. '웃기지도 않는데 내가 얘랑 친구 맺을 이유가 있나?' 애들이 이렇게 생각할 거 같아요."

한 여학생은 그림으로 뒷담화의 영향력을 표현했다. 그녀는 악마 둘과

등에서 불이 뿜어져 나오는 한 여성을 그렸다. 두 악마는 뒷담화에 참여하는 2명의 여학생을 상징했고, 한 여성은 본인을, 그 뒤의 불은 그녀가 뒷담화를 당할 때 느끼는 분노를 나타냈다. 실제로 뒷담화가 불러일으키는 분노는 심각한 장기적·단기적 결과를 초래할 수 있다. 자살부터 복수까지 생각할 수 있고, 가해자-피해자 순환의 시작이 될 수도 있다. 초등학교 6학년인 한 여학생은 뒷담화의 대상이 되었던 기억을 떠올리며, 그후 자살을 하려 했다고 말했다. "자살하려고 옥상에 올라갔는데 문이 잠겨 있었어요. 저는 그때 일을 잊을 수가 없어요. 그걸 잊으려고 해도 계속 생각나서……. 한 번 더 나에게 뒷담화를 하면 엄마 손이 아니라 제 손으로 가만 안 둘 거예요."

이 다큐멘터리는 래퍼를 통해 '뒷담화 순환' 점화, 연료, 화재, 여파-피해의 내용을 요약했다. 그의 랩 가사는 다음과 같다. "나와 비슷한 표정을 짓고 있는 친구 녀석 우리가 할 수 있는 거라고는 뒷담하의 연속……. 사실 가끔은 불안해 언젠가는 나 역시 내게 등 돌린 친구들의 좋은 뒷담화거리가 될 거 같아서."

개인의 캐릭터를 학기 초에 설정하는 것은 학생들 사이에서 일어나고 있는 더 큰 과정의 일부다. 학교폭력을 방지하려는 전문가들은 이 시기가 왕따를 극도로 경계해야 하는 중요한 시기라고 말한다. 청소년폭력예방재단 경상남도 지부장에 따르면, 학교폭력에 대한 보고는 3월과 4월에 급격히 늘어난다. 이 시기가 학생들이 남들보다 높은 위치로 올라서려는 시기이기 때문이다(Chun and Hwang, 2014). 이 관점은 학교를 『파리 대왕(Lord of the Flies)』의 환경과 유사한 일종의 극한 경쟁의 밀림으로 보는 것 같다. 여기서 개개인은 학내 서열에서 권력과 권위가 있는 위치를 두고 다툰다.

하지만 이 관점이 간과한 내용이 있다. 아이들의 서열 싸움에서 그들의 어머니가 핵심 역할을 수행한다는 점이다. 한국 사회에는 '절친 집단'

현상이 나타나는데, 이것은 자녀의 인생을 지나치게 보호하고 통제하려는, 일명 '헬리콥터 맘'이라 불리는 중상층 엄마들이 자신의 자녀가 유치원에서 어떤 친구와 친하게 지낼지를 선택해 주는 현상을 말한다. 이들은 아버지들의 사회적 지위가 비슷하고 서로 위화감 없는 사회경제적 환경에서 자란 아이들로 구성된 특권 집단에 자녀가 들어갈 수 있도록 노력하고 많은 돈을 투자한다. 엄마들은 단순히 유유상종을 바라는 것이 아니라, 아이들이 잘 자라서 서로서로 높은 지위로 올라가도록 밀어주는 효과를 기대한다(Schwartzman, 2009). 부유한 강남 지역에서 유치원을 운영하는 한 인물은 90명의 학생 중 20명이 절친 집단에 속해 있는데, 이런 현상이 아이들의 사회적 발달에 해로울 것이라 생각했다. 하지만 동시에, 헬리콥터 맘들은 학생들에 대해 **상대평가**로 성적을 매기는 한국 학교 시스템의 경쟁적인 속성에 직접 대처하고 있다. 학생들은 성적표를 통해 과목별로 어떤 상대적 성과를 냈는지만 볼 수 있는 것이 아니라, 그들이 반과 학년에서, 공인 시험의 경우에는 전국에서 상대적으로 몇 등을 했는지까지 알 수 있다. 집에서는 학부모들이 자식들을 친척, 이웃, 친구 등과 비교하기 때문에 학생들은 끊임없이 높아지는 기대치를 뛰어넘기 위해 계속되는 부담감을 안고 있다(Oh, Sooyoung, 2014).

8. 캐릭터 설정

자신의 캐릭터를 설정해야 한다는 강력한 압박은 K팝 아이돌이 소속사 매니저들의 위계적인 지시와 통제하에 특정한 캐릭터나 **콘셉트**를 만드는 것과 같이 논의될 수 있다. 예를 들어 이들에게는 순진한, 귀여운, 예쁜, 섹시한, 멋진, 나쁜, 일탈적인 등등의 콘셉트가 있다. 걸그룹 시크릿의 경우, 처음 자신들의 캐릭터를 섹시한 쪽으로 설정했지만 새 노래를 통해 귀엽고 신선한 이미지로 그룹의 캐릭터를 바꾸려 했을 때 스스로 불안에 떨었다. 한 멤버는 다음과 같이 말했다. "그 전과는 또 다른 새로운 부담감이 생겼어요. 멤버들은 「샤이보이」 뮤직비디오 모니터링을 하면서 너무 만족했는데 대중분들이 보실 때 어떤 생각을 하실지 너무 걱정이 된 것이 사실이었어요."

요컨대 멤버들은 팬들이 캐릭터 변화로 **풍파를 일으켰다며** 자신들을 버릴까 봐 두려웠던 것이다(팬들이 '깨지기 쉬운 신앙'을 갖고 있다는 것을 배웠을 그룹 T의 멤버들처럼). 그들의 두려움은 노래가 차트를 휩쓸며 이른바 대박을 터뜨리면서 기쁨으로 변했다. 즉, 누군가의 캐릭터는 '승자와 패자'라는 이분법 논리로 결정되는 것이다.

보이그룹 A의 멤버이자 방송인으로 유명한 V를 통해 '부자연스러운' 혹은 설정된 캐릭터로 엿볼 수 있다. V의 악명 높은 캐릭터 중 하나는 그가 장난스럽게 모든 인기 많은 멤버를 질투하면서 드러내는 '질투하는 캐릭터'다. 하지만 같은 그룹 멤버 W에 따르면 V는 질투하는 캐릭터를 유지하는 데 지쳤고, 지금은 W가 잘되도록 응원해 준다고 말했다(Jennywill, 2013b).

데뷔하는 아이돌 스타들은 그들의 (회사가 설정한) 캐릭터 변화에 팬들의 예측 불가능한 비난을 걱정하지만, 경험이 많은 연예인들은 빠르게 캐릭터와 콘셉트를 바꾼다. 가장 대표적인 예로는 'K팝의 여왕' 이효리가 있다. 2013년 첫 싱글 앨범에서 이효리는 1950년대 미스코리아 대회 우승자같이 좋은 여성 역할을 선보였다. 하지만 이어지는 싱글 앨범의 티저 사진에서는 그녀가 나쁜 여자로 컴백한다는 것을 암시하는 문구로 소비자들을 유혹했다.[31] 당시 '나쁜' 여자들에 대한 노래가 유행했듯이, 이 노래는 한국 사회에서 서서히 커지고 있는 여성들의 권한과 적극성을 반영했다. 이에 따라 「배드 걸(Bad Girl)」(레이디스 코드), 「**나쁜 기집애**」(CL), 「**발칙한 녀**」(박재범, 김슬기), 「**아임 쏘 배드**(I'm so bad)」(티아라) 등의 제목을 단 노래들이 발표됐다. 이효리는 자신의 노래 「배드 걸」에서 일시적으로 '나쁜 여자' 역할을 하며 이 목록에 이름을 올렸다. 이 노래에서 그녀의 콘셉트는 '겉으로는 약간 거칠어 보이지만 모든 남자들이 그녀의 강력한 카리스마와 몸매에 사로잡히는 섹시한 여자'였다(Starsung, 2013).

이 노래의 가사는 '나쁜 여자'가 다음의 특징을 갖고 있다는 것을 암시한다. "욕심이 남보다 좀 많은 여자/ 지는 게 죽는 것보다 싫은 여자……/ 독설을 날려도 빛이 나는 여자."[32]

9. 일탈하는 아이돌

이효리 등 스타들이 보여주듯이, K팝 아이돌들은 '나쁜' 캐릭터를 형상화하기 위해 어떤 성격이 멋지고 그래서 추구할 만한 것이고, 가치를 부여하고 노력할 만한 것인지 보여준다. 예를 들어 **거친 태도**를 취하는 사람은 일반적으로 다른 사람보다 **욕심이 많고**, 죽기보다 **지는 것을 싫어하고**, (아마 다른 사람에게) **독한 말을 해도** 빛나고, **성공**과 (순수한) **사랑을 좇는다**. 우리는 이런 나쁜 여자와 나쁜 남자의 모습을 날라리라 불리는 일탈 학생들에게서 볼 수 있다. 이 학생들은 성실한 학생들과 본인들을 패션(미니스커트), 머리 스타일(염색했거나 파마한 머리), 화장(피어싱 포함)으로 구분 짓는다. 그들은 공부를 열심히 하지 않는 '문제아'로 주류 문화에서 탐탁지 않게 여겨지며 사회적 성공(대기업과 같은 안정적인 평생직장을 가진)을 이루지 못할 것으로 예측되고 판단된다. 이에 대한 반응으로, 이 하위문화는 평범한 학생들을 '재미없고' '관심 가질 가치가 없는' 사람으로 바라본다. 날라리들은 아이돌 스타를 본보기로 따라 하며 청소년용 화장품을 사용하기도 한다.

날라리와 같은 청소년 하위문화는 100년이 넘도록 해결해야 할 사회

문제로 인식돼 왔다. 일제강점기(1910~1945)부터 군사독재 시절에 엄격하게 강화된 것처럼 머리카락과 치마 길이에 제한이 생겼고, 경찰들은 줄자와 가위를 들고 다니며 학생들이 머리카락과 치마의 적정 길이를 유지하도록 했다. 이와 같은, 문자 그대로 '순응하기 위해 자르는' 행위는 오늘날에도 여전히 일부 학교에서 이어지고 있다(Chung, Ah-young, 2015a). 순응하지 않는 태도에도 이런 하위문화 단체는 사회적 성공을 이룬 연예인들이 한때 날라리 기질이 있었다고 공개적으로 인정하면서 주류 사회와 더욱 강하게 연결되고 있다. 어떤 이들은 청소년기의 반항적이고 순응적이지 않던 과거를 사진을 보여주며, 그들의 '특별함'과 '창의성'을 증명한다. 이것은 개인화와 소비 중심의 창조경제를 위한 한국 사회의 추진력의 일부이기도 하다. 패션과 화장품 산업은 이러한 사업 기회에 부응해 날라리 학생들을 겨냥하여 그들의 스타일을 남들이 원하고 소비하는 형태로 만들었다.

창의적인 엔터테인먼트산업은 아이돌 스타를 통해 '나쁨'을 묘사하는 한편, 스타들은 이를 통해 묘사되고 심지어는 이것을 만들어내기도 한다. 왜냐하면 '좋은' K-걸그룹과 K-보이그룹의 등장에도 불구하고 아이돌과 일탈에는 밀접한 연결고리가 있기 때문이다. 비평가들은 이를 완벽하고 멋진 군무, 중독성 있는 노래, 얼핏 보기에는 완벽하지만 부분적으로 꾸며진 특징들을 가진 **일률적인 연기자** 혹은 **잘 만들어진 기계**라고 칭한다.[33)] 한편, 당국의 관심이 쏠렸던 몇 가지 잘 **알려진** 사건들이 있다. 2012년 7월 24일 그룹 T의 멤버들이 멤버 H에 대한 뒷담화 트윗을 남기기 하루 전, 보이그룹 P의 멤버 1명이 음주운전으로 오토바이를 들이받았다.[34)] 사고가 난 직후 그는 머리에서 피가 흐르는 다친 오토바이 운전자를 도로에 방치하고 편의점으로 달려가 결국 걸렸지만, 음주 측정에 걸리지 않기 위해 숙취 해소 음료를 마신 것으로 알려졌다.[35)] 그는 나중에 어차피 밝혀질 자신의 행동에 대해 거짓말을 하며 자신의 무덤을 더 크게 팠다(Jennywill, 2013a). 이 안타깝고 의도치 못한 사건에 대해 사과 하며 그의 어머니는 팬들의 용서와 관심, 사랑을 부탁했다. "P가 더 좋은 사람이 될 수 있도록 기회를 주신다고 생각하고 다시 한번 많은 사랑과 관심 부탁한다."[36]

비슷한 뺑소니 사건으로, 술에 거나하게 취한 연예인 K가 3명의 손님 이 탑승한, 주차된 택시를 자신의 차로 받은 사건이 보도되었다. 그는 처음에 현장에서 도망갔지만 6시간 뒤 경찰에 자수했다.[37] 2013년 방송인 Y는 징역 5년 형을 선고받았고 한국에서 성폭행범으로 전자 발찌를 차게 된 첫 연예인이 되었다. 그는 13세 소녀를 성추행하고, 또 다른 13세 소녀를 추행하고 10대 여성 2명을 성폭행해 유죄판결을 받았다.[38] 또한 한국에서 매우 심각한 도덕적·법적 범죄인 불법 마약 복용으로 체포된 아이돌 스타도 여러 명 있다. 박근혜 대통령이 창조경제 정책의 본보기로 내세운 U는[39] 2001년 대마초를 피운 혐의로 체포된 바 있다 (Thunderstix, 2011). 또 다른 연예인 S는 1999년 대마초 사용으로 체포됐다. 배우 R은 2009년 마약 복용을 인정했고 1년 징역을 선고받았다. 2002년에는 배우 A가 엑스터시를 복용한 것으로 체포됐고, 또 다른 배우 D는 필로폰을 사용한 혐의로 체포됐다(Thunderstix, 2011). 이 외에도 연예인 G 또한 피우지는 않았지만 대마초를 판매한 것을 인정했다. 또한 유명 가수 N은 일본 공연 중에 대마초를 피운 것을 인정해 기소됐다. N은 초범인 데다 담배인 줄 알고 피워보니 담배가 아니어서 버렸다고 주장해 기소유예로 풀려났다.[40]

스타가 이런 사회적·법적 규범을 위반했을 때, 해당 연예인이 반성을 하는 것은 그들에게 기본적으로 요구되는 사항이다. 반성에는 먼저 '사회적 물의를 일으킨 것에 대한' 사과가 필요하고(Jennywill, 2013a), 적어도 6개월 내지 12개월까지의 휴식기를 가져야 한다(매우 심각한 범죄의 경우는 몇 년이 걸리기도 한다). 반성이라는 단어는 스타들의 '부적절한 행동에 대한 자기반성'뿐만 아니라 비행을 저지르는 아이들과 사춘기 청소년들을 제자리로 돌려놓기 위해 사용되기도 한다. 예를 들어, 부모들은 비행을 저지르는 자녀들에게 '저기 가서 반성해'라고 말할 수 있고, 학교 규범을 위반한 학생들은 반성문을 쓰도록 강요받기도 한다. 하지만 N은 '반성'의 기간인 3개월이 지나기도 전에 대중의 조명을 받고자 '재등장'하기로 결정해 일부 팬들의 항의와 비판을 받았다. 그들은 'N이 청소년들의 롤 모델로서 갖는 어마어마한 영향력을 고려했을 때, 3개월은 '대중에게 후회하는 모습을 보여주기'에는 너무 부족한 시간이라고 주장했다(Thunderstix, 2011).

10. 일진 스펙의 독특함

K팝의 개념적 본질은 청소년의 정체성을 '구축'하는 역할을 한다. 이 산업의 개념적 이미지 안에서 시장과 패션 소비자들을 확보하고 만들기 위해 일련의 특징과 콘셉트를 만들고 홍보하는 방법에서 이를 볼 수 있다. 한 사례로 'GI'라는 걸그룹의 등장을 들 수 있다. 이 걸그룹은 남성적인 태도와 스타일을 표현하는 '말괄량이 콘셉트'를 내세우며, 업계의 다른 걸그룹들과 본인들을 **차별화해 주기를** 바랐다. 이 걸그룹의 소속사는 그룹의 마케팅 전략을 다음과 같이 설명했다. "일주일에 한 팀 꼴로 쏟아져 나오는 귀엽고 섹시한 걸그룹들과는 차원이 다른 콘셉트의 음악과 스타일로 천편일률적인 가요계에 심통 한번 부려보겠다. 기대해 주서도 좋다."[41]

2015년 9월, 우리는 이들이 독특한 남성적 이미지를 버리고 (거의 일주일에 한 번씩 나오는) 좀 더 여성스럽고 섹시한 콘셉트를 선보인 것을 알고 있다(Serendipity, 2015).

한편 팝스타 지드래곤은 그의 유명한 노래 「원 오브 어 카인드(One of

a Kind)」에 드러나듯이 스스로를 다른 가수들과 차별화하려고 부단히 노력한다. 소비 중심적이고 이기적인 개인주의를 표현하는 이 노래는 한국의 청소년 팝 문화에서 사회적 가치가 부여된 개인적 특성들에 대해서 가르쳐준다.

아 잘나가서 아 죄송해요……
만난 누구나 좀 알려봐 난 연예가 일급사건
난 다르니까 그게 나니까[42]

「원 오브 어 카인드」의 일부 가사다. 자신의 고정 캐릭터를 '특별한 사람(One of a Kind)' 모델에 맞춰 설정한다는 것은 자신을 **야생적이고, 재미있고, 짜증스럽고, 인기 있고, 사고뭉치이며, 혼란을 조장하고, 유행을 만들고, 돈을 벌고, 많은 연인을 사귀고, 사랑받는** 캐릭터로 보이기 위해 노력한다는 의미다. 이런 「원 오브 어 카인드」의 캐릭터 특징을 일진 스펙이라고 칭해보자. 이미 언급했듯이, 일진은 불량 서클에 소속된 비행 청소년이거나 사고뭉치로서 학교폭력과 왕따의 중심에 있다. 한편 스펙이란 개인이 받은 교육, 직장이라는 배경이나, 마치 전자제품 같은 개인의 사양을 의미한다. 한국은 '스펙민국'으로 불렸으며 이런 '스펙 열풍'은 모든 사람들을 감염시켰을 뿐만 아니라 타인을 스펙이라는 색안경을 통해 바라보게 만들었다.[43] 젊은 구직자가 돈벌이가 되는 직장을 구하려면 다음의 여덟 가지 핵심 스펙을 갖추어야 한다.

① 학력: 이상적으로는 'SKY' 대학(서울대학교, 고려대학교, 연세대학교) 중 하나를 졸업해야 하고, (태영이가 약속했듯이) 최소한 서울에 있는 대학을 졸업해야 한다.
② 학점: 이상적으로는 평점이 4.0 이상이어야 한다.

③ TOEIC: 이상적으로는 시험 점수가 900점을 넘어야 한다.

④ 자격증: 이상적으로는 한자, 컴퓨터 활용 능력 및 한국사 등과 관련한 자격증이 있어야 한다.

⑤ 어학연수: 일정 기간 연수를 다녀와야 한다.

⑥ 수상 경력: 이상적으로는 학술 대회나 대기업 주최 (팀) 공모전 수상 경력이 있어야 한다.

⑦ 봉사활동: 이상적으로는 국제 NGO가 개도국에서 진행하는 해외 자원 봉사에 참여해야 한다. 봉사활동 참여 시간이 기재된, 정부에서 발행한 자원봉사 증명서도 있어야 한다.

⑧ 인턴 경력: 이상적으로는 최소 6개월간의 대기업 인턴 경험이 있어야 한다.[44]

현실적인 사례를 제시하자면 장래 일진 캐릭터가 되고자 하는 청소년이 다음에서 말할 일진 스펙을 인터넷에 올렸고, 이는 메신저 서비스 카카오톡을 통해 여기저기 떠돌았다. 우리는 일진 캐릭터가 되고자 하는 이 청소년의 욕망을 최소 한 곡에서 자신을 궁극의 일진 캐릭터로 홍보한 지드래곤과 연결시킬 수 있다. 하지만 그들이 메신저에 올린 것은 한 개인이 교육적·사회적·문화적 자본을 내세워 **판매 가능한** 그의 자질을 시장에 홍보하는 통상적인 스펙이라기보다는, 한 청소년이 그의 **일탈적인** 자질을 홍보하고 싶어 하는 모습이었다. 그는 맨가슴이 보이도록 셔츠를 목에 두른 채 화장실에 서서 찍은 셀카 위에 다음과 같이 적었다.

안녕
나는 올해 중학교에 입학해
나는 학교에서 싸움으로 10등이야
얼굴 - A

체육 - A

공부 - C

중학교에서 일진이 되는 방법 좀 가르쳐줄래?

나는 들이마시지 않고 담배 피우는 법을 배우고 있어. 연기를 제대로 빨아

들이는 방법 좀 가르쳐줘

그리고 오토바이 좀 추천해줘

늙은이나 모범생은 내 글에 댓글을 남기지 않았으면 좋겠어

내 태도가 마음에 안 들면 날 찾아와 - 나는 날 도와줄 애들을 부르겠어

그가 (얼굴, 싸움 기술과 운동 실력, 담배를 제대로 피우고 싶어 하는 욕구와 오토바이를 타고 싶어 하는) 물리적 특징에 가치를 부여하는 것에 주목해야 한다. 또한 그가 학업 능력을 평가절하 하는 (C 등급인 학습 능력, 모범생이나 아마도 교사나 부모님을 지칭하는 '늙은이'를 싫어하는) 방법에도 주목해야 한다. 하지만 그는 인터넷에서 잘 나가는 독보적 일진 캐릭터가 되고 싶어 하는 유일한 학생이 아니다(관련 내용은 6장에서 더욱 구체적으로 다룰 것이다). 한 5학년 학생은 화장실에서 담배를 피우는 셀카를 찍었고 사진 위에 다음과 같은 글을 썼다(Park, Su-yeon. 2013).

온갖 고생을 해서 드디어 일진에 들어갈 수 있었다.

하지만 일진이 되면 담배 피우는 법을 배워야 한다.

나는 담배 피우는 게 좋고, 알아들을 수 없는 단어가 몇 개 있지만 애들한

테 물어볼 순 없다.

그걸 물어보는 건 쪽팔린 짓이고 내 체면을 지켜야 한다.

그러니 깡패 형님들 담배 피우는 법 좀 가르쳐주세요.

이론적으로 일진 스펙은 앨버트 코헨(Albert Cohen)의 기능적 긴장이

론에서 나타난다. 코헨은 모든 사춘기 학생들이 높은 **지위를 추구**하는 데서 동기가 부여되고, 청소년 비행을 유도하는 긴장은 지위의 좌절에서 온다고 가정한다. 저소득층 학생들은 특히 (중산층의) 문화적 요구 사항을 만족시키는 데 어려움을 느끼고, 여기서 받는 불이익, 차별, 불평등은 좌절과 긴장을 낳는다. 그들은 (지위를 추구할 때) 중산층의 가치를 뒤엎는 방법으로 이런 절망에 대응한다(Cohen, 1955).

11. 스타와 학생들, 잘들 지내시나?

앞에서 언급했듯이 오늘날 대중음악은 사람들이 가장 탐내고 경쟁이 심한 분야이며, 연예인은 가장 선망하는 직업 중 하나다. 예를 들어, 호원대학교 실용음악과 지원자는 합격을 위해 238 대 1의 경쟁률을 뚫어야 했다(Ko, Dong-hwan, 2013). 이런 현상은 수많은 리얼리티 TV 프로그램이 차기 가수, 래퍼, 댄서, 모델, 스타 셰프를 찾는 데 혈안이 된 모습에서 나타난다. 그러다 보니 소년 교정 시설에 있는 한 청소년이 자동차 정비, 제과·제빵, 미용, 촬영 기술, 한식 조리로 직업 교육 기회가 제한되어 있다며 한탄한 데 놀랄 필요가 없다. 그는 거기서 가르치는 직업 교육에 관심이 없을뿐더러 더욱 중요하게는 그곳에서는 음악을 배울 수 있는 방법이 전혀 없다고 말했다.[45]

몇몇 연구는 유명 연예인들이 일반 사람들보다 담배와 술, 마약을 할 확률이 높으므로 보통 수명이 짧다고 밝히면서 명성과 비행의 관계를 강조했다.[46] 예를 들어, 미국의 한 심리학자는 1950년부터 2014년까지 팝 뮤지션들과 미국 일반인들의 사망 원인을 비교해 뮤지션들의 사고율, 자살률, 살인당하는 비율이 훨씬 높다는 것을 밝혔다(Hann, Michael, 2015). 이런 연구 결과는 연예인과 스타덤에 집착하는 청소년들에게 경고의 메시지를 보낸다. 명성에서 오는 부담이 연예인들이, 술을 마시고 마약을 하며 '벼랑 끝 삶'을 살게 만든다고 추정하기 때문이다. 하지만 심리학자 올리버 제임스(Oliver James)가 다른 연구를 인용하며 주장한 내용에 따르면(Bellis et al., 2012), 명성 그 자체가 연예인들을 정서적 문제와 약물 남용으로 이끄는 것이 아니라 어린 시절 겪은 학대와 역경이 더욱 큰 영향을 미친다. 일진이나 유명인들에게 정서적 문제를 일으키는 **부정적인 어린 시절 경험**에는 부모의 이혼이나 정서적 홀대, 폭력과 같은 학대가 포함된다. 이런 핵심 요소들은 약물남용과 조기 사망의 확률을 높일 뿐만 아니라 청소년 비행의 주요 예측 변수가 되기도 한다. 제임스는 영국과 다른 지역에서 정신질환의 주요 원인으로 어린 시절의 역경이 주목받고 있다면서 이렇게 결론 내린다.

우리는 너무 많은 사람들이 어린 시절에 고통받는 사회를 만들었다. 갈수록 많은 아이들이 팝 스타덤을 선망한다. 이렇게 행동하며 연예인들을 숭배하는 사람들은 다수의 부정적인 경험을 겪었을 확률이 높다. 아이들의 욕구 사항을 만족시켜 줘야 한다는 주장이 더욱 설득력을 얻고 있다(Oliver, 2012).

하지만 역사적으로 한국에서 예능 직종은 사회적으로나 윤리적으로나 열등한 것으로 여겨졌다. 업계 종사자들은 비하되고 사회적으로 낙인찍혀 '광대' 취급을 받았고[47] 관중은 그들을 딴따라라는 경멸적인 용어로 조롱했다(Park, Si-soo, 2013a). 천민 계층에서 뽑혀 훈련받은 여성인 기생들이 대표적이었다. 글을 읽고 쓰고 시를 감상하고 악기를 연주하도록 훈련받지만, 이런 여성들은 여전히 양반들에게 성적 만족감을 포함한 '즐거움'을 제공하는 도구에 불과했다(Seth, 2011: 164). 그러나 박근혜 대통령은 창조경제 정책의 장점을 홍보하며 최고 반열에 든 연예인들이 오늘날에는 광대가 아닌 국가 영웅 대접을 받는다며 특히 세계적으로 유명한 연예인 싸이를 언급했다.[48] 하지만 유교는 역사적으로 타인에게 즐거움을 전달하는 직업을 도덕적으로 외설적이라고 인식했고, 그 결과 어떤 사람들은 가족의 반대에도 꿈을 좇는 경우가 있었다. 오늘날 연예인들의 사회적 가치, 사회적 영향력, 경제적 부가 증가하면서 가족들은 연예계에서 일하는 가족이 있는 것에 수치심보단 자부심을 느낀다. 이런 경향성은 부유하고 권력 있는 계층에 퍼져서, 갈수록 '은수저를 물고' 태어난 연예인과 아이돌이 많아지고 있다. 그리고 이런 은수저는 일종의 사회적 위신과 특권으로서 그들의 스펙을 강화하는 데 활용될 수 있다. 예를 들어, 한 소속사 대표는 소속사 내 어린 연습생 중 1명을 위해 조성된 자금을 횡령한 혐의를 받았다. 논란이 된 총 40억 원의 자금은 (역시 횡령으로 투옥된) 전 현대 스위스상호저축은행 회장 K 모 씨가 가수 지망생인 그의 아들의 연습과 데뷔를 위해 제공한 것으로 알려져 있다(Callmenoona, 2014).

강남의 어느 댄스 학원은 "차세대 K팝 아티스트 양성"이라는 모토하에 수강생들을 가르치고 있다. 2006년, 400명에서 1000명으로 늘어난 학생을 훈련시키면서, Y 대표는 (치열한 유명 대학교 입학 경쟁을 두고 능력과 지식을 가르치는 대신) K팝 세계로 진출하고 살아남는 데 필요한 기술을 양성하는 것에 부모들의 태도가 어떻게 변해왔는지 보았다. Y 대표는 "사업을 시작했던 몇 년 전만 해도 부모들은 이런 곳에 오는 아이들을 빗나갔다고 생각했지만 이젠 의식이 바뀌었다"라고 회상했다(Choe, Sang-hun, 2013). 하지만 K팝 스타를 꿈꾸는 11세 여학생의 어머니는 "내가 어렸을 땐 열심히 공부하는 게 전부였는데 이젠 아이들을 위한 선택이 많다"라고 말했다(Choe, Sang-hun, 2013).

하지만 생산 중심 사회에서 소비 중심 사회로 점차 변해가는 것을 입증하듯 엔터테인먼트 관련 직종의 사회적 가치가 높아지고 있음에도, 엔터테인먼트와 비행 간의 관계는 여전히 존재한다. 예를 들어, 보이그룹

B의 멤버 F는 기타 학원에 등록했지만 유명한 아이돌 가수라는 신분은 숨기기로 했다. 머리를 염색하고 같은 그룹 멤버의 비싼 기타를 가지고 가자 그의 선생님은 그를 비행청소년(날라리)으로 성급하게 판단했다. 선생님은 비난하듯 "그 비싼 기타는 어디서 가지고 온 거야?"라고 묻기도 했다. F는 그다음 주에 해외 공연으로 수업에 나가지 못했는데, 선생님은 그에게 비행청소년에 이어 사고뭉치라는 딱지를 추가했다. 하지만 F는 그룹의 컴백 앨범 발표 전에 선생님에게 그의 정체를 공개했고, "이제는 선생님이 나를 가르쳤다는 걸 매우 자랑스러워하신다"라고 말했다.[49] 앞서 여중생이 얘기했듯이, 당신이 만약 유명한 사람과 친구가 된다면 당신 자신도 유명하다고 느끼기 때문이다.

다양한 서바이벌 방송에 대한 대중의 높은 관심은 K팝의 세계적 인지도와 맞물리면서 개인의 스타덤 열망을 더욱 부채질했다. 이런 방송은 누구나 노력하면 성공할 수 있다는 메시지를 전달할 뿐만 아니라(Ko, Dong-hwan, 2013), 암묵적으로는 참가자들의 귀에 '빨리 성공할 수 있고, 힘들고 지루한 장기간의 공부(오늘날의 어려운 청년 취업 시장과 높은 실업률을 고려했을 때 보상이 거의 없는 투자일 수도 있는)를 안 해도 성공할 수 있다'고 속삭인다. 한 심리학 교수에 따르면, 더욱 **즉각적인 보상과 인정에 대한 욕구**는 더 많은 고등학생들이 장기간의 '몹시 힘든 자아 성장'을 거치기보다 '대박을 터뜨려서' 성공하고 싶어 하게 만든다(Ko, Dong-hwan, 2013). 하지만 이 교수는 희망에 찬 사람들에게 모든 성공의 뒤에는 실패를 맛본 수천 명의 참가자들이 있다고 경고한다. 이런 관점에서 이 시스템에서는 수천 명의 원하지 않는 참가자들을 '버리고' '자르는' 과정에 숨겨진 메시지가 '너는 차세대 스타가 될 수 있어'라는 모토보다 훨씬 강력하다.

하지만 '너 또한 스타가 될 수 있어'라는 메시지는 가장 인기 많은 연예인들이 짧은 시간에 고급 주택을 장만할 정도로 많은 돈을 벌 수 있다는 사실 등으로 좋게 포장된다. 그러나 이에 가려져 잘 알려지지 않은 사실은 많은 연예인들이 겪고 있는 업계 내 소득 격차와 소득 불안정성이다. 이들의 소득 곡선에는 롤러코스터처럼 급격한 상승과 하락이 존재한다(Park, Si-soo, 2013b). 롤러코스터의 꼭대기에 있는 이들에게는 인기가 바닥으로 낙하할 위험이 계속 도사리고 있다. 반면에, 롤러코스터의 바닥에 있는 이들은 기본적인 식료품을 사는 것도 사치로 느낄 수 있다. 청소년들은 그들이 좋아하는 아이돌 스타들이 '부업'(예를 들어 호텔, 댄스 학원, 식당, 인터넷 쇼핑몰 개장)을 통해 재빠르게 부(富)를 쌓은 소식을 접하고 이를 부러워할지도 모른다. 하지만 이런 뉴스는 경제적 어려움의 악순환에 빠져 고투하는 대다수 연예인들의 희미한 울음소리를 파묻어 버린다. 한국방송영화공연예술인노동조합 대표에 따르면, 75%에 달하는 배우들의 수입은 1년에 1000만 원 이하이다(Park, Si-soo, 2013b). 더욱 우려스러운 것은, 2008~2012년까지 극심한 생활고와 우울증, 부진한 활동 등을 이유로 자살한 배우와 가수, 모델 등이 확인된 것만 16명이라고 한다(Chung and Min, 2014).

좀 더 일반적인 예로 설명해 보자. 통계청 발표에 따르면 2012년 한 해 동안 1만 4160명(하루에 39명꼴)이 자살했다. 자살은 현재 청소년과 20~30대의 가장 흔한 사망 원인이다(Chung and Min, 2014). 국회예산정책처에서 발표한 보고서에 따르면, 청소년을 제외한 모든 연령층에서는 '경제적 어려움'이 자살의 가장 큰 원인이다(Chung and Min, 2014). 청소년들은 주로 '학업에서 겪는 어려움'이 커지거나 가장 흔하게는 대학 입시에서 오는 스트레스로 자살을 한다.[50]

≪중앙일보≫는 26명의 유서를 확보하고 유서 내용을 분석해 그들의 자살 동기를 파악할 팀을 꾸렸다. 이 유서에 묘사된 한국 사회는 주로 어둡고 냉혈한 곳이었다(Chung and Min, 2014). 이들은 경제적으로나 사회적으로 실패한 자들에게 무자비한 한국의 환경을 비난했다. 좋은 직장을

구하지 못한 한 20대 남성은 다음과 같이 적었다. "패배자가 앞으로 살아 갈 방법이 없다." 반복된 사업 실패를 경험한 한 50대 남성은 왕따가 단순히 개인적이고, 대인관계적이거나 학교에서만 일어나는 현상이 아니라 더 넓은 사회문제로 봐야 한다고 했다. 그는 "사회로부터 더 이상 왕따 당하는 것을 견딜 수 없다"라고 했다(Chung and Min, 2014). 한국이 **자살공화국**이나(Jang, Joo-young, 2014) **세계 자살 수도**라고 불릴지도 모르지만, 한국의 높은 자살률은 실제로 21세기에 일어난 현상이고, 구체적으로는 1997년(동아시아 금융위기) 이후에 나타난 현상이다. 자살률은 1995년 이후 20년간 3배로 증가했고, 2000년과 2010년 사이에 2배 이상 증가했다. 일부 사회학자들은 눈에 띄게 증가한 노인들의 자살로 더욱 높아진 자살률의 원인으로 극한의 경쟁적인 사회 분위기, 불확실한 미래, 경기 불황, 전통적 사회 가치의 붕괴를 꼽았다(Victoria, 2013).

'Ask a Korean(한국인에게 물어봐)'라는 블로그를 운영하는 T. K. 박은 한국의 높은 자살률은 한국 사회가 사회 경쟁에서 밀려난 사람들에 대해 무시무시한 무자비함과 잔혹함을 용납하기 때문이라고 말했다.[51] 그는 1997년 이전 한국 사회는 자본 축적을 위한 경쟁에서 밀려난 사람에게도 자리가 있었지만, 1997년 금융위기를 겪은 이후 한국 사회는 캐릭터가 바뀌었다고 주장한다. 그는 지나치게 일반화되고 비판적인 어조로 한국 사회에 가혹한 긴축 재정과 신자유주의적 경제개혁 단행을 요구한 IMF가 강자만 살아남고 약자는 도태당하는 경제적 무한경쟁 사회를 초래했다고 주장한다.[52] 그의 기본 주장은 1997년 금융위기가 '패배자'들에 대한 '무자비함'을 촉진시켜 소외가 용납되거나 최소한 묵인되는 사회를 만들었다는 의미로 해석될 수 있다.

2013년 12월, 세월호 비극이 일어나기 4개월 전 'IMF 키드'라고 할 수 있는 고려대학교 경영학부 학생 주현우 씨가 '안녕들 하십니까'라는 제목의 날카로운 대자보를 썼다. 이 대자보는 소문이 났고 사회적·집단적 정의보다 개인적 안정과 복지, 성공에만 관심 있는 또래 20대들을 향해 던진 그의 질문은 (액체근대 사회에 대한) 사회적 불만을 외치는 국가적 슬로건이 되었다(Jeong, Hunny, 2013). '안녕들 하십니까?'는 반어법적 질문이었고, 이에 대한 그의 대답은 '안녕하지 못합니다'였던 것이다. 자신이 던진 질문에 대한 그의 이상적인 해결책은 젊은 세대가 사회와 정치에 더욱 개입하는 것이었다. 주현우 씨는 널리 퍼져 있는 불만과 불만족이 민영화, 개인화, 사회적·정치적 무관심, 정부 기능 장애, 불평등(사회 갈등은 권력 있고 돈 많은 자들이 약하고 돈 없는 자들을 짓밟으면서 불타올랐다)에서 온다고 말했다.[53] 이후에 다른 학생들이 붙인 대자보는 전국 캠퍼스 곳곳에 버섯처럼 나타났고, 이들은 학교, 구직, 성적 취향에 대한 스트레스를 그들의 고충 목록에 추가했다(Kang, Jin-kyu, 2013).

역사적으로 대자보는 전두환 정권을 무너뜨리고 민주주의를 불러온 1980년대 학생 중심의 민주주의 운동을 촉발하는 역할을 했다. 1980년대의 (고체근대) 대자보들은 투쟁, 해방, 혁명 등을 요구하며 폭력적인 언어를 사용한 데 반해, (액체근대인) 2013년 말에 쓰인 대자보들은 기도문과 마음의 외침, 삶에 대한 고뇌를 공언하는 내용들의 혼합이었다. 특히 이 대자보들은 구직활동을 하는 대학생들이 직면한, 경쟁에 대한 극한의 불만과 그들이 위태로운 비정규직 또는 무임금 근로자가 될 것을 두려워하는 목소리를 반영했다(Kang, Jin-kyu, 2013). 주현우 씨는 그가 쓴 대자보에 젊은 사람들의 정치의식 부족, 개인화, 무관심, 성장 과정의 특징을 1997년도의 영향력과 연결 지으며 이렇게 적었다.

88만원 세대라 일컬어지는 우리들을 두고 세상은 가난도 모르고 자란 풍족한 세대, 정치도 경제도 세상물정도 모르는 세대라고들 합니다. 하지만 1997~98년도 IMF 이후 영문도 모른 채 맞벌이로 빈 집을 지키고, 매 수능을 전후하여 자살하는 적잖은 학생들에 대해 침묵하길, 무관심하길 강요받

은 것이 우리 세대 아니었나요? 우리는 정치와 경제에 무관심한 것도, 모르
는 것도 아닙니다. 단지 단 한 번이라도 그것들에 대해 스스로 고민하고 목
소리내길 종용받지도 허락받지도 않았기에, 그렇게 살아도 별 탈 없으리라
믿어온 것뿐입니다.

그런데 이제는 그럴 수조차 없게 됐습니다. 앞서 말한 그 세상이 내가 사는
곳이기 때문입니다. 저는 다만 묻고 싶습니다. 안녕하시냐고요. 별 탈 없이
살고 계시냐고요. 남의 일이라 외면해도 문제없으신가, 혹시 '정치적 무관
심'이란 자기합리화 뒤로 물러나 계신 건 아닌지 여쭐 뿐입니다. 만일 안녕
하지 못하다면 소리쳐 외치지 않을 수 없을 겁니다. 그것이 무슨 내용이든
지 말입니다. 그래서 마지막으로 묻고 싶습니다. 모두 안녕들 하십니
까!(Chen, Minjun, 2013).

2015년 중순에 접어들면서 '안녕들 하십니까'는 한국의 힘든 사회에 구
직활동대한 청년들의 불만을 나타내는 신조어인 **헬조선**으로 대체되었다.
헬조선 페이스북 페이지와 같이 불만 사항들을 공유하는 온라인 공간에
서[54] 사람들은 한국에서 태어난 것을 지옥에 들어온 것으로 비유하며, 한
국에서는 개인이 극도로 규제되고 위계적인 시스템 속에서 '노예가 되어'
일생을 살아야 한다고 말한다. 교육체계를 견디고, 특히 남성의 경우에는
폭력적인 군대 시스템을 견디고 나면 다음이 기다린다. "젊은이들의 유일
한 목표는 한국을 지배하는 대기업들의 종이 되는 것이다"(Koo, Hyojin,
2015).

이런 **헬조선** 사회는 개인의 사회경제적 지위에 따라 다섯 가지 계층으
로 나뉜다. 최상위에는 '금수저' 계층으로, 이들은 '입에 금수저를 문 채
로 태어난다'. 그 뒤로 '은수저'와 '동수저' 계층이 있다. 계층의 밑바닥에
는 '흙수저' 계층이 존재하며, 가장 밑에는 '똥수저' 계층이 있다.

본인이 똥수저라고 생각했던 한 젊은 남성은 헬조선을 탈출하는 방법

으로 비극적인 자살을 선택했다. 25세인 이 대학생은 20층 아파트에서 뛰어내리기 전 다음과 같은 글을 남겼다. "나는 열등감 덩어리", "내 인생은 쓰레기". 그는 떨어지면서 임신 8개월의 아내, 6세 아들과 산책 중이던 39세 공무원을 덮쳐 사망하게 했다(Kim and Lee, 2016). 다른 흙수저나 똥수저는 이민만이 '꿈을 짓밟히고 자유의지는 허상에 불과한'(Denny, 2015) 헬조선을 탈출하는 유일한 방법이라 생각한다. 한 설문조사에 따르면 10명 중 8명의 응답자가 기회가 있다면 '헬조선'을 떠나겠다고 했다.[55] 헬조선 담론 출현 이후 호주로 이민 간 젊은 여성의 이야기를 다룬 소설 『한국이 싫어서』가 젊은이들이 '헬조선'을 얘기할 때 자주 언급되고 있다. 이 소설의 작가 장강명 씨에 따르면, 헬조선은 다음과 같이 정의될 수 있다.

> 한국의 젊은이들이 조국을 기회의 땅이라 생각하기보다는 절망의 사회로 생각한다는 것을 나타낸다. 구세대가 젊은이들 보고 '더 열심히 해라' 혹은 '더 노력해라'라고 말해도 이는 더 이상 그들에게 호소력이 없다. 그 대신, 그들은 '어차피 안 될 텐데'라고 생각하며 듣지 않는다. 그들은 현실 앞에서 의욕을 잃었고 사회로부터 모욕당했다. 그래서 그들은 똑같이 사회를 모욕하고 싶어 하는 것 같다(Cho, Han-dae, 2015).

이 소설가의 입장에서는, 한국 사회에 더욱 뿌리 깊이 박혀 있는 문제는 문화적으로 가치 있는 이상을 달성하기 위해 노력하는 '낮은 지위'의 사람들이 모욕당하고 굴욕을 당하고 있다는 점이다. 다음 장에서 다루겠지만 '패배자'들이 모욕당하거나 '하인'으로 취급받는 것을 극복하려면 상호 존중이라는 문화를 도입해야 한다. 현재, 후배들은 선배에게 (혹은 하급자는 상급자에게) 존댓말을 사용한다. 하지만 이 소설가는 상호 존중이 연령과 계급에 상관없이 존댓말을 쓰면서 시작될 수 있다고 생각한다.

연령과 관련해 2016년 총선에서는 20대 투표율이 예상을 뛰어넘어 크게 증가했고(2012년 36.2%에서 2016년 49.4%로 상승했다), 30대 투표율도 눈에 띄게 증가했다(43.3%에서 49.5%로 상승했다). 전문가들에 따르면, 20~30대들이 그들의 걱정과 고통을 무시한 여당에 대한 불만과 분노를 투표함에 표출해 새누리당이 예상하지 못한 패배를 경험했다고 분석했다(Kim and Ko, 2016). 당시 한국의 젊은 세대가 전달하는 메시지는 마치 '젊은이가 한을 품으면 오뉴월에도 서리가 내린다'라고 표현할 수 있을 것 같았다.

4장

화재 직장 내 성인들의 따돌림과 폭력

4장 제목에 사용된 '화재'라는 은유는 불길이 다른 지역으로 '번지는' 모습을 상상하면 필자가 의도한 의미에 한층 다가갈 수 있다. 필자는 역사, 학교폭력, 소비문화 영역을 넘어서서 따돌림과 폭력이 한국 사회의 모든 곳을 잠식하고 있는 모습을 보여주고자 한다(따돌림과 폭력은 한국 문화에 내재되어 있기 때문에 사회구조와 사회관계 전반에 걸쳐서 존재한다). 이 장에서 필자는 대개 '발달 생애주기' 접근법을 따른다. 우선, 필자는 어린이집의 폭력적인 보육교사들에게 괴롭힘을 당하는 어린아이들을 주목한다. 이후 그들이 자라며 겪는 교사와 교수의 괴롭힘, 폭력, 착취와 부정행위를 다룬다. 그 뒤로는 군대 내 폭력을 분석하며, 직장 내 괴롭힘이나 한국 기업들이 직원들을 괴롭히는 술책도 주목한다. 마지막으로 이 장은 장애가 있거나 나이 든 경비원들을 포함한 '취약한' 직원들이 착취당하는 사건을 다루며 끝을 맺는다.

4장은 지배-복종에 기반을 둔 '갑질'(권력과 지위 남용)과 관련된 신문 기사에 집중하고 있지만, 이 장 전체에서 우리는 이론적으로 범죄학자 조크 영(Jock Young)의 연구를 명심해야 한다. 그는 선진 산업사회가 '폭식증'의 개념으로 이해될 수 있다고 주장했다. 조크 영이 말하는 '폭식증 사회'는 문화적 수용과 구조적 소외로 인해 범죄가 발생하는 사회다 (Young, 1999: 81). 즉, '사회적 폭식증'은 수용과 소외가 공존하는 환경이다. 혹은 영이 말하듯이, 폭식증 사회는 사람들을 게걸스럽게 집어삼키고 그들을 확실하게 쫓아내는 사회다(Young, 1999: 81). 이는 곧 **문화적 수용**(모든 사람들은 코리안 드림을 달성하고 싶어 한다)과 **사회경제적 소외**(이 규칙을 지키지 않는 개인은 가치 없는 사람으로 취급되며 쫓겨난다)의 결합이다.

1. 폭력적인 어린이집 교사들

어린이집은 글자 그대로 어린아이들의 집이라는 뜻이다. 2013년 7월부터 11월까지, 부산의 어린이집 4세 반 교실에서 교사 Y 씨가 자신이 담당하는 8명의 아이들을 꼬집거나 손, 발 등으로 머리를 때리는 모습이 CCTV에 녹화됐다. 아이의 입을 벌려 강제로 밥을 먹이는 모습까지 포착됐다(YTN, 2015.1.14). Y 씨는 처음에 아이들이 귀여워서 단순히 그들에게 장난치고 놀린 것이라고 주장했다. 경찰이 그녀에게 CCTV 영상을 보여주자, 그녀의 구두 진술 내용과 몸짓이 재빨리 바뀌었다. 그녀는 마지못해 자신의 폭력을 인정했다. 해당 어린이집 원장은 폭력을 방치한 혐의로 조사를 받았다(Kim, Jeong-ho, 2013).

이 외에도 부산에서는 K 교사와 S 교사, 어린이집 원장인 M 씨가 담당하던 생후 17개월 아기를 포함한 여러 영유아들을 반복적으로 학대하고 방치한 혐의로 형을 선고받았다(Jeong, Min-kyu, 2013). 이 학대 행위 역시 CCTV 카메라를 통해 적발되었다. 그들은 자신들의 행위를 정당화하기 위해 아이들의 울음소리에 짜증이 났고, 그것이 학대로 이어졌다고 말했다. 이 학대로 17개월 된 유아의 등에 깊은 상처와 멍이 생겼다.

부산에서는 한 유치원 교사가 서로 싸운 두 원생의 싸움에 대한 훈육 방법으로 서로를 번갈아 가며 때리게 해 기소되었다(Kim, T. H., 2014). 학부모들은 30세의 해당 교사가 단지 '안녕하세요'라고 인사를 하지 않았다는, 단순한 규칙 위반에 대한 훈육 방법으로 아이들을 반복해 밀치고 밥을 제때 주지 않아 굶긴 혐의로도 그녀를 고소했다. 분노한 학부모들은 유치원에 난입해 해당 교사를 폭행했다. 한 학부모가 교사의 폭력적인 행동을 경찰에 신고하자, 유치원 원장은 CCTV 기록을 지우려고 했다. 하지만 원장은 증거 인멸에 실패했고 CCTV 영상에는 해당 교사와 3명의 다른 사람들이 아이들을 여러 번 학대하는 모습이 담겨 있었다. 여기에는 얼굴을 밀치는 행위와 마치 한국 프로야구 코치가 성인인 프로야구 선수들에게 하듯이[1] 엉덩이를 때리는 모습이 담겨 있었다. 비디오를 본 학부모들은 분노했고 교사의 머리채를 잡고 폭행했다. 이후에 또 다른 학부모는 유치원에 목도를 들고 나타나 아이들을 학대한 교사들을 죽이겠다고 위협했다. 이 모습에서 폭행에 폭행으로 대응하는 한국 사회의 단면을 볼 수 있다.

SBS 뉴스에서는 파주의 어느 사립 어린이집에서 교사들이 어린아이들을 언어적·신체적으로 학대하는 모습이 담긴 CCTV 영상을 보여주었다(Kim, Hak-hee, 2013). 이곳에 다니던 한 어린이가 다른 어린이집으로 옮기면서 이 장면이 세상에 드러난 것이다. 해당 어린이의 아버지는 딸에게 새 어린이집에서 재미있게 지내는지 물었다. 아이는 아버지에게 선생님들이 자신을 때리지 않아서 좋다고 말했다. 아이의 말을 들은 아버지는 어린이집에 대해 의심이 생겼고 CCTV 영상을 구하려고 애썼다. 놀랍게도 CCTV에는 교사가 아이들을 때리고, 교실에서 아이들을 폭력적으로 끌고 다니는 모습이 담겨 있었다. 한 교사는 아이를 때리면서 다음과 같이 말했다. "너희 부모님이 돈을 주지 않으니까 너희와 아무것도 하기가 싫다."

인천의 한 어린이집에서는 교사가 반복적으로 2세 아이를 땅바닥에 폭력적으로 내던지는 모습이 CCTV에 포착되었다(Pakman, 2015). 아동학대로 피소된 해당 교사는 낮잠 시간에 자지 않고 우는 남자아이를 훈육 중이었다고 말했다. 한편 또 다른 교사는 2세 여자아이의 머리채를 잡아끌고 다니며 바닥에 팽개치는 장면이 잡혔다.

동시에 송도에서는 2015년 초 국가 전체를 얼어붙게 만든 사건이 대중의 관심을 받았다. 이 사건은 엄마들 사이에서 '괴물 선생님'으로 불린 어린이집 학대 교사의 아동학대를 다룬, 또 다른 충격적인 폭로 사건으로 비춰졌다(Kim, Rahn, 2015b). CCTV 자료에서 33세 Y 씨는 4세 여아에게 점심 식판에 남긴 김치를 먹으라고 지시하고 있었다. 여자아이는 입에 김치를 넣었지만 금세 뱉었다. Y 씨는 곧 그 아이의 머리를 주먹으로 때렸다. 아이는 옆으로 나동그라졌다. 몇 초 뒤 몸을 일으킨 아이는 무릎을 꿇고 교사 앞으로 간다. Y 씨는 아이 앞에 식판을 내려놓았다. 아이는 곧 김치를 집어서 식판 위에 올려놓는다. 분노한 학부모들은 Y 씨가 아이들에게 폭력을 휘두른 것이 처음이 아니라고 주장했다. 아이들은 이전에도 '괴물 선생님'이라 불리는 Y 교사가 두려워 어린이집에 가기 싫어했다고 말했기 때문이다. 한 어린이의 어머니는 지역 온라인 학부모 커뮤니티 사이트에 글을 남기며 해당 영상을 부모들에게 알렸고, 이를 통해 두려움에서 표출된 아이들의 복종적인 태도가 드러났다. Y 교사가 여자아이를 때리고 꾸짖는 사이, 다른 아이는 지시받지 않았는데도 조용히 식탁에 다가가 무릎을 꿇었다. 이 모습은 [전문가들에 따르면(Jung, Min-ho, 2015a)] 두려움을 유발하는 요법이 과거부터 반복된 결과다. 또 다른 어머니는 자신의 아이가 Y 교사의 학대에 대해 마지못해 고백했지만, 절대로 Y 교사에게는 말하지 말아달라고 두려움에 떨며 애원했다고 주장했다. 다른 아이들은 Y 교사가 다음과 같이 말하며 부모에게 이르지 않도록 위협했다고 말했다. "너희 아빠보다 내가 힘이 세"(Kim, Rahn, 2015b).

경찰 조사에서 '국민 악마'가 된 Y 교사는 처음에는 여자아이를 살짝 밀었다고 말했지만, 영상 자료를 본 후 아이들을 폭행한 것을 시인했다. 하지만 그녀는 자신의 행동이 아이의 식습관을 고치기 위한 훈육이었다고 주장했다(Kim, Se-jeong, 2015d). 또한 그녀는 경찰 조사 초기, 폭력적으로 행동한 것은 이번이 처음이고 그 모든 행동은 사랑하는 마음으로 한 것이라며 반복적으로 아동학대를 저질러온 사실을 부인했다. Y 씨는 (아이에게 냉혹하게 대한 이유를) 잘 모르겠지만 잠시 욱했던 것 같다고 말했다. Y 씨가 욱하는 모습이 담긴 CCTV 영상은 한국에서 가장 최근에 일어나 논란이 된 수치심 유발 및 처벌 행위로 유명해졌다. 당시 해당 지역구 구청장은 Y 씨를 처벌해 다른 사람들에게 경고함으로써 다시는 이러한 일이 일어나지 않도록 하겠다고 약속했다(Lee, Sung-eun, 2015). 당시 새누리당 당대표는 해당 영상이 세월호 사건 이후 자신이 가장 놀란 사건이라고 말했다(그 어떤 학교폭력 사건보다도 전 국민을 놀라게 한 사건이었다). 이어진 경찰 조사는 Y 씨가 저지른 과거의 학대 사례들을 밝혀냈다. 그녀는 아이들이 식판에 뱉은 음식을 강제로 먹였고(먹지 않을 경우 뺨을 때렸다), 점심시간에 밥을 먹던 아이가 입에 있던 밥을 흘렸다는 이유로 등을 때렸고, 식판에 버섯을 남긴 한 여아의 뺨을 때린 것으로 알려졌다. 또한 4명의 동료 교사의 증언에 따르면 그녀는 아이들에게 소리를 지르고 야단치고 겁을 주어 동료들에게 진정하라는 경고를 듣기도 했다(Kang, Jin-kyu, 2015). Y 씨는 변론을 하며 나의 행동이 과장된 채 알려지고 있다고 말했다(Jung, Min-ho, 2015a). 그녀는 또한 이렇게 덧붙였다. "아이들을 너무 사랑해서 그런 것이지 폭행은 아니었다."

우리는 건설적인 방향으로 이 문제의 초점을 옮기려면, 이러한 대중과 부모의 학대에 대한 공포를 역사적·문화적 맥락에서 생각해 보아야 한다. 2007년 18세 탈북민 고등학생 K 씨는 "한국 선생님들이 그만 때렸으면 좋겠다"라고 말했다.[2] "선생님들은 항상 교편을 들고 다니며 숙제를 해오지 않으면 우리를 때린다. 그것이 가장 무섭다"라고 덧붙이기도 했다. 그녀는 북한에서 체벌은 들어본 적이 없다고 말하며 두려움을 표현했다. 한국에서 흔히 볼 수 있는 일부 체벌의 본질은 '사랑의 매'의 영향에서 비롯한다(Y 씨가 자신을 도덕적으로 정당화하려고 했던 방법처럼). 학기 초에 부모들은 일종의 의식으로 교사들에게 '사랑의 매'를 건네준다. 이는 부모들이 교사들과 학교에게 아이들을 훈육할 책임과 권위를 넘겨준다는 의미를 상징한다(Farrell, 2015). 이러한 의례적·상징적 행위는 일종의 훈육과 처벌의 통과의례와 같다. 하지만 2003년, 70%의 (초등·중등·고등) 학교는 교사들에게 말을 듣지 않는 학생을 체벌하도록 허용했고,[3] 2015년 9월 보건복지부는 사랑의 매를 포함해 엉덩이를 때리는 행위와 그 외 체벌을 금지했다(Jung, Min-ho, 2015c). 사랑의 매와 (일부) 체벌을 금하는 조치는 학생들의 인권을 보호하고, 그들의 권한을 확장시켰다. 최근까지만 해도(비록 영유아들은 아니었지만), '일반적인 관행'으로 여겨졌던 체벌을 활용한 훈육을 한 어린이집 교사들에 대한 비판은 장기적인 '문명화 과정'을 나타낸다. 한 기사는 "한국은 학생들에 대한 체벌을 금지하는 글로벌 추세에 동참하려 한다"라고 보도했다.[4]

Y 씨의 행동에 대한 대중의 분노에 이어서, 당시 입법부에서는 '아동학대방지법'을 만들고자 했다. 그들은 학교폭력과 군대폭력 사건 이후에도 그랬듯이 폭력 사건에 재빠른 대응을 약속하며 그때마다 가해자에 대한 처벌과 보안을 강화하고자 했다(즉, 사회문화적 영역 내에서는 규제를 강화해 폭식증적 접근을 유지하고, 경제적 영역의 규제로 단두대를 옮겼다)(Kim, Se-jeong, 2015d). 박근혜 대통령이 정부부처에 아동학대를 근절할 조치를 수립하라고 지시하면서(Lee and Chun, 2015) 부처들은 기존의 법을 바꿔, 당국이 아동학대 사실이 적발된 교사의 교사자격증을 박탈하고 한 번이라도 아동학대 사례가 보고된 어린이집은 영업 정지를 시키겠다고 약속했다(현행법에서는 어린이집에서 세 번 중 한 번의 아동학대 사례가 확인

되거나 학대 결과 아이가 사망할 경우에만 강제 영업 정지 조치를 당했다). 정부는 약 20만 명의 전국 어린이집 교사들의 훈련과 자격을 강화해 더욱 엄격한 규제를 적용하고자 했다(Kim, Se-jeong, 2015d).

하지만 몇 시간의 온라인 과정과 현장 실습만 받으면 자격증을 딸 수 있는 현재의 허술한 자격증 시스템은 어린이집 교사들이 직면하는 열악한 근무 환경을 반영한다. 장시간 여러 명의 아이들과 어울리고 그들을 돌보며 교육하지만, 한 달에 150만 원밖에 못 받는 직업에 자격을 갖춘 교사들을 구하는 것은 어렵다. 또한 새누리당은 모든 어린이집에 감시 카메라를 설치하는 것을 의무화하자고 제안했고, 이후에 영상 자료를 부모에게 공개하자고 했다(이는 과거에 어린이집 교사들의 기본권을 침해할 수 있다는 이유로 반대 여론에 직면했었다). 마지막으로 교육부는 입시 과정에서 지원자의 성격에 더 큰 방점을 두도록 각 대학교를 설득하자고 제안했다. 입시 제도에서 인성 평가를 반영하자는 견해는 (Y 씨와 대조되는) 친절한 사람들을 키울 수 있을 거라는 희망에서 제기된 것이다(Lee and Chun, 2015).

이 사건으로 발생한 불꽃이 정치계와 부모의 공포를 전국적으로 빠르게 확산시키면서, (인천과 서울 사이에 위치한) 부천에서 발생한 비슷한 사건이 관심을 끌었다. 경찰은 영어 학원 교사 4명을 그들이 담당하는 5세 어린이들을 학대한 혐의로 체포했다. 몇몇 부모들은 교사들이 아이들의 이마를 20번가량 때렸다며 아동학대 조사를 요청했다. 또한 그들은 교사들이 아이들에게 어두운 방에서 움직이지 않고 벽을 바라보도록 강요했다고 비난했다. 교사들은 처음에는 학대 사실을 부인했지만, 경찰이 학대 장면이 담긴 영상 자료를 확보한 이후에는 해당 행위가 단순히 훈육을 위한 것이었다고 주장했다(Kim, Se-jeong, 2015d). 앨버트 반두라(Albert Bandura)가 주장했듯이, 사람들은 다양한 사회적·심리적 책략을 통해 비인간적인 행동에서 도덕적 자기 제재를 분리해 낸다(즉, 사람들은 다른 사람에게 해를 끼치면서도 도덕적 의무를 다하는 것처럼 행동하고 스스로를 도덕적인 사람으로 바라보는 관점을 유지할 수 있다). 그중에서 한 가지 중요한 책략은 **도덕적 정당화**에 의존하는 것이다. 도덕적 정당화는 행동을 재구성해 해로운 행위를 사회적으로 가치 있고 도덕적인 행위로 묘사함으로써 개인적으로나 사회적으로 용인되도록 만든다(Bandura, 1999: 193~209). 따라서 교사들은 자신들이 단지 아이들을 괴롭힌다고 생각하지 않고 아이들에게 옳고 그름을 가르쳐주는 교육의 의도로 징계를 한다고 믿는다.

교사들이 아이들을 훈육할 때 사용하는 어두운 방은 '도깨비방'으로 알려져 있다. 불교에서는 귀신 '마라'로 더 잘 알려져 있고, 설화에도 나오는 도깨비는 한국에서 귀신과 같은 의미로 사용된다. 그들은 기이하게 생긴, 귀신과 같은 생물이고 전래동화에서 나쁜 사람들에게 심술궂은 장난을 치거나 그들의 악행을 처벌한다(혹은 반대로, 착한 사람들에게 부와 행운을 가져다준다). 요컨대 이 귀신들은 질서와 순응을 유도하기 위한 도덕적 도구이다. 교사들과 부모에게 도깨비는 아이들이 자신의 말을 시키는 대로 잘 따르도록 겁을 주는 훈육 도구로 사용된다. 아이들이 말을 듣지 않으면 교사는 그들을 귀신이 나오는 도깨비방에 넣겠다고 위협한다. 부모들이 이용하는 애플리케이션 '도깨비 전화'에서는 지옥에 살며 낮은 음성의 무서운 남자 목소리를 내는 도깨비가 아이들에게 다음과 같은 말을 한다. "오늘도 엄마 말을 듣지 않는다고. 말을 듣지 않으면 뜨거운 냄비에 넣어서 잡아먹겠다."

어린이집 학대에 관한 부모들의 우려가 커지면서, 이들은 불안한 마음으로 아이들에게 학대를 겪었거나 목격한 적이 있는지, 또 어린이집에 도깨비방이 있는지 물어봤다. 놀랍게도 전국의 어린이집과 유치원에는 이런 방들이 많았다. 부모들은 또한 경찰과 아동보호기관에 보고된 2014년 아동학대 사건이 2013년에 비해 30% 증가한 것을 발견했다(월평균 1416건). 하지만 전문가들은 이런 아동학대의 증가를 단순히 사건 수의 증가로 생각하기보다는 법이 개정되면서 발생한 결과로 생각한다. 정부는 4대 사회악 근절을 위해 2014년 9월 새로운 법을 시행해 아동학대 사범에 대한 처벌을 강화했다(최고 무기징역)(Kim, Se-jeong, 2015c). 당국은 교사들의 아동학대에 대한 넘치는 불만과 함께(Kim and Choi, 2015a) 다른 사건까지 해결해 그들이 대중의 압박에 빠르게 대응하고 있다는 열성과 의지를 보여주고자 했다. 그 결과 인천 서부경찰서는 아이들이 부모에게 제보한 내용을 근거로 사립 유치원에서 일하는 25세 교사를 조사했다. 그녀는 5세 아동 7명을 꼬집고 발로 찬 혐의를 받았다. 또한 그녀는 아이들에게 말을 듣지 않으면 '도깨비집'에 넣겠다며 위협했다는 혐의를 받고 있다. 아이들의 부모와 대면한 해당 교사는 몇 가지 혐의는 시인한 것으로 알려졌다. 하지만 원장은 CCTV 영상 제출을 거부했다. 경찰은 11월 중순 이후로 CCTV 기록이 없다는 것을 알았고, 해당 영상이 의도적으로 삭제된 것으로 추정했다(Kim and Choi, 2015b).

인천의 또 다른 지역에서는 경찰이 어린이집 교사 25세 김 씨를 소환조사했는데 이 교사는 4세반 아이 10여 명을 신체적으로 학대한 혐의를 받았다. CCTV 영상에는 그녀가 아이를 손이나 주먹으로 과격하게 때리는 장면, 한 여자아이를 밀치고 연필로 머리를 때리는 장면, 수업 중에 음료를 흘린 남자아이의 얼굴을 때리는 장면 등이 포착됐다. 김 씨는 반복된 학대에 대한 혐의를 부인했지만 아이들을 훈육 의도로 때린 것은 인정했다(Kim, Bong-moon, 2015a). 또한 인천 남동구 경찰은 48세 보육교사가 2세 남자아이가 잠을 자지 않아 반복적으로 바닥에 내던진 사건을 재조사하기로 했다(Kim and Choi, 2015b). 울산에서는 어린이집 원장이 자신이 담당한 어린이들을 반복적으로 학대한 사실이 확인되어 체포되었다. 그녀는 22개월 남자아이가 울고 보챈다는 이유로 그의 입에 휴지와 수건을 넣었다(Lee, M. H., 2015). 22개월 된 다른 남자 아이는 레깅스로 온몸을 묶어 원장실 바닥에 홀로 버려두었다는 제보를 하기도 했다. 이 원장은 또한 10개월 된 쌍둥이를 흔들의자에 벨트로 묶고 방치해둔 혐의도 받고 있다. 경찰은 24개월 된 남자 원아, 27개월 된 여자 원아 등 2명을 한 차례씩 어두운 방에 장시간 내버려 둔 원장의 여동생도 함께 조사했다(Kim and Choi, 2015a).

2. 학교 교사들의 따돌림과 폭력

그러나 교사들의 학대는 어린이집과 유치원에 한정된 것이 아니다. 인천의 한 고등학교 교사는 자리를 비운 학생의 얼굴에 살충제를 뿌렸다(Kim, 2014). 또 다른 고등학교 교사는 2014년 초에 지각한 남학생의 머리를 벽으로 밀쳤고 오리걸음을 시켰는데, 13시간이 지나서 갑자기 학생이 뇌사 판정을 받았다. '사이코'라 불리는 한 고등학교 수학 교사는 숙제를 해오지 않은 8명의 학생들에게 '앉았다 일어났다'를 800번 하도록 지시했는데, 이때 한 학생의 허벅지 근육이 파열됐고 장기에도 이상이 생겼다. 이런 폭력적인 사건은 한국의 엄격하게 위계적인 교육 시스템에서 너무 흔히 발생하는 사건으로 알려져 있다. 최근 학생 권리 보호를 위한 다양한 노력에도 한국 교육계는 교내 체벌을 묵과했다(Kim, Tong-hyung 2014b). 이런 위계적 시스템의 암울한 면은 지속되었고, 2015년 중순 논란의 대상이 되었다. 제주도의 한 초등학교에서 1학년을 담당한 여교사가 1일 왕따 시스템을 만든 것으로 밝혀졌다. 27년간의 교사 경력을 바탕으로, 해당 교사는 다음을 저지른 학생을 강제로 '1일 왕따'가 되도록 시킨 것으로 추정된다.

① 숙제를 하지 않았을 때

② 숙제를 제 시간에 내지 않았을 때

③ 선생님 말을 제대로 듣지 않을 때

④ 발표를 제대로 하지 않았을 때

⑤ 수학 문제를 풀지 못했을 때

1일 왕따 역할을 맡게 되는 학생은 누구와도 말을 하지 못했고, 쉬는 시간에 화장실 외에는 자리를 뜨지 못하며, 점심식사도 5분 안에 먹고 자리로 돌아와서 앉아야 했다. 만약 1일 왕따 학생에게 말을 거는 학생이 있으면 그 학생도 왕따가 되어 같은 처벌을 받았다. 24명 중 20명의 학생들이 이런 형태의 훈육을 받은 것으로 알려졌다.

(최소한) 한 학기 내내 실시되었을 것으로 짐작되는 1일 왕따 시스템을, 학부모들은 7월 1일이 되어서야 정확히 알았다. 한 학생은 교과서를 갖고 오지 않아 숙제를 할 수 없다는 사실에 놀라 어머니에게 하소연했다. "숙제를 하지 않으면 왕따가 된다."[5] 학대 사실을 알게 된 학부모들은 비상대책위원회를 만들어 대응했다. 그들은 해당 교사를 수업에서 배제할 것을 요구했지만, 처음에 학교는 미온적인 대응을 했다. 한편 해당 교사는 그녀의 행동을 숨기고 혐의를 최소화하기 위해 학생들이 단순히 오해했다고 주장했다(Lee, Su-hyun, 2015).

한 기자회견에서 긴급대책위원회는 1일 왕따 시스템은 약한 학생들을 대상으로 비밀스럽고 점진적으로 진행된 정서적·신체적 학대라고 주장했다. 또한 이 왕따 방식은 이제 막 학교를 다니기 시작한 아이들에게 집단 왕따를 어떻게 해야 할지 가르쳐주는 셈이었다. 위원회는 해당 교사가 자신의 권위를 남용했을 뿐만 아니라, 그녀의 행동이 아이들의 교육적 권리와 인권을 침해했다고 주장했다. 한 기자는 위원회에 소속된 학부모를 인터뷰하며 아이들이 겪은 경험을 물어보았다. 학부모에 따르면,

학생들은 선생님을 두려워했고 왕따가 된 학생을 불쌍히 여겼다고 한다. 당연하게도 학부모들은 아이들이 이런 집단 왕따 교육을 내재화한 뒤 중학생이 되어 그것을 남용할 것을 우려했다. 예를 들어, 아이들이 다 같이 놀다가 잘못을 저지른 학생을 왕따로 지정할지도 모른다는 우려였다. 학부모들은 어린 학생들이 선생님에게서 따돌림 하는 것은 잘못이 아니라고 교육을 받았기 때문에, 타인을 이런 방식으로 대하는 태도가 아이들의 성격과 생활 방식의 일부가 될까 봐 두려워했다. 분노와 절망에 사로잡힌 한 어머니는 다음과 같이 말했다. "애가 학교 가는 걸 끔찍하게 두려워할 때 제 기분이 어떤지 아세요?"(Jang, Jye-Hyeok, 2015).

3. 핵심 권력자의 성범죄

대학교에서는 체벌이 아닌 성범죄가 대중의 비난과 우려를 자아냈다. 하지만 교수들이 (주로 대학원) 학생들에게 범하는 성범죄는 대다수 대중과 법의 감시에서 벗어나 있다. 이는 교수와 학생의 관계에 존재하는 힘의 불균형에서 발생한다. 교수들이 학생의 교육과 미래를 그들의 손아귀에 쥐고 있기 때문에 학생들은 교수에게 복종할 수밖에 없어 범죄 사실을 공개하기 어려워한다. 믿기 어려운 한 설문조사를 통해 가려진 범죄 사례들이 일부 알려졌는데, 대통령 자문단에서 2354명의 대학원생을 대상으로 조사한 결과 놀랍게도 4.8%의 학생들이 교수들에게 성희롱이나 성추행을 당했다고 응답했고, 그중 65%는 이런 범죄에 대응하지 않고 견디기만 했다고 말했다.[6] 한편, 서울대학교 대학원에 재학 중인 한 여학생은 이런 성추행을 참지만은 않았다. 교수 및 동기들과 함께 한 술자리가 끝나고 해당 교수는 그녀를 강제로 공사장에 끌고 가 강간하려고 한 것으로 전해진다. 교수의 강간 시도에 그녀가 완강하게 저항하자, 교수는 그녀의 얼굴을 주먹으로 때렸다. 그녀는 현장에서 도망칠 수 있었고, 교수는 강간미수와 신체상해죄로 기소되었다(Kang, Young-su, 2016).

이 설문조사는 서울대학교와 고려대학교 등 한국 일류 대학 교수들을 포함한 고위 인사들의 성범죄 혐의가 주목을 받은 이후 진행되었다(여기에는 고위직 공무원들도 포함되었다). 자신을 도와 학회를 준비하던 (다른 대학교에서 온) 여성 인턴을 성희롱해 고소를 당하기도 했다. 며칠간 해당 교수와 함께 지내던 대학원생들은 비슷한 혐의를 주장하며 신속하게 움직였고, 20명이 넘는 학생들이 (10년 전) 교수로부터 성범죄를 당했다는 글을 인터넷에 올렸다. 그간 학교 관계자들이 왕따 혐의에 보인 흔한 조치와 같이, 대학 관계자들도 성범죄 혐의에 미온적 반응을 보여 비난받았다. 이런 경우 대부분의 대학교는 학교의 명성에 누가 될 것을 우려하며 혐의가 제기된 교수의 자발적인 사임을 받아들인다. 이를 통해 교수는 학교 측의 조사를 피해 책임에 대해 피난처를 제공받고, 퇴직금이나 연금을 받거나 다른 대학에서 자리를 구하기도 한다(심지어는 같은 대학에 재임용되기도 한다).[7] 이러한 장애물을 피해 가기 위해 서울대학교 학생들은 '성폭력대책위원회'라는 학생 단체를 조직해 학교가 교수들의 성범죄에 더 큰 책임을 지도록 만들고자 했다. 이 단체는 의심되는 사건에 대한 대학의 내부 조사와 처벌 과정을 감시하겠다고 약속했다. 학생들은 보통 교수의 권위와 영향력 때문에 폭행 사실 공개를 꺼리기 때문에, 이 단체는 이런 부분을 개선하는 데 도움을 줄 것으로 기대된다(Lee, Hyun-jeong, 2015). 한편, 대학교에서는 좀 더 액체근대적인 방법으로 캠퍼스 내 '스마트 화장실'을 설치했다. 이 화장실은 비명 감지 센서가 장착되어 발동 시 사이렌과 함께 비상등이 켜진다.

비록 단기적일지라도 교수들의 비행 행위에 대한 미디어와 사회의 늘어난 관심은 덕성여자대학교 총장의 조치로 이어졌다. 한 여학생은 교수가 바에서 술을 마시던 중 그녀에게 강제로 키스를 하고 더듬으려 했다고 주장했다. 교수는 전화와 문자로 그녀에게 지속적으로 연락하려고도 했다. 대학교에서 진행한 내부 조사를 통해 해당 교수에게 학대당한 피해자들을 더욱 많이 찾을 수 있었다. 전례가 없는 대응으로, 덕성여자대학교 총장은 해당 교수의 혐의 부인에도 그를 성희롱 사건으로 경찰에 고발했다. 총장은 성명서를 통해 다음과 같이 말했다. "나는 교수에게 상처를 받은 학생들에게 마음이 쓰인다"(Kim, Se-jeong, 2015b).

성범죄 용의자들은 줄곧 딸 같아서 그랬다는 말로 성범죄 혐의를 부인한다. 한 예로 여성 골프 캐디를 성추행한 혐의로 기소된 전 국회의장처럼 4명의 학생을 4개월에 걸쳐 성폭행한 혐의로 투옥된 저명한 음악과 교수는 법정에서 학생들이 말한, 가슴과 음부를 애무한 행위는 단지 그가 딸처럼 생각한 학생들을 상대로 '국제적으로 용인된 교수법'을 활용한 것이었다고 주장했다(Choi and Jin, 2014).

한국 핵심 권력자들의 성범죄를 설명하는 과정에서, 그들은 위계와 권력관계에 민감해 권력이 어떻게 작동하는지, 그리고 그것을 활용해 어떻게 이익을 취할 수 있는지 잘 알고 있다는 점이 강조되었다. 한국성폭력상담소 자문위원에 따르면, 권력가들의 젊은 여성들에 대한 성추행에서 근본적인 문제는 '자신보다 낮은 지위에 있는 사람들을 마음대로 대해도 된다는 사고'에 있다(Choi and Jin, 2014). 비슷하게, 한국여성개발원의 한 연구원은 사회적으로 지배계급에 속하는 사람들은 성범죄를 저질러도 아무 문제가 발생하지 않을 법한 사람들을 노린다고 말했다(Choi and Jin, 2014). 이런 시각을 증명하듯, 전국을 뒤흔든 서울의 한 고등학교에서 일어난 사건고등학교 교장, 남교사 성추행은 교장과 남교사들이 그들보다 지위가 낮은 사람들을 마음대로 착취하고도 아무런 문제가 발생하지 않을 것으로 생각하는 모습을 보여줬다(Lee, Kyung-min, 2015e). 2015년 7~8월, 5명의 50대 남성들은 신체적·언어적 성추행을 포함한 다양한 형태의 성범죄로 기소되었다. 2013년 개교 이래, 그들은 100명이 넘는 여학생들과 8명의 신입과 계약직 여교사들을 성추행한 것으로 알려졌다.

당시 학교의 주임 지도교사였던 A 교사는 2014년에 다른 여성 교사를 손으로 더듬은 혐의를 받았다. 대학교 고문이자 한국대학교육협의회 전 수석 강사로 이름이 알려졌던 B 교사는 여학생들을 대상으로 부적절한 신체적 행위를 한 죄로 기소되었다. 학생들에 따르면, 해당 교사는 여학생들이 그 교사가 담당하는 물리 실험실에서 자는 사이 블라우스 속에 손을 넣어 가슴을 만졌다. 그럼에도 그는 처벌을 받기는커녕 해당 고등학교 한 학년의 책임 교사가 되었다. 미술과 체육 수업을 담당했던 C 교사는 4명의 여학생을 신체적으로 괴롭힌 죄로 기소되었다. 과거에 여교사와 여학생들을 성희롱한 죄로 고소되었던 D 교사는 수업 중에 한 여학생에게 성관계를 하자고 제안했다. 한편 교장은 그의 사무실에서 한 여교사를 성추행한 혐의를 받았는데, 이 사건을 은폐하는 과정에서 교장은 다른 4명의 교사에게 제기된 성범죄 의혹을 제대로 처리하지 않았다는 혐의도 받았다. 고소당한 인원 5명 중 3명의 교사를 비롯해 교장은 그 학교의 창립 멤버였고, 즉 고소당한 5명 중 4명은 학교의 운영에 깊이 개입하는 인물이었다(Kim and Lim, 2015). 한 여성 범죄학자에 따르면, 학내 위계에서 그들의 지위는 그들이 상황을 통제하고 학대 행위에 대한 처벌을 쉽게 피할 수 있을 것이라는 믿음을 갖게 해준다. 그녀는 그들이 '내가 시키는 대로 해, 난 그렇게 할 힘이 있으니까'라는 생각을 했을 것이라고 말했다(Lee, Kyung-min, 2015e).

이는 피해를 입은 교사들이 교장에게 보고한 성범죄 사실이 무대응과 사건을 은폐하려는 시도에 직면했다는 것을 의미한다. 전문가들이 강조했듯이, 특히 피해 학생들은 학교의 위계질서에 반기를 들기 매우 어렵다. 왜냐하면 피고들은 그들의 미래에 큰 영향을 끼칠 수 있는 학교생활 태도를 평가하는 권한을 지닌 남성들이기 때문이다(Chung, Ah-young, 2015b). 이 학교의 피해자들은 학교가 엄격한 벌점 시스템을 운영하면서 더 큰 어려움을 겪었다. 벌점 시스템은 학내 체벌의 감소와 부분적 금지에 따라 2000년대 초에 생긴 훈육 방법이다. 하지만 이 학교는 매우 구체적인 벌점 시스템을 시행했다. 예를 들어, 한 겹의 화장을 하면 벌점 1점, 2겹 이상의 화장을 하면 3점의 벌점을 받았다. 학생들은 하품을 하거나 장난으로 친구의 팔목을 잡는 행위로도 벌점을 받았다고 주장했다. 학생들은 교사들이 벌점을 주기 위해 비합리적인 구실을 만들어냈다며 비난했다. 다른 학교의 교장은 이러한 벌점 제도가 교사의 편의를 위한 것 같다고 말했다. 웃을 일이 아닌 것이, 학생들은 벌점을 받으면 대학 입시에 부정적인 영향을 받는다. 20점이 넘는 벌점을 받은 학생은 징계위원회에 회부될 뿐만 아니라 교내 대회에 참여할 수 없고, 반장에 출마할 수도 없다. 징계위원회에 두 차례 회부되면 해당 학생은 학력경진대회에 참여할 수 없고, 그 결과 학교 측은 대입이나 해외 유학 프로그램을 위한 (매우 중요한) 추천서를 써주는 것을 거부한다. 한 학생의 어머니는 이러한 교사의 행위와 학교의 훈육 장치 간의 괴리를 파악해 이렇게 말했다. "나는 학생에게 이렇게 엄격한 학교에서 말로 표현할 수 없는 성범죄가 일어났다는 사실을 믿을 수가 없다"(Noh and Baek, 2015).

참교육학부모회에 따르면, 학교의 위계적 구조 때문에 한국 학교에는 성범죄가 만연하다. 협회는 이 사건은 학교가 여전히 가부장적이고 민주적이지 않으며 학교 구성원들에 대해 평등하지 않다는 것을 보여준다고 말했다(Chung, Ah-young, 2015b). 이 단체는 교육 당국이 학생들과 여교사들을 권력을 남용하는 남성 교육자들한테서 지키는 데 실패했다고 생각한다. 이와 같은 실패는 한 설문조사를 통해 나타나는데, 이 설문조사는 2009년에서 2014년 사이에 성범죄를 저지른 240명의 교사 중 43%만이 (해고와 같은) 강력한 처벌을 받았다고 밝혔다(Chung, Ah-young, 2015b). 한편 교육부 데이터는 231명 중 절반이 넘는 교사가 2011년 1월에서 2015년 6월까지 징계 조치를 받았지만 여전히 학교에서 가르치고 있다는 사실을 보여줬다(Yoon, Min-sik, 2015). 따라서 이 단체는 교사들이 인권에 대해 좀 더 많은 교육을 받아야 한다고 주장했다.

이 사건과 이로 인한 대중의 분노를 잠재우기 위한 대응으로, 교육부 장관은 과거 왕따 근절 대책에 착안해 학내 성범죄를 없애기 위한 핫라인(성폭력 온라인신문고 — 옮긴이)을 만들자고 제안했다. 성범죄 피해자들이 컴퓨터나 스마트폰을 통해 익명으로 범죄 사실을 제보할 수 있는 이 대책은, 학교가 범죄 사실을 은폐하는 것을 방지하고 교육 당국이 범죄 혐의를 더욱 빨리 처리하도록 돕고자 한 것이었다(Lee, Kyung-min, 2015d). 다음 날 서울교육감은 강력한 처벌에 대한 대중의 요구에 부응해 학생들을 대상으로 성범죄를 저지르는 교사에 대해 무관용 정책을 도입하겠다고 선언했다. 이렇듯 처벌에 의존하는 공약은 규제를 강화하고 죄를 지은 교사들의 교원자격증을 박탈하는 '원스트라이크아웃제'를 강화하는 형태가 될 전망이다(Yoon, Min-sik, 2015). 또한 그들의 개인 정보는 온라인에 공개될 것이다(Lee, Kyung-min, 2015d). 교육감은 "학교는 우리 자녀들에게 안전한 공간이어야 한다"라고 말했다(Kim, Bong-moon, 2015b). 한편, 피해 교사 중 1명은 학교에서 성희롱은 하나의 문화가 되었다고 말했다(Yoon, Min-sik, 2015). 피해자들이 만약 조사를 지휘한 감독관이 고등학교 내 성희롱 문화까지 바꿔주기를 바랐다면, 해당 감독관이 자신보다 낮은 직급의 여성 직원의 신체를 부적절하게 더듬은 혐의가 있고, 피해 여교사 4명을 상담할 때 술에 취한 상태였다는 사실과 술에 취하면 폭력적으로 변하는 그의 모습을 알고 경악했을 것이다(Kim and Noh, 2015).

4. 도비증후군: 주종 관계

상당수 학생들이 헬조선의 학교를 안전하게 보지 않는 이유에 대해서는 (한국을 벗어나) 미국 대학원에 진학하고 싶어 하는 한국 학생들의 심리를 연구한 논문을 보면 알 수 있다. 이 논문의 저자는 한국의 비민주적이고 타락한 대학 시스템 내에 존재하는 엄격하고 권위적인 교수-학생 관계가, 학생들이 한국 대학원을 기피하는 핵심 이유라고 밝혔다. 한국의 대학생들은 교수에게 착취당할 것이라 말했고, 교수가 연구윤리를 위반하거나 연구 지원금을 남용하고 학위 수여를 빙자해 뇌물을 받을 것을 우려하고 있었다. 이 모든 부분은 한국 대학교를 더럽히고 있는 것으로 알려져 있다. 한 응답자는 교수를 '왕'에, 학생을 '노예'에 비유했다(Kim, Jongyoung, 2011).

예를 들어, 이화여대에서는 대학원생들이 **도비**라는 단어를 이용해 '주인-노예' 관계에서 하위계급에 놓여 있는 상황을 나타내고 있었다. 이 이름은 영화 〈해리포터〉에 나오는 캐릭터에서 따온 것이었다. 기억을 더듬어보면, 도비는 어둠의 마법사 말포이 가문에서 노예로 일하던 집 요정이었다. 해리포터의 숙적 드레이코 말포이(Draco Malfoy)는 가족의 영향력과 엘리트 지위를 이용해 이익을 취하고 남들을 위협한다. 부유하고 순수혈통인 말포이 가문은 도비가 자유로워지기 전까지 그를 매우 잔혹하게 다루었다. 주인이 옷을 하사해 줘야 자유로워지는 노예 요정처럼, 이화여대의 '도비화된' 대학원생들에게는 졸업장이 수여되어야 도비가 자유가 된 것처럼 그들도 주인-노예 관계에서 벗어날 수 있다는 것을 의미한다. 따돌림을 당한 사람들이 자해를 할 확률이 높다는 연구의 연장선으로(Fisher et al., 2012), 가학피학증과 자기희생도 도비의 성격 중 하나이다. 왜냐하면 그는 자신의 손을 다림질하거나 램프에 머리를 부딪치는 등 계속해서 본인을 다치게 했기 때문이다. 도비는 자신이 주인인 말포이 가문을 섬기고 있지 않다는 생각이 들 때마다 스스로를 학대했다.

이러한 주종 관계의 가학적 면모는 2015년 중순 충격적인 사건이 터지며 이목이 집중됐다. 52세의 교수 장 씨와 3명의 학생들은 동기인 29세 남학생을 고문한 혐의로 체포되었다. 그들은 디자인에 관한 학술지를 출판하는 교수의 비영리 기관에서 일하면서 해당 남학생을 2년간 괴롭혔다. 교수는 자신의 학생이자 노동자들에게 다양한 직위를 부여했는데, 과장, 대리, 주임 등이었다. 피해자는 낮은 직위인 주임이었다. 이런 직위와 함께 일정 수준의 권위가 주어졌고, 그 권위는 일례로 교수가 피해자의 행동이 마음에 들지 않을 때 학대와 고문을 할 수 있는 힘이었다.[8] 피해자 J 씨는 큰 실수를 저지르고 비호감이라는 이유로 야구방망이를 비롯한 여러 흉기로 지속적으로 폭행당했다(Kim, Hyung-jin, 2015). 그들은 또한 J 씨의 얼굴에 비닐봉지를 뒤집어씌우고 그 안에 호신용 스프레이를 40여 차례 분사해 얼굴에 화상을 입히는 행위를 했다는 혐의를 받았다. 가장 충격적인 것은, 그들이 미리 설치한 아프리카 TV 실시간 개인방송을 통해 피해자가 인분 먹는 가혹행위 장면을 확인해 왔다는 것이다.[9]

호신용 스프레이 세례를 받거나 자신의 대변을 먹는 것 중 선택을 강요당한 것 외에도(호신용 스프레이는 견디기 어려울 정도로 고통스러워 J 씨는 후자를 선택했다), 또한 '총 23회에 걸쳐 회사에 손해를 끼쳤다'며 약 1억 1000만 원 상당의 지급각서를 공증하도록 했다. 가해자들은 J 씨에게 식당 아르바이트를 시켜 임금을 착취하기도 했다(운명적이게도 아르바이트를 하면서 알게 된 한 동료의 제보로 경찰이 수사에 착수하면서 이 사건이 밝혀졌다). 그가 가해자들과 연락을 끊으려고 하자 그들은 그의 아킬레스건을 끊어버리겠다고 위협했다. J 씨가 경찰에서 그 2년의 삶은 "노예와 똑같았다"라고 말한 후 그는 현대판 노예로 묘사되었다. 그들의 노예 혹은 도비가 되면서 J 씨는 여러 번 입원해야 했다. J 씨는 교수가 디자인 분야에서 유명한 인물이고 그가 대학교수 자리를 보장했기 때문에 학대를 참았다고 말했다(Jung, Min-ho, 2015b). J 교수는 징역 12년 형을 선고받았고(재심에서 징역 8년 형이 확정되었다 — 옮긴이) J 씨의 동기 3명은 교수의 학대에 동참한 죄로 3년에서 6년의 징역형을 받았다(Kim, Rahn, 2015).

5. 군대폭력

2014년 6월 윤 일병이 동료 병사들의 폭행으로 사망한 뒤 몇 주 후(관련 내용은 2장 참고), 육군 제22보병사단에서 근무하던 22세 임 병장은 총기 난사로 5명의 동료 병사를 죽여(7명 부상) 전국을 충격에 빠뜨렸다(Kang, Jin-kyu, 2014). 임 병장은 군 생활에 적응하지 못해 관심병사로 등록되어 있었다. 올리버 제임스가 남에 대한 **공격은 본인에 대한 공격과 한 걸음 차이**라고 말했듯이(James, 1995: 77), 총에 맞아 치료 중인 임 씨는 군 수사관에게 그의 부적응 문제는 선임과 후임들의 따돌림 탓이라고 말했다. 그는 자신을 선임으로 인정하지 않는 후임들의 태도가 특히 괴로웠다고 말했다(Kang and Yoo, 2014). 또한 임 병장은 총격을 저지르기 전 장교한테서 폭행을 당하고 총격 당일 확인조 순찰일지에 동료들이 그를 비하하는 낙서가 자신의 폭력적인 행동에 일조했다고 말했다. 해당 사진들은 그의 왜소함과 탈모 증세를 비하하는 내용이었고 그의 동료들은 이런 특징을 들어 [폭력 전문가 올베우스가 외적 탈선이라 지칭했던(Olewus, 1993)] '할배'라는 조롱 섞인 별명을 만들었다. 임 병장은 입원해 있을 당시 총기 난사 동기에 대해 질문을 받으면 혈압이 급격히 올라 모니터 장비에서 경고음이 울리곤 했다(Jun, Ji-hye, 2014c). 그는 또한 왕따 피해로 고등학교를 자퇴한 것으로 알려졌다(Kang, Jin-kyu, 2014). 어찌 됐든 임 병장은 결국 사형 선고를 받았다. 법원이 과거 범죄 이력이 없고 학창 시절에 왕따를 당했다는 이유로 그를 용서할 수는 없다고 본 것이다. 이렇듯 그를 사회로부터 영원히 격리시키는 것은 불가피한 결정이었다(Jun, Ji-hye, 2015).

전직 군법무관에 따르면, 군대는 정당한 절차와 합법적인 명령에 의해서 폭력을 다루는 집단이라고 한다. 그런데 이런 집단에 피해 경험이 있는 학생이 들어오면 폭력을 당했던 경험 때문에 그런 조직에 잘 융합되거나 적응하지 못하는 경우가 많다고 한다. 그는 정신적으로 건강한 사람은 폭행과 굴욕을 견딜 수 있지만, 폭력 피해자였던 사람은 그럴 수 없다고 주장한다. 그는 폭력에 가담한 병사들에게서 두 가지 이야기를 자주 들었다고 한다. 첫째는 계속해서 선임병들한테 당했다는 고백이었다. 둘째는 "학교에서도 이런 장난은 쳤습니다"라는 말이었다. 따라서 그는 학교에서의 폭력 피해자들이 군대에서 다음 세 가지 상황 중 하나에 놓일 가능성이 높다고 해석한다.

① '부적응' 문제로 제대
② 또 폭력에 노출되어 입실이 돼서 정신질환을 얻어 제대
③ 더 심각한 가해자가 돼서 제대[10]

군 인권운동가에 따르면, 관심병사로 분류된 사람들은 왕따가 될 확률이 높다(Song, Sang-ho, 2014). 자신을 게이라고 밝힌 영화 제작자이자 구속된 양심적 병역 거부자는 임 병장처럼 교사와 학생들에게 왕따를 당해 고등학교를 중퇴했다. 그는 동성애자로서 이렇게 말했다. "군대는 내가 생물학적으로나 정신적으로 죽음을 강요당하는 곳이다. 내 성적 취향에 대해 얘기하면 폭력을 마주하게 될 것이다"(Lee, Ji-hye, 2015).

또한 이 인권운동가에 따르면 군대의 엄격한 계급 문화 내에서 왕따와 소외 문제를 단순히 개인적인 문제로 보는 경향이 있고, 이는 군대 조직의 구조와 군대 문화의 책임을 집단에서 퇴출된 개인의 책임으로 돌린다

(Song, Sang-ho, 2014). 하지만 개인이 사회의 구조적 문제에 대해 해결 방법을 찾을 것을 강요하는 이런 개인주의화 과정(Beck and Beck-Gernsheim, 2002: 22)은 군대 문화에 한정되어 있지 않다. 오히려 개인주의는 현대 한국 문화와 사회관계의 핵심 부분이다. 예를 들어, 한국에는 힐링 현상의 결과물로 최근 온라인상으로 조언을 제공하는 플랫폼들이 등장했다. 이곳을 통해 개인적 어려움으로 고통받거나 대인관계에서 어려움을 겪는 사람들이 익명으로 낯선 사람이나 상담사들에게 조언을 받는다. 자의식이 강한 한국 시민들이 정신건강 전문가들에게서 대면을 통한 공식적인 도움을 받기 꺼려하는 데는 다양한 요인이 있다. 유교를 기반으로 한 한국 사회에서 사람들은 정신과 진료가 체면을 손상시키고 가문의 명성에 먹칠을 한다고 여기는 경향이 있으며, 더 중요한 이유로는 이런 약물 중심의 치료가 진료 기록에 남게 되어 취업이나 결혼 시 불리하게 작용할 수도 있다고 생각한다. 당시 급성장하는 분야였던 상담심리학을 공부하던 전직 간호사 L 씨는 이것은 사회가 여러 문제를 바라보는 관점과도 연관되어 있다고 말한다(Carla, 2014). 그에 따르면, 사람들은 문제를 인간관계의 산물로 보기보다는 개인에 내재된 문제라고 생각한다는 것이다.

군대에서 발생한 총기 난사 사고는 병사들의 폭력적인 복수가 (위계적) 인간관계의 산물이라는 것을 보여준다. 2005년 5월, 선임들에게 폭언을 들은 한 일병은 분노해 최전방 육군 부대에서 수류탄을 투척하고 총을 난사해 8명의 병사를 죽였다. 2011년 7월, 다른 해병들에게 따돌림을 당한 19세의 상병은 총기 난사로 4명의 병사를 죽였다.[11] 괴롭힘과 따돌림은 훈육이 필수적이고 엄격한 계급 문화가 만연한 전방 부대에서 더욱 자주 일어나는 것으로 보인다. 시대에 뒤떨어진 한국의 군대 문화를 개선하기 위해 매년 지침과 대응책(예를 들어, 선임자들에 대한 명령 및 학대를 금하고 피해자들을 보호하며 상담 프로그램을 제공하는 방법 등)을 마련하고 있는데도, 더불어민주당 박영선 의원은 다음과 같이 말했다. "대체로 한국 사회는 빠른 변화에 발맞추지 못했다"(Song, Sang-ho, 2014).

임 병장이 동료들을 죽인 지 약 한 달 뒤, 2명의 일병이 자살을 했다. 그들 중 1명은 임 병장이 속했던 육군 제22보병사단 소속이었다. P 일병과 S 일병은 모두 생활관 화장실에서 목을 매달아 자살했다. 임 씨처럼, 그들은 모두 군 생활에 적응하는 데 실패한 관심병사로 구분되어 있었다. P 씨는 우울증 치료제를 복용하고 있었고 신 씨는 과거에도 자살 시도를 했으며 상담 프로그램에 참여하고 있었다(Jun, Ji-hye, 2014e).

이와 유사한 자살 사건이 2003년에도 있었다. 해당 병사의 죽음에 선임들의 성폭력이 핵심적인 역할을 했다는 것이 밝혀지면서 연구자들은 설문조사를 통해 한국 군대 내 성폭력 가해자, 피해자, 목격자의 발생 빈도를 조사했다.[12] 2004년 671명의 응답자 중 103명(15.4%)이 직접적인 피해를 입었다고 응답했고, 48명(7.2%)이 성폭력 피해 경험이 있으며, 166명(24.7%)이 군대에서 성폭력을 목격한 적이 있다고 응답했다. 가해자의 83%는 그들이 성폭력을 당한 경험이 있다고 응답했다. 이는 '피해자이자 가해자'인 인물이 높은 빈도로 생겨나고 있다는 것을 나타냈다(K폭력 사이클의 순환적 본질을 설명해 주기도 한다). 피해자 중 81.2%는 상급자가 강제로 성적인 접촉을 했다고 말했다(Kwon et al., 2007: 1029). 요컨대 한국 군대에서 남성 사이에 발생하는 성폭력은 주로 상급 병사가 하급 병사에게 저지르는 형태로 일어났다(Kwon et al., 2007: 1029). 또한 피해자의 거의 4분의 1(22.1%)이 성폭력에 신체적 폭력이 동반됐다고 말한 반면, 가해자는 7%만이 그랬다고 응답했다. 한 가해자는 종종 신체적 폭력 대신 성폭력을 사용했다고 말했다. 그는 항상 군대에서 지옥을 경험하게 해줄 다양한 방법만 생각하고 있었기 때문이다(Kwon, Insook et al., 2007: 1036~1037). 여기서 말하는 '지옥'은 고단한 육체적 훈련, 모욕, 선임의 조롱, 불필요하고 사소한 심부름이 포함되어 있었다. 참고 견디는 것 외에는 별다른 선택권이 없는 이런 군대 경험은 '한국 남자들이 인생의 온갖 끔찍한 일도 견딜 수 있는 참을성'을 기르게 해준다.[13] 이는 왕따의 인생에도 어느 정도 적용될 수 있는 내용이다. 그렇다면 학교에서 겪는 왕따 경험이 직장에서 경험할 인생의 각종 잡일(남성의 경우에는 군 생활도 포함)을 대비해 참을성을 기르도록 도와준다고 말할 수 있을까?

피해자들은 성폭력을 '친근감'이나 '장난기'의 형태로 축소시키거나 사소하게 생각하는 경향이 있었다. 이는 스스로를 성폭력 피해자로 인식하면 본인이 약한 사람이라는 것을 인정해야 하는 상황에 처하고, 그런 과정은 자신이 연예인들의 군 생활 체험기를 담은 예능 프로그램 제목처럼 '진짜 사나이'가 될 수 없다는 사실을 알기 때문이다. 이는 피해자와 가해자 사이에 뚜렷한 힘의 역학이 존재해 피해자가 저항하기 힘든 상황일 때 특히 두드러졌다. 이것은 가장 고전적인 괴롭힘 수법으로 볼 수도 있는데, 가해자들은 힘의 불균형을 이용해 반격하기 힘들어하는 사람들을 찾아 피해를 입힌다(Kwon, Insook et al., 2007: 1033). 중요한 것은 71.8%의 피해자와 90.7%의 가해자가 그들이 경험한 포옹, 키스, 성기 접촉, 자위 강요, 성기 삽입을 포함한 성폭력이 남들이 지켜보는 상황에서 발생했다고 응답한 것이다. 이는 성폭력이 성욕에서 발생한 것이 아니라 힘과 권위의 상징으로 성적 모욕을 이용해 하급자에게 모욕감을 주는 데 주로 활용되었다는 의미다. 세 번째로 빈도가 높은 성폭력 행태는 성기를 접촉하는 행위였지만, 피해자 중 5.4%만이 가해자들을 동성애자라고 생각했다.

남성의 성기는 남성의 힘과 권위를 상징하는 것으로 통용되기에, 이 부위를 이용해 통제와 권위를 행사하는 것은 군대의 계급 질서를 강조하는 좋은 도구로 여겨졌다. 이런 맥락에서, 하급 병사의 성기를 강제로 만지거나 장난치는 행위는 피해자의 권력과 권위 결여, 즉 무력함을 증명하기 위한 수단이 될 수 있다. 또한 이것은 상급 병사의 권력과 권위를 의미하기도 한다. 이런 행위의 효과는 공개된 공간에서 더욱 증폭되기 때문에 이런 행위가 (모두가 볼 수 있도록) 의도적으로 다른 하급 병사들 앞에서 이루어졌다는 것은 놀랍지 않다. 이런 형태의 남성 대 남성의 성폭력은 피해자들을 두 가지 방법으로 '여성화'한다. 우선 남성 피해자는 많은 여성들이 가부장적인 사회에 살면서 경험하듯이 성적 대상(사물)으로 축소된다. 둘째로 하급 병사는 힘없는 폭력 피해자로서 여성화된다. 이 여성화로 인해 그들의 남성성은 감소되거나 손상된다. 이에 대응해 병사들은 집단적으로 가해자의 입장에서 그들의 공격적인 남성성을 확인 및 재확인하려고 한다(그리고 이 과정에서 그들은 계급 질서를 확인한다)(Kwon, Insook et al., 2007: 1035~1036).

이런 계급 질서의 테두리 안에서 군은 2014년 한 해 동안 남성 장교들이 하급 여성 군인들을 노리는 일련의 성범죄가 발생한 이후 성범죄를 근절하는 데 초점을 맞췄다. 예를 들어, 7월에는 한 해군 대위가 술집에서 술에 취해 두 여군의 엉덩이를 더듬은 혐의로 직위를 박탈당했다. 한국 사회가 성폭력 문제를 심각하게 인식한 상황이었고 임 병장의 총기난사 사건과 다른 사건, 사고가 군기 해이로 발생했다는 얘기가 돌던 상황이었기에, 해군은 군대에서 성폭력으로 적발된 사람들에게 무관용 정책을 적용하고 강력히 처벌할 것을 약속했다(Kang, Seung-woo, 2014).

이후 2015년 초 국군은 더 이상의 성범죄를 방지하기 위한 여러 규제를 마련했다. 이 새로운 행동 수칙은 남군이 여군과 두 손으로 악수하는 것을 금했고, 이성 및 서로 다른 계급의 군인끼리 사교 활동을 하는 것을 금했으며, 병사가 상급 병사나 상급 장교의 숙소에 들어가는 것 또한 금했다. 은퇴한 해군 장교는 이런 대응책에 대해 군대가 이런 범죄가 일어날 때마다 취하는 비효율적인 임시방편이라고 말했다. 그는 명령권을 가진 장교들에게 폭넓은 교육을 제공해 여성 부하들을 성적으로 희롱하면 안 된다는 것을 가르쳐야 한다고 말했다(Kang, Seung-woo,, 2015). 한편 군대의 잔혹한 문화를 근절하기 위한 또 다른 방책으로, 육군은 병사들 사이에 새로운 계급 시스템을 도입하려고 했다. 이 과정을 설명하며 자주국방네트워크는 다음과 같은 이유를 들었다. "위계와 계급이 병사들 간 학대와 모욕의 핵심 이유이다"(Yoo and Ser, 2014).

병사들 간의 계급 질서는 병사가 입영하는 특정한 달에 따라 결정되고 유지되었다. 이에 따라 21개의 서로 다른 계급이 마치 잘라진 식빵 조각처럼 깔끔하게 나뉘었고, 각각 병사가 근무를 시작한 달을 상징한다는 의미이다. 하지만 새로 상정된 계획에서는 같은 해에 입영한 모든 병사들이 계급이나 서열에 상관없이 동기로 분류된다. 이 새로운 제도는 하급 병사와 상급 병사 간 갈등을 줄일 것으로 기대되었다. 왜냐하면 이러한 사다리 형태의 계급 제도는 어쩌면 같은 지위에 있는 병사들을 착취하고 학대할 기회를 제공하기는 하지만, 입영 시기에 따른 차별은 감소시키기 때문이다. 군 관계자는 다음과 같이 말했다. "저희는 계급 질서를 최소화해서 생활관 내 폭력 없는 문화를 조성하기 위해 노력하고 있습니다"(Yoo and Ser, 2014).

생활관 내 폭력을 줄이기 위해 군은 이병, 일병, 상병, 병장으로 구성된 기존의 4계급 체제에서 가장 낮은 계급인 이병을 없앤 3계급 체제로 정비하겠다고 밝혔다(Pakman, 2014). 가장 낮은 계급을 없앰으로써 이병 계급에 붙은 오명을 지우고 이병 계급에 붙어 있던 부정적인 인식으로 인해 발생하는 학대나 착취 행위도 근절할 수 있기를 바란 것이다. 하지만 이 제도가 일병이 이병과 비슷하게 낙인찍히고 착취당하는 것을 방지할 수 있을까? 해당 기사에는 이런 댓글이 달렸다. "계급 제도가 문제의 핵심이 아닙니다. …… 문화가 핵심입니다."

한국의 군대 문화는 그보다 긴 한국 전통문화의 성질을 닮았다고 주장되어 왔다. 예를 들어, 두 환경에서 연장자는 젊은이에게 자동으로 존경과 충성심을 요구한다. 이런 문화적 유사성은 직장(그리고 학교)까지 연장되어, 한국의 직장은 군부대처럼 운영된다는 말을 흔하게 듣는다. 직장 문화의 군대화는 직원들이 상급자의 지시를 따르며 업무를 하는 '병사들'로 인식되는 모습에서 볼 수 있다. 또한 군대화는 직원들(및 학생들)이 팀워크, 리더십 기술, 정신력을 기르도록 군대식 캠프로 보내는 모습에서도 나타난다. 이를 불만스럽게 생각하는 34세의 한 공무원은 이러한 단체생활 프로그램에 대해 다음과 같이 말했다. "이것은 사람들이 강제로 신체적·정신적 학대를 아무 이유 없이 견디게 하고, 이것이 어느 정도 그들의 성격 형성과 성장에 도움이 된다고 설득하는 문화다"(Kim, Tong-hyung, 2013a).

같은 비판 의식을 공유한, 5성급 호텔 업무 종사자인 한 여직원은 단체생활 훈련과 왕따의 상관관계에 대해 이렇게 말했다. "팀워크의 개념은 누구 1명이 실패하면 모두가 처음부터 다시 시작해야 한다는 것이다. 이것은 사람들 가운데에서 '약자'를 구별해 내고 다른 사람들이 그 약자를 싫어하도록 만드는 과정이다"(Kim, Tong-hyung, 2013a).

팀워크를 강조하는 한국의 기업사회는 주로 하급자들이 상급자들을 위해 개인적 행복을 희생하게 만든다. '한국인에게 물어봐'를 운영하는 블로거는 다음과 같이 적었다. "한번 사장이 되면 당신은 마치 시간이 흘러 병장이 되었을 때와 마찬가지로 주변 사람들에게 무엇이든 시킬 수 있다."[14]

혹은 삼성경제연구소가 한 보고서에서 인정했듯이, 많은 근로자들은 보수를 받기 위해 무엇이든 참는 것을 여전히 당연하게 생각한다(Choi, Sook-hee, 2008).

이렇게 **행복을 희생하고 불행을 참는** 이중 관습은 폭발적 인기를 누린 사무실 배경의 TV 드라마 〈미생〉에서 그려졌다. 웹툰 시리즈가 원작이었던 〈미생〉은 비정규직 직원들이 (고체적인) 위계적이고 권위적인 환경에서 (액체적이고) 극도로 경쟁적이며 불안정하고 위태로운 상태로 살고 일하는 모습을 적나라하게 보여주어 직장인들의 공감을 얻었다. 이 드라마의 등장인물과 현실적인 전개에 가장 공감할 수 있었던 근로자들의 유형은 다음과 같았다(Park and Kim, 2014).

① 억압적인 상사에게 사사건건 지시받는 사람
② 노력한 데 대해 보상을 받지 못한 사람
③ 자기 잘못이 아닌 것 때문에 상사로부터 욕을 먹은 사람
④ 몇 년간 죽도록 일했는데도 바뀐 것이 없다고 느끼는 사람
⑤ 동료에게 배신당한 사람

왕따가 학교, 집, 어린이집, 직장, 군대 등 어느 곳에서 일어나든, 그것은 모두 한국 전통문화의 일부와 상호 연결되어 있다. 이 문화에는 계층, 계급, 권위, 지배, 복종이 핵심으로 자리 잡고 있다. 이런 문화적 동역학은 결국 따돌림 행위의 궤도를 악화할 수도 있다. 2장에서 언급했듯이, 생애주기별 따돌림 진행에 대한 비교문화 연구는 왕따 행위가 중학교 때 정점을 찍고 고등학교 과정에서 점차 감소된다고 밝혔다(Pepler et al., 2008: 325~338). 따라서 개인적·대인 관계적 수준에서 왕따 행위는 일반적으로 나이가 들면서 사라지는 경향이 있다. 동시에 낮은 비율의 만성 범죄자들의 왕따 행위는 세대 내에서 또는 세대를 넘어 지속된다. 한국의 생애주기별 따돌림 궤적의 문제점은 다음 절에서 다루겠지만, 이러한 문화적 동역학이 왕따를 자연스럽게 직장 문화로 스며들게 한다는 것이다.

6. 직장 따돌림

"직장 생활에서 뒤통수를 맞아본 경험이 있느냐?"

이 질문을 한국 직장인 474명(여성 66%, 남성 44%)에게 던졌다. 놀랍게도 99.4%에 달하는 거의 모든 사람들이 동료에게 배신당한 적이 있다고

응답했다.[15] 이 정도로 보편적인 배신감은 두 가지 유형으로 나뉜다.

① 모함을 하거나 유언비어를 퍼뜨린다.
② 따돌리거나 소외감을 느끼게 만든다.

약 절반(52%)에 달하는 응답자들은 배신을 한 사람들이 같은 부서의 동료였다고 응답했고, 38%는 같은 부서의 상사나 선임이었다고 말했다. 4%만이 같은 부서의 부하 직원이나 후임이라고 답했고, 비슷하게 낮은 비율로 타 부서의 직원이 배신을 했다고 응답하는 경우도 있었다. 이에 따르면 직장에서는 후배 가해자보다 10배 더 많은 상사 가해자들이 배신, 모함, 따돌림에 개입했다는 결론이 도출된다. 흥미로운 것은 직원들이 이런 배신에 **대응**한 방법이다. 58%는 상대방과 모든 정서적 관계를 끊었고, 17%는 직장을 그만두는 선택을 했다. 또한 6%는 배신자에게 "똑같은 방식으로 되갚아 주었다"라고 응답했고, 2%만이 "한층 더 악랄하고 고통스러운 방식으로 복수하였다"(만약 배신자 10명 중 4명이 상급자가 아니었다면 이 수치는 더욱 높았을 것이다)라고 응답했다. 그들은 상대방을 돌로 보거나(비인격화) 고개를 돌리고 나가거나(사표 제출) 혹은 복수를 노렸다.

2013년 국립연구소에서 진행한 직장 따돌림에 대한 다른 연구는 86%의 직원들이 직장 따돌림의 피해자였다고 밝혔다(2003년 9.1%였던 수치와 매우 대조된다)(Jeon, Sumin, 2014). 직장 내 개인적 문제와 대인관계 문제에 대한 또 다른 설문조사에서는 748명의 직장인 중 67%가 따돌림을 당을 경험하거나 목격한 적이 있다고 응답했다. 또 다른 보고서에 따르면 (6개월 이상의 업무 경험이 있는) 244명의 직장인 중 13%가 사무실 내 따돌림을 당했다. 이러한 (상이한) 연구 결과는 높은 청년실업률과 부정적인 경제 상황에도 4분의 1(23.6%)에 달하는 신입 직원들이 근무 첫해에 일을 그만두는 이유를 찾고자 했던 한국경영자총협회 보고서에 담겨 있다. 이런 쉽게 이해되지 않는 현상을 설명하기 위해 다양한 요인이 고려되었다. 예를 들자면 기업 문화 적응의 어려움, 끊임없는 직장 스트레스, 가혹한 근무 환경, 억압적인 계층 문화, 젊은 사람들의 직업윤리 변화가 그것이었다. 은행에서 일하는 26세 여직원은 사장과 사장의 추종자들에게 조직적으로 따돌림당하는 것이 스트레스를 유발했다고 말했다.

점심시간을 예로 들겠다. 우리 모두 구내식당에 모인다. 자리가 여러 개 있다. 우리 사장과 그 추종자들은 모두 한 식탁에 몰린다, 나만 빼고. 내가 그들과 앉으려고 하면 그들은 "저기 자리 있잖아"라고 말한다. 식당에 있는 다른 사람들은 모르는 얼굴들이다. 그러나 그 와중에 나는 소외당한 것처럼 보이고 싶지 않았다. 이런 일이 일어날 때마다 스트레스는 오후까지 이어진다(Park, Ji-won et al., 2013).

한편, 또 다른 26세 은행원은 늦은 밤까지 강요되는 회식 문화 등의 불합리한 업무 문화보다는 단순히 직장을 경력 개발에 필요한 스펙을 쌓기 위해 거쳐 가는 곳으로 생각했기 때문에 그만두었다고 말했다. 이 관점은 젊은 사람들이 이전 세대와는 다른 직업의식을 갖고 있다는 것을 보여준다. 회사에 높은 충성심과 복종을 보인 그들의 부모님 세대와 달리, 젊은이들은 고용을 경영자와 근로자 간의 계약으로 본다. 계약은 언제든지 파기될 수 있다. 이런 해석은 바우만이 액체사회의 개인주의적이고 규제가 철폐된 모습을 분석한 내용에서 잘 드러난다. 즉, 직장은 더 이상 평생 보장되는 개념이 아니다. 그 대신에 근로자들은 지속적으로 새로운 기회를 노리고 있어야 한다. 이런 사회에서는 가만히 앉아 있을 수 없으며, 이로써 쉽게 깨질 수 있는 단기적 관계가 형성되고 더욱 쉽게 남을 소외하거나 버린다.

직장 내에서 일어나는 이런 느린 '액화'에도, 근로자들은 여전히 **갑질** 현상을 마주해야 한다. 강자가 약자를 괴롭히는 것을 뜻하는 **갑질**(권력 남용)은 **갑**(제안자)과 **을**(수용자)로 표기되는 계약 용어에서 유래한다. 이 표현은 지배와 복종 심리학의 가장 명확한 표현 중 하나로 이 관계는 주로 상사를 갑으로, 부하 직원들은 을로 칭한다. 혹은 대기업이 갑이면 하청업체는 을이다. 가부장적인 환경에서는 남성이 갑이고 여성은 을이다. 직업 포털 사이트에서 실시한 갑질에 대한 설문조사에서 865명의 근로자들 중 89.1%가 "회사에서 갑질 당해봤다"라고 응답했고, 그들은 반말 등 거만한 태도, 차별 대우, 의견 묵살, 인격 모독, 신체적 폭력을 경험했다고 말했다(Choi, Sung-jin, 2016). 근로자들은 회사 임원, 직속 상사, 거래처 직원이 흔히 권력을 남용해서 그들을 부당하게 대한다고 말했다. 대다수가 이러한 부당한 대우에 대해 이의를 제기하지는 않지만(어떤 이들은 어차피 해결이 안 될 것 같다고 생각했고, 어떤 이들은 불이익이 있을 것을 두려워했다), 그렇지만 그들의 신체는 이에 반응했다. 두통, 위장장애, 불면증은 물론 심지어 어떤 이는 거식증까지 생겼다.

직장 내 따돌림은 1999년에 처음으로 정부에 의해 사회적 문제로 인식되었다. 당시 고용노동부는 직장 따돌림을 다음과 같이 정의했다.

> 경영자, 상사, 혹은 직장 동료들이 범하는 정신적 혹은 물리적 폭력 행위로서 피해자가 자신이 속한 단체에서 소외감을 느끼게 하는 행위. 또는 피해자가 직무를 제대로 수행하지 못하게 하거나 피해자를 무시·비난하는 행위이다.[16)]

이 문제와 관련해 여러 가지 지점을 시사하는 한 보고서는 직장 따돌림이 학교에서 이전에 당한 왕따와 밀접한 (발달상) 연관 관계가 있다고 밝혔다. 학교폭력에 대한 사회적 우려가 절정에 달했을 때, '한국직업능

표 4-1. 학교 따돌림 경험에 따른 직장 따돌림 경험

(단위: %)

		학교			
		가해자	피해자	목격자/방관자	관여하지 않음
직장	가해자	**36.4**	7.9	4.8	0.8
	피해자	27.3	**57.9**	23.8	6.5
	목격자	0.0	7.9	**33.3**	2.4
	관여하지 않음	36.4	38.1	38.1	**90.2**

력발전센터'가 학교폭력과 직장 내 따돌림의 관계와 연속성을 이해하기 위해 193명의 직원들을 대상으로 설문조사를 했다. 그들이 발견한 결과에 따르면, 학교폭력 피해자였던 10명 중 6명의 응답자들은 직장에서도 따돌림을 당했다(긍정적인 면은 38%의 학교폭력 피해자들은 직장 내 폭력에 노출되지 않았다는 점이다)(Yun, Ji-lu, 2013). 또한 학교폭력 가해자 중 3분의 1 이상이 직장에서도 폭력을 저질렀다고 했다(하지만 같은 비율의 다른 가해자들은 직장 내 따돌림에 관여하지 않았다고 답했다). 비슷한 비율(33.3%)의 응답자들은 학교와 직장에서 모두 폭력을 목격하거나 방관한 적이 있다고 답했다(하지만 더 높은 비율인 38.1%의 응답자들은 직장 내 따돌림에 가담하지 않았다고 응답했다). 마지막으로 학교폭력에 어떤 형태로도 가담한 적이 없는 사람 중 90.2%는 직장에서도 괴롭힘에 관여하지 않았다. 이 결과를 정리하면 〈표 4-1〉과 같다.

주목할 점은 학교폭력 가해자 중 4분의 1이 직장에서 피해자가 되었다는 것이다. 반대로 학교폭력 피해자였던 사람들 중 7.9%만이 직장에서 가해자가 되었고 같은 비율로 방관자가 되었다. 또한 학교폭력 방관자였던 응답자 4명 중 1명이 직장 내 따돌림의 피해자가 되었다. 간단히 말해, 학교폭력에 관련된 경험이 있으면 평균적으로 66%의 확률로 직장 따돌림에 관련된다는 것이다. 반대로 학교폭력에 가담한 적이 없는 사람은 10%의 확률로 직장 내 따돌림에 관여했다.

학교와 직장에서의 폭력 행위 간 지속성에 대해 한 연구자는 학교폭력이 발생했을 때 제대로 처리되지 않는 점에서 찾는다. 피해자들은 적절한 치료(힐링)를 받지 못하고 가해자들은 적절한 처벌을 받지 않는다. 그 결과 학교폭력 피해자들은 신체적으로나 정신적으로 불안정한 상태가되고, 성인이 되면서 이전에 해결되지 않은 문제들로 인해 직장 문화에 적응하는 데 어려움을 겪기 때문에 직장에서 피해자가 될 위험이 높아진다. 비슷하게 학교에서 폭력을 행한 사람들은 올바른 처벌을 통해 성향이 고쳐지지 않기 때문에 인간관계에 대한 왜곡된 관점을 갖고 입사하게된다. 그들은 이로써 직장 내 따돌림의 가해자와 피해자가 될 가능성이더욱 높아진다.

다음 기사는 20세 직장인 A 양의 사례를 보여준다. A 양은 초등학교 5학년과 6학년 시절, 고등학교 3학년 때 따돌림을 당했었다. 이러한 장기간의 피해자 경험으로 그녀는 타인에 대한 신뢰가 매우 낮았고, 대인공포증이 있었다. 그녀는 이로써 직장 문화에 제대로 적응하지 못했고 스트레스성 장염(내장 염증)이 생기면서 상황은 더욱 악화되었다. 직장 동료와 밥을 같이 먹지 못하는 등 단체 생활에서 어려움을 겪었고 그 때문에 일상적인 소통이나 정보로부터 소외되었다. 그녀의 직장 부적응 문제는 그녀가 근무했던 3년 중 2년 7개월에 걸쳐 직장 내 따돌림으로 이어졌다.

세대 내 따돌림의 역사와 더불어, 이 연구는 세대 간 따돌림에 대한 여러 사례도 소개했다. 어떤 부모와 그의 자녀는 동시에 따돌림을 당하고 있었다. 이에 연구자는 따돌림을 당한 경험이 학교에서 직장으로 이어질 가능성이 높고 그 여파가 심지어는 자녀한테도 이어질 수 있다고 결론내렸다. 그러기에 따돌림을 반대하는 강력한 메시지를 학교와 직장에 전달해야 한다고 주장했다. 이 주장은 법적 지원이 필요했고 한 야당 의원이 '직장 내 괴롭힘 방지법'을 상정한 것이 긍정적으로 작용했다. 이 법은 처음으로 직장 내 괴롭힘을 방지하고 처벌하는 규제를 제정하려는 움직임이었다.

하지만 이 연구 결과는 한국에만 국한된 것이 아니다. 청소년 비행에 대한 패링턴의 유명한 종단적 연구 또한 괴롭힘의 세대 내 및 세대 간의 지속성을 밝혔다. 예를 들어 14세에 폭행을 저지른 사람은 18세에도, 또 32세에도 폭행을 저지르는 경향이 있는 것으로 나타났다. 세대 간에 전이되는 폭력성과 관련해서는, 14세에 가해자였던 사람은 32세가 되었을 때 폭행에 가담한 자녀들이 있을 가능성이 높다는 연구 결과가 나오기도 했다. 또한 8세에서 10세 사이에 인기가 없고 항상 불안해하며 올바른 양육을 받지 못한 남자아이들은 (14세에 상습 흡연자가 되었고) 평균 32세에 왕따 피해자인 자녀들이 있는 경향을 보였다(Farrington, 1993: 412). 좀 더 일반적으로 해석해 보면, 해결되지 않은 갈등과 정신적 고통이 적절히 조치되지 않으면 다음 세대로 전이된다고 말할 수도 있을 것이다 (Stuckleberger, 2005: 119~168). 더불어 설문조사 결과를 신뢰한다면, 직장 내 성인들의 폭력 행위는 한국에 만연해 있다고 분석할 수 있다. 하지만 우리는 이 결과를 분석하기 위해 따돌림의 정신적·대인관계적·발달적 요소 외에도 한국 재벌(대기업)들의 '포식적 관행'에도 주목해야 한다.

7. 재벌들의 약자 괴롭히기 전술

2013년 5월 초 유튜브에 올라온 3분짜리 음성 파일은 엄청난 화제가 되었다. 동시에 이 때문에 박근혜 정권은 경제민주화 정책(강력한 포식자이자 높은 수익을 올리는 대기업과 약한 중소기업들 간에 더욱 공정한 경쟁의 장을 만들어 갑질을 감소시키려는 의도로 추진된 정책)을 제정하는 데 매우 큰 난관을 만난다. 음성 파일에는 한국의 가장 큰 유제품 회사인 남양유업의 젊은 영업부장이 자신보다 나이가 많은 남양유업 제품 유통업자에게 막말을 하는 내용이 담겨 있다. 회사의 지시 사항을 수행하는 과정에서 이 영업 사원은 유통일자가 얼마 남지 않은 제품을 판매해 주기를 바라면서 유통업체의 예상 판매 실적보다 많은 제품을 떠넘기려고 했다. 유통업자가 영업부장에게 자신의 어려운 입장을 고려해서 매달 할당되는 재고량을 줄여달라고 애걸하자 그 젊은 직원은 욕을 퍼부었고 유통업자에게 망하게 하겠다며 협박했다.[17]

일부 대중의 비판은 젊은 사람이 연장자에게 언어폭력을 행사하는 것이 예의 없는 행동이라는 점에 집중되었다. 그에 비해 남양이 (나이에 상관없이) 유통업자의 어깨에 과도한 재고량을 짊어지게 하는 것은 일반적인 관행으로 여겨졌다. 이들에게 부과되는 재고량은 총공급량의 20~35%에 달하기도 했으며, 이를 통해 (비록 압박을 받았겠지만) 영업 사원들은 영업 목표를 달성하게 된다. 유통일자가 얼마 남지 않은 제품을 덤핑하는 행위는 위협과 (유통업체의 인식과 승인 없이) 발주를 관리하는 컴퓨터 프로그램을 불법적으로 조작해 재고를 추가하는 식으로 이루어졌다. 또한 유통업체들은 남양유업 영업 사원들에게 주기적으로 접대를 해야 했는데, 이는 남양유업이 그들과의 계약을 연장해 주지 않을 수 있다는 우려에서 떠안은 짐이었다(Oh and Lee, 2013). 이 스캔들이 터진 후, 남양유업 유통업체 10곳이 강요된 영업 지시를 이유로 검찰청에 고소장을 제출했다. 그들은 영업 강요가 '밀어내기'라는 이름으로 진행된 일종의 협박이었다고 말했다. 다양한 산업 분야(특히 소매업, 철강, 물류 산업)의 대기업들이 '약한' 사업 파트너들에게 습관적으로 불공정한 계약을 강요한다는 것은 공공연한 비밀이다. 예를 들어 공정거래위원회는 SK, 신세계, 현대자동차, 롯데, KT와 같은 대기업에 하청 업체를 착취한 이유로 벌금을 부과해 왔다(Yi, Whan-woo, 2014b). 이런 불공정 관행은 한 설문조사에서 20대 응답자의 90%가 한국이 패권주의적 족벌주의에 부당하게 조종당하는 나라라고 생각하는 이유를 설명해 준다(Ko, Dong-hwan, 2014).

남양유업 영업부장의 밀어내기 사례는 2장에서 언급한 급우를 폭행해 '깡패'로 불린 4명의 9세 아동들의 사례와 비교해 볼 수 있다. 폭력적인 미디어를 소비하며 배운 것으로 알려진 그들의 깡패 같은 행위는, 폭행을 저지르며 각자 다른 역할을 수행한 모습에서 나타난다. 1명은 두목을, 1명은 명령을 이행하는 역할을, 1명은 행동 대장을, 마지막 1명은 망을 보는 역할을 했다. 만약 이 4명의 아이들이 앞의 사건을 보았다면 그들은 영업부장이 기업의 터무니없는 요구 사항을 중개하는 깡패 역할을 한다고 해석했을 수도 있다. 하지만 이 사건에서 영업부장은 지시와 공격을 모두 수행하고 있었다(그리고 음성 녹음을 경계했었다). 학교폭력을 저지르는 학생들은 피해자들에게 피해를 '밀어내는' 것은 아니지만, 그들은 최소한 극히 추상적으로 자신들의 좌절감, 분노, 우울함, 아노미, 무기력함과 피해를 피해자들에게 '떠넘기고'(외면화하고) 있다. 하지만 남양유업의 영업 사원처럼 그들은 '들여오는' 역할도 한다. 이것은 돈과 물품을 갈취하고 협박과 강요로 셔틀 서비스를 받는 형태를 취한다. 예를 들어, 유통업자들은 남양유업의 영업 사원이 명절 기간에 뒷돈(직원당 10만 원에서 20만 원 사이)을 요구했다며 고소했다(Oh and Lee, 2013). 이제 우리는 다음과 같은 질문을 던질 수 있다. 남양유업의 영업 사원은 **일진**과 어떻게 다른가? 청소년들이 **일진 스펙**을 쌓아서 일진이 되고 싶어 하는 모습을 볼 때, 우리는 단순히 그들의 잠재적 롤 모델이 영화에서 보는 조폭이라고 말할 수는 없지만, 그들이 현실에서 보는 재벌 직원과 대기업의 관행들을 롤 모델로 삼는다고 볼 수도 있을 것이다.

대중이 남양유업의 영업부장의 행동을 비난할 때, 그들은 영업 사원들이 영업 목표를 달성하기 위해 느끼는 압박감을 간과했다. 굳이 먼 과거까지 돌아볼 필요는 없다. 왜냐하면 남양유업 스캔들과 같은 시기에 롯데백화점 여성 의류 매장에서 판매를 담당했던, 두 아이의 어머니인 47세 여직원 1명이 백화점 옥상에서 투신자살했기 때문이다. 그녀의 자살은 관리자들이 실적 향상을 요구하며 가한 극심한 압박 때문이었다. 압박의 내용은 매시간 실적을 높이라는 메시지와 그러지 못할 경우에는 심하게 문책할 것이라는 위협이었다. 그뿐 아니라 영업 실적이 계속 하락하면 관리자들은 직원들이 신용카드를 사용해 강제로 옷을 사게 만들었다. 2015년 회장이 '청년착취대상'(Jhoo, Dong-chan, 2015)을 받은 롯데가 그녀의 자살에 대해 언론에 정보를 제공하는 직원은 해고당할 것이라고 위협한 사실이 밝혀지면서 대중은 분노했다.

전·현 직원들의 증언은 대형 백화점들이 상습적으로 직원들에게 할당된 매출 실적을 본인, 가족, 친구의 신용카드를 이용해 메우도록 강요해온 공공연한 비밀을 확인시켜 주었다. 이런 가매출 혹은 가짜 매출 행위는 세 곳의 대형 백화점[롯데백화점, 현대백화점, (삼성 소유의) 신세계백화점]에서 모두 일어나고 있다. 이런 행위는 부분적으로 대기업들이 매장을 임대한 각 브랜드에 사전에 합의된 수익 배분율을 지불하도록 강요한 것에서 파생되었다. 하지만 가짜 매출은 기업 수익으로 계상될 수는 있지만, 임대료는 직원들이 개인적으로 책임지고 갚아야 하는 개인 빚이다. 게다가 국내 3대 백화점은 블랙리스트를 만들고 공유하는데, 여기에는 매출 실적을 채우지 못해 해고된 직원들의 이름이 적혀 있는 것으로 알려졌다. 이러한 집단적이고 체계적인 소외는 한 백화점에서 해고된 사람은 다른 두 백화점에서 일자리를 구할 수 없다는 것을 의미한다.

매출 실적만으로 여성 의류 매니저들이 백화점 경영진에게서 압박과 스트레스를 받고 벼랑 끝으로 내몰리는 것이 아니다. 증언에 따르면, 백화점 책임자들이 여성 의류 매니저들의 개인적 존엄성을 모욕해 초과 근무를 하게 만드는 것은 일반적이라는 것이 밝혀졌다. 불만을 품은 한 여성 의류 매니저는 다음과 같이 말했다.

어떤 파트 리더들은 정신적 고문의 전문가라서 이근안(군사정권 시절 악명 높았던 고문 전문가)과 비교했을 때 그가 초라해질 정도다. 나는 사람들이 왜 다른 사람에게 고통을 주는 것을 정당화하면서까지 전문적인 성과를 중요시하는지 모르겠다(Kim, Koo, 2013).

본인이 원하는 것을 이루기 위해 피해자에게 위협과 협박을 가하는 이런 형태의 괴롭힘은 피해자들이 강제로 빚을 지게 만들거나 이들을 노예화한다. 그리고 이 모습은 승윤의 사례에서도 볼 수 있다. 3장의 내용을 상기해 보면 승윤은 유서에 나오는 그를 괴롭힌 아이들은 부모한테 돈을 받아오라고 강요했고 심지어는 (자신의 대변을 강제로 먹게 된 대학원생처럼) 아르바이트까지 하게 만들었다.

2010년 삼성전자 전자영업팀 대리로 일했던 36세 L 씨는 부서장한테서 받은 학대에 (한때나마 잠시 고민했던) 자살 대신 다른 방법으로 대응했다. L 씨의 상사 P 씨는 그녀의 머리카락과 목덜미를 상습적으로 손으로 만졌다. 상사는 L 씨의 브래지어 끈을 더듬기도 했고 출장을 가서는 엉덩이를 때리며 귀에 대고 "상사 말을 잘 들어야지"라고 속삭였다.

수치심과 모욕감을 느낀 L 씨는 분노하고 좌절했지만 상사에게 복종하기보다는 상사의 성희롱 사실을 삼성 인사팀에 보고했다(삼성은 직원들의 노조 결성을 허용하지 않았다). 삼성이 상사인 P 씨를 처벌해 줄 것을 기대했지만 L 씨는 본인이 7개월간 대기 발령을 받은 것에 놀랐다. L 씨가 돌아왔을 때 그녀는 다른 부서로 전출되었다. 그곳에서 이중 피해자가 된 그녀는 강등되었고 실질적으로 회사에서 소외당했다. L 씨는 삼성전자와 법정 싸움을 벌이면서 용감하게 대응했다. 그는 삼성에 대항할 용감한 변호사를 찾은 후 길고 지루한 다윗 대 골리앗의 법정 싸움을 벌였다. 그 과정에서 그녀는 우울증을 겪었으며 자살 생각까지 하게 되었다. 긍정적인 측면은 이 싸움은 L 씨의 승소로 끝났다는 점이다. 그녀의 상사는 250만 원을, 삼성전자는 3750만 원을 배상하라는 판결을 내렸다. 이런 사건을 처음 맡았다고 말한 판사는 판결문에서 삼성전자가 성희롱에 적절히 대응을 하지 못했을 뿐만 아니라 L 씨에게 불이익을 주어 그 과정에서 매우 큰 정신적 고통을 주었다고 말했다(Turnbull, 2010). 우연히도 성희롱이 일어났던 시기(2005)에 한국은 OECD 국가 중 여성에게 가장 열악한 근무 환경인 것으로 조사되었다.[18]

2014년 말 조현아 씨를 통해 한국의 이러한 열악한 근무 환경에 국제사회의 이목이 집중되었다. 40세의 여성인 조 씨는 몰락하기 전까지 L 씨처럼 한국의 남성 중심적인 재벌 회사에서 성공을 거두었다. 하지만 L 씨와 달리 조 씨의 아버지는 대한항공을 소유하고 있는 한진그룹의 회장이었고, 조 씨는 고속 승진으로 부사장의 자리에 앉게 되었다. 대한항공 직원에 따르면, 조 회장과 그의 가족이 한진이 소유한 비행기 중 하나에 탑승하는 일정이 있으면 승무원들은 평소보다 몇 시간 전에 도착하도록 지시받았다. 또한 승무원들은 적절한 유니폼 색깔에 대해 구체적인 지시도 받았다. 다른 직원들은 조 씨 일가가 그들에게 얼마나 무례하게 말했는지 제보했고, 한 (불만 가득한) 전임 기장은 그들의 행동이 군대보다 심하다고 말했다(Kim, Mi-young, 2014). 비슷한 불만을 가진 전임 경영자는 그를 포함한 한진그룹의 모든 경영진은 조 회장 아내에게서 '수많은 학대'를 당했다고 주장했다. 한편 회장의 아들인 조 씨의 남동생은 2005년 운전자 폭행 사건에서 70대의 여성을 땅바닥으로 떠민 혐의로 입건되었다.

2014년 12월 5일 조현아 씨는 대한항공 비행기 일등석에 앉아 있었고 해당 비행기는 뉴욕의 JFK 공항에서 이륙 준비를 하고 있었다. 이때 '작은 왕국을 통치하는 독재자'처럼 행동하는 것으로 알려진 조 씨는 '항공법'을 위반하며 강제로 항공기 회항을 요구했다. 조 부사장은 한 승무원이 마카다미아를 접시에 대접하지 않고 봉지 채 주었다고 분노했다. 조 씨 앞에 앉았던 승객에 따르면, 조 씨는 승무원에게 소리를 지르고 그녀를 떠민 뒤, 조 씨에게 규정을 설명하려고 했던 사무장 박창진 씨에게 욕설을 퍼부었다고 한다.[19] 그 후 조 씨는 승무원에게 던졌던 서비스 매뉴얼 책자의 모서리로 박 씨의 손등을 여러 번 찔렀다. 조 부사장보다 네 살이 많은 44세 박 씨는 여성 승무원과 같이 무릎을 꿇을 것을 요구받았다고 주장했다. 조 씨는 삿대질을 하면서 (복종을 증명하기 위해) 그들에게 조종석까지 뒷걸음질로 갔다 오라고 강제로 시켰다. 조 부사장은 그러고 나서 비행기를 활주로에서 회항시켜 승무원과 박 씨를 비행기에서 '강제로 내리도록' 지시했다. 박 씨는 그 경험에 대해 "그 누구도 직접 경험해 보지 않고서는 (내가 그날 느꼈던) 수치심과 모욕감을 상상할 수 없을 것이다"라고 말했다(Lee and Seo, 2014).

그러나 마치 운명의 장난처럼, 사건 1년 전 대한항공 승무원이 제공한 라면이 입맛에 안 맞는다는 이유로 포스코 임원이 승무원을 폭행한 사건이 발생한 후 그 승무원이 당한 모욕과 수치에 대해 동정심을 표명한 사람은 다름 아닌 조 씨였다. 당시 조 부사장은 승무원의 업무를 방해하는 행위를 처벌할 수 있는 법률 조항도 이 기회를 통해 마련될 것이라고 말했었다.[20]

조 씨가 체포되고 '땅콩 회항 사건'이 전 세계 신문 1면을 장식한 이후, 박 사무장은 조 씨 일가가 뒤에서 계속해서 말을 바꾸라고 강요했다고 주장했다. 대한항공 직원들이 '주군의 딸을 보호하려는 봉건 노예들'로 묘사되는 가운데,[21] 박 씨는 해당 사건에 대해 조사 당국에 거짓 진술을 하라는 지시를 받았다. 조 씨가 인격 모독적인 언어를 쓰지 않았고 박 씨가 자발적으로 비행기에서 내렸다고 진술하라는 것이었다. 한편 조 씨는 항공기를 회항하기로 한 결정은 기장과 합의하에 이루어졌다고 주장하며 개인적 책임을 회피하고자 했다.

이 스캔들 이후 한국의 미디어는 조 씨의 극단적인 권위 의식과 충격적인 수준의 거만함은 그녀가 직원들을 '노예'로 생각하지 않았다면 가능하지 않았을 것이라고 보도했다. 박 씨가 증언을 통해 생생하게 말했듯이, 조 씨는 사냥감을 발견한 짐승과도 같았고 힘없는 사람들을 봉건 노예처럼 대했다(Park, Ju-min, 2014). 조 씨의 고압적인 갑질 행위는 고전적이지만 한국 특권층의 성격을 보여주는 너무나도 익숙한 사례다. 한국의 특권층은 엄청난 부와 정치권력을 소유한 반면, 비일비재하게 인권과 법을 무시한다.[22] 그럼에도 법정은 조 씨의 항공 안전 위협과 강압, 업무방해 혐의에 대해 유죄를 인정해 징역 1년 형을 선고했다. 판사는 판결을 내리면서 조 씨가 정말로 죄책감을 느끼는지 의심했는데, 그녀가 관대한 처벌을 애원하며 쓴 편지에서 '진정성'을 찾을 수 없었기 때문이다. 조 씨는 초범이었고 더욱 중요한 것은 (네티즌들은 조롱 섞인 말투로 조 씨가 자녀의 미국시민권 취득을 위해 하와이에서 출산을 했다고 주장했다) 20개월 된 쌍둥이 자녀가 있다는 것을 알면서도 판사는 다음과 같은 판결을 내렸다. "이 사건은 조 씨가 직원들을 노예로 생각하지 않고 감정을 조절할 줄 알았다면 일어나지 않았을 것이다"(Kim, Rahn, 2015).

갑질 혹은 두목처럼 구는 행위에 대한 대중의 분노가 갈수록 높아지면서 입법 당국은 '조현아법'으로도 불리는 '대기업집단 윤리경영 특별법'을 제정했다. 이는 상대적으로 우월한 위치에 있는 사람들의 독단적이고 폭력적인 행위를 억제하기 위한 시도로 만들어졌다. 일반 시민들이 특권층의 행동에 분노하는 이유 중 하나는 바로 불평등에 있다. 예를 들어, OECD의 2015년 「고용전망보고서」에 따르면 한국 근로자 7명 중 1명 (14.7%)은 최저임금 혹은 그 이하를 받고 있으며, 이는 조사 대상인 OECD 20개국 중 가장 높은 비율이었다(Kim, Se-jeong, 2014a). 또한 증가하는 불평등을 막기 위해 시행한 정책들은 효과를 보지 못했고, 그 결과 재벌들이 경제적 지배력을 계속해서 확장해 나갔으며 일반인들은 직장이나 직업 안정성을 잃었다. 하지만 한국언론재단에서 1000명을 대상으로 실시한 설문조사에 따르면, 기업을 소유한 재벌가의 봉건적 행위만

이 사람들이 생각하는 만연한 문제가 아니었다. 직장 상사, 의사, 교수들의 행위 또한 비상식적으로 독단적이라고 여겨지기 때문이다(Park, Ju-min, 2014).

8. 취약하고 힘없는 이들에 대한 착취

박 사무장이 말했듯이, 우월한 지위에 있는 이들의 비상식적으로 독단적인 행위(갑질)는 직위가 높은 사람들이 부하들을 일종의 '사냥감'으로 취급하는 것이 원인일 수도 있다. 부하들은 상대적으로 취약하고 힘없는 위치에 있기 때문에 사냥감으로 취급되며 어떤 이들은 부하들을 착취하고자 한다. 1장 종민의 사례를 보았듯이, 이것은 폭력 행위의 핵심 요소다. 예를 들어, 박 씨의 동료인 55세 수석승무원 T 씨는 그의 상사가 기소되었을 때 대한항공에서 해고당했다. 그는 다른 승무원에게 몇 년 동안 언어폭력과 성희롱을 한 죄로 기소되었다. 이를테면 탁 씨는 승무원들을 '창녀'라고 불렀다. 그의 해고를 무효화하기 위해 시도한 (성과 없는) 소송에서 법원은 T 씨가 그의 우월한 직위를 남용해 부하 직원들을 마치 '셔틀'처럼 부려먹었다고 말했다. 그는 직원들에게 그의 개인적인 업무를 수행하도록 했고, 승진하고 싶다면 그에게 선물이나 선물 카드를 보내라고 요구했다(Lee, Kyung-min, 2014).

승무원들은 정규직이기 때문에 아르바이트생들에 비해 상대적으로 '우월한 위치'에 있다고 볼 수 있다. 점점 많은 대학생들이 그런 것처럼 O 씨는 대학 등록금과 생활비를 벌기 위해 아르바이트를 하고 있었다. O 씨는 아르바이트생으로서 권리를 침해당하는 것이 불만이었다. 예를 들어, 그는 근로계약서를 작성하지 않았으며 최저임금보다 적게 받고 있었다. 또한 상사에게서 '학대'당하고 '착취'당한다고 느꼈다. 하지만,

O 씨만 이런 상황에 처한 것은 아니다. 2006년에서 2013년 사이에 아르바이트생은 2배로 늘어 인건비를 받는 근로자 중 30~50%에 달했지만 (Kim, Se-jeong, 2014b), 4% 미만의 아르바이트생만이 근로계약서를 작성한 것으로 알려졌다. 이로써 고용주가 근로자의 권리를 무시할 수 있을 뿐만 아니라, 기업들은 정규직과 비슷한 시간 동안 근무하지만 (최대한 정규직의 25%만큼) 훨씬 낮은 급여를 받는 근로자를 채용할 수 있다. 게다가 이로써 취약한 근로자들이 조금이라도 근무 환경이 좋은 일자리를 찾아 지속적으로 이직하는 현상이 발생했다(Kwon, Ji-youn, 2013). 젊은 사람들은 **헬조선**을 비난할 때 바로 이런 현상을 언급한다.

이것은 특히 여성 아르바이트생들에게 심각한 문제다. 여성 근로자들은 종종 상사의 매우 부적절한 성적 행위를 경험한다(Kang and Kim, 2014). 서울대공원 티켓 판매소에서 임시직으로 일하는 한 여성은 서울시청의 인권센터에 불만을 접수했다. 이 젊은 여성은 그녀의 부서장이 계약직들을 대상으로 한 워크숍에서 짐승처럼 행동해 불만을 품게 되었다. 부서장은 계약직 직원들의 상체를 치며 "젊은 여자들과 노는 게 좋다"고 말했다. "머리 끈 좀 줘봐. (성기를) 묶어야겠어"라고 말하기도 했다. 조사에 따르면, 그는 젊은 여성 계약직 근로자들에게 자신의 술자리에 참석하도록 강요했고, 그의 지위와 권력을 이용해 누가 동물원에서 정규직이 될지 안 될지 정했다고 밝혔다. 계약직 근로자들은 제한된 정규직 기회를 노리고 있었기 때문에, 여성들은 그의 부적절한 행위에 맞설 수 없었다. 이 사실을 파악한 서울시청은 부서장의 고용주로서 적절한 조치를 취하고, 폭력이나 성희롱과 같은 사안에 적극적으로 맞설 수 없는 취약한 근로자들을 보호하는 데 더욱 노력하겠다고 약속했다.

여성 아르바이트생들이 안전과 안정을 추구하는 과정에서 상사에게 착취당할 위험이 있는 반면, 베트남·필리핀·네팔과 같은 국가에서 온 젊은 여성들은 한국인 남편을 구하는 과정에서 착취당할 위험이 있다. 우리는 결혼 중개인들이 베트남에 가서 예비 신부들인 여성들을 상대로 인터뷰를 진행하면서 옷을 강제로 벗겨 그들의 '처녀성을 확인'하고 임신했는지 아닌지 확인한다는 기사를 접한다. 여성가족부는 이런 수치스러운 인터뷰는 명백한 인권침해라고 했으나, 해당 여성들은 남편이 될지도 모를 한국 남성을 소개받으려면 좋은 인상을 줘야 하기 때문에 이러한 요구에 응하는 것으로 알려졌다(Cho, Chung-un, 2014a).

최소한 임시 고용이라도 된 계약직 근로자들은 구직자들에 비해 상대적으로 우월한 위치에 있다고 볼 수 있다. 하지만 구직자들이 처한 취약한 상황을 이용해 한국의 가장 큰 소셜 커머스 웹사이트 중 하나인 위메프는 2015년 초 11명의 수습사원을 부당하게 대우한 것이 밝혀져 대중의 분노를 샀으며, 그에 대해 공개적으로 사과했다. 리얼리티 TV쇼 장르인 서바이벌 오디션과 같이, 11명의 지원자들은 소매점과 서비스 업체와 계약을 맺기 위해 서로 경쟁했다. 스스로가 후보자가 아니라 교육생이라고 믿었던 11명은 일당으로 받는 5만 원[최저임금보다 1289원(당시 최저임금 – 옮긴이) 적다] 때문이 아니라 계약을 계속 성사시키면 정규직으로 전환시켜 준다는 약속을 받았기 때문에 하루 14시간씩 열심히 일할 수 있었다. 하지만 2주간의 수습기간 후, 회사는 누구에게도 일자리를 제공하지 않았다. 그 대신 그들은 회사 측의 엄격한 고용 기준에 미달한다는 통보를 받았다. 위메프는 이 지원자들이 2주간 현장 과제를 성공적으로 수행하며 따낸 계약을 통해 사업을 유지했다. 대중은 위메프가 지원자들의 취약한 지위를 부당하게 착취한 사실에 분노하면서 고객 수와 판매 실적이 급락했고 CEO는 면목이 없어 대중 앞에 고개를 숙여야 했다(Lee and Lee, 2015). 논란을 일으킨 것을 사과하고 직원들의 목소리에 더욱 귀 기울일 것을 약속하며 대표는 당사의 "인사관리 시스템을 점검하고 기업 문화를 개선하기 위해 지속해 노력하겠다"라고 맹세했다(Lee, Hyo-sik, 2015).

착취 구조는 여기서 끝이 아니다. 취약한 위치에도 실업자들은 발달장애를 가진 이들보다 상대적으로 우월한 위치에 있다고 볼 수 있다. 발달장애를 겪고 있는 사람들은 착취에 효과적으로 저항할 수 있는 인지능력과 사고능력이 부족하기 때문에 노동시장에서 가장 취약한 근로자들이라고 볼 수 있다. 2014년 초 전라남도 남서쪽에서 발견된 '염전노예'는 또 다시 대중의 분노를 샀다. 장애가 있는 염전 근로자들을 노예화하는 것은 공공연한 비밀로 여겨졌지만(Klug, Foster, 2015), 대중은 염전 주인들이 신체적·정신적 장애를 지닌 사람들을 노예같이 무자비한 환경에서 일하도록 강요한 것을 알고 무척 분노했다. 이런 환경 속에서 일하도록 강요된 20명의 노동자 중 지적장애가 있는 C 씨와 시각장애와 12세 수준의 인지능력을 갖고 있는 K 씨의 사건이 가장 주목받았다. 인터뷰와 조사에 따르면, 이들은 사장이 정한 규칙을 따르지 않았다는 이유로 빈번한 폭력에 시달렸고, 집안일을 하고, 하루에 5시간밖에 자지 못했으며, 염전이 있는 섬을 떠나지 못하도록 억제했고, 세 번의 탈출 시도가 실패할 때마다 폭행을 당했다. 그리고 최소한 100명의 다른 사장들처럼 이들의 사장은 그들에게 급여를 지불하지 않았다.

이 사건 이후 근무 환경에 대한 대규모 조사가 이루어졌고 염전에서 광범위하게 자행되는 노동자 학대 사건들의 실체가 밝혀졌다(Nam, Hyun-woo, 2014). 한 조사에서는 급여를 받지 못하거나 기준 이하로 받은 근로자 63명 중 75%가 정신질환을 앓고 있는 것으로 밝혀졌다. 사람들이 장애인들을 착취하는 고용주들을 비난하고 있을 때, 이러한 학대를 설명하기 위한 이론적 설명이 제시되었다(Park, Eun-jee, 2014). 소금의 낮은 가격 때문에 농부들은 경제적 절박함을 극복하기 위해 이런 착취 방법을 이용하게 되었다는 것이다. 이런 절박함은 지역 사법 당국과 노동 당국의 보호를 통해 경감된 것으로 보도되었다. 박근혜 대통령이 언급했듯이, 정경유착으로 일컬어지는 **관피아** 문제는 한국 사회에 뿌리 깊게 박혀 있다. 일부 농부들은 변론을 하면서 자신들이 사회에서 방치되고 학대당한 장애인들과 노숙자들에게 '오아시스'를 제공했다고 주장했다. 이 사건이 지난 10년간 장애인들의 노예화를 폭로한 여섯 번째 사건이었음에도, 또 대중의 분노와 여러 차례의 수사에도, 연합통신 기자들이 수개월에 걸쳐 조사한 결과 이 업계에서 변한 것은 거의 없다고 결론 내렸다(Klug, 2015).

이 사건이 전개될 때, 브뤼셀에 본부를 둔 국제노동조합총연맹(ITUC)은 세계노동자권리지수(GRI)를 발표하기 위해 139개국의 노동권 침해와 보호에 관한 사례를 조사하고 있었다. 한국은 24개국과 함께 두 번째로 낮은 등급인 '권리 보장 안 됨'으로 분류되었다. 계약직 고용은 한국의 가장 큰 노동 현안으로 언급되었다. 흥미롭게도, 이 지수를 분석한 결과 한 국가의 경제발전 수준은 해당 국가의 인권 존중 수준을 반영하지 못하는 지표로 나타났다. 예를 들어, 근로자들이 노동조합에 참여할 수 있게 허용하거나 더 좋은 근로 환경을 위해 단체교섭을 허용하는지와 같은 것들이다(Kim, Se-jeong, 2014b). 우리는 한 국가의 인권 개선에 가장 큰 영향을 미치는 것은 경제 성장이 아니라 문화적 성장이라는 점을 알 수 있다.

9. 고령 근로자 학대

유교의 노인 공경 사상이 있음에도, 한 정부 보고서에 따르면 급여가 낮고 주로 은퇴한 남성들이 맡는 아파트 경비원에 대한 주민들의 괴롭힘이 2010년과 2014년 사이에 6배 증가했다(46건에서 276건으로 늘어났다). 이 기간에 보고된, 빙산의 일각에 불과한 716건의 사례 중 512건(71.5%)의 피해자들은 '거친 언어를 동반한 폭언'에 노출되었고, 114건(16%)에서는 폭행을 당했으며, 31건에서는 기물 파손이 있었고, 18건에서는 흉기로 협박을 받았다. 한편 가해자 중 3분의 1 이상은 술에 취한 상태에서 폭력을 행사한 것으로 밝혀졌다.[23] 이 데이터를 인용한 국회의원은 대다수 폭력 사건은 주민들이 제기한 불만 사항을 경비원들이 신속하게 처리하지 못했다고 생각해 분노한 주민들이 일으킨 것이라고 주장했다. 이렇게 폭력적인 시민들 중에는 한국의 가장 큰 피자 체인점인 미스터피자의 회장도 있다. 2016년 그는 나가려는데 건물 출입문이 잠겨 있자 문을 잠근 고령의 경비원 얼굴을 주먹으로 두 번 가격했고, 그 모습이 CCTV에 포착되었다.[24]

2014년에 152명의 아파트 경비원을 대상으로 실시한 또 다른 설문조사에서 10명 중 4명의 경비원들은 지난 12개월 동안에 최소한 한 번은 언어폭력을 당했다고 주장했다. 그들 중 거의 절반(46%)은 한 달 동안 한 번 이하, 36%는 한 달에 두세 번, 6%는 매일 당했다고 응답했다. 또한 9%는 지난 1년간 최소한 한 번은 신체적 폭력이나 위협을 당했다고 주장했다. 15%의 응답자들은 업무 중 사고로 병원이나 약국을 찾은 경험이 있다고 답했다. 18.5%(산재보험으로 처리한 응답자 수 – 옮긴이) 이상의 응답자가 산재보험에 가입되어 있었다면 이보다 수치가 더 높았을 것이다. 폭행을 당한 경비원의 3분의 2가량은 얼마 안 되는 수입으로 한 달에 10~15만 원의 병원비를 내야 했는데, 이들의 월급은 약 100~150만 원으로 이는 대부분 이틀에 한 번씩 24시간 교대로 근무하는 것에 대한 급여였다. 응답자 다수는 고용주에게 보험 처리를 요구하면 해고당할까 봐 두렵다고 응답했다(Jung, 2014).

경비원들이 직면한 열악한 근무 환경을 시사하는 다음 사건은 미디어의 관심을 끌었고 대중의 비난을 받은 또 하나의 사례가 되었다. 2014년 말 압구정동의 최고급 아파트 단지에서 53세 경비원은 주민의 차 안에서 분신자살을 시도했다. 몇몇 아파트 주민들이 그에게 반복적인 학대와 폭행(갑질)을 행해왔기 때문이다. 다른 경비원들의 증언에 따르면, L 씨는 도료 희석제로 자신의 몸을 적시고 라이터로 몸에 불을 붙이기 직전에 또 1명의 주민에게 모욕을 당했다. 경비원들은 그간 잠시 경비실을 비우는 등의 사소한 이유 때문에 반복된 언어폭력에 시달렸다고 주장했다. 특히 L 씨는 한 주민한테서 분리수거 업무를 제대로 하지 못한다는 이유로 자주 비난받았었다. L 씨는 특히 해당 주민이 음식을 그에게 던지며 (개처럼) 받아먹으라고 했을 때 매우 큰 굴욕감을 느꼈다고 말했다(Lee, Seung-eun, 2014a).

이 사건을 기사로 다룬 한 기자는 자신의 초등학교 선생님이 했던 말을 인용했다. "인간은 지시를 듣고 따를 수 있어야 인간이다. 그러지 못하는 인간들은 개나 돼지보다 나을 것이 없다"(Kim, Tong-hyung, 2014a). 2014년에 발생한 윤 일병 사건이나 연일 발생하는 다른 폭력 사건을 돌아보며, 이 기자는 그의 스승의 말을 사례로 들면서 기본적 인권 존중 의식은 학교에서 가장 먼저 손상되고, 한국 곳곳의 계층 사회에서 (특히 군대에서) 사람들이 인생 전반을 통해 서로 다른 제도적 환경을 거치면서 약화된다고 분석했다. 그는 이렇게 적었다. "당연히 모든 한국인들이 살인자나 폭력 가해자가 되는 것은 아니다. 하지만 다양한 수준에서, 우리는 모두 인권에 대한 집단적 개념의 피해자이며 이에 대한 현대적 개선이 시급하다." 그는 이 현대적 개선을 위해서는 (그의 초등학교 교사가 말했듯이) 인권을 **조건적**이고 **상대적**인 것으로 볼 것이 아니라, **기본권** 이론에 기반을 두고 인권 원칙을 실천해야 한다고 말했다. 기본권 이론에 따르면, L 씨와 같은 사람도 존중받아야 하고 자신이 이 세상에 태어났다는 이유 하나만으로도 인간으로 대접받을 수 있어야 한다. 또한 그는 인권에 대한 조건적이고 상대적인 관점의 부작용은 인터넷이나 TV에서 학대에 대한 뉴스를 접하고 대중의 분노를 내뿜는 데 동참하는 사람들 또한 직장에서는 사내 규칙에 빠르게 적응하지 못한다는 이유로 후배 직원들을 모욕한다는 것이다. 이들은 역시 불만 사항을 빠르게 처리하지 못했다며 나이 많은 경비원들에게 언어폭력을 행사할 것이다.

L 씨의 자살 시도와 경비원들에 대한 주민들의 무례한 태도에 대해 전
국민주노동조합총연맹(KCTA)은 이 사건은 몇몇 주민들이 경비원을 무
시하고 평상시에 쓰는 폭언을 행사한 결과라고 말했다(Lee, Seung-eun,
2014b). 이런 학대에 대해 L 씨는 개인적인 이야기가 담긴, 아내에게 쓴
유서를 가방에 남겼다. 슬프게도 유서에는 이렇게 적혀 있었다. "여보,
이 세상 당신만을 사랑해 진짜루. 여보, 날 찾지마요. 아들들 미안"(Lee,
Seung-eun, 2014a).

5장

폭발 학교폭력에 대한 정치적·개인적 반응

1. C 군의 왕따와 자살 사례

엄마 오늘 못 들어가서 미안해. 아빠한테도.

누나한테두 미안해. 가족들이 이 종이를 볼 때 쯤이면 내가 죽고나서 일거야.

미안하다고 직접 말로 전해 주지 못해 너무 미안해.

아마 내가 죽으면은 가족들이 제일 힘들어(하겠지)

엄마 아빠 누나 내가 이렇게 못나서 미안해.

그래서 내 폰도 몇 번씩 고장내고 또 잃어버리고.

학용품도 잘 못 챙겨서 자주 잃어 내가 이럴때 마다 미웠을거야.

하지만 나를 계속 챙겨주던 내 가족들 정말 사랑하고 죽어서도 영원히 사
랑할게.

공부도 못한 이 막내 ○○이가 먼저 죽어서 미안하고 나는 정말 이렇게 살
아갈 날 많이 남아 있고 또 미래가 이렇게 많은데 먼저 죽어서 미안해.[1]

승윤의 사례가 학교폭력과 관련된 행동에 대한 현재의 우려와 예민함

을 점화한 '초기 불꽃'이었다면, 2013년 3월 경상북도 경산에 위치한 고등학교에서 발생한 15세 고등학생 C 군 자살 사건의 여파는 정치권까지 파급되며 '폭발'과 같은 역할을 했다. 왕따로 인한 C 군의 자살은 승윤의 자살 이후 대구에서 발생한 14번째 왕따 관련 사망으로 많은 대중의 우려를 촉발했고, 박근혜 대통령은 학교폭력의 화염을 진화하기 위한 응급조치를 신속히 취할 것을 지시했다. 승윤과 다른 학생들처럼, 그는 23층 아파트에서 뛰어내리기 전에 두 장 분량의 유서를 썼고 2011년부터 그를 왕따 시킨 급우 5명의 이름을 적었다(Chu, Chung-un, 2013). 다음 내용은 이어지는 유서의 내용이다.

그리고 내가 죽는 이유를 지금부터 말할께요.
경찰 아저씨들 내가 이때까지 괴롭힘 받았던 얘기를 여기다 적을게요.
학교폭력은 지금처럼 해도 백퍼센트 못 잡아내요.
반에서도 화장실에서도 여러가지 시설들이 CCTV가 안 달려 있거나 사각지대가 있습니다.
괴롭힘은 주로 그런데서 받죠.
2011년부터 지금 현재까지 괴롭혀 왔던 애들을 적겠습니다.
○○고 ○○○, ○○○, ○○고등학교인지 모르겠지만 작년까지 ○○중에 있던 ○○○, ○○○, ○○고등학교 ○○○.
주로 CCTV 없는데나 사각진대 있다고 해도 화질이 안 좋아 판별하기 어려운 것 이런데서 맞습니다.
다들 돈이 없어서 설치 또는 교체를 못했다 나는 그걸 핑계라고 생각합니다.[2]

C 군은 수년간 신체 및 언어폭력을 당했고, 바지를 강제로 벗기는 등의 모욕적인 행위를 학교 안팎에서 겪어야 했으며, 갈취를 당하기도 했다(Woo, Jaeyeon, 2013). 가해자 5명은 7명의 다른 학생들도 괴롭힌 것

으로 알려졌다. G 군과 K 군으로 알려진 두 용의자는 경찰서에서 8시간 동안 조사를 받았다.

K 군은 경찰서에서 '목을 손날로 친 사실은 있으나 상습적으로 폭행하지 않았고 성적수치심을 유발하는 행위를 시킨 사실이 없었다'고 말했다. C 군이 주장했던 갈취에 관해서 K 군은 다음과 같이 말했다. '돈을 뺏은 것이 아니라 다른 학생에게 돈을 빼앗길까 봐 자신이 보관한 것'(Hwang, Su-young, 2013)이라고 말했다.

용의자들의 행동과 그들의 무심해 보이는 태도에 대한 분노는 그들 중 1명이 친구에게 다음과 같은 SNS에 메시지를 남기면서 더욱 증폭됐다. "사죄합니다. 지은 죄만큼 벌 받고 오겠습니다. 모든 지인들 죄송합니다." 이 메시지에 대해 그의 친구들은 다음과 같이 응답했다.

"멀 잘못했는데 니가"

"네가 더 이상 할 수 있는 게 뭐가 있겠니? 이미 일어난 일이니 최선을 다해서 견뎌내라."

"일단 우야겠노 그래 됫으니 잘건디고 힘내그라 어깨쭉지피고 임마."

"니가 뭔 잘못을 했는데. ○노무 ○○들, A야 좋은 결과 있을 거다. 너무 걱정하지 말고 푹 자라."

"너무 걱정하지 말고 푹 자라."

"너무 신경 쓰지 마. 편하게 생각해. 잘 자고, 시간 될 때 전화 줘."

"넌 이미 욕먹을 만큼 먹었으니까 이제 다 괜찮을 거야."

"지은 죄만큼만 받고 와라, 더 이상은 못 기다리니깐."

"사나이는 한 번쯤 징역 갔다와도 된다."

가해자가 행한 따돌림과 폭력 행위를 고려했을 때, 이 메시지를 읽은 사람들은 그의 친구들이 그를 지지하는 말을 했다며 강력하게 비판했다.

네티즌들은 특히 그들이 본인의 행동에 대해 죄책감을 느끼지 않거나 **무관심**해하는 모습에 분개했다(Kim, Dong-han, 2013).

2. 학교폭력 근절 대책

2013년 취임한 박근혜 대통령은 공무원들에게 학생들과 시민들의 생명을 위협하는 세 가지 사회악과 함께 학교폭력을 뿌리 뽑을 수 있는 빠르고 효과적인 해결 방안을 제시하도록 촉구했다. 박 대통령은 긴급회의를 열어 이런 사회악들이 자신이 (최근에 발표한) 취임 공약인 '행복 시대'를 여는 데 매우 큰 걸림돌이 되고 있다고 주장했다. 박 대통령은 '4대 사회악 척결은 국민행복을 추구하는 새 정부의 가장 기본적인 사안이며, 이런 폭력에 시달리는 국민이 최악의 고통을 겪고 있다면 행복한 나라로 볼 수 있느냐'고 말했다(Chu, Chung-un, 2013).

C 군이 학교에 설치되어 있는 19대의 감시 카메라가 잡지 못하는 사각지대(특히 화장실)에서 폭행당했다고 주장하면서 기존 보안 대책의 유효성을 비판한 이후, 학교에서의 보호 조치 미비에 대한 우려가 커졌다. C 군이 과감한 조치 없이는 학교폭력을 멈추지 못할 것이라고 경찰에 전했던 메시지를 반영한 듯, 박 대통령은 학교 치안 강화를 약속했다. 대응책에는 다음과 같은 제안이 들어 있다.

① 학교에 고성능 감시 카메라를 더욱 많이 설치한다.
② 안전 요원이 있는 학교의 비율을 늘린다.
③ 경찰의 학교 순찰 업무를 강화한다.
④ 따돌림 근절 교육 프로그램을 개발한다(Chu, Chung-un, 2013).
⑤ 가해자 처벌을 강화한다(Oh, Kyu-wook, 2013).

더욱 구체적으로 박 정부는 현재 전국의 학교에 설치되어 있는 10만 대의 감시 카메라를 고화질 카메라로 교체(기존 50만 화소에서 100만 화소 카메라로 교체)하거나 늘리고자 했다(Kim, Tae-gyu, 2013). 또한 국무총리실은 2015년까지 안전 요원이 배치된 학교의 비율을 현재 32%에서 86%까지 늘리겠다고 말했다.

하지만 박 정부는 학교폭력을 근절하기 위한 대응 방안을 너무 급하게 수립하는 과정에서 처벌받는 가해자 수가 늘어나는 문제를 어떻게 처리해야 할지를 간과했다. 왜냐하면 두 곳 중 한 곳의 소년교도소와 14곳 중 다섯 곳의 소년원이 2005년에서 2007년 사이에 문을 닫으면서 비행청소년 교정 시설은 이미 수용 인원을 초과했기 때문이다.[3] 서울 시내에서 진행된 시민단체 운동가들의 시위에서 참가자들은 학교폭력을 방지하고 줄이기 위해 정부가 더욱 심도 있는 대응책을 취하라고 요구했다. 한 젊은 여성은 다음 질문이 적힌 작은 푯말을 들고서 학생들을 대상으로 한 감시 강화의 유효성에 의구심을 표출했다. "CCTV 카메라가 학교폭력 대책?"[4]

시민들은 2013년 중반 교육부가 급하게 제정한 특정 폭력 근절 대책의 유효성에 의문을 제기하기도 했다. 정부가 너무 처벌에만 의존한다는 비판에 대응하기 위해, 교육부는 왕따에 개입한 학생들의 팔에 완장을 채우고 그들이 폭행이 가장 많이 일어나는(눈에 안 띄는) 장소를 순찰하게 만들면 학교폭력이 줄어들 것이라 생각했다. 교육부는 이러한 '가해자를 감시하는 가해자' 접근법이 비행청소년들에게 학교와 학교 인근 지역을 경찰처럼 순찰하는 책임감과 권위(및 권력)을 부여함으로써 자부심과 자신감을 북돋아줄 것이라 생각했다. 하지만 다른 사람들은 가해자들에게 권한을 주는 것은 위험한 전략이라고 생각했다. 이 소식이 소셜 미디어에서 불기둥처럼 확산되자 교육부는 재빨리 이 '완장을 찬 **일진**' 대책은 시행되지 않을 것이라고 발표했다(Kim, Tong-hyung, 2013b).

박근혜 정권이 급하게 내놓은 대책들은 한 달 전 임기 말 이명박 정권

(같은 보수당인 새누리당)이 도입한 대책에 이어서 나왔다. 일련의 반폭력 대책들에는 폭력적인 학생들에게 더욱 강력한 훈육을 실시하고 교사에게 더 큰 권위를 부여하는 내용이 있었다. 여기에는 필요하다고 생각될 경우 교장이 일진 학생들을 즉시 정학시킬 수 있는 규정이 포함되었다(Na, Jeong-ju, 2012c). 실제로 1년 전 왕따로 인한 승윤의 자살 이후 이명박 정권은 다음을 포함한 여러 대응책을 제정했다.

① 학교폭력에 도움을 주는 제공하는 상담 전화와 웹사이트를 만들 것
② 학교에 폐쇄 회로 감시 카메라 설치를 늘릴 것
③ 경찰들이 학교를 순찰할 수 있도록 학교 경찰 시스템을 수립할 것
④ 교장과 교사에게 폭력적인 학생들을 다룰 수 있는 더 큰 권한을 부여할 것

교육부 관계자는 다음과 같이 썼다. "경찰과의 협력하에, 경찰의 학교 순찰을 늘려 잠재적인 폭력 사건을 예방하고 피해자를 도울 수 있도록 하겠습니다. 교장과 교사들에게도 폭력적인 학생들을 다룰 때 더 큰 권한과 책임이 부여될 것입니다"(Na, Jeong-ju, 2012b).

따라서 대책 시행 1년 뒤 C 군의 사망이 보도되면서 폭증하는 학교폭력을 막기 위한 정부 조치의 유효성에 대해 의문이 제기되었다(Oh, Kyu-wook, 2013).

하지만 전문가들은 이런 징벌에 의존하는 치안 중심적인 대책을 넘어서 피해자들이 복수를 두려워하지 않고 적극적으로 도움을 요청할 수 있는 환경을 조성해야 한다고 주장했다. 3500명의 초등·중등·고등학교 학생들을 대상으로 한 설문조사 결과 학교폭력을 경험한 사람들의 46%는 그 사실을 비밀로 한 것으로 나타났다. 이는 1950년대 이후에 포착된, 유사한 실태에 관한 국제적인 추세였다(Na, Jeong-ju, 2012b). 서울소년분류심사원 전 소장 한영선의 연구에서 나타나듯이, 가해자들은 아마 그

무엇보다도 피해자들이 교사나 경찰과 같은 권위자들에게 피해 사실을 보고하는 것을 두려워한다. 뒤에 설명하겠지만, 그들은 자신의 행동이 공개됨으로써 달갑지 않은 형태의 처벌이나 규제로 이어질 것이라 생각하기 때문이다. 따라서 한 소장은 피해자들이 폭력을 방어할 수 있도록 돕기 위한 보호 조치는 피해자가 반격할 수 있는 신체적 능력을 강화하는 데만(예를 들어 근력 운동이나 태권도 훈련) 집중되어서는 안 된다고 주장한다. 왜냐하면 **일진**은 항상 몰려다니므로, 힘이 아주 센 사람이라 하더라도 제압당할 수 있기 때문이다. 한 소장에 따르면 피해자가 꺼낼 수 있는 좀 더 효과적이고 강력한 무기는 자신의 피해 사실을 관계자들에게 보고할 수 있는 능력이다(보복에 대한 걱정이 없고 관계자들이 적절한 조치를 취할 것이라는 기대감이 있을 때)(Han, Young-sun, 2012).

이러한 적발에 대한 두려움은 2014년 중반 페이스북에 퍼진 영상에서 나타났다. 어떤 사람이 자신의 아파트에서 (남성 5명, 여성 3명으로 구성된) 한 일진 무리와 피해 남성이 어느 건물 옥상에 있는 모습을 촬영한 영상이었다. 이 영상은 피해자가 일진 중 1명에게 심하게 폭행을 당하는 모습과 다른 사람들은 구타에는 무관심한 채 앉아 있는 모습을 보여주었다. 2분 30초 뒤, 또 1명의 다른 일진이 일어나서 남성의 얼굴을 반복적으로 가격한다. 폭행이 잦아들 즈음 누군가 계단으로 올라오는 소리를 듣고 놀란 그들이 재빨리 흩어질 때 경찰이 옥상 문을 열고 들어온다. 젊은 남성 피해자가 폭행을 당하는 모습을 영상으로 남긴 다른 아파트 주민이 경찰에 신고한 것이다(Kim, Kyoung-hee, 2014).

3. 교사들의 구조

박근혜 정권이 내세운 대책이 긍정적인 효과를 거두려면 학생들의 반사회적 행동에 대해 교사 및 부모의 더욱 큰 관심이 필요하다는 주장이 제기되었다(Chu, Chung-un, 2013). 또한 C 군의 자살을 다룬 신문 사설은 정부 관계자들과 전문가들에게 학교폭력의 이면에 도사리는 것은 학교에서 좋은 성적을 받기 위해 동기생들과 겪는 극한의 경쟁과 거기서 오는 스트레스라는 것을 상기시켜 주었다.[5] C 군이 자살하기 1주일 전, 부산에 살던 어느 12세 여학생은 학교생활에 대한 스트레스로 입학 첫날 투신자살을 했다. 그녀는 유서에 "죄송해요. 또 다시 외톨이가 될까 봐"(Woo, Jaeyeon, 2013)라고 썼다.

학교폭력 근절 대책의 연장선상에서 박근혜 대통령은 C 군의 자살이 있고 난 4일 뒤 서울 명신초등학교를 방문해 학교폭력 방지를 위해 교사들의 역할이 중요하다고 강조했다. 박근혜 대통령의 보좌관은 기자들에게 새로 당선된 대통령에게 미결 서류가 터질 듯이 쌓여 있음에도 C 군 사건의 충격으로 학교를 방문하기로 했다고 말했다. 학교를 방문한 박 대통령은 학교 곳곳에 설치된 CCTV 카메라로 녹화되는 모든 장소를 보여주는 TV 화면을 볼 수 있었다(Kim, Jae-won, 2013).

학교 방문 이후 박 대통령은 이미 무거운 교사들의 어깨에 더 큰 압박과 책임을 얹는 발언을 했다. 대통령은 앞에서 언급한 대책 외에도, 아이들에 대한 교사들의 관심과 애정이 가장 중요하다고 말하면서(Kim, Tae-gyu, 2013) 문제 해결을 위한 한 가지 방법으로 상담 교사를 충원하겠다고 약속했다. 실제로 2012년 초 승윤의 사망 이후 교육부는 2000명의 전문 상담사들을 고용해 연내로 전국의 학교에 배치해(2004년 '학교폭력예방법'에 포함되었듯이) 학생들이 상담 서비스를 더욱 쉽게 이용할 수 있도록 만들겠다고 발표했다(Na, Jeong-ju, 2012b). 하지만 현실은 상담사가 1명이라도 있는 학교에 다닌다면 운이 좋은 것이었다. 교육부 데이터에 따르면, 55%의 초등·중등·고등학교에는 상담사가 없었다. 또한 교육부 통계에 따르면 현재 근무하는 상담사는 5명 중 1명만 정규직인 상황이다. 이 통계는 상담사들이 그간 불안정한 근로 환경에서 근무해야 했을뿐더러 5명 중 4명은 (위태로운) 계약직 근로자였다는 것을 알려준다(Kim, Jae-won, 2013).

박 대통령은 방문한 학교에서 학교폭력 근절을 위한 더 큰 구조적·문화적 변화를 위해, (아직도 기억이 생생한) 취임 연설에서 (순응과 암기 학습보다) 개성과 창의성을 강조하겠다고 한 공약들을 상기시킴으로써 개인적·전문적 책임을 뛰어넘었다. 박 대통령은 교사들에게 경쟁에 기반을 둔 현재의 교육 시스템을 근본적으로 변화시켜 학생들이 훌륭한 인성과 창의성을 기를 수 있도록 돕는 데 주력해야 한다고 말했다(Kim, Tae-gyu, 2013). 어떤 학자들은 교실 내 치열한 경쟁이 왕따를 만드는 것일 수도 있다고 주장했다. 왜냐하면 이러한 제도는 특정 학생들을 소외시키고 그들이 이에 반사회적으로 반응하게 하기 때문이다. 이러한 주장을 따르자면, 학교폭력은 학생들이 '경쟁이 심한 교육 시스템과 그들에 대한 무관심에서 오는 정신적 불안을 표출하는 것'으로 이해할 수 있다(Kim, Jae-won, 2013).

3장에서 바우만이 경쟁적인 소비사회에서 남들에 대한 관심과 책임이 감소하고 있다고 주장했듯이, 서구 사회는 '**무관심 효과**'의 증대를 경험하게 되었다. 이 효과는 윤리적 선택의 범주에 있어야 할 어떤 행동들이 '윤리적으로 중립적인' 행동으로 여겨지고 윤리적 평가에서 제외되는 현상이다. 이것은 **개인에 대한** 책임이 **남에 대한** 책임을 넘어서면서 발생한다(Bauman, 2007: 92). 혹은 트위터에 2100만 명의 팔로워를 거느리고 있던 미국의 팝스타 셀레나 고메즈(Selena Gomez)가 등에 새긴 아랍어 타투처럼 "먼저 너 자신을 사랑하라"라는 문구가 지닌 강한 설득력으로부터 심화된다(Marcus, 2014). 그리스어인 '아이아포론(adiaphoron)'은 어원적으로 '중요하지 않은 것'으로 해석된다. 바우만에게 아이아포론은 우리가 인간적 감성 영역에서 잠시 벗어나는 것을 말한다. 그것은 특정 현상들이 인간이 아닌 자연의 물리적 사물이나 물건에 일어나는 것처럼 반응하거나 아예 반응하지 않는 능력을 의미한다. 따라서 다른 사람들이 겪는 사건들은 중요하지 않게 여겨지고, 그 사건들이 우리에게 직접 일어나는 것이 아니기 때문에 주의를 기울일 필요가 없다고 생각하게 된다(Donskis, 2011: 157). 바우만은 다음과 같이 말했다. "타인이 마치 색깔과 크기, 여타 추가적인 요소를 고려해 선택되는 상품과 같은 맥락에서 다루어지면, 무관심(adiaphorization)이 극한에 다다른 것이고 그 상태는 가장 파괴적일 때이다"(Bauman and Lyon, 2013).

액체근대 사회에서 학생들은 물건을 사거나 팔고 버려지는 것으로 인식하도록 배우고 사회화되기 때문에, 본인의 성장에만 불균형적으로 집중하게 되면(시험 성적, 학교 성적, 스펙, 미래 고용) 남에 대한 걱정과 책임에 무관심한 태도가 증가한다. 또한 앨버트 반두라가 주장했듯이, 인간을 대상화하고 인간성 파괴를 유도하는 사회 환경은 '비인간성'을 더욱 쉽게 받아들이도록 만든다(Bandura, 1999: 193~209).

4. 교사에 대한 학생의 폭력

교사들이 학생들을 더욱 꼼꼼하게 관리해야 한다는 박 대통령의 주장은 즉시 교사들로부터 비난을 받았다. 교사들은 학교폭력의 실질적 근원은 학교가 아니라 집이라고 비판했다. 교사들의 결함에만 집중해 온 그간의 학교폭력 대책 수순을 보며, 그들은 학교에서 (그들의 책임하에서) 폭력이 발생할 때마다 교사만 탓하는 실상이 부당하다고 느껴왔다.

경기도 고양시의 한 중학교 교사는 대다수 일진들은 사회에서 거부당했거나 끓어오르는 분노를 품고 있는 문제 가정에서 나온다고 말했다. 학교만의 문제가 아니라, 가정과 사회의 문제이기도 하다는 것이 교사의 견해다(Kim, Jae-won, 2013). 이렇게 말하며 그녀는 교사들 또한 학생과 학부모에 의한 학교폭력 피해자라고 첨언했다. 학생과 학부모는 습관적으로 교사들에게 폭언을 하고, 어떤 경우 폭언은 신체적 공격으로 이어지기도 한다. 그녀는 교사를 대상으로 한 폭력이 주기적으로 신문 기사 1면을 장식한다고 지적했고, 이러한 교사 폭력의 역사는 1장에서 언급했듯이 1950년대까지 거슬러 올라간다. 그녀가 언급한 1면 기사의 일부는 다음 사건을 포함한다.

① 2012년 말, 한 14세 중학생은 자신을 시끄럽다고 혼낸 여교사를 폭행했다. 그는 교사에게 욕을 퍼붓고 의자를 던진 다음, 그녀의 얼굴과 가슴을 주먹으로 때렸다(Na, Jeong-ju, 2012a).

② 비슷한 시기, 광주에서 한 여교사와 여중생은 다른 교사와 학생들 앞에서 몸싸움을 벌였다. 이 싸움은 교사가 여학생에게 교실에서 휴대폰을 사용하고 버릇없게 행동한다고 질책하면서 시작되었다. 보도에 따르면 학생이 교사를 먼저 때렸고 교사를 '제압했다'고 한다(Na, Jeong-ju, 2012a).

③ C군이 왕따로 인해 자살한 1주일 뒤, 김포의 한 고등학교 2학년 학생은 한 여교사에게 식칼로 죽이겠다고 위협했다. 이 학생은 다른 교사가 설명한 천주교와 기독교의 차이에 대해 동의할 수 없다며 이와 같은 행동을 저질렀다. 그 후 학생은 칼로 교실 밖 복도에 있는 나무로 된 사물함을 파괴했다. 같은 반 학생들에 따르면, 그는 최근에 자퇴를 하려 했지만 부모님이 강제로 학교로 돌려보냈다고 한다(Kang, Hyun-kyung, 2013).

④ 2013년 말, 고양시에서 한 체육 교사는 17세 고등학생이 '부적절한 태도'를 보였다며 혼냈고 두 사람은 심각한 싸움을 벌였다. 학생이 교사에게 말대꾸를 한 후 둘은 심한 말다툼을 벌였고, 교사는 학생에게 복도로

나가라고 지시했다. 학생은 교사의 광대뼈를 부러뜨렸고, 교사는 학생의 이빨이 여러 개 부러지도록 때렸다. 학교 관계자는 학생이 교사를 먼저 때렸다고 주장했다. 그러나 사건을 지켜본 한 학생은 선생님이 학생을 먼저 때렸고, 학생이 그걸 못 참고 선생님을 때렸다고 반박했다. 해당 교사는 사직 요구를 받았지만, 학부모와 교사들은 그 학생이 몇몇 친구들에게 '우상화'되었고 어떤 학생들에게는 '영웅' 대접을 받는다는 것을 알고 경악했다. 폭력적인 학생에게 징벌을 요구하는 사회 분위기였는데도 학교 관계자들은 처벌을 하는 대신 학생에게 그의 잘못을 인정하고 고칠 수 있는 기회를 줌으로써 용서와 회복을 하는 방향으로 나아갔다(Lee, Kyung-min, 2013).

한국 사회의 좀 더 보수적인 영역에서 학생에 대한 이런 관용적 태도는 교사에 대한 학생의 폭력을 증가시키고 있다. 보수적인 한국교원단체총연합회(KFTA)의 K 씨는 "말을 듣지 않는 학생들을 다루기가 갈수록 힘들어지고 있다. 언론에서 다루는 사건들은 극단적인 사례들일 뿐이다. 교사에게 욕하고 수업을 방해하는 행위는 학교에서 매일같이 일어난다"라고 말했다(Na, Jeong-ju, 2012a). 교총이 지난 21년간 발표한 보고서를 바탕으로 보면, 교사의 책임과 권리를 침해하는 사례는 1991년 22회에서 2011년 287회로 12배 늘어났다. 또한 이런 침해 사례는 2002년 115회로 10년 사이 2배로 늘었고(Lee, Woo-young, 2012), 2006년 이후로는 약 50% 증가했다(Na, Jeong-ju, 2012a). 또한 교총은 이 중 40%의 사례가 학생이나 부모의 모욕이나 신체적 폭력을 수반했다고 주장했다. 학생과 학부모는 교사가 ① 학생의 태도를 고치려 하거나(56%), ② 가벼운 처벌을 했을 때(25%) 자주 교사의 권리를 침해한 것으로 나타났다(Lee, Woo-young, 2012). 하지만 교총은 학교들이 대외적인 이미지를 보호하기 위해 많은 사건·사례를 덮기 때문에 이 데이터는 보고되지 않은 사례로 인한 숨겨진 수치를 담지 못한다고 말했다(Na, Jeong-ju, 2012a).

그러나 4명의 고등학생이 기간제 남성 교사에게 폭언을 퍼붓고 때리는 영상을 한 학생이 자신의 SNS에 올리자 (쇠퇴하는 교사들의 권위와 그로 인한 사기 저하가 걱정스러운 수준에까지 이르렀다는 것을 보여주기 위해) 한 국회위원은 학생들이 저지르는 신체 폭력 발생률이 매우 낮다는 것을 보여주는 데이터를 공개했다. 2011년부터 2015년 사이에 초등·중등·고등 학교에서 교사가 학생(혹은 학부모)에게 어떤 형태로든 폭행을 당한 2만 6111건 중 436건(1.6%)에서만 학생이 교사를 신체적으로 공격한 것으로 나타났다(Chung, Hyun-chae, 2016). 반면에 교사를 대상으로 한 설문조사에서는 38%가 학생 폭력의 피해자였다고 응답했다. 학생 폭력은 학생에게 무시당하거나 괴롭힘 당하는 것과 같이 언어나 신체적 폭행을 당하는 것을 포함했다. 교사들은 학생의 행동으로 피해를 입었다고 느끼고, 이로써 상처받고, 지치고, 길을 잃은 기분이 들고, 소외감을 느끼고, 교사라는 직업의 의미가 퇴색되었다고 느끼고 있었다. 교사의 관점에서 바라봤을 때, 이처럼 상처받은 느낌이 생기는 이유는 한국 교사들이 전통적으로 매우 큰 존경을 받아왔기 때문이다. 비록 급여가 상대적으로 낮을지라도, 그들은 사회적 존경과 지위에 만족하고 인생의 의미를 찾는다. 하지만 오늘날 교사에 대한 학생들의 존경심은 크게 감소했고, 교사들의 상징적인 자본이 고갈되면서 학생들의 불만도 늘어났다. 이것은 교사들이 전통적으로 학생을 자기 자식처럼 바라보는 방식으로 인해 더 악화된다. 왜냐하면 교사들은 자기 자식에게 모욕을 당하는 기분을 느끼기 때문이다.[6]

5. 학생인권조례

교총과 여러 보수 정치인(특히 전 서울특별시교육청장 문용인)들에 따르면, 갈수록 많은 교사들이 태도가 불량한 학생들의 반항에 직면하는 이유는 교육 당국이 학생 권리 신장에 불균형적으로 많은 관심을 쏟고 있기 때문이라고 한다. 보수단체는 **학생인권조례**(서울을 시작으로 광주와 경기 지역으로 확대)와 (부분적일지라도) 체벌 금지 시행에 반대하는 시위를 벌였다. 그들은 당국이 두 법을 폐지해 교사의 권리를 보호하고 강화해야 한다고 주장했다(Na, Jeong-ju, 2012a).

민주당 출신 곽노현 전 서울특별시교육청장이 발의한 법으로, 학생인권조례는 성별, 종교, 나이, 사회적 지위, 출신 지역, 모국, 민족, 언어, 장애, 외모(옷과 머리스타일)에 기반을 둔 차별을 엄격하게 금지한다. 또한 이 법은 가정환경, 경제적 지위, 이념, 정치적 신념, 성적 취향, 병역 의무, 징계 기록, 학업 성취도, 임신과 출산으로 인한 차별도 금지한다(Ser, Myo-ja, 2013).

이 조례는 학생들이 징계 기록을 기반으로 차별당하면 안 된다고 적시하고 있지만, 유교 사상을 중시하는 성균관대학교가 해당 조례를 위반하고 폭력 행위로 처벌받았던 학생의 입학을 거부하는 정책을 적용하는 것을 막지 못했다. 이 정책의 목표는 인성 교육을 강화하는 것이고, 대학교들은 점수가 충분히 높아도 과거 폭력 행위를 깊이 반성하지 않는 학생은 받지 않겠다고 선언했다. 이 정책은 평가위원회를 설립해 지원자들의 인성평가를 책임지도록 했다. 필요하다면 지원자의 전 담당 교사, 경찰, 의사, 심리학자에게 연락할 수 있도록 했다. 이 정책 지침은 교육부가 2004년 제정된 '학교폭력예방법' 개정에 관한 발표를 한 후 나온 것이다. 이 법은 학생의 과거 폭력적인 행동에 대한 처벌을 문서로 기록할 것을 제안했고 잠재적으로 학생인권조례를 위반할 가능성이 있었다. 이러한 기록들은 초등학생과 중학생의 경우 5년간 유지되고, 고등학생의 경우 (졸업을 기점으로) 10년간 유지된다. 이 두 가지 제안은 모두 2012년 중반 전국 200여 개 대학을 대표하는 한국대학교육협의회가 주최한 회의에서 나왔다. 관계자들은 일진을 처벌할 방법을 고민하다가 학교폭력에 가담한 학생을 다루는 세 가지 원칙에 합의했다.

① 폭행 기록이 있는 지원자 중 과거 행동을 반성하지 않는 지원자는 입학을 거부한다.
② 과거 잘못을 속죄하는 노력을 보인 지원자는 불이익을 받지 않는다.
③ 왕따 당한 동급생을 도와준 지원자에게 혜택을 준다(Na, Jeong-ju, 2012c).

이상적으로 학생인권조례는 학생의 인권을 보호하고 확대하고자 마련되었다. 곽 전 교육감은 학생들이 학교에서 권리를 누리는 데 제약이 있다고 생각했다(Park, Eun-jee, 2013). 하지만 교총과 교총의 입장을 지지하는 사람들은 학생에 대한 진보적인 접근과 관점으로 인해 교사의 권위가 학생 인권에 짓밟히고 학교가 균형을 상실하게 되었다고 주장한다 (Lee, Woo-young, 2012). 해당 조례를 반대하는 사람들은 학생의 인권 신장으로 태도가 불량한 학생들을 지도하고 그들의 태도를 수정하는 것이 불가능하거나 극도로 어렵다고 말한다. 반면 다른 사람들은 이 조례의 부정적 효과는 부차적인 것으로 여기며 학생 간, 학생과 교사 간, 그리고 학생과 부모 간 관계를 개선하는 데 기여하는 긍정적인 효과를 강조했다. 예를 들어 한 설문조사에 따르면 60%의 학생이 이 조례의 존재조차 모르고 있고, 이것만으로도 많은 학교 관계자들이 해당 조례를 적절히 이행하지 않으며 위반하고 있다는 것을 보여준다. 하지만 해당 조례를 성실히 수행한 학교에서는 긍정적인 효과가 보고되었다. 학생과 교사 간 그리고 학생 간에 **상호 존중이 증가**했고 학업 및 다른 학교 활동에 **자발성이 늘어났고** 실제로 **학교폭력이 감소**한 것이다. 이 정보를 인용한 저자는 한국 교육의 가장 큰 문제는 (너무 적은 것이 아니라 오히려) 너무 많은 학습량과 타인과의 경쟁에서 비롯되는 극심한 스트레스에서 온다고 주장했다. 이 스트레스로 인해 종종 학생의 기본 인권(자유, 자주성, 사생활)이 침해되는 대가를 치르기도 한다. 저자는 "이제 이러한 강제적이고 비인간적인 시스템은 더욱 자유롭고 자발적인 환경으로 변해야 한다"라고 역설했다. 하지만 그는 한국 사회가 어른들의 희망 사항보다 학생들의 미래를 우선시할 때 비로소 이것이 실현 가능하다고 덧붙였다.[7]

학생 권리와 학교폭력의 상관관계에 대한 사설에서, 중학교 영어 교사인 C 씨는 교사에 대한 학생들의 무례하고, 예의 없으며 폭력적인, 심지어는 물리적 행동까지 수반하는 태도가 그가 말하는 '비인간적인 교육 환경'이 낳은 부작용이라고 주장했다. 그리고 C 교사는 이 환경이 경쟁 중심의 교육 정책과 교육에 대한 학부모의 과도한 보호 본능과 비정상적인 열정으로 인해 형성되었다고 생각한다(Choi, Tae-hwan, 2013). 이러한 과보호 양육 방식은 '헬리콥터 양육'으로 불리는 것으로, 아이의 어머니가 항상 아이의 '위를 맴돌며' 아이의 학업을 감시하고 통제하는 방식을 일컫는다. 미국에서는 이런 형태의 양육 방식을 '제설기 양육(snowplow parenting)'이라고 부른다. 제설기 양육 과정에서 학부모는 제설기처럼 행동하고 아이의 앞길을 막는 모든 장애물을 미리 제거하기 위해 아이보다 앞서 나간다. 이때 의도치 않게 아이의 발달장애가 생긴다. C 교사는 자신의 견해를 사회과학 자료에서 근거를 찾아 보완하는데, 그가 제시하는 총 20만 명의 아동을 대상으로 한 70개의 연구는 과보호하는 부모 아래서 자란 아동이 또래들에게서 괴롭힘 당할 가능성이 높다는 결론을 내렸다. 또한 왕따 피해자들과 피해자 겸 가해자들은 부정적 양육을 더 자주 경험한 것으로 나타났다(부적절하고 권위적인 육아, 방관, 학대가 여기에 속한다)(Suzet, Samara and Wolke, 2013: 1091~1108). 이렇듯 자녀들을 부정적인 경험에서 보호하는 완충제 역할을 하는 부모가 자녀들이 피해자가 될 가능성을 더욱 증가시킨다는 결론을 바탕으로, 저자 중 1명은 BBC와의 인터뷰에서 많은 사람들이 왕따 해결책으로 학교 차원의 개선을 이야기하지만, 자신의 연구는 (다른 연구들처럼) 왕따 문제가 집에서부터 시작된다고 주장한다고 말했다(Richardson, 2013).

이러한 윤리적인 문제를 더 큰 역사적 맥락에서 바라볼 때, C 교사는 한국이 현재 '교사의 그림자조차 밟으면 안 되고, 학생들은 교사를 존경해야 한다'는 식의 유교적 교육 환경에서 핵가족적이고 체벌을 거부하며 개인주의를 기반으로 한 인권 중심적인 교육 환경으로 이행하고 있다고 생각한다. 유교적인 교육 모델을 옹호하는 사람들은 학생들이 교사의 그림자를 밟았다고 느낄 뿐만 아니라, 완전히 밟고 넘어서고자 한다고 생각한다. C 교사는 한국 사회의 도전 과제가 이런 이행기를 성공적으로 헤쳐 나가서 더욱 인간 중심적인 교육 환경을 실현하는 방법을 찾아내는 것이라고 생각한다. 이러한 환경이 조성되기 위해서는 교사와 학생 인권이 조화를 이루고 체벌과 자녀들의 교육에 대한 학부모의 비정상적인 열정이 사라진다는 전제가 있어야 한다. 최종 목표는 권위주의, 경쟁, 단순히 생존을 강조하는 것이 아닌 **협력, 개성, 창의성, 다양성, 유연성**을 강조하는 (액체) 교육 체제를 만드는 것이다(Choi, Tae-hwan, 2013).

학교폭력과 폭력적 학생에 관한 현안은 한국 사회가 직면한 과제의 대표적 예이다. 왜냐하면 현재 한국 사회는 생산에 기반을 둔 순응적 권위주의에서 소비에 기반을 둔 진보적 개인주의로 전환하는 시기에 있기 때문이다. 이런 역사적 전환과 이에 내재된 위험은 그리스 신화 속 유명한 관용구인 **스킬라와 카리브디스 사이**를 보면 쉽게 이해될 것이다.

스킬라와 카리브디스는 시칠리아와 이탈리아 본토 사이의 메시나해협을 사이에 끼고 서로 반대편에 위치한 바다 괴물로, 이들은 그 사이를 지나가는 뱃사람들에게는 장애물이었다. 만약 뱃사람이 머리가 6개 달린 시칠리아 바다 괴물(스킬라)을 피하려고 한다면, 카리브디스라는 소용돌이를 피할 수 없게 된다. 반대의 경우도 마찬가지다. 그래서 앞의 관용구는 어떤 선택을 해도 위험에 처하는 진퇴양난의 상황을 뜻하게 되었다('두 악마 사이에서 선택해야 하는 상황', '이러지도 저러지도 못하는 상황')(Blackshaw, 2005). 다시, 이 신화 속 내용을 지금의 논의에 대입한다면 고체의 위계적 권위주의에 너무 가까워지면 **착취**라는 괴물을 상대해야 하고, 액체의 개인주의적 소비주의에 너무 가까워지면 **소외**라는 괴물과 싸워야 한다는 것이다.

그렇다면 에리히 프롬의 인본주의는 이와 같은 진퇴양난의 바다를 헤치고 나갈 길을 제시할까? 그에 따르면, 생명을 사랑하는 **생명애**를 발전시킬 수 있는 중요한 조건은 **자유**다. 여기서 자유란 단순히 억압적인 독재나 권위주의**로부터의** 자유만을 지칭하는 것이 아니라, '무엇**으로의** 자유'다. 창조할 수 있는 자유, 구성할 수 있는 자유, 생각할 수 있는 자유, 그리고 모험할 수 있는 자유. 그에 의하면, 이런 자유의 실현은 개인이 노예나 하인 또는 경제적인 대량 자동화 기계가 아니라, **적극적**이고 **책임감**이 있는 주체가 될 때 가능하다. 즉, 생명애는 다음과 같은 사회에서 가장 잘 발휘될 수 있다. "품위 있는 삶을 위한 기본적인 물질적 조건은 걱정하지 않아도 되는 **안전**, 그 누구도 다른 사람의 목적을 위한 수단이 되지 않는 **정의**, 모든 개인이 사회에서 적극적이고 책임감 있는 일원이 될 가능성이 있는 **자유**"(Fromm, 1964: 49).

박근혜 대통령은 당선 당시 취임식에서 '희망의 새 시대'와 '진정한 행복과 창의의 시대'를 열겠다고 연설하면서 국민들의 안전, 정의, 자유를 증진해야 할 필요성을 역설했다. 박 대통령은 학생들을 향해 '학벌 위주에서 개개인의 꿈과 끼가 열매를 맺을 수 있는 능력 위주의 사회'로 전환할 것을 약속했다.[8] 국민 모두에게는 '권력이 아닌 공정한 법이 우선하고 사회적 약자에게 법이 정의로운 방패가 되어주는 사회'를 약속했다. 실제로 영국 아이들의 '주관적 복지'에 대한 종적 연구는 이런 변화들이 아이들의 복지에 도움이 된다는 경험적 증거를 제시했다. 한국 국적의 아이들이 대부분의 응답에서 하위권 성적을 나타낸 연구(1장 참고)에서는, 예를 들어 새로운 아이디어를 생각하거나 주변 환경에 관심을 기울이는 것과 같이 **경험에 열려 있는** 아동이 호기심이 적은 아이들보다 주관적 복지가 현저히 높게 나타났다. 이와 유사하게 **스포츠**를 하고, 집안일을 돕고 가족과 자주 의미 있는 교류를 하는 **활동적**인 아이들이 주관적 복지가 높았다. 종합적으로는 잘 자란 아이들이 그들의 삶을 사랑할 줄 안다. 왜냐하면 그들은 상대적으로 그들의 일상에 만족하고, 목적의식이 있고, 발전과 성장을 하기 때문이다(The Children's Society, 2015: 28).

학교폭력에 대한 다큐멘터리는 생명애를 실현시키는 것을 막는 장애물을 보여준다. 자녀의 교육에 대한 부모의 높은 기대에 대해 토론을 하는 자리에서, 한 남학생은 부모에게 끝없이 듣는 '**공부 열심히 해라**'라는 말의 중요성을 역설했다. 이에 한 여학생은 그 말에 슬픈 사실이 담겨 있다고 말을 이었다. 한국 사회에서는 공부를 열심히 하는 학생들에게만 보상을 주고, 그렇지 않은 학생들은 '버린다는' 것이다. 그러나 부모님들은 **오직** 그 말만 한다고 덧붙였다. 또한 학생들은 그 말에 내재된 위험, 즉 '공부를 열심히 하지 않으면 너의 인생은 추락할 것'이라는 메시지에 대해 알고 있다며 공격적인 어투로 이야기를 이었다. 비인간적 교육 시스템과 부모의 비현실적 기대에 대해 비판을 한 뒤, 다큐멘터리는 「학교에서 뭘 배워」라는 제목의 랩을 소개했다.

성적으로 판단하는 습관

......

친구를 밟고 올라서는 방법

......

자유를 원해 여신상처럼

6. 문명화 과정

보수적인 '유교 중심'의 교육 시스템과 진보적이며 자유주의적인 '인본주의 중심'의 교육 시스템 간 공방과 학생 당사자들의 의견을 좀 더 잘 이해하기 위해서는 노베르트 엘리아스(Norbert Elias)가 소개한 **문명화 과정**을 이해해야 한다. ① 박근혜 대통령이 (개인의) 희망, 행복, 안전, 창의성, 정의를 강조한 것이나, ② 체벌과 공공장소에서의 흡연을 금지시키거나, ③ 인권의 보호 자격 범위를 학생으로까지 넓히거나 직장에서 성차별을 근절하거나(Kim, 2015), ④ 학생, 교사, 핵심 권력자, 군 인사, 직원, 기업, 주민이 행하는 폭력적인 왕따와 학대 행위에 대해서 비난하는 것은 전통적 권위주의 관행이 여전히 남아 있지만 그래도 한국 사회가 문화적으로 조금씩 변화하고 있음을 보여준다.

몇백 년에 거쳐 서서히 변화한 유럽의 문화를 설명하며 엘리아스는 유럽의 문명화 과정이 중세시대에서 근대로 전환하면서 일어났다고 주장한다. 그 전환기에 주요한 심리적·대인적·사회적·문화적 변화를 시작으로 사람들 사이의 폭력이 서서히 줄어들었다. 밀접한 관련이 있는 두 가지 주요 요인이 이러한 변화를 가져왔다.

① 예의 바른 사회적 상호작용
② 폭력과 학대에 대한 대중의 불관용 증가

실제로 유럽은 잔인한 괴롭힘과 고문이 대중적으로 팽배했던 중세 시대를 지나면서 신체적 폭력에 염증을 느끼며 신체를 둘러싼 수치에 대한 한계치가 높아진 채로 근대사회로 넘어왔다(사생활과 개인주의의 대두). 비로소 폭력과 흥분을 야기하는 행위는 제도화되고 규제되며 통제되는 활동으로만 제한되었다. 예를 들어 스포츠 분야에서는 흥분을 일으키는 행위가 허용되었지만, 규칙과 규제로 상해와 부상의 위험은 통제되었다.

정치적으로는, 예의 바른 행동과 개인에게 부과된 제한과 규율, 통제의 증가는 국가권력의 중앙 집권화로 인해 가능해졌다. 국가권력이 중앙집중화되면서 국가가 행사할 수 있는 폭력의 수단 또한 중앙집권화되었기 때문이다(형사 사법 제도의 대두). 다시 말해 개인적·비공식적·공개적 복수가 서서히 비개인적·공식적·중립적인 경찰, 판사, 배심원들이 판단해야 할 몫으로 바뀌었다. 그런 까닭에 승윤의 부모는 자신의 자녀를 죽음으로 몰아넣은 아이들에게 개인적으로 보복하고 싶었지만, 그러지 않고 승윤의 죽음에 책임이 있다고 생각되는 모든 당사자들을 법적으로 고소한 것이다. 마찬가지로 한 남학생이 자신의 친구들에 의해 30분간 목밑까지 땅에 파묻히고 얼굴에 소변을 맞았음에도, 그의 부모는 가해자들을 직접 심판하는 대신 두 교사를 방관죄로 고소하려고 한 것이다.

개인의 출현을 짚은 엘리아스의 이론은 근대적 자아의 성격 구조를 보여준다. 근대의 개인은 고도로 상호 의존적인 사회 및 제도의 네트워크 안에서 살아남아야 한다. 학교폭력 근절 캠페인을 진행한 부산의 한 교사는 엘리아스의 견해와 일맥상통하는 해결책을 제시했다. "학교폭력은 부모, 교사, 정부, 시민이 모두 협력해야(만) 해결이 가능하다"(Na, Jeong-ju, 2012b). 엘리아스에 따르면, 근대적 자아는 자기통제와 예지력(이성)에 의해 지배된다. 그 속에는 자신과 타인의 (폭력적이고 반사회적인) 행동에 대한 수치와 혐오, 당혹감이 내재되어 있다. 따라서 사랑의 매를 비롯한 모든 형태의 체벌을 금지하는데, 보건복지부 관계자는 개정된 '아동복지법'의 성격을 설명하며 "교육적 목적이 있다고 하더라도 그 어떠한 선한 목적과 이유에 상관없이, 아동이 특정 행동에 의해 고통을 느꼈는지에 초점을 맞추었다"라고 밝혔다(Jung, Min-ho, 2015c). 개정안을 통해 부모와 교사가 때리는 행위가 결코 훈육이 아니라는 점을 인지하기 바라는 의도가 바탕이 되었다고 할 수 있다.

이렇게 **사회의 평정**이 서서히 자리를 잡고 있는데도 폭력적 해결책을 가까이하는 문화는 여전히 명백하게 존재한다. 구체적으로 말하면, 폭력적 행동은 이제 국가의 형사 사법 제도와 사회통제 요원의 눈을 피해 가정이나 지하의 은밀한 공간(학교 화장실이나 주차장 등)으로 숨어들었다(Ray, 2009: 255~278). 한국에서는 이렇게 숨어 있던 사적 공간이 점점 조명을 받고 있다. 2004년에는 미디어에서 동성애적 표현을 금지했던 관례가 수면 위로 떠올랐다. 이에 대한 반응으로는 동성애에 관련한 표현이 젊은이들에게 해롭다는 의견부터, 그러한 인식이 헌법이 명시한 동등한 인권과 표현의 자유를 침해한다는 의견까지 다양하게 나타났다. 2013년에는 대법원이 부부 간의 강간을 한국 역사상 처음으로 범죄로 인정했다.[9] 또한 2015년에 대법원은 미성년자 보호를 강화하는 새로운 조치를 도입했다. 미성년자가 가정에서 신체적·성적으로 학대당하고 있다면 법원에 친권상실선고 청구를 통해 부모의 권리를 박탈할 수 있게 된 것이다. 이 밖에도 '가사소송법' 개정안에 포함된 다른 조치들은 이혼한 부모에게 법정에서 명령한 자녀양육비에 대한 책임을 강화하고, 이혼 법정에서 자녀의 증언에 더 비중을 두는 것 등이다(Lee, Kyung-min, 2015b).

하지만 이와 같이 국가의 보호가 필요한 아이들을 고려한 법 개정안은 여전히 가정폭력은 국가 사법제도가 관여할 필요가 없고, 가정 내에서 사적으로 풀어야 하는 문제라고 주장하는 사람들의 저항에 부딪혔다. 복지부의 2014년 공식 통계에 따르면 아동학대 사례는 전해에 비해 50% 증가했다. 1만 27건의 아동학대 사건들 중에(이 또한 빙산의 일각이겠지만) 80% 이상은 부모에 의해 일어났다. 그중 3분의 1의 경우는 '학대'와 '훈육'을 구분하지 못하는, 다시 말해 '자녀 양육에 대한 부모의 지식과 기술 부족' 때문이었다(Lee, Claire, 2015c). 이와 같은 수치는 2014년 기준 한국 아동 1000명 중 1명이 최소한 한 번은 학대당했다는 현실을 말해준다. 이는 1998년 학대 신고를 당한 534명의 부모 중 50%가 언어폭력을 행사했고 80%가 신체 폭력을 가했다는 통계와 신고 건수 측면에서 현저한 대조를 이룬다. 이렇게 체벌이 '훈육'이라는 이름으로 널리 용인되고 있는 현실은 1999년에 실시한 아동학대에 대한 조사에서도 드러났다. 65%의 응답자가 부모는 자식을 때릴 권리가 있다고 답한 것이다. 이와 유사하게, 1990년대 중반에 실시한 연구에서는 79%의 한국 부모들이 3세 이상의 유아를 때리는 것을 '용인 가능한' 처벌 형태로 보았다(Jang and Kim, 2004: 301~319). 1999년에 실시된 다른 조사에서도 이와 비슷한 비율의 부모가 이와 같은 의견을 고수했고, 80%의 응답자는 그들의 자녀가 잘못된 행동을 한다면 신체적으로 처벌했다고 밝혔다.[10] 최근 2006년에 314명의 대학생들을 대상으로 한 연구에서는 58.8%의 학생이 12세 이전에 가족 구성원으로부터 체벌을 받은 경험이 있다고 답했다(Douglas and Straus, 2006: 293~318). 지금 논의하는 이야기는 다음 장에서 학교폭력 가해자가 받는 신체적 형벌의 **빈도**를 살펴볼 때 도움이 될 것이다.

여전히 '부모가 (자녀를) 제일 잘 알고' 자녀는 (독립적 개체이기보다) 부모의 소유물이라는 인식이 전반적으로 남아 있지만, 2014년 아동학대 건수의 증가는 부분적으로는 좀 더 많은 사람들이 학대를 인지·인정하고, 학대를 목격했을 경우 신고할 수 있게 되었기 때문이다. 하지만 중앙아동보호전문기관 관계자가 지적했듯이, 이 문제는 가해자를 처벌한다고 해서 해결되지 않는다(Lee, Claire, 2015c). 그는 그 대신 심리치료나 복지 프로그램과 같은 가족 보호 프로그램을 추천하며 다음과 같은 효과가 있다고 말한다. "피해를 복구할 수 있고, 피해자에게 정의를 실현할 수 있으며, 폭력의 원인이라고 지적되는 부모의 스트레스나 경제적 곤란과 같은 위험 요소를 제거할 수 있다."

한국 사회가 사적인 영역에 접근하는 문명화 과정을 밟고 있음을 시사하는 최근의 다른 사례로는, 헌법재판소가 간통죄를 위헌으로 판결한 예가 있다. 헌법재판소는 간통죄를 폐지한 이유로 국민의 '성적 자기결정권'과 '사생활' 침해 우려를 들었다. 흥미로운 점은, 이번의 간통죄 폐지가 다섯 번째 시도였다는 것이다. 2001년에 세 번째 시도가 있었는데, 당시는 9명 중 1명의 판사만이 폐지에 찬성했으나, 2008년에는 4명으로 늘어났고, 마침내 2015년에 9명 중 7명이 폐지에 찬성한 것이다(Lee, 2015). 이와 유사하게, 헌법재판소는 서서히 사형제도를 폐지하자는 입장으로 기울고 있다. 실제 마지막 사형을 집행한 바로 전해인 1996년에 7명의 판사가 사형제도를 합헌으로 판결했고, 2010년에는 5명으로 줄어들었다(Kim, Se-jeong, 2015a).

한국 사회의 세대 차이를 비교해 보면 가치관의 변화를 좀 더 자세히 볼 수 있다. 한 연구는 1970년대 후반과 1990년대 후반의 가치관 변화를 조사했다(Na and Cha, 2003). 교육 수준이 높고 도심에 사는 젊은 사람들일수록 전반적으로 자기주장이 강하고, 개인주의적이고, 성취 지향적이며, 성적으로 개방적이고, 탈권위주의적·탈물질주의적·탈근대주의적 가치를 지니고 있었다(즉, 더욱 액체근대적이다). 좀 더 구체적으로 말하면, 여성의 가치관이 많이 변하면서 양성 간 합의의 영역이 커졌을 뿐 아니라, 성평등에 대한 전반적 인식도 확대되었다. 이렇게 탈권위주의적 성향을 가진(자기주장이 강하고 개인주의적인) 사람들은 자신의 상사나 연장자의 실수를 지적할 수 있고, 나아가 그들의 행동에 대해 교정을 요구할 수 있다고 생각한다. 또한 여성과 남성 모두에서 '(기존의 의미에서) 남성적'이고 경쟁적인 성취 지향적 성향이 증가하는 특징도 포착되었다. 그 결과 개인주의는 증가했지만 사회적 약자를 도와야 한다고 생각하는 사람의 비율은 줄었다. 하지만 동시에 약자를 신경 쓰는 '여성적' 경향도 늘었다. 사회적 약자들은 자연적 부산물이 아닌 (인위적으로 만들어진) 비극적 현상으로 보는 것이다. 한국을 방문하는 외국인에게 더 친절하게 대해야 한다고 생각하는 사람들의 비율도 늘어났다. 균일하지는 않지만 서서히 진행되는, 이러한 차이를 이해하고 수용하는 방향으로의 전환은 최근의 조사에서도 나타난다. 점점 더 많은 미혼 남성과 여성들이 외국인과의 교제에 대해 개방적으로 변하고 있는 것이다.[11] 또한 (1990년대 말) 대도시에 사는 20~30대의 고학력자들은 미래를 위해 준비하기보다는 **현재를 즐기는** 데 더 무게를 두기도 했다. 이는 전형적인 액체근대적 성향이다. 이러한 조사 결과를 바탕으로 저자는 다음과 같이 결론 내린다. "한국 사회는 현재 물질주의에서 탈물질주의로 이행하는 전환기의 정점에 서 있다"(Na and Cha, 2003).

우리는 여기서 한국 사회가 급속한 산업화와 근대화를 겪었고, 한 세대 안에 농업사회에서 도시적·근대적·민주적·탈중앙적 열린사회로 전환되었다는 점을 기억해야 한다. 근대화로의 돌진 과정의 중요한 부작용 사례는 **빠른 추격자** 개발 모델[12]로서, 이는 한편으로는 현대적인 제도적 장치와 보편적인 행동 규범의 공존을 의미하며, 다른 한편으로는 정보를 얻고 기회를 찾고 사업과 정치를 수행하는 수단으로서 가족과 학교, 지역 네트워크를 여전히 이용한다는 것이다. 이러한 '배타주의적 관계'는 친근하고 개인적인 신뢰 관계에 바탕을 두고 있기 때문에 제도화된 규칙과 공식적 방법을 초월하는 경향이 있고 (세월호 참사를 통해 목격했듯이) **공식적인 규칙과 실제 행동 사이의 불일치**를 초래한다. 하지만 일반적인 사람들의 사회 네트워크 작동에 관한 1990년대 후반 연구에서 밝혀진 것처럼, 교육과 사회경제적 지위, 나이가 대인관계의 밀도와 성격을 변화시키고 있다(Lee, Jaeyeol, 2003: 505~529).

한편으로 앞의 연구는 한국의 사회 네트워크는 강한 **동종 선호** 성향이 있음을 보여준다. 즉 성별, 나이, 사회경제적 지위와 지역에 기반을 둔 동질적인 개인들이 조직을 이룬다는 것이다. 이와 같이 사람들이 자신과 비슷한 배경의 사람들과 어울리는 것을 두고 '내집단 경향'이 강하다고 한다. 이런 내집단 경향은 다른 배경을 가진 사람들을 배제함으로써 사회통합(즉, 제 기능을 하는 시민사회)을 막는다. 내집단과 외집단의 경계가 선명한 것은 **사회적 배제** 또한 심화한다. 경계는 '우리'와 '그들'의 차이를 만들고 개인이 기존 조직에 순응하도록 강요하며 복종하게 하는 분리 도구이기 때문이다(Bauman, 2010). 이런 동질적 네트워크에도, 앞의 연구는 한국의 사회 네트워크가 두 종류로 나뉜다는 것을 강조했다. ① '약한' 네트워크와 ② '강한' 네트워크가 그것이다. '강한' 유대감을 공유하는 네트워크는 범위는 좁지만 밀도가 높고, 주로 낮은 사회경제적 지위와 구세대, 농촌 지역에서 많이 나타났다. 이는 주로 친족을 기반으로 한 네트워크이며, 여기에 속한 개인은 권위주의와 같은 전통적 가치를 드러낸다. '약한' 네트워크는 이와는 반대로, 네트워크의 범위는 넓지만 밀도는 낮고 주로 사회경제적 지위가 높고, 고학력자이며, 도심 지역에 사는 젊은 사람들로 이루어졌다. 약한 네트워크의 구성원은 이질적이고, 개인은 탈권위주의·탈물질주의적 경향을 띠며 더 진보적인 태도를 취한다. 저자는 이러한 경향을 급격한 근대화 시기, 한국은 강한 유대 관계가 약한 유대 관계로 대체되는 변화를 함께 겪었고, 이러한 경향은 특히 교육받은 젊은 중산층에서 나타났다. 이러한 사실은 한국 사회가 폐쇄적인 전통적 친족 네트워크로부터 해방되고 편견이 감소하고, 보편주의적 태도가 확산되는 변화를 겪었다는 것을 의미한다.

한국 사회가 서서히 개방적·민주적·진보적으로 변하고 있는데도 에리히 프롬은 권위주의적 양심과 인본주의적 양심을 서로 동떨어진 개체이자 상호 배타적인 범주로 간주하라고 경고한다(프롬은 개인이 인본주의적 가치를 더 크게 받아들이면 권위주의는 감소하게 된다고 말한다). 실제로 모든 사람들은 두 가지의 양심을 모두 가지고 있으며, 여기서 에리히 프롬은 각각의 장점과 상호 관련성을 구분하는 것이 과제라고 주장한다(Fromm, 1947: 165). 따라서 서서히 전개되는 더 심오한 문명화 과정은 오래된 권위주의적 양심(신유교주의로 대표되는)과 새로운 인본주의적 양심(민주주의로 대표되는) 사이의 각각의 강점, 약점과 상호 관계에 대한 투쟁으로 이해될 수 있다. 이런 맥락에서 '경제적 민주화'는 인본주의적 양심의 힘이 커지는 현상으로 해석될 수 있다.

7. 재판받는 날: 일진

권위주의적 양심과 인본주의적 양심 사이의 투쟁은 학교폭력에 대한 국가의 대응에서도 나타난다. 학교폭력에 관한 다큐멘터리 〈학교의 눈물〉은 경상남도 도청 소재지인 창원에 있는 청소년 가정법원을 무대로 한다. 법정에 선 수많은 **일진**과 **짱**(학교폭력의 가해자)을 앞에 두고, 해설자는 시청자에게 묻는다. "어떻게 하다 이들은 **일진**과 **짱**이라고 불리게 되었을까요?" 그런 다음 학교폭력 사건을 맡고 있는 판사를 보여준다. 판사가 피고인 두 남학생에게 말한다. "헤어드라이어로 온몸을 묶어서 바다에 **빠뜨린다**고 위협하고, 돈을 상납하지 않는다고 때리고. 112회 1400만 원 가까이 갈취하고. 한 애를 이렇게 집중적으로 괴롭히면 그 아이는 자살 안 한 것이 참 다행이라고 할 정도예요."

뒤에 서 있던 두 피고 남학생들의 어머니가 "판사님, 한 번 봐주세요"라고 빌었다. 두 남학생들도 "판사님, 한 번만 용서해 주세요"라며 빌었다. 하지만 판사는 "안 돼, 안 바꿔줘. 바꿀 생각 없어. 빨리 돌아가"라고 답했다.

이어서 또 다른 사건의 재판 장면을 보여준다. 돈을 일곱 번 갈취하고, 피해자의 집에 들어가서 샤워하고 난 뒤 후드 티셔츠를 뺏고, 밤 11시에 피해자를 찾아가서 문에 걸려 있는 우유 통 안에 돈을 넣으라고 협박한 한 여학생의 사건이었다. 판사는 그녀의 잔인한 갈취 행위를 꾸짖었다. "죄송합니다. 이제 진짜 그런 일 없도록 할 것입니다"라고 여학생은 애원했다. 이에 판사는 "그 아이를 지긋지긋하게 괴롭힐 때 이렇게 될 줄 몰랐어?"라고 말한다.

다큐멘터리 해설자는 소년 법정에서 돌이킬 수 없는 잘못과 뒤늦은 후회로 눈물바다를 이룬다고 묘사한다. 많은 청소년들이 판사 앞에서 눈물을 흘리고 흐느낀다. 해설자는 이곳에서 목격한 가해자의 모습은 세상의 편견과 많이 달랐다고 한다. 다시 말해 대중은 그들을 '사회악'이자 '무자비한 냉혈한'으로 인식하지만, 법원에서 그들은 잘못된 행동에 대한 처벌을 기다리는 여느 아이들과 마찬가지로 울고 있었다.

"학교에서 중학교 다닐 때 **짱**이었네. 아이들 11명 상습적으로 폭행하고 또 돈을 뺏고 맞아?" "어떻게 해서 **짱**이 됐어?"라는 판사의 물음과 함께 다큐멘터리는 또 다른 사건을 보여준다. "제가 그때 또래 애들보다 덩치 있고 해서 그냥……"이라고 한 남학생이 답한다. 판사는 그 학생이 반장과 선도부였던 것을 예리하게 지적하며 학생의 말에 불쑥 끼어든다. 선도부는 교복이나 머리 스타일 등을 확인하며 교사들의 학생 감시를 보조한다. 그리고 학생들이 '규율을 지키지 않으면' 교사에게 즉시 보고한다. 전형적으로 선도부는 두 종류로 나뉜다. 하나는 친구들에게 '범생이'라고 불리는 부류다. 그들은 대개 독선적이고 다른 학생들보다 권위와 권력을 갖는 것에 즐거움을 느낀다. 다른 부류는 선도 역할과 그에 수반된 책임을 떠맡는 것을 원하지 않지만, 또래들 사이에서 권력과 권위가 있기 때문에 교사들의 요청으로 선도부가 된 부류다. 이런 학생들은 '노는 아이'라고 불리는데, 알다시피 이는 '비행청소년'을 묘사하는 다소 부정적인 용어다. 계급 서열에서 그들은 **일진**보다 한 단계 아래에 위치한다. 그래서 교사들은 '노는 아이들'을 좋아하는 편인데, 그 아이들은 학교가 학생을 통제하는 데 도움이 되기 때문이다. 예전에는 '범생이들'만 반장이나 선도부가 되었지만, 이제는 힘이 있거나 돈이 많거나 카리스마가 있거나 똑똑하거나 육체적으로 강하거나 단순히 **짱**인('쿨'한) 아이들이 친구들의 지지를 받는다. 또한 반장이나 선도부 선출 투표는 학기 초에 진행되기 때문에, 학생들과 담임교사들은 그 학생의 '어두운 면'을 모를 수도 있다(즉, 이는 그들의 권력과 권한을 사적이고 심지어 가학적인 이득을 위해 사용하는 것이라고 할 수 있다).

판사는 그 학생이 반장에다 선도부이고 하니까 권력을 등에 업고 학교폭력을 일으켰어도 학교에서 이 학생에게 못 대고, 손을 대려고 하지 않은 사실을 지적했다(반장 중 1명이 심각한 학교폭력에 연루되었다고 세상에 공개될 경우, 학교 측에서는 이로 인한 나쁜 평판을 피하고 싶기 때문이다). 판사는 '**짱**' 뒤에 앉은 아버지에게 "모르셨습니까?"라고 질문했다. 아버지는 조사받기 전까지 몰랐고 뼈저리게 반성하고 있다고 말하며, "한 번만 선처해 주십시오"라고 청원한다. 판사는 사건의 심각성을 인식하지 못하는 아버지에게 이렇게 말한다. "어른들 문화가 지금 아이들 학교 내에서 그대로 드러나 있습니다. 서열, 세력, 권력."

요컨대 판사는 학생들 사이의 사회적 관계가 어른들 세계에서 나타나는 관계에서 비롯되었다고 말했다. 여기서 우리는 EBS에서 방영한 학교폭력에 대한 또 다른 다큐멘터리를 언급하고자 한다. 학교폭력의 핵심을 짚기 위해, 다큐멘터리의 여섯 번째이자 마지막 회에서는 원제 '학교폭력'이라는 제목의 단어를 서로 바꾸어 '폭력학교'라고 칭한다. 이 제목의 다큐멘터리에서는 몇몇 부모와 교사가 모여 자신들의 생각과 행동에 대해 토론한다. 한 어머니는 아들이 어느 날 2명의 학우들이 싸우는 것을 목격했다고 말한다. 아들은 두 학생에게 똑같은 책임이 있다고 생각했지만, 교사는 두 학생 중 한 학생을 다른 학생보다 더 많이 꾸짖었다. 그래서 어머니는 교사도 인간인지라, 편애하는 학생들이 있을 것이라고 말했다고 한다. 어머니는 이어서 현재 교사들은 학창 시절에 공부 잘하는 모범생이고 칭찬받았을 것이기 때문에 '말을 안 듣거나 공부 안 하는' 학생들을 무슨 수로 이해하겠느냐고 지적했다. 한 남자 중학교 교사는 이렇게 이야기했다. "평생 우등생, 모범생이다가 교사가 돼서, …… 도대체 왜 숙제를 안 해오는지 이해할 수가 없다라는 얘기에 정말 마음이 많이 아팠죠. 숙제 안 해오는 걸 이해 못하면 이제 가출하는 건 어떻게 이해하실 거며 담배 피우는 건 어떻게 이해하실 거며 …… 앞으로 어떻게 이해하겠습니까?"

다른 어머니는 공교육 시스템을 신뢰할 수 없다고 말했다. 그녀는 일부 교사들이 자질이 부족하다고 생각하며, 그들이 학생들에게 매우 날카로운 명령조의 언어를 사용하는 것을 목격했다고 말했다. 그녀는 모든 교사가 권위주의자인 것은 아닐 테지만, 학생들이 학교에서 이런 대우를 받는다면 앞으로 그들보다 높은 지위로 이래라저래라 명령하는 사람들 앞에서 학생들 마음에는 항상 분노가 쌓일 것이라고 지적했다. 여기에는 그들이 명령하는 사람의 행동을 바꾸거나 그에 대적할 수는 없기 때문에 언젠가는 이렇게 쌓인 화가 폭발할 수도 있다는 우려가 담겨 있었다.

한 아버지는 어느 학부모의 얘기를 들려주었다. 어느 날 한 학부모가 아이의 학교에 갔는데 엘리베이터에서 한 사람과 마주쳤는데, 그가 "어떻게 학교에 왔어"라고 반말로 물었다고 한다. 하대를 당했다는 생각에 기분이 상해 누구신지 묻자, 그 사람은 "아니, 학부모라는 사람이 교장도 못 알아봐"라고 답했다는 것이다. 이렇게 생긴 갈등은 아무리 학부모가 교장의 (무례한) 행동에 대해 교과부에 얘기해 봐야 자신에게 돌아오는 것은 주의나 경고 정도라는 교장의 말이 끝나고 격화됐다. 그러면서 교장은 협박조로 앞으로 학부모의 자녀가 3년간 '자신의' 학교에 계속 다닐 것이니, 이 사건을 없던 것으로 하라고 '권고'했다. 이 사례의 주인공인 아버지는 학교는 학교폭력을 숨기려고 하며, 학교에서는 단순히 폭력이 일어나기만 하는 것이 아니라 학교가 폭력을 조장하는 측면이 있다고 말했다. "저는 용어 자체가 잘못되었단 생각을 하는 게요, …… '학교폭력'이러면 …… 학교는 온전히 있는데 그 안에 나쁜 아이들이 몇이 있고, 걔들이 나쁜 짓을 하는 거야. 이렇게 생각하는 사람이 많으세요"(그의 말에 의하면 '폭력학교'라는 용어가 '학교폭력'보다 더 적합하다).

한편, 많은 여성 교사들은 학부모들의 (무례하고 공격적인) 행동에 비추어 자신들을 변호하려고 한다. 한 교사는 학부모에게 욕설을 들으며 공격을 당했는데, 심지어 이전에 들어본 적도 없는 욕설이었다고 한다. 학부모의 괴롭힘으로 교사들은 병가를 내고 심리치료를 받았다. 또 다른 교사는 교내에 큰 폭력 사건이 발생한 뒤 학교 측이 이 문제를 다루기 위해 새로운 폭력대책위원회를 만들려 하자, 자녀의 생활기록부에 폭력 사실이 남기 원하지 않는 학부모와 충돌하는 일이 있었다고 전했다. 학부모는 이 사건을 공개하지 않기를 원한 것이다. 자녀들 앞에서 어머니들은 위원회를 만들면 교사들을 모조리 민원을 넣을 것이라고 협박했다. 교사는 큰 목소리를 내는 학부모를 상대로 이길 수 있는 학교는 결코 많지 않다고 봤다. 또한 일부 교사는 이런 행동이 학생들이 부모를 보면서 남을 괴롭히는 방법을 배운 결과라고 생각하기도 했다. 일부 교사들의 관점에서는, 일부 부모는 교사와 부모 양측이 자녀를 양육하는 '동료'임을 깨닫지 못해, 자녀가 가정에서 나쁜 태도를 보일 때 교사를 탓하기만 한다(책임 회피). 한 남교사는 대부분의 한국인에게는 학교에 대한 부정적인 기억이 있으며, 이런 연유로 아마 학교와 교사에 대해 부정적인 견해를 가진 학부모가 많을 것이라고 말하면서 부모의 행동을 방어하거나 상황을 이해하려는 듯했다.

다큐멘터리는 이어서 학생들의 입장을 들어보았다. 한 학생은 학부모들이 교사보다 위에 있는 것처럼 보인다고 말하며, 그 모습은 왜곡된 피라미드(혹은 계층구조) 형태로 나타난다고 덧붙였다. 교사는 본래 피라미드의 꼭대기에 위치해야 하고, 중간에 학부모, 그 아래에 학생이 있어야 하는데, 실제로는 순서가 바뀌었을 뿐만 아니라 오히려 학부모가 피라미드의 제일 꼭대기에 위치할 때가 많고 어떤 경우에는 교사가 제일 밑에 위치하는 추세라고도 했다. 한 여학생은 도대체 왜 피라미드가 필요한지 의문을 던지며, 그 피라미드 자체가 모든 고통을 초래하는 것일 수 있다고 강조했다. 이어서 여학생은 "다른 형태가 있지 않을까?"라고 물었다.

교사가 학교폭력을 다룰 때, (왜곡된 피라미드 내에서) 학부모라는 장애물을 넘어야 한다는 점은 다큐멘터리의 이전 에피소드에 생생하게 묘사되어 있다. 전라북도의 한 중학교에 근무하는 S 교사는 법에 따라 학교폭력 관련 사건에 대처하는 과정에서 직위 해제되었다. 방과 후 활동 도중 한 교사가 S 교사에게 보여준 휴대폰 영상에는 두 학생이 다른 학생의 코에 휴지를 마구 넣는 모습이 담겨 있었다. S 교사는 이를 보고만 있을 수 없어서, 두 학생의 행동에 대해 피해자가 증언하도록 했다. 그 결과 강력 본드를 의자에 뿌린 후 피해자가 앉도록 강요하고, 피해 학생을 때리고 흉기로 위협하고, 심지어는 피해 학생에게 자신의 바지에 손을 넣도록 강요해 성적 수치심을 주는 등 더욱 심각한 폭력 행위가 드러났다. S 교사가 보았을 때 피해 학생은 인격체가 아닌 '장난감' 취급을, 실제로는 장난감보다 못한 단순한 '폐기물'로 취급당하는 수준이었다. 왜냐하면 장난감은 소중하게라도 다루기 때문이다.

S 교사는 학교폭력의 증거로 영상을 제출하며 학교 측에 학교폭력대책위를 열 것을 촉구했다. 그러나 기다리고 기다렸지만 학교 측에서는 아무런 대책위도 구성하지 않았다. 보다 못한 교사는 직접 교감에게 가서 대책위에 관해 문의했다. 고발된 학생들이 교감에게 자신들은 그저 "장난으로" 그런 행동을 한 것이라고 말한 후, 교감은 학생들에게 빼앗았던 휴대폰을 돌려주어 영상이 지워졌다. S 교사는 동료 교사들에게 "당신들 자식 같았으면 덮었을 것이냐?"라고 호소하고, 학교폭력 은폐 사실을 폭

로하며 해결을 촉구했다. 그러나 가해학생 부모들은 그를 '문제 교사'로 몰아붙였고, S 교사가 무릎 꿇고 사죄하지 않으면 파면시키겠다고 협박했다. S 교사는 상황이 완전히 거꾸로 되었다고 지적했다. 만약 피해 학생 부모가 와서 자신의 자녀가 괴롭힘을 당하는 것을 막지 못했으니 무릎 꿇고 사죄하라고 요구했다면 기꺼이 그렇게 했을 것이라고 말했다. 하지만 가해 학생 부모가 그를 협박하는 것은 주객이 전도된 것일 뿐 아니라, 도덕적으로 부끄러운 일이라고 덧붙였다.

비밀 엄수, 품위 유지 등의 의무를 어겼다는 명목으로 교육청은 S 교사는 직위 해제와 감봉 조치를 받았다. 그에게 내려진 터무니없는 처벌에 불만을 제기한 졸업생들과 학부모들이 인터넷의 도움을 받아 S 교사에 대한 징계 처리를 철회하도록 했다(이 과정에서 S 교사는 체중이 20kg나 빠졌다). 이후에 소청심사위원회에서는 S 교사의 행동이 실제로 학교폭력을 예방하는 데 도움이 되었다고 인정했다. 복직한 S 교사는 학교폭력 사건은 학교에 맡겨서는 안 된다고 결론을 내렸다. 가해자와 피해자가 모두 제자이므로 교사는 그것을 객관적으로 다룰 수 없다고 말했다. 게다가 학교 당국은 학교가 지켜야 할 '명예'가 있다고 주장하며 폭력을 은폐하려고 한다. 그는 학교의 명예보다 학생의 생명이 중요하기 때문에 학교폭력 사건을 해결하기 위한 제3자 단체 활동을 지지하게 되었다고 말했다.

다큐멘터리는 다시 창원 법원으로 돌아가, 또 다른 사건을 보여준다. 판사가 한 여학생에게 묻는다. "성적이 몇 등이야?" 여학생이 "전교 9등이요"라고 답한다. 판사가 "이렇게 공부 잘하는 아이가 왜 불쌍한 애들 돈을 뺏어?"라고 되물었다. 그러자 여학생은 "3학년 언니가 돈 달라고 그래서"라고 답했다. "네 돈 주면 되지, 왜 남의 돈을 뺏어주나. 공부만 잘하면 되나?"라고 판사는 호통쳤다. 이어서 판사는 여학생의 어머니에게 이 사태에 대해 이야기를 해보라고 했다. 그러자 어머니는 그녀의 딸이 이런 행위가 나쁜 행동인지 모르고 그런 것이라고 답했다. 그러자 판사는 남의 돈을 뺏는 것이 나쁜 행동인지 모른다는 것이 말이 안 된다고 말하며 여학생은 그 행위가 나쁘다는 것을 **알면서도** 행한 것임을 분명히 했다. 판사는 이어서 학교폭력 문제를 해결할 수 있는 **다 아는데 왜 그렇게 해야 하는지** 그게 핵심이라고 말한다. 판사가 보기에 여학생은 자신의 행동이 부도덕하다는 것을 인지하고 있었기에 그녀를 단순히 '도덕관념이 없거나' '비도덕적'(도덕성의 결여)인 사람이라고 말할 수 없다는 것이다. 오히려 여학생은 윗사람의 말을 잘 듣는("언니가 시켜서") 도덕적 행위자로서 도덕적 행위가 비행에 미치는 통제 효과를 '중화' 혹은 '유예'시킬 수 있었다(Sykes and Matza, 1957: 664~670). 판사는 이어 어머니가 아이를 옹호하는 식으로 반응하면, 여학생이 향후 다시 '언니들' 같은 존재를 만났을 때 같은 비행을 반복할 것이라고 지적했다. 그러자 어머니는 자식 교육을 잘못 시켰다고 뉘우쳤다.

판사는 최근 법정에서 다뤄지는 새로운 유형의 학교폭력은 종전의 청소년범죄와는 다른 성격의 것들이 많다고 말한다. 결손가정에서 자라고 성적도 낮은 청소년들이 저질렀던 '종전의' 청소년 비행과는 달리, 최근 일부 경우에는 '건강한' 가정 출신의 성적이 높은(적어도 평균 이상의) 청소년들이 문제를 일으키는 경우가 많다고 한다. 판사는 이런 경우에는 **권력, 위신, 부와 권위**가 폭력의 중요한 요소임을 지적한다(다음 장에서는 이러한 요소가 전부는 아니더라도 대부분의 경우 중요하다는 점을 논의한다). 이런 점은 판사의 집무실로 계속 전달되는 탄원서를 통해 드러나고 있다. 탄원서에는 주로 **선처**를 부탁하는 내용이 적혀 있다. 자주 등장하는 내용은 다음과 같다. '피고인에 대한 지지를 나타내는 동급생의 자필 편지, 좋은 성적과 원만한 학교생활을 보여주는 성적표, (심지어) 외국 인턴십 합격 통지서. 이러한 탄원서가 판사에게 전달하고자 하는 메시지는 가해자가 밝은 미래를 가진 선량한 호감형 학생이며, 따라서 처벌은 이

렇듯 본래 훌륭한 아이의 미래를 망칠 가능성이 있다는 것이다.'

J이라는 남학생의 경우를 보자. 생활기록부나 성적은 우수했지만 그는 감금치상으로 기소되었다. 그는 한 남학생을 여관방에 감금했고, 그동안 자신은 등교를 했다. 저녁이면 여관방으로 돌아가서는 그 남학생을 심하게 폭행했다. 피해 학생을 찍은 사진에는 얼굴에 크게 남은 붉은 흉터와 온몸에 멍이 든 모습이 있었다. 사건을 담당한 경찰은 도대체 가해 학생이 어떤 마음으로 피해자를 그렇게 악랄하게 폭행했는지 모르겠다고 말했다. 경찰은 수년간 일하면서 이런 식으로 심하게 폭행당한 것을 처음 본다고 밝혔다. 경찰의 말대로라면, 그 경찰들은 4명의 동급생들과 3명의 남성이 15세 여학생 1명을 모텔에 감금해 성매매에 넘긴 사건을 들은 적이 없다는 것을 짐작할 수 있다. 그들은 반복적으로 여학생을 때리고, 끓는 물을 붓고, 많은 양의 술을 마시게 하고, 그녀 자신의 토사물을 먹게 했다. 여학생이 쓰러져 죽자, 이들은 여학생의 얼굴에 휘발유를 부어 불을 붙인 후 시체 위에 시멘트를 뿌려 도시에서 멀리 떨어진 곳에 버렸다(Kim, Tong-hyung, 2014a)(J의 범행을 다룬 EBS 다큐멘터리 〈학교폭력〉은 2013년에 방영되었고, 여고생 살인사건은 2014년 5월에 일어났다 — 옮긴이).

학교에서 J는 모범생으로 알려져 있었다. 그의 학교 교사가 인터뷰를 통해 묘사한 J의 모습은 충격적이었다. 그는 영어를 아주 잘하고 호주와 미국을 방문하며 미래의 해외 생활을 꿈꿨다. 학교 생활기록부에 적힌 그의 성격은 '순하며', '내성적'이었다. 학교에서 문제를 일으켰다는 기록은 단 한 번도 없었다. 그의 어머니 또한 해물탕 가게를 운영하며 근면 성실하게 사는 사람이었다. 주목할 것은 다큐멘터리에서 아버지의 존재에 대한 언급이 없었다는 점이다(다큐멘터리는 중요한 요소일 수 있는 이 부분을 전혀 강조하지 않았다). 그의 어머니는 이 사건과 외아들의 구속 소식에 충격을 받았다. 그녀는 마치 하늘이 무너지는 기분을 느꼈다. 여지없이 어머니는 청소년 법원의 선처를 기도하며 자녀가 학교로 돌아갈 수 있기를 바랐다.

아이에게는 학교에서 말해주지 않았던 비밀이 하나 있었다. J가 예전에 왕따를 당했고 심각한 폭력을 당한 사실이 밝혀졌다. 일례로 J가 문을 열지 않자, J를 괴롭혔던 학생들 중 1명이 가스배관을 타고 그가 거주하는 아파트로 들어온 일이 있었다. 중학교 시절에는 열몇 명의 학생들에게 집단 구타를 당하고, 집에 피투성이가 되어 돌아온 적도 있었다. 이를 지켜본 J의 어머니는 무슨 일이 있어도 자신이 책임질 테니 두드려 패라고 했다. 그러나 당시 J는 맞는 것이 얼마나 아픈지 알기에 "엄마 그거 맞으면 아프잖아"라고 했다고 한다. 하지만 고등학교에 들어간 그는 잔인하고 가학적으로 한 학생을 고문했다. J의 사건은 전형적인 가해자-피해자 이중 경험의 사례를 보여준다.

재판은 두 달 동안 계속되었고, 그사이 어머니는 피해 학생을 찾아가서 아들을 대신해 용서를 빌었다. 피해자에게 합의도 받았다. 어머니는 이 합의로 아들이 감옥에 가지 않아도 될 것이라고 믿었다. 또한 어머니는 졸업에 필요한 시험을 치르지 못하고, 학교에 등교도 못하는 아들의 미래를 걱정해 판사에게 면담을 요청했다. 어머니는 아들이 처벌받아야 한다는 데 동의하면서도 아들의 미래가 구만리 같다는 것을 강조했다. 그러자 판사는 J가 시험을 볼 수 있게 돕는 데까지는 돕겠지만 이후 엄벌할 때는 엄벌을 하겠다고 말했다.

한편 J는 고등학교 시절의 유일한 친구로 H를 꼽았으며, H가 자신의 반쪽 같은 존재였고 자신을 위해 늦은 밤에도 달려와 주었다고 말하면서, 필요할 때 늘 도와주는 H에게 크게 의지했었다고 털어놓았다. 하지만 그들의 우정은 H가 아버지의 돈을 훔치면서 깨졌다. H는 아버지에게 핑계를 대기 위해 J가 시켜서 강제로 돈을 훔쳤다는 식으로 이야기했다고 한다. 제일 의지했던 친구와의 우정이 돈 때문에 깨질 거라는 사실에 배신감을 느낀 J는 화가 났다. 그는 너무 화가 나서 H를 어떻게 때렸는지

조차 기억할 수 없었다(H가 피해자인지는 명확하지 않다).

다큐멘터리는 J와 그의 어머니가 시험을 볼 수 있기를 희망하며 학교로 향하는 모습을 보여준다. 그러나 교사는 이것이 너무 큰 사건이기에 J에게 자퇴를 권했다(퇴학당하기 전에 제 발로 나가라는 의미였다). 학교 운동장을 떠나며 카메라 감독은 J를 향해 왜 교사에게 왜 매달리지 않았는지 물었다. J는 매달리고 싶었지만 자신으로 인해 많은 사람들이 힘들어하는 보이는 게 싫어서 그러지 않았다고 답했다. 카메라 감독은 혹시 학교에 섭섭한 것이 없는지 질문했다. 그는 자신이 잘못한 것이기 때문에 학교에 섭섭한 것은 없다고 하면서, 자신의 잘못이 얼마나 큰지 이제 실감이 난다고 덧붙였다. 해설자는 시청자에게 J가 학교폭력의 피해자였지만 현재는 더 끔찍한 폭력의 가해자가 되어 학교를 떠나야 했다는 점을 상기시켰다.

재판 마지막 날에 J는 하교 후 집에 오면 그는 늘 혼자였다고 말했다. 또한 그는 지속적으로 급우들에게 왕따를 당했고 의지할 수 있는 친구가 없었다고 말했다. 판사는 그가 왕따를 당하는 이유가 무엇이라고 생각하는지 물었다. 그는 자신의 성격이 내성적이라서, 친구들과 친해지고 싶어도 말을 먼저 못 거는 편이라고 밝혔다. 여기서 우리는 3장에서 언급한, 학교폭력에 관한 다른 다큐멘터리를 떠올릴 수 있다. 3장에서는 **자유롭고 진취적인 영혼**이 친구들 사이에서 인기를 획득하는 데 중요한 요소임을 밝혔다. 이 자유롭고 진취적인 영혼의 속성 중 하나는 다른 사람들과 대화를 먼저 시작할 수 있는 자신감이다. 상대방이 '어색한 분위기를 깨'는 어려운 책임을 지지 않아도 되기 때문에, 이는 매우 중요한 요소로 여겨진다. 내향성 때문에 그는 쉽게 폭력의 타깃이 되어, 학우들은 그를 막 때리고 돈을 빌려가서 갚지도 않았다. 판사는 왜 교사에게 도움을 구하지 않았느냐고 물었다. 그러자 J는 담임교사에게 이야기를 해봤으나, 돌아오는 것은 오히려 나무람뿐이었다고 했다. 판사는 이 진술에 대해

(뒤에 앉아 있는) 교사에게 물었다. 교사는 J를 괴롭힌 학생들을 불러 왜 괴롭혔는지 물었지만 별 뜻 없이 했다는 답을 들었다고 말했다. 교사는 학생들을 몇 번 제재하기도 했다고 하면서, 요즘 아이들이 교묘하게 애를 괴롭히다 보니까 일부러 화나게 만들어 그걸 보고 희희낙락거리는 식이라고 덧붙였다.

교사뿐만 아니라 J를 돕지 못한 것은 어머니도 마찬가지였다. 그가 괴롭힘을 당했을 때 그의 어머니는 그에게 "네가 잘하지"라고만 했다. 심지어 어머니는 술에 취해 귀가할 때는 화를 내며 J를 때리고 "너하고 나하고 그냥 죽자"라고 이야기하기도 했다. 판사가 어머니에게 왜 때렸는지 묻자 어머니는 간단하게 "제 잘못입니다"라고만 답했다. 판사는 어머니에게 '네 마음 이해 못한 것을 용서하라'고 10번 말하도록 했다. 그녀는 무릎을 꿇고 아들에게 사과했다. 그녀는 판결 이후 아들을 잘 책임지겠다고 판사에게 약속하며 선처를 부탁한다고 빌었다. 또한 그녀는 아들이 그렇게 깊은 마음의 상처를 안고 있는 줄 몰랐다고 말했다. 아들은 반복적으로 어머니에게 사랑한다고 말했다. 아버지에 대한 언급은 여전히 없었다.

해설자는 자신에 대해 누구와도 이야기할 수 없던 아이가 법정에서 처음 자신의 이야기를 털어놓고 목 놓아 울 수 있었다고 말했다. 판사는 처음에는 실형까지도 고려했지만, 결국 6개월 소년원 송치를 선고했다. 판사는 학교폭력의 1차적 책임은 아이들에게 있는 것이 아니라 사회가 만들어낸 것이라고 결론 내린다. 판사는 "이 아이들 둘(가해자와 피해자) 다 대한민국의 소년들 아닙니까?"라는 질문을 던지며, 이 학교폭력 문제를 좀 더 폭넓은 문화적 맥락에서 파악한다. 이어서 해설자는 처음부터 일진이나 왕따로 태어나는 아이는 없다고 강조한다. 하지만 어른의 시야에서 벗어난 세계가 교실이라는 '링' 안에서 펼쳐지고 있다. 그리고 이 전쟁터 같은 공간에서 아이들은 서로에게 상처를 입히며 아파한다.

다큐멘터리의 끝자락에서는 '청소년폭력예방재단'에서 실시한 연구 결과 통계를 보여주는데, 해당 통계에는 31%의 학교폭력 피해자가 자살을 생각해 보았다는 내용이 포함되어 있다. 또한 한 교수의 연구 결과에 따르면, 44%의 가해자에게는 피해자 경험이 있었다. 두 통계를 종합해 해설자는 따돌림을 경험한 일부 피해자들은 자살을 생각하고, 다른 일부는 분노를 통제하지 못하고 결국 이후에 가해자로 변한다고 말한다. 다큐멘터리는 마지막에 링 안에서 싸우는 두 소년을 비춘다. 이 장면의 메시지는 끝없는 시소 같은 전투에 그 어떤 승자도 없다는 것일 것이다.

8. 어두운 나날들: 왕따

"왜 괴롭혔니?" 한 여학생이 질문을 받았다. "그냥 재수 없게 굴었다니까요."[13]

"왜 괴롭혔니?" 한 남학생이 질문을 받았다. "그냥요."

"왜 괴롭힘을 당했니?" 몇몇의 피해 학생들에게 물었다. 한 남학생은 자신의 이름 때문에 괴롭힘을 당했다고 했다. 한 여학생은 "반찬을 밥이랑 비벼서 먹었대요. 비빔밥을 되게 좋아하거든요"라고 답했다. "그게 무슨 특별한 일이라고" 그녀는 말한다. 다른 남학생은 그가 중국에서 왔기 때문에 괴롭힘을 당했다고 한다. 4학년 때 반 친구들이 그를 '짱깨'라고 불렀다. 그는 "기분 되게 나쁘죠. 한국에 괜히 왔다는 생각도 하고요"라고 심정을 토로했다. 한 피해 학생의 어머니는 자신이 종신형을 받은 것이나 다름없다고 말했다.

따돌림을 겪은 자녀와의 삶을 이야기하면서, 한 어머니는 그의 아들을 '마음속에 공포와 분노가 있는' 시한폭탄과 같다고 했다. 화가 나면 걷잡을 수 없이 난폭해진다. 폭발을 할 때면, 아이는 매우 폭력적으로 변한다. 물론 왕따를 당하기 전에는 이렇지 않았다. 어머니는 아들이 어느 순간 폭발할 수 있다는 걱정 때문에 항상 조심조심 아이의 기분을 맞춰준다. 그렇지 않으면, 자기도 모르게 은연중에 아들의 폭탄을 점화할 수 있기 때문이다. 아들의 폭발적인 성격 때문에 어디로도 일을 못 나간다고 말하자 아들은 "지금 나 비난하는 거잖아"라고 말한다. 그는 자신에 관한 거라면 사소한 거라도 예민하게 굴 정도로 피해의식이 강하다. 거리에서도 '저 사람이 왜 날 째려보냐?'라는 생각을 하며 피해망상증과 불안에 늘 시달린다. 그는 20세 나이에 어울리지 않게 퇴행 행동을 하기도 한다. 5년간 어머니는 "낫겠죠, 낫겠죠" 하며 스스로를 위로했지만, 아들은 당시의 악몽에서 벗어나지 못했다. 지금 그는 담배를 피운다. 제주도에서 4개월간 병원 생활을 한 이후 서울로 올라와 6개월 치료를 받는 동안 많이 힘들었다고 한다. 그는 결국 외상후스트레스장애(PTSD)로 진단받았다. 그에게 어떤 때가 가장 힘드냐고 물었더니 **"왕따요"**라고 답했다.

그는 동급생에게 집단폭행과 집단 성추행을 당했다. 공포에 억눌려 저항할 수 없었고, "울면 안 돼, 울면 안 돼"라고 중얼거리며 분노를 삭였다. 그는 폭력에서 벗어나기 위해 담임교사에게 여러 번 편지를 썼지만, 번번이 묵살당했다고 한다. 성적 괴롭힘도 당한 수치심 때문에 어머니에게 그 사실을 모두 말하지도 못했다. 그의 어머니는 아들이 자존심, 열등감, 수치심으로 인해 자신에게 말을 못했을 것이라고 생각한다. 안타깝게도 그의 아버지는 아들이 괴롭힘을 당하고 있다는 사실을 안 지 얼마 되지 않아 세상을 떠났다. 아버지의 갑작스러운 죽음은 '충격'에서 비롯되었다(아버지는 사망한 것이 아니라 뇌출혈로 쓰러졌다고 한다 - 옮긴이). 그는 왕따 당한 기억 속에서 빠져나왔으면 좋겠다고 했다.

"왼쪽 어깨 시리고, 숨쉬기가 힘들어. 일단 이렇게 맞았다고 쳐"라고 17세의 Y는 카카오톡 그룹 채팅방에 메시지를 남겼다. 채팅방에 있는 21명의 친구들 중 1명이 위로했다. "솔직히 저렇게 끌려가서 맞아본 적까지는 없어서 공감을 할 수가 없다." Y가 이렇게 말을 이었다. "근데 그 새끼들이 때리고 말 꺼내는 거지."

이 사건에 투입된 경찰은 Y가 중학교 2학년 이후 계속 괴롭힘을 당했다고 말했다. 고등학교에 입학한 후에도 이전에 그를 괴롭혔던 아이들과 같은 반에 배정이 되면서 괴롭힘이 계속된 것이다. 9명의 남학생이 Y의 별명으로 부르거나 고의로 몸을 부딪치는 일로 시작해 집단 폭행으로 확대되었다. 그들은 Y를 화장실로 데려가 폭행했다. Y는 학교가 지옥이 되어버린 현실을 맞닥뜨렸다. 세상이 암흑이 된 것이다. 그들에게서 벗어날 방법은 없다고 생각했다. 2012년 9월 18일 Y가 죽기 전 녹화한 동영상에서 그는 이렇게 말했다.

나는 이제 원망하고 싶은 애들도 없고
이렇게 굴레 속에서 살기도 싫고
나는 조용히 갈 테니까
슬퍼하지 마시고, 내 그만 간다 애들아

다큐멘터리에서는 Y의 부모가 집으로 돌아오는 모습을 보여준다. 아파트 밖에서 영준의 어머니는 아들이 사망한 장소를 보지 않기 위해 남편 뒤로 숨었다. 집에서 그녀는 아들의 교복 단추를 꽉 부여잡고 통곡했다. 영준의 물건을 아직 하나도 버릴 수 없었기에, 영준의 방에는 아직 그가 쓰던 물건들이 고스란히 남아 있었다. 영준의 여동생 또한 충격에 빠져 집을 떠나 외갓집에서 살고 있다. 어머니는 "평소처럼 똑같이, 똑같이 행동했어요"라고 회상했다. 아빠는 "아침에 태워다 줬어요, 그런데도 아이가 '아빠, 다녀온다'고 웃으면서 갔다 왔거든요"라고 말했다.

다큐멘터리는 이어서 S 씨와 관련된 사례를 보여준다. S 씨는 '학교폭력피해자가족협의회'의 대표로서, 딸의 사건을 해결하기 위해 이 일에 뛰어들었다. 2000년 S 씨의 딸은 심하게 폭행당해 코뼈가 부러지고 정상적으로 걷는 것이 힘들 정도였다. 딸의 사건은 그해 가장 화제가 된 10대 뉴스로 선정될 정도였다. 아무도 해결하려고 하지 않는 사건에 어머니가 나서자 언론의 관심을 받기 시작했다. 학교폭력 문제의 근본 원인을 찾기 위해 그녀는 자신이 운영하던 음식점까지 그만두었고, 사건을 해결하는 과정에서 파산 선고까지 받아 온 가족이 힘들어하기도 했다.

어느 날은 정말 죽으려고 마음을 먹었어요. 집 정리를 다하고 딸아이 머리를 빗기고 있는데 아이가 쳐다보면서 그 얘기를 하더라고요. "다음 세상에 태어날 적에는 엄마가 자식으로 태어나라"고 그러더라고요. 그래서 나중에 자기 속을 되게 많이 썩이래요. 그래서 자기가 다 갚아주겠다고, 받아주겠다고. 미안하단 얘기를 하더라고요.

S 씨가 개인적인 경험을 통해 알게 된 것은, 학교폭력 사건이 발생했을 때 피해자 가족은 피해 학생의 치유에 집중하기보다는 사건을 해결하는 데 힘을 쓴다는 점이다. 그래서 평생을 고통 속에 살아가면서 온 가족이 붕괴된다는 것이다. 그래서 그녀는 치유가 필요한 사람은 피해 학생뿐만 아니라 피해 학생의 가족 모두라고 생각한다고 했다. 피해 학생의 학부모가 겪는 아픔을 잘 알고, 피해자 부모끼리 만나서 교류를 하면 서로 위로가 되고 도움이 된다는 것을 알기에 그녀는 협의회를 만들었다. 협의회에서 이뤄지는 상호 지원의 일부 형태로는 가해자 가족, 학교, 지방 교육청, 정부에 맞서 싸우는 것이 있다. 대중의 관심을 받는 학교폭력 사례가 있을 때마다, S 씨는 희생자의 가족에게 달려가 지원한다. S 씨는 Y 어머니를 만나 위로한 후 승윤 부모님과의 만남 자리를 마련해 주었다. 서로 만난 자리에서 Y의 어머니는 승윤 부모에게 말했다. "현장에서 제가 119 올 때까지 그 자리에 있었잖아요. 그 순간 (Y가) 어땠을까부터 시작

해서 …… 그렇게 있었던 걸 또 느끼고 싶지는 않아요."

　Y의 어머니는 집에 들어갈 때마다, 숨을 쉬지 않는 아이를 붙잡은 순간을 계속 떠올리며 늘 고통스러워한다고 말했다. 그녀는 또한 슬퍼하는 자신을 의젓하게 위로하는 Y의 여동생을 걱정했다. 하지만 어머니는 자신의 딸이 겉으로 보이는 것처럼 강하지 않다는 것을 알고 있었다. 어머니는 딸이 무너질까 봐 걱정했다. 승윤의 어머니는 그 고통을 잘 알기에, 승윤의 죽음으로 힘들어하는 승윤이 형의 이야기를 꺼냈다. 또한 승윤의 어머니는 법정에서 자신의 가족이 승윤의 친구들에게 증언을 부탁했음에도 친구들의 부모가 허락하지 않아 증언을 받지 못했던 경험을 말하며 Y의 재판도 그럴 가능성을 염두에 두어야 한다고 조언하면서 사건의 해결은 길고 힘든 여정이라고 덧붙였다. 앞으로 난관들이 많을 것이기에 승윤의 어머니는 Y의 어머니에게 집에 들어갈 때 느끼는 두려움을 극복해 보라고 권했다. 이렇듯 다른 피해 학생 어머니들의 도움을 통해 Y의 어머니는 많은 난관 중 하나를 극복했다.

　S 씨와 학교폭력피해자가족협의회의 몇몇 회원들은 이후 국회 간담회에서 교육과학기술위원회 관계자들을 만나 그들이 느끼는 부당함과 사회의 방임에 불만을 표출했다. 피해자 가족의 도와달라는 요청을 무시하는 사회에서 그들이 얼마나 고통받고 있는지 전달하려고 한 것이다. S 씨는 위원회 관계자들에게 다음과 같이 말했다.

　애들 몇 명 죽으면 돼요? 애들 100명이요? 피해 학생 100명? 100명만 죽으면 돼요? 그러면 나도 따라서 같이 죽을게요. 맨날 이렇게 언론에서 사진 찍고 피해자들이 나와서 한두 번 울고 뒹굴고 그것으로 끝내지 말고 제발 우리 더 이상은 피해자가 죽지 않게 해달란 말이에요! 우리 자식들 좀 …… 다 우리 자식들 문제인데. 이제는 그만 죽게 하자고요! 하루라도 편히 살았으면 좋겠어요. 우리 너무 아파요. …… 우리 부모님들, 우리다 같이 자식 키우는 부모잖아요. 우리 입장 좀 한번 생각해 주세요.

다른 어머니가 정치인들에게 호소했다. "오늘은 학교 가서 별일 없길, 제가 아이 몸을 살피지 않게 도와주시고요. 아이 카톡 확인하지 않게 도와주시고요." 다른 피해자의 어머니도 말을 이었다. "가해자들보다 사실상 더 무서운 것이 가해자 부모예요. 저는 아직까지 가해자 부모에게서 미안하다는 사과 못 들었습니다." 또 다른 어머니는 이렇게 말했다. "그때 교사들이 장례식장까지 와서 진을 쳤어요. 화장실까지 다 따라와서 아이들 입막음하고……. 뭐 하나라도 얘기해 주는 애한테 '너 때문에 재조사 들어간다', '내가 아무 말이나 하지 말랬지'……."

이를 듣고 한 정치인이 말했다. "저희가 제대로 일을 못해서 이렇게 되지 않았는가." 다른 정치인이 덧붙였다. "학교 측에서는 사건이 일어나면 이것이 축소되도록, 확대되지 않도록 하려고 은폐하거나 축소시키려 하고, 경찰은 학생 일이다, 청소년 일이라고 해서 철저한 수사를 안 하려고 한다, 경향이 있다는 걸 다시 한번 확인했고, 이런 것들은 결국 우리 사회가 청소년이나 학생의 인권을 소홀히 하고 있다." 끝으로 다큐멘터리의 해설자는 묻는다. "피해 학생들을 위한 대한민국의 정의는 도대체 어디 있는 걸까요?"

6장

여파-피해 학교폭력 가해자들의 발달 과정

K팝 보이그룹 'B.A.P(Best Absolute Perfect)'는 그들의 과격함과 나쁜 남자 콘셉트를 과시하기 위한 방법으로 2013년 「배드맨(Badman)」이라는 곡을 발표했다. 그 곡의 일부 가사는 다음과 같다.

어둠 속에 너를 가둬줄게
겁에 질린 모습을 봐
I'm a badman[1)]

나는 이 곡을 서울소년원에 있는 12명의 남학생들에게 들려주었고, 그 아이들은 일제히 이 노래를 "끝내준다"라고 표현했다. 이 남학생들과 교정 시설에서 지내고 있는 마음이(별명)는 「내 마음」이라는 제목의 시를 썼다.

마음은 꽃이다
꽃이 활짝 피면 마음이 환해지고

꽃이 지면 마음도 시든다

때때로 누군가 꽃을 꺾으면

마음속에서 불이 치솟는다

강물 속에 무서운 물고기가

숨어 있듯이

내 마음속에는 분노가 숨어 있다

바다에 태풍이 불 때처럼

내 마음에 바람이 불면

자꾸 마음에 신경이 쓰인다

이 장에서는 학교폭력 가해 학생 20명의 삶과 정신을 깊이 알아감으로써, 작은 열쇠로 큰 문을 열 수 있음을 보여준다(Ash, 1998). 더욱 큰 공간 또는 삶의 세계에 대해 이해하는 방법으로, 71명의 가족, 동료 수감자들, 20개의 사건 파일은 한국의 청소년 폭력과, 더욱 중요하게는 이른바 '나쁜 남자(badman)' 그리고 '나쁜 여자(badwoman)'의 탄생을 이해할 수 있게 도와줄 것이다. 사건 파일의 해석을 돕기 위해, 셸던 글릭 (Sheldon Glueck)과 엘리너 글릭(Eleanor Glueck), 제럴드 패터슨(Gerald Patterson)과 데이비드 패링턴의 선구적이고 영향력 있는 연구인 발달범죄학 이론이 사용되었다. 사건 파일 자료 사용의 이점과 한계는 (모순적인) 동일한 개인을 포함해 해당 파일 내에 다양하면서도 경쟁적이고 종종 이기적인 의견이 존재한다는 것이다. 반면 이 책에 포함된 조사 자료에서 확인할 수 있듯이, 설문은 종종 오직 하나의 관점이나 견해만을 평가한다(Maltz and Mullany, 2000: 255~281).

이 장 제목에 사용한 '여파'라는 비유는 가해자들이 당국에 의해 2011년

표 6-1. 사례 정보 분석표

- 청소년 개인정보
- 가정환경 및 관계
- 생활환경
- 해당 청소년 부모 면담
- 해당 청소년 학교생활(학적부 및 교사 면담 포함)
- 해당 청소년 사회생활(사회활동 및 또래 관계)
- 교정시설에서의 해당 청소년 행동 관찰
- 분류심사관과의 면담 시간 동안 해당 청소년의 태도
- 해당 청소년의 심리적 특성(정신력 측정 테스트 기반)
- 인지적·정서적·행위적·성적 또는 가족 내의 문제를 알아보기 위한 목적으로 해당 청소년이 작성한 질의서
- 문장 완성 검사(SCT) 결과
- 해당 청소년이 가정생활, 사회생활, 친구 관계, 걱정, 미래에 대해 기술한 개인적 일기
- 청소년범죄 설명
- 청소년범죄 동기
- 가해자와 피해자 간의 관계
- 범행 분석
- 청소년범죄 수준 및 재범 가능성
- 분류심사관 최종 의견 및 권고

과 2013년 사이에 체포되고 '분류 및 심사'를 위한 시설에 학교폭력과 관련된 혐의로 위탁된 후 그들의 행동에 따른 '파급효과'에 해당되는 한 달의 위탁 기간 동안 해당 사건이 그들의 행동에 미친 영향과 관련이 있다. 한 번에 수용 가능한 이 청소년 교정 센터의 230~250명 중 85%가 남학생이며, 15%가 여학생이다. 재범률이 낮기 때문에 이러한 경험은 대다수 사람들의 삶에서 '전환점'으로 간주된다. 또한 '피해'는 그들이 입은 피해와 그들이 초래한 피해를(그들 스스로에게 또는 타인에게) 의미하며, **피해를 초래하는 피해**라는 K폭력 사이클의 중요한 부분이다.

소개할 사건 파일 자료의 대상은 14~18세 남학생 11명과 14~17세 여학생 9명이며, 이들은 모두 1995~1999년 사이에 태어났다. 다시 말해 1997년 아시아 금융위기의 여파가 한창일 때 태어났거나, 위기 이전 또는 위기 중에 태어난 이들은 사회경제적 격변기에 출생해 '97년 세대'로 불린다. 각 사건 분류심사관의 평가에 근거해, 판사는 피의자의 판결 공판에서 적절한 처벌을 결정한다. 각 사건 파일에서 입수한 정보는 표의 내용을 포함해 약 40쪽 분량에 달한다.

분류심사관의 최종 의견과 권고 내용은 판사가 어떤 처벌을 내릴지 결정할 때 그의 권고안에 큰 비중을 둔다는 점에서 매우 중요하다. 단기(및 장기) 생활에 크게 영향을 미칠 수 있기 때문에, 그들(및 그 가족들)에게는 이러한 의견과 권고 내용이 사건 파일의 가장 중요한 부분으로 여겨질 수 있다. 예를 들어 미영은 일기 맨 마지막에 "내가 지금 가장 말하고 싶은 것"이라는 제목으로 판사(및 참석하지 않은 부모)에게 다음과 같이 간청했다.

판사님, 제가 교정 센터에서 문제없이 지냈음을 알아주세요. 저는 정말 진심입니다. 제가 나갈 수 있도록 도와주세요. 다시는 험한 말을 입에 담지 않겠습니다. 비록 제가 많은 범죄에 대해 조사를 받았지만, 다시는 범죄를 저지르지 않겠습니다. 다시는 나쁜 아이들과 어울리지 않겠습니다. 그리고 반드시 고등학교를 졸업하겠습니다. 졸업 후 취직을 하게 된다면 더 이상 도망갈 수 없을 것입니다. 저는 부모님을 상처받게 하지 않을 것입니다. 저를 믿어주시고 나갈 수 있게 해주세요.

엄마 아빠, 어떻게 안 오실 수가 있나요. 부모님들이 바쁘시다는 건 알지만 왜 만나러 오지 않으시나요. 정말 보고 싶어요. 저를 만나러 와주세요.

한편 〈표 6-2〉는 한국의 '소년법'에 따라 분류심사관이 판사에게 권고

표 6-2. 소년법에 따라 분류심사관이 판사에게 권고할 수 있는 10가지 보호처분

① 보호자 또는 보호자를 대신하여 소년을 보호할 수 있는 자에게 감호 위탁
② 수강명령
③ 사회봉사명령
④ 보호관찰관의 단기(短期) 보호관찰(6개월에 6개월 연장 가능).
⑤ 보호관찰관의 장기(長期) 보호관찰(최대 2년).
⑥ '아동복지법'에 따른 아동복지시설이나 그 밖의 소년보호시설에 감호 위탁
⑦ 병원, 요양소 또는 '보호소년 등의 처우에 관한 법률'에 따른 소년의료보호시설에 위탁
⑧ 1개월 이내의 소년원 송치
⑨ 단기 소년원 송치(최대 6개월).
⑩ 장기 소년원 송치(최대 2년).

할 수 있는 10가지 처분 목록이다.

이 장에서는 가해자들의 인생 과정을 분석적으로 다룬다. 앞으로 등장할 가해자들의 이름은 가명으로 서술했다.

1. 인생 과정 전환점

범죄를 저지른 가해자들의 인생 과정을 더 잘 이해할 수 있도록, 그들의 삶을 〈그림 6-1〉과 같이 나누어보았다.

더불어 이 20명의 인생 과정을 시각적으로 이해하기 위해, 이모티콘 기반의 '인생 과정 전환점' 도표도 만들었다. 이러한 도표는 변수 기반 분석보다는 인물 기반 분석이기 때문에, 남녀 성별에 따른 도표는 개인의 경험을 일목요연하게 볼 수 있도록 고안했다. 도표는 이모티콘을 통해 22개의 중요한 인생 과정에서의 사건을 발생순으로 보여주기 위해 개별 연대표를 사용한다. 이 시각적 방법을 통해 그들의 인생 과정을 표현함

그림 6-1. 인생 과정 전환점

심리적 삶 ➡ 일탈적 삶 ➡ 가정에서의 삶

사회에서의 삶 ⬅ 학교에서의 삶

그림 6-2. 이모티콘 설명

일탈		비행의 시작		비행청소년과의 교류 시작		첫 경험
		괴롭힘 당하기		자해		약물 사용
		흡연 시작		음주 시작		
가정		부모 결별		부모 재혼		양육 갈등
		권위적 양육		어머니 부재		아버지 부재
		가족 구성원의 사망		거주지 변경		
학교		높은 결석률		자퇴(중퇴)		퇴학
		전학				
사회		가출		아르바이트		

으로써 독자들은 다음과 같은 정보를 확인할 수 있다.

사건이 발생한 시점, 사건의 발생 순서, 이후 발생한 사건(특히, 비행의 시작).

그럼으로써 인생의 상이한 측면과 일탈, 가정, 학교와 학교생활에서의 중요한 사건들이 궁극적으로 현재의 청소년범죄로 이어지는 인생 경로 형성 사이의 연관성을 이해할 수 있다(Maltz and Mullany, 2000: 255~281).

'전환점'이라는 용어는 인생의 중대한 과도기적 사건(취업, 결혼, 입대)과 특정 종류의 사회적 결속(결혼)이 초기 아동 발달에 설정된 범죄 경로를 '제거하기' 위한 전환점으로 작용할 수 있다고 주장한 존 라웁(John Laub)과 로버트 샘프슨(Robert Sampson)의 연구에서 인용한 것이다. '전환점'의 핵심 아이디어는 전환점이 근본적으로 '과정의 방향을 재설정하는 이동'이기 때문에 과정의 변화에 집중하도록 만든다는 것이다(Laub and Sampson, 2001: 1~69). 라웁과 샘프슨은 인생 경로를 범죄 활동으로 다가가게 또는 범죄로부터 멀어지게 하는 더욱 중요한 인생 사건들에 초점을 맞춘 반면, 이 장에서는 더욱 두드러진 별개의 경험을 설명하는 데도 전환점이 사용된다(뒤에서 '사회적 세력이 영향을 미치는 시점'으로 일컫는 것). 이러한 경험은 이후의 비행에 영향을 줄 뿐만 아니라 인간과 특정 인생사건 사이의 역동적인 상호작용을 드러낸다(Loeber and Blanc, 1990: 375~473). 실제로 그것들은 사건과 경험(사회와 개인)이기에, 우리는 그것들을 경험사건이라고 부를 수 있다.

각 인물의 인생 과정을 개별적으로 묘사함으로써, 이 개별적이고 정교한 도표는 그들의 삶에서 다수의 동일한 경험사건이 일어나지만, 언제, 얼마나 자주 경험사건이 발생했는지에 따라 개별 인생 과정이 독특하다는 것을 보여주기 위해 고안되었다. 그럼에도 각각의 개별 연표에 존재하는 경험사건의 발생 빈도 차이는 부분적으로는 정보 이용 가능 여부와 수집된 정보량의 차이 때문에 발생한다(가해자들이 관여했으나 적발되지 않은 범죄는 포함하지 않았으며, 이들이 인정하지 않은 비행도 포함하지 않았다). '권위주의적 양육'과 '부모의 불화'는 대상자의 범죄나 비행이 가시적으로 드러난 시점보다 훨씬 일찍 시작되었을 가능성이 높다. 따라서 특히 권위주의적 양육, 부모의 불화, 가출, (형제자매에게) 괴롭힘 당하기, 첫 경험과 같은 특정 경험사건들은 언제 시작되었는지 분명하지 않기 때문에 일부 이모티콘에는 어느 정도 임의성이 존재한다. 따라서 이 도표의 분

그림 6-3. 남학생의 인생 과정 전환점

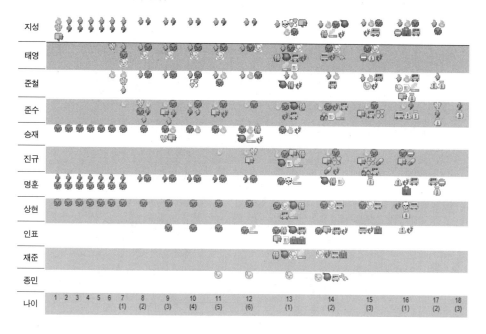

석에는 그러한 경험사건들이 언제 발생했는지, 그 가능성에 대한 합리적 판단이 포함되어 있다. 더불어 어머니 또는 아버지의 부재는 양 부모가 없는 경우와 소년범과 같이 거주하고는 있지만 (긴 근로시간으로) 집에 거의 들어오지 않는 부모를 포함한다. 이는 단순히 자녀에 대한 감독과 지도, 관찰이 심각하게 부족하다는 것을 의미한다. 마찬가지로, 같은 해에 나란히 나타나는 이모티콘은 시간 순서대로 배치되지 않으므로 거의 같은 시기에 발생한 것으로 간주할 수 있다.

남학생 도표와 여학생 도표 모두 각 개별 연대를 하향식으로 나열하는 데 동일한 기준이 사용되었다. 도표는 먼저 부모가 이혼한 순서대로 배열하고, 경험사건을 시간순으로 배열했다(6명의 남학생, 4명의 여학생). 부모가 이혼하지 않은 경우에는, 기준이 '부적응적 양육'으로 바뀌고 가장 부적응적인 양육에서 시작해 맨 아래의 최소로 부적응적인 양육으로 끝난다.

그림 6-4. 여학생의 인생 과정 전환점

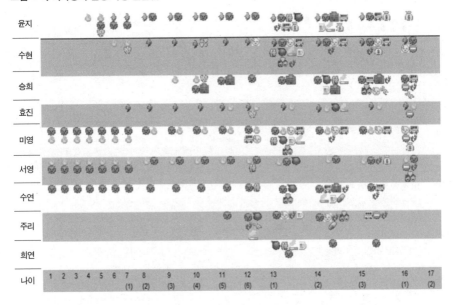

나이	1	2	3	4	5	6	7 (1)	8 (2)	9 (3)	10 (4)	11 (5)	12 (6)	13 (1)	14 (2)	15 (3)	16 (1)	17 (2)

시각적 인생 과정 전환점 도표와 도표 속 설명은 이 장에서 제시된 분석에 대한 시각적 참고로만 활용되어야 한다. 예를 들어, 만약 첫 번째 인생 과정 사례인 지성이라는 남학생의 인생 과정을 따라가면, 1세(한국 나이 2세)에 부모님의 다툼과 이혼을 겪었고, 그 과정에서 (조부모 댁으로) 주소지를 옮겼다. 아버지는 그가 12세가 될 때까지 부재했던 반면, 어머니는 이혼 당시부터 지성의 구금 시점까지 부재했다. 지성이 13세가 되던 해에 할머니가 돌아가시고 그 후 지성은 재혼한 아버지와 함께 살았다. 지성은 그곳에서 소년원에 구금될 때까지 부모의 불화와 권위주의적 양육을 경험했다. 그 시점부터 지성은 비행을 저질렀다. 또래 비행청소년들과 어울리기 시작했고, 담배를 피우고, 처음으로 집에서 가출했다. 16세가 된 지성은 처음으로 전학을 간 학교에서 자퇴했다.

2. 일탈적 삶

11명의 남학생 중 9명이 폭행으로 기소되었고(그중 3명은 폭행 두 건), 9명은 협박과 공갈, 폭언으로 기소되었다. 11명 중 6명의 남학생은 갈취, 3명은 무면허운전(오토바이), 2명은 절도로 기소되었다. 1명은 강간(전 여자 친구의 기소), 1명은 가택 침입, 1명은 사유재산 손괴, 1명은 약물 사용(본드 흡입), 1명은 문서 위조(아이디 절도)로 기소되었다.

하급생을 한 번 단독으로 협박했던 명훈을 제외하고, 그들의 모든 비행은 집단 중심적 행동의 일부였다(일명 '공동 범행'으로 불리는 흔한 청소년 범죄)(Piquero, Farrington and Blumstein, 2003: 359~506). 따라서 우리는 인생 과정에서 개인행동의 내적 변화에 관심이 있지만, 그들의 행위를 **개인적** 기준이 아니라 **관계적** (그리고 **임시적**) 기준으로 이해해야 한다. 한국의 학교폭력과 피해 사례를 연구하는 연구자들은 학교폭력은 3명에서 최대 10명의 가해자들로 이루어진다고 결론지었다(Koo, Kwak and Smith, 2008: 134).

남학생 8명의 경우에는, 폭행과 협박을 병행하고 갈취 또는 절도 등의 유형을 동반했다. 4명의 남학생(그리고 사건 파일에 등장하는 3명의 여학생)에게 학교폭력과 절도는 가출 이후 거리 생활에서 살아남기 위해 필요한 부분이었다. 종민, 상현, 승재는 같은 또래 남학생들을 괴롭힌 반면(동급생들이 자신들보다 약하다는 것을 인지했기 때문이다), 다른 모든 사건에서 남학생들은 하급생들을 괴롭히고 갈취했다. 즉, 그들은 '하급생과 상급생'이라는 뿌리 깊은 계층적 문화 환경에 익숙해져 권력과 권위를 잘못 사용한 것이다.

9명의 여학생 중 6명은 폭행으로 기소되었고(효진은 2회, 미영은 3회), 5명은 협박으로 기소되었다. 3명은 갈취, 2명은 절도로 기소되었으며, 1명은 강도, 1명은 사기, 1명은 재산 손괴로 기소되었다. 남학생들과 마찬가

표 6-3. 남학생 사건 파일

이름(가명)	범죄 내용				
종민	폭행	공갈/협박	갈취		
준수	폭행 x 2	공갈	절도	문서 위조	무면허운전
진규	폭행	가택 침입	강간	약물 사용 (본드 흡입) x2	무면허운전
지성	폭행 x 2	위협	갈취		
준철	폭행	위협			
명훈	폭행	공범자와 위협	갈취		
상현	폭행				무면허운전
재준		위협	갈취		
태영	폭행 x 2	공갈 x 2	갈취	사유재산 손괴	
승재	폭행	협박	괴롭힘	성추행	
인표		공갈 x 2	갈취 x 2	절도 x 2	무면허운전

지로, 구금된 사실은 있지만 여기서는 기록하지 않은 다수의 예전 범죄들과, 가담했으나 적발되지 않은 범죄들은 표 안 범죄 목록에 포함하지 않았다. 윤지의 분류심사관은 "윤지가 관련되거나 보고되지 않은 폭행과 절도 사건들이 분명히 다수 존재한다"라고 기재했다. 이러한 고려는 사실 거의 모든 사례에 적용되는데, 그 이유는 주요 범죄학자들이 언급한 바와 같이 공식 기록은 실제 청소년범죄 행위의 '빙산의 일각'을 반영하기 때문이다(Piquero, Farrington and Blumstein, 2003: 359~506). 남학생들처럼 여학생 6명의 청소년범죄 행위는 갈취, 절도 또는 구두 협박 혹은 신체 폭력 등이다. 그리고 남학생과 마찬가지로 이들 역시 주로 하급생을 괴롭혔고 그들의 모든 청소년범죄 행위는 공동 범행의 형태였다.

종합하자면 사건 파일에 제시된 바와 같이 그들의 일탈적 삶에 대한 설명은 다음의 2개 영역으로 나뉜다.

① 청소년범죄 행위에 대한 설명과 범죄 동기

표 6-4. 여학생 사건 파일

이름(가명)	범죄 내용			
효진	폭행 x2	협박	재산 손괴	
수연		협박	갈취	
서영	폭행	협박	절도 갈취	집행유예 조건 어김
수현	집단 폭행	특수 절도	절도	공문서 오용
승희				집행유예 조건 어김
희연	폭행	협박	갈취	
미영	집단 폭행 X3	폭행	특수 강도 x2	감금
윤지	집단 폭행	협박	갈취	
주리			사기	

② **재범 확률**과 **범죄의 정도**나 수준을 포함해 그들이 청소년범죄 행위에 가
담한 이유에 대한 분석. 이 분석에는 또한 가해 학생들이 청소년범죄 행
위의 대가로 받아야 하는 (재범을 예방할) 적절한 형태의 처벌에 대한
분류심사관의 권고가 포함된다.

도입부에서 소개된 5가지 사례와 3장에서 한 태영의 사건에 대한 설명
에 추가해, 이들이 **저지른 일**과 **그 이유**에 대해 좀 더 이해를 도울 수 있
도록 일부 사건을 간략히 소개하겠다.

1) 범행의 내용과 동기

(1) 남학생

'대가리'라는 이름으로 활동하는 지성과 그의 친한 11명의 일진 무리는
3명의 하급생들이 흡연하는 것을 목격하고 이들을 90분간 때리고 걷어
찼다. 그들은 이러한 행위를 세 번에 걸쳐 반복했다. 그리고 또 다른 세

건의 사건에서는 그 3명의 하급생한테서 총 32만 5000원을 갈취했다. 또한 지성은 3명의 하급생 중 1명에게 가방을 '빌려줄 수' 있는지 물은 뒤 빌린 가방을 돌려주지 않았다. 이후 다섯 번에 걸쳐 동일한 하급생에게서 30만 원을 갈취했고, 두 번 폭력을 행사했다. 재준과 함께 4명의 동급생들과 3명의 상급생들은 그들을 두려워하는 12명의 하급생들을 위협했고, 그다음 19번에 걸쳐 그들에게서 돈을 갈취했다. 한편 준철과 4명의 친구들은 아파트 단지 뒤 공터에서 2명의 남학생에게 폭언과 폭행을 저질렀다. 2명의 친구들과 길을 걸어가던 준수는 (처음 보는) 13세 남자아이에게 스마트폰을 '빌려줄 수' 있는지 물었다. 그 아이가 준수에게 자기 휴대폰을 돌려달라고 했을 때, 준수는 그 아이의 얼굴을 때리고 "꺼져"라고 말했다. 비슷한 유형의 사건으로, 인표는 길에서 자기보다 어린 남학생에게 다가가 티셔츠를 벗으라고 한 뒤, 때릴 것처럼 위협하며 "새끼야, 내가 벗으라고 하면 벗는 거야"라고 말했다. 겁에 질린 피해 남학생은 빠르게 티셔츠를 벗어서 인표에게 건넸다. 또한 친구들과 해변에 갔을 때 인표는 2명의 어린 남학생들에게 위협적인 언어를 사용해 돈과 스마트폰을 갈취하면서 "돈을 안 주면 돌로 머리를 쳐버릴 거야"라고 말했다.

"돈이 너무 필요했고 다른 형들 2명이 저한테 시켜서 그런 행동을 했습니다." 준수는 길거리에서 지내는 동안 그가 절도를 하게 된 동기를 이렇게 설명했다. 가출한 이후 친구들과 하급생들에게 돈을 갈취한 동기를 재준은 자신의 일기장에 다음과 같이 적었다. "상급생들이 우리한테 와서 25만 원을 구해오라고 했다. 그래서 우리는 하급생들에게 그 돈을 받아냈다." 같은 상황에서, 명훈과 두 친구는 밖에서 지내는 동안 돈을 얻기 위한 방법으로 하급생을 위협하고 폭행했으며 돈을 갈취하기 시작했다. "친구가 저한테 물건을 훔치라고 꼬드겼습니다." 진규는 모르는 사람의 집에 침입하게 된 동기를 이렇게 말했다. 준철이 2명의 하급생을 폭행한 사건은 준철의 후배들이 (결과적인) 피해자들과 언쟁을 벌인 것이

동기가 되었다. 준철의 후배 2명은 준철과 다른 4명의 상급생들에게 자신들에게 '무례하게' 행동한 2명의 하급생들에게 본때를 보여주고 싶으니 도와달라고 요청했다. 승재의 경우는 처음에는 '그저 재미'로 피해자에게 폭언과 폭력을 행사하고 성적으로 학대를 한 것이었으나, 피해자가 저항하거나 신고하지 않자 그 정도와 빈도가 증가한 사례였다. 그리고 이 책 도입부에서 언급한 바와 같이, 종민의 분류심사관은 5학년 때 괴롭힘을 당했던 종민의 과거의 경험이 그가 비행을 하게 된 동기와 기회를 제공했다고 생각하고 있었다. 반장이 되어 일부 권위와 권력을 얻게 되자, 종민은 스스로 느끼는 피해자로서의 감정을 해소하기 위해 자신보다 약한 학생들을 괴롭혔던 것이다.

(2) 여학생

수연은 친한 친구들과 함께 땅바닥에 침을 뱉은 후 피해자에게 돈을 내놓으라고 했다. 피해자가 줄 돈이 없다고 말하자, 수연은 피해자에게 "내가 만약 네 가방에서 돈을 찾으면 널 죽여버릴 거야"라고 협박했고, 겁에 질린 피해자는 3000원을 건넸다. 같은 날 이들은 다른 2명의 여학생들에게 각각 5000원씩 뺏었다. 같은 방법으로 서영은 가장 친한 2명의 친구들과 그들이 다니던 학교 근처에서 하급생들로부터 여섯 차례에 걸쳐 돈을 갈취했다. 또한 절도로 두 번 체포된 적이 있는 수현과 9명의 친구들(남학생 및 여학생)은 15세 여학생에게 밖으로 나오라고 명령한 후 그 학생을 때리고 차고 밟았다. 마찬가지로, 희연과 2명의 친구들은 하급생에게 10차례에 걸쳐 버스비를 요구했다. 그들은 하급생이 거절하면 협박했으며 두 차례에 걸쳐 폭행했다. 겁에 질린 피해자는 총 3만 8000원을 그들에게 건넸다. 또한 같은 기간에 희연은 다른 하급생 1명에게 싸이월드의 '도토리'(가상화폐)를 구매하도록 강요하며 자신의 '도토리 셔틀'로 만들려 했다. 피해자는 두려움에 떨며 8000원 상당의 도토리 80개를 제공했다. 같은 반 여학생을 위협하고 폭행해 청소년 교정 시설에서 지내는 동안 효진은 창문을 깼다. 집으로 돌아온 후 그녀는 다시 같은 반 여학생을 폭행해 구금되었다.

이 책 도입부에서 살펴본 바와 같이, 복수심이 동기가 되어 윤지는 하급생 일진들에게 후배들의 '무례한' 행동을 '고치고자' 폭력을 사용하도록 했다. 윤지는 "사실 저는 1학년들과 아주 친했어요"라고 피해자와의 관계를 설명하며 "하지만 후배들이 담배를 피우고 거짓말을 하고 짓궂은 장난을 쳤어요. 저는 더 이상 참을 수 없었고 2학년들에게 1학년들을 교육시키라고 했어요"라고 사건을 설명했다. 비슷한 복수의 방법으로, 수현은 하급생이 뒤에서 자신을 험담을 했다는 사실을 알게 된 이후 그 하급생에게 '본때를 보여주기 위해' 그런 일을 했다고 말했다. 마찬가지로 미영은 피해자가 자신을 '귀찮게 한' 것이 그 '친구'를 폭행하고 감금했던 동기였다고 말하며 "더 이상 참을 수 없었고, 그래서 범죄를 저질렀습니다"라고 이야기했다. 하지만 이들과는 다르게, 수연의 청소년범죄는 그녀의 상황이 동기였다고 볼 수 있다. 그녀는 친한 친구와 가출을 했고 생계와 유흥을 위해 돈이 필요해 폭력을 사용했기 때문이다. 마찬가지로 서영은 친한 친구 2명과 함께 유흥을 위한 돈이 필요했기에 하급생들에게서 돈을 갈취했다. 그들에게는 모두 학교 자퇴 이후 유흥에 쏟을 수 있는 충분한 시간이 있었다는 공통점이 있다. 그녀에게는 K팝 보이그룹의 이름을 손등에 문신할 시간도 있었다. 그 당시 서영은 가족에 대한 증오로 두 번째 가출을 한 후 남자 친구와 동거하던 중이었다.

2) 분석과 권고

(1) 남학생

진규의 사건을 분석해 보면, 그의 분류심사관은 '일관성 없는 양육'과

부모의 이혼에서 받은 진규의 '충격'을 주로 강조했다. 부모님들이 일로 바쁜 와중에 진규는 비행을 저지르는 친구들과 어울리기 시작했고 청소년범죄 행위에 가담하기 시작했다. 양 부모 모두 재혼한 후 진규는 부모님들과 멀어졌으며, 이러한 양육 부재가 그의 행동에 부정적인 영향을 미쳤다. 이러한 것들이 규칙과 도덕률에 대한 진규의 감각을 왜곡시켰고 결과적으로 충동적 욕구를 조절할 수 없는 상황을 만들었다. 그의 청소년범죄 수준이 '심각함'으로 확인된 한편, 도덕성 결여나 강한 충동적 성향, 비행 학생들과 지속적으로 어울릴 가능성 또한 농후했으므로, 진규의 재범 가능성도 '높음'으로 간주되었다. 진규를 담당한 분류심사관은 진규가 미래를 위해 적절한 계획을 세우기에는 청소년 교정시설에서 지내는 짧은 기간이 불충분하다고 생각했다. 또한 진규는 자신의 범죄 행위에 대한 죄책감이 부족하며, 실제로 그의 행동에는 거의 변화가 없는 것처럼 보였다. 진규에게 사회적 도덕률을 배우고 '절제하는 생활 방식'을 강제하기 위해, 먼저 진규를 1개월간 소년교도소에 보내고, 이후 야간 외출금지 명령을 내려 장기 관찰을 하도록 권고했다. 또한 진규의 부모에게는 '더 나은 양육'이라는 교육에 참여하라고 권고했다.

지성의 범죄 기저에 있는 한 가지 원인은 아들에 대한 어머니의 애정 결핍이었다. 그는 다른 이들에게 주목받고 인정받고 싶어 했다. 지성의 경우 역시 사회와 가정의 지원이 결여되었고, 계모와 대인관계 문제를 겪고 있었다. 공허함과 외로움을 채우기 위한 수단으로 지성은 다른 이들과 함께 청소년범죄 행위에 가담했다. 또한 그의 아버지는 일로 바빠, 지성의 삶에서 주로 부재하는 존재였다. 어린 시절 조모의 자유방임적이고 관대한 형태의 양육과 함께 징벌과 관련한 아버지의 소홀한 양육의 결과로 지성은 적절한 도덕 개념과 안정적인 생활 습관을 형성하지 못했다. 이는 지성에게 자신의 감정을 조절하고 대응하는 능력이 덜 발달했다는 것을 의미하고, 그 결과는 반복적인 범죄 행위로 나타났다. 다행히도 최근에 가족과의 갈등은 진정되었다. 이러한 상황은 지성의 정서에 긍정적인 영향을 미쳤으며, 특히 지성의 스트레스 수준을 감소시켰다. 그뿐 아니라 갈등과 스트레스의 감소와 더불어 지성의 재범 가능성 역시 감소되었다. 다행스럽게도 지성의 삶의 가치는 심각하게 왜곡되지 않았으며, 그의 성격과 상황은 개선되었고 피해자에 대해 느끼는 죄책감의 수준이 높아졌다. 따라서 그의 담당 분류심사관은 지성이 자연스러운 사회 환경에서 지낼 수 있도록 권고했다. 지성을 자원봉사 활동에 참여하도록 한 것은 지성에게 삶의 가치를 알려주고, 자신의 잘못을 바로잡기 위해서는 대가를 치러야 한다는 사실을 보여주며, 회복 단계에서 지성의 역할을 인지하도록 하기 위한 것이었다. 또한 가족과 친구와의 관계 개선과 학업 습관 개선에 도움을 주기 위해 주기적으로 관찰관과 면담을 하도록 권고되었다.

지난 3년 동안 승재는 아버지에게 심각한 체벌을 받아왔다. 결과적으로 승재는 내적으로 쌓인 화를 적절히 해소할 수 없었고, 결국 피해자를 향해 그의 억눌린 분노를 표출하면서 출구를 찾았다. 아버지가 폭력적이었기에 가정 내에 보호 장치가 결여되어 있었을 뿐만 아니라, 여기에 더해 승재의 어머니는 음주 의존도가 높았다. 또한 승재는 '나쁜' 친구들과의 관계를 지속해 학업에 흥미를 잃을 가능성이 매우 높았다. 마지막으로 승재에게는 사회적 규칙과 도덕률을 적절히 준수해야 한다는 인지도가 결여되어 있었다. 놀랍게도 담당 분류심사관은 그의 부모가 자녀를 보호하겠다는 '강한 의지'를 보여주었다고 여겼고, 소년원에서 승재의 태도는 대체로 양호했으며 개선되고 있는 것으로 판단했다. 승재의 행동을 개선하고 추가 범죄를 예방하기 위해, 담당 분류심사관은 우선 승재가 그의 '나쁜' 친구들을 멀리할 필요가 있다고 생각했다. 또한 승재는 학교 폭력 예방 프로그램에 참석해야 했으며, 준법정신과 올바른 삶의 가치를 함양하는 것의 중요성을 인식하게 하기 위해 담당 분류심사관은 승재가

장기 보호관찰을 받도록 했다. 마지막으로 승재의 부모는 단지 그를 꾸짖거나 비난하는 대신, 격려를 통해 승재의 자신감을 키워줄 필요가 있었다.

(2) 여학생

윤지의 담당 분류심사관은 윤지가 어린 시절에 종종 가정불화를 목격했다고 말했다. 윤지 역시 5세 때 어머니가 가출한 이후 '정서적으로 충격을 받은' 상태로 방치되었다. 결과적으로 윤지는 가치에 대한 적절한 감각을 키울 기회가 없었다. 윤지는 자매와 친구들과의 관계를 통해 자신의 정서적 필요를 충족하려는 시도를 했다. 하지만 안타깝게도 윤지는 바로 이 관계를 통해 청소년범죄를 배웠다. 윤지가 분노 조절을 못 하는 것은 타인과의 유대 관계와 사랑의 결여가 원인이었다. 이러한 결핍으로 인해 윤지는 자주 불안했다. 담당 분류심사관은 윤지의 양육 방법이 윤지의 행동을 효과적으로 조절하는 데 실패했고, 윤지에게는 객관적이며 명확한 인생 과정이 없다고 언급했다. 윤지가 감정을 조절하고 타인의 시각을 고려할 수 있기까지는 시간과 노력이 필요할 것이다. 비록 윤지가 희생자 폭행에 직접적으로 참여하지 않았더라도, 윤지는 자신의 힘 (상급생이라는 상황)을 이용해 다른 학생들이 자기를 대신해 피해자를 폭행하도록 했다. 윤지의 분류심사관은 이것이 '조직 폭력'의 일종이라고 생각했다. 따라서 윤지의 청소년범죄 수준과 재범 가능성은 '평균보다 높음'으로 간주되었다. 만약 윤지가 법적으로 적절한 처벌을 받지 않는다면, 계급에 대한 잘못된 개념을 계속 갖게 될 수 있고, 자신의 감정을 해결하는 데 잘못된 방법을 선택할 수 있으며, 그 결과 미래의 사회생활에 적응하지 못하게 될 것이다. 따라서 윤지가 '공동체 생활'을 경험할 수 있도록 1개월간 소년교도소에 보내는 것이 권고되었다. 이러한 경험을 통해 윤지는 다른 사람의 관점을 고려하는 방법과 자신의 감정을 조절하는 방법을 배울 것이며, 이 사건의 심각성에 대해 더욱 잘 인지하게 될 것이다. 하지만 그와 별개로 우리는 그녀의 청소년범죄가 '(위계적인) 공동체 생활'의 일부는 아니었는지 의문을 제기해 볼 수 있다.

수현의 담당 분류심사관은 수현이 초등학교 1학년 시절 그녀의 부모님이 이혼했고, 그 후 어머니가 경제적으로 곤란해졌다는 사실을 언급했다. 이후 수현은 불행하고 궁핍한 가정환경에서 성장했다. 수현은 문장완성 검사에서 "난 학대당했어요"라고 적었는데, 이는 수현의 피해자에게도 적용되는 말이었다. 수현의 어머니가 재혼한 이후 수현은 계부로부터 줄곧 성폭행을 당했으나 어머니가 상처받는 것을 원하지 않았기에 말하지 않았다. 이러한 상황으로 수현은 극도의 불안과 공포 속에서 살아갈 수밖에 없었고, 스트레스를 해소할 수 없었던 수현은 '영향력 있는' 친구들과 어울리기 시작했고 그 친목은 결국 이러한 사건으로 이어졌다. 이러한 심각한 발달상의 장애 요인과 실존적 역경에 직면했는데도, 수현은 그녀의 가족에 대해 현실과는 달리 이렇게 설명했다. "부모님이 이혼하고 엄마가 저를 혼자 키우셨으며, 금전적 문제가 있었어요. 하지만 불평하지 않았고 행복했어요. 그리고 지금은 아무것도 바라는 게 없어요."

비록 수현의 어머니가 법의 엄정함에 대해 수현이 깨우치도록 하겠다는 '강한 의지'가 있었음에도, 오랜 근무시간으로 인해 어머니는 충분한 보호와 감독을 할 수 없었다. 더불어 수현은 상습적으로 가출을 했다. 수현은 학업을 중단했고, 그녀의 또래 관계는 추가 범죄에 대한 강한 동기를 제공했다. 종합적으로 수현의 범죄 정도는 '중간' 수준이었고, 재범 가능성도 '중간'으로 간주되었다. 수현의 담당 분류담당관은 수현을 어머니 곁으로 보내되 보호관찰관의 단기 보호관찰을 받도록 권고했다.

3) 강압적 가정환경

청소년 일탈의 기저 원인을 이해하려고 노력하면서, 분류심사관은 일관되게 하지만 함축적으로 그들의 분석을 임의적 발달 관점의 틀 안에 넣었다. 학생들의 폭력 행위를 설명하는 데 분류심사관은 (부적응적) 부모의 행동에서 시작해 특정 심리 역학과 부조화적 부모-자녀 관계를 거론하고, 이후 이러한 아이들이 비행 성향의 또래들과 연관되어 청소년범죄를 저지르는 것으로 귀결되는 4단계의 상호작용 구조를 차용했다고 볼 수 있다.

요약하자면 부모의 행동과 관련해 정도는 다르지만 학생들은 이혼, 부모의 부재, 방관, 체벌, 그리고 권위주의적이거나 일관성 없는(가혹행위를 하거나 과잉보호하는) 양육을 경험했다. 다시 말해, 와해와 불안정이 화합과 안정을 지배하는 세상에서 성장했기에 이들에게는 애착, 감독, 지원과 지도가 결여되었다(Glueck and Glueck, 1952: 43). 이러한 대인 경험들은 결국 분노, 공허, 외로움, 무기력, 충동, 불안정과 내관을 포함한 다양한 심리적 어려움을 야기한다. 또한 정도는 다르지만 이들은 부정적 태도를 취하고, 더욱 예민해지고, 건전하지 못한 자아 가치 또는 자아 이미지를 갖게 되고 감정 표현에 어려움을 겪을 수 있다. 또한 그들은 공허하고 자기중심적인 성격을 형성할 수 있으며 관심받고(수용되고) 싶어 하는 열망과 가족 내에서 그들의 위치에 대한 혼란을 겪을 수 있다. 이러한 다양한 실존적 딜레마들이 결국 그들의 반사회적 행동을 적절히 바로잡아주지 않은 부모들과의 반복적인 갈등으로 이어진다.[2] 안정적인 친사회적 습관과 기술들이 적절히 주입되지 않았기 때문에, 도덕과 가치에 대한 그들의 감각은 왜곡되었다(옳고 그름에 대한 건전한 판단이 결여되어 있다). 즉, 그들은 청소년으로서 긍정적인 삶의 경험을 생성하고 이용하는 데 필요한 '심리사회적 자본'이 부족한 것이다(Steinberg, Chung and

Little, 2004: 21~38).

더욱이 이러한 상황들은 이들의 자기통제를 약화할 수 있고, 학교에 대한 관심과 동기를 감소시킬 수 있으며, 반대로 쾌락을 추구하는 활동에 대한 열망을 증가시키고, 자신과 같은 생각을 하는 친구들과 어울리게 하는 결과로 이어진다. 이러한 비행 또래 집단 관계를 통해 그들은 부분적으로 내적인 공허함을 충족할 수 있고 심리적 도움을 얻으며 내부에 쌓인 분노를 배출할 탈출구를 찾고 쾌락 추구 활동에 참여할 수 있는 기회를 얻는다. 이 모든 것은 다양한 방식으로 일탈적 행동으로 귀결된다. 패터슨과 토머스 디시온(Thomas Dishion)은 다음과 같이 언급했다. "일탈적 또래 집단은 사회적 지지 기반의 역할뿐 아니라 반사회적 기술을 연마하고 청소년범죄 행위를 부추기며 반사회적 가치를 가르치는 부분에서 중요한 기능을 한다"(Patterson and Dishion, 1985: 63~79).

하지만 패터슨과 디시온의 주장과 같이, 비행 또래 집단으로의 표류는 오랜 우발적 사회 학습과 상호작용 발달 과정의 결과이며, 그 과정의 핵심은 부모가 아동을 올바르게 훈육하고 감독하고 관찰하는 데 실패한 것에 있다. 이름에서부터 알 수 있듯이 사회학습 이론은 아이들이 모방, 모델링, 강화를 통해 부모에게서 학대 행동 양식을 선택하는 법을 배운다고 주장한다(Farrington, 2010: 203~222). 이 사회적 상호작용 모델의 첫 발달 단계는 강압적이고 반사회적인 행동에 대해 아이에게 보상을 제시하는 부적응적 부모-자녀 소통 패턴으로 시작한다(Patterson et al., 1991: 172). 이 패턴에서 비롯된 자녀의 반사회적 성향은 (부모의 강압적 행동을 보고 배우거나 따라 하는 것이지만) 점차 학교 환경으로 스며든다. 학교에서 아동의 반사회적 행동은 주로 학업 시간의 감소와 (평범한) 또래들의 미움을 받음으로써 학업 과정에 부정적인 영향을 끼치는 것으로 나타난다. 이렇듯 발달 과정의 두 번째 단계는 학교와 평범한 또래 집단에서의 실패이다. 세 번째 단계는 자연스럽게, 낙오되고 환영받지 못하며 반사회적인 아동이 사회적 강화를 극대화하는 또래 집단을 선택하는 결과로 이어진다. 이제 그들은 사회적으로 '같은 생각'을 하는 개인들과 소통하며, 이 일탈적 또래 집단은 아동의 반사회적 행동을 더욱 장려하고 새로운 형태의 문제 행동을 모방하게 된다.

이와 같이 특정한 발달 경로로 나가는 것을 방지하기 위해 패터슨은 '공격성 훈련의 기초'의 중요성을 언급하면서(Patterson, 1986: 436) 다음과 같은 친사회적이며 보호적인 양육 기술을 제시한다(Patterson, 1980).

① 아동이 무엇을 하고 있는지 확인
② 오랜 기간에 걸쳐 관찰
③ 사회적 행동기술 모방
④ 가정의 규칙에 대해 명확히 설명
⑤ 순종에 대한 강화 제공
⑥ 위반에 대한 일관되게 온당한 체벌
⑦ 갈등과 위기가 확대되지 않도록, 의견 불일치에 대해 협상

요컨대 합리적이고 의존적인 가족 관찰과 통제 훈련은 자녀에 대한 부모의 적절한 수준의 **훈육**과 **감독**, **애착**에 중점을 둔다. 이는 부모와 아이의 관계가 다음과 같은 내용에 기초할 경우 청소년범죄가 발생할 확률이 높다고 예측되기 때문이다(John and Sampson, 1988: 355~380).

① 변덕스럽고 가혹한 훈련
② 미미한 감시
③ 거부
④ 미약한 정서적 애착

이 사회적 상호작용 이론은 부모의 강압적 양육 관행이 아동의 반사회적 행동 수행을 직접적으로 **훈련한다**는 견해를 제시한다. 이 이론의 핵심 용어가 '**의존적**'인 이유가 바로 이것인데, 모든 작용은 결국 그와 관련된 모종의 반작용을 야기하기 때문이다. 강압적이고 일관성 없는 양육 관행의 문제는 부모가 의존적·협조적으로 행동하지 않는 데에서 온다 (Patterson and Dishion, 1985: 63~79). 강압적인 아동 행동은 '비의존적인 (non-contingent)' 양육 관행을 통해 강화될 뿐만 아니라(긍정적 행동이 적절히 강화(장려)되지 않고 부정적 행동이 적절히 처벌되지 않는), 아동이 매우 혐오스러운 사회적 환경에서 생존하는 법을 배우는 동안 강압적 행동이 기능을 발휘하게 된다(Patterson, DeBaryshe and Ramsey, 1989: 330). 간단히 말해 폭력은 폭력을 낳는다. 그러나 아동과 청소년의 비행이 용이해지는 방식을 이해하는 데 중요한 것은 바로 위험 요소에 대한 노출 **기간**이다. 특히 열악한 아동 양육 형태에 대한 단기간의 노출보다는 오히려 장기간의 노출이 아동 행동 문제의 빈도를 증가시킨다는 주장이 제기되어 온 사실에 주목해 보자(Cohen and Brook, 1987: 332~345).

패터슨은 '평범한' 가정의 아이와 공격적인 가정의 아이의 행동이 어떻게 다른지를 결정하기 위해, 이 두 종류의 가정에 대한 (집과 실험실 환경에서) 미시분석을 실시했다. 패터슨은 **모든** 가족이 괴롭힘, 투덜거림, 고함, 반감, 부정적 명령, 망신 등 **강압적인 과정**을 겪는다고 언급했다. 하지만 개별적으로 바라보았을 때 이러한 강압적인 상황들은 사실 비교적 사소하고 심지어 지극히 평범하다. 이것은 오히려 '**강압적인 가족이 일을 처리하는**' 방식으로, 더 정확히 말하자면 사소하고 평범한 강압적 상황이 강압적 분위기가 매우 심각한 가정의 아이에겐 더욱 의미심장하게 받아들여져 평범했던 남자아이를 서서히 공격적이게 만들 수 있다는 것이다.

그런 가정에서 부모는 자녀 행동의 좋은 역할 모델을 하는 데 서투른 한편, 처벌은 자녀가 실수하는 습관을 교정하거나 바로잡기 위한 도구가 아니라 화를 분출하는 방법으로 사용된다. 점차, 가족들이 일종의 끊임없는 전쟁에 휘말린 것처럼 보일 때까지 공격적인 행동이 서서히 증가하고 축적된다. 커다란 분노와 학대, 공격은(대부분은 이유가 없는) 양육에서 아주 사소한 잘못이나 말썽의 첫 신호에 대해 아이에게 지속적으로 위협을 하고 고함을 치는 등의 '잦은 잔소리'를 배경으로 발생한다. 그러나 부모는 아이를 나무랐던 이유를 자신의 삶에는 적용하지 않으며 일관성 없는 양육을 하게 된다. 패터슨은 그런 강압적 가정환경에서 태어난 아이들이 이후에 '**사회적 발달 지체**'를 겪는다고 말했다(James, 1995: 17~18).

패터슨과 마찬가지로 프롬은 임상 경험을 통해 이렇게 깊이 내재된 강압적 경험, 특히 삶에서 개인의 **믿음이 깨지는 경험**은 빈번할 뿐 아니라 종종 삶의 가장 중요한 주제가 된다고 생각했다. 더 구체적으로 말하면, 프롬은 그러한 강압적 경험에 대한 개인의 반응이 다르다고 주장했다. 한 가지 **바람직한** 반응은 그들을 실망시키거나 학대한 특정 개인에 대해 더 이상 의존하지 않고 더욱 독립적으로 새로운 친구, 교사, 역할 모델 또는 그들이 신뢰할 수 있는, 사랑하는 사람을 잘 찾을 수 있게 되는 것이다. 그러나 많은 경우 강압적 경험을 한 개인에게는 독립심이 강화되고 신뢰감을 회복하는 기회가 찾아오기보다는 더 큰 파괴가 초래된다. 예를 들어, 그 사람은 계속 회의적인 상태로 지내거나 믿음을 회복시켜줄 기적을 바라거나 다른 사람들을 시험하기 시작할 수도 있다. 또는 믿음을 되찾기 위해 강력한 권위의 집단(교회, 정당, 카리스마가 있는 지도자 또는 일진 집단)에 의탁할 수도 있다. 또한 돈, 권력, 명예와 같은 세속적인 목표를 광적으로 추구함으로써 삶에 대한 믿음을 잃어버린 절망을 극복하려고 노력할 수도 있다. 예를 들어, 강압적 가정환경을 겪은 한 청년은 선의에 대한 믿음과 신뢰와 정의가 서서히 부서진 후 부모, 교사, 반친구와 같은 다른 사람들을 시험하고, 돈과 힘과 명성을 얻기 위해 공격성을 이용하는 또래 집단에 자신을 의탁한다. 사건 파일 자료를 면밀히 살펴보면 이러한 강압적 가정환경과 삶에 대한 믿음의 파괴와 그에 대처하는 그들의 '반사회적' 시도들을 살펴볼 수 있다.

3. 가정생활

천둥은 비가 올 때만 친다(Nicks, 1977).

11명의 남학생들은 1995년 6월과 1999년 3월 사이에 태어났고, 9명의 여학생들은 1995년 초와 1997년 말 사이에 태어났다. 운이 없게도 미영의 경우 16번째 생일에 소년원에 들어왔다. 부모에게는 운이 없게도 미영은 인도네시아가 아시아 금융위기에 휘말렸던 시기인 1997년 8월 22일에 태어났다. 한편 주리는 금융 위기가 태국으로 번진 시기에 태어났고, 희연은 한국이 금융위기에 휘말리기 직전에 태어났다. 또한 수연은 IMF가 한국에 570억 달러의 긴급 구제 조치를 승인하고 정확히 일주일 뒤, 그리고 김대중 전 대통령이 한국의 첫 야당 출신 대통령으로 당선되기 정확히 일주일 전, 이렇게 혼란스럽고 불안정한 상황에 있는 세상에 태어났다.

11명 남학생들의 친부모 22명 중 4분의 1 이상은 고등학교를 졸업하지 못했고, 절반 이하가 고등학교를 졸업했으며, 4분의 1 이상은 대학 이상의 교육을 받았다. 여학생들의 부모(친부모 및 의붓부모) 중 7명은 고등학교를 졸업했다. 그러나 미영의 부모는 초등학교가 최종 학력이고, 반대로 희연의 부모는 모두 대학을 졸업했다. 여학생들 중에서는 구금 당시 6명이 고등학교 중퇴 상황이었다(1명은 중학교 중퇴). 한편, 자녀를 조사하는 방법과는 달리 학부모의 경우, 교육 수준은 한국 청소년 인구 조사의 대표적 표본으로 간주되는 '2003~2008 한국청소년패널조사'에 참여한 청소년의 학부모 교육 수준과 비교해 분석했다(또한 이 장 전반에 걸쳐 참고 사항으로 사용된다)(Jeong, 2011: 692~703).

전체적으로 부모들은 다양한 직업을 갖고 있었다. 친아버지의 경우, 공사장 근로자, 버스 기사, 공무원, 목사, 소기업 경영자, 방문 판매원, 관리자, 축구 코치, 조경 관리사, 비정규 육체노동자 등의 직업군이 있었다. 친어머니의 직업은 공장 근로자, 사무직, 종업원, 술집 주인, 청소부, 인테리어 디자이너, 관리자, 보육원장, 가정주부 등이었다.

남학생들의 경우 네 가정이 명백하게 심각한 경제적 어려움에 처한 반면, 다른 네 가정은 경제적 어려움이 없다고 했으며 따라서 그들의 사회경제적 지위는 중산층으로 간주되었다. 하지만 이 소수의 가정은 경제적으로는 안정적일지 모르나, 정서적으로는 불안정한 상태일 수 있다. 여학생들의 경우 아홉 가정 중 두 가정만이 경제적으로 어렵지 않다고 말할 수 있었으며, 다섯 가정은 아주 극심한 경제적 압박과 불안정, 그리고 불안 속에 지내고 있었다. 좀 더 일반적으로는, 소년원에서 생활하는 83명을 대상으로 한 설문조사에서 35명이 그들의 경제적 상황을 '낮음'으로 평가한 반면, 45명은 '평균'이라고 답했다(오직 2명만이 '평균 이상'으로 답했고 '높음'은 1명도 없었다)(Han, Youngsun, 2011). 반사회적 부모, 부모와 자녀의 불만족스러운 관계, 배우자 갈등, 이혼과 같은 스트레스 요인과 함께 사회경제적 불이익이 향후 비행의 가장 강력한 예측 변수 중 하나이며(Lipsey and Derzon, 1998: 86~105), 이러한 것들이 주로 가족의 기능을 방해하기 때문이라는 연구 결과가 있기 때문에, 사회경제적 불이익이 분명히 존재한다는 사실은 놀랍지 않다(Farrington, 2010: 203~222).

우리가 제기해야 하는 질문은 어떻게 여학생들과 남학생들이 성장한 가정의 조건을 대부분의 종단적 연구가 반사회적 아동의 가정을 설명하기 위해 발견한 핵심 조건들과 면밀하게 비교할 것인가이다. 간단히 말하자면, 반사회적 아동의 가정들은 다음과 같은 특징이 있다.

① 가혹하고 일관성 없는 훈육

② 긍정적인 면이 거의 없는 부모의 양육 개입

③ 아동의 행동에 대한 불충분한 관찰과 감독[3]

또는 반대로 다음과 같은 질문을 할 수도 있다. 여학생들과 남학생들이 성장해 온 가정이 건강한 아동 발달에 필요한 **이상적 조건**들에서 얼마나 벗어나 있는가? 중독과 ADHD 및 아동 발달 분야 전문가인 가보르 마테(Gabor Maté)에 따르면, 아이가 **공감능력**과 **타인에 대한 통찰력, 사회적 책임감**을 갖춘 성숙한 성인으로 성장하길 바란다면, 아동발달기에 정서적으로 또 지속적으로 함께할 수 있고 스트레스를 주지 않는 능숙한 양육자가 필요하다(Maté, 2000). 마찬가지로 로버트 블리(Robert Bly)는 만약 '**부모다운 부모의 부재로 인한 분노**'를 피하고 싶다면, 청년들은 안정, 존재, 관심, 조언, 양질의 심리적 영양분과 오염되지 않은 이야기들이 필요하다고 말했다(Maté, 2000: 110~111). 20가지 사건에서 가해자들의 가정환경 내 공통된 주요 발달 방해 경험은 다음과 같다.

① 이혼

② 부모 부재와 방관: 연결 및 소통의 결여

③ 부적응적 양육: 갈등과 학대, 권위적 폭력

④ 불안정과 불안: 사회경제적 불안정

1) 이혼

20명의 학생 중 절반은 부모의 이혼을 경험했을 뿐만 아니라(6명의 남학생과 4명의 여학생), 그 시기는 모두 초등학교 과정 이전 또는 과정 중에 이혼을 경험했다는 것이었다. 더불어 10건 중 다섯 건의 이혼은 한쪽 부모가 사라지거나 가출한 경우였다. 그들의 삶의 다른 핵심적 측면과 마찬가지로, 총 50%라는 이혼율은 소년원 총구금자의 부모 이혼 비율과 일치한다. 즉, 어떤 시점에서든 구금자 230~250명 가운데 8%는 '부모가 없는' 반면, 약 65%는 (조부모 포함) '한부모가정' 출신인 것이다. 나머지 25% 정도에게는 양 부모가 있었다(의붓부모 포함).

이 가정들의 이렇듯 매우 높은 이혼율은 일반적인 청소년의 경우와 큰 대조를 이룬다. 앞에 언급된 국가 표준 한국청소년패널조사 자료에 따르면, 93%의 중학생 또래 응답자들이 친부모 모두와 함께 거주하고 있는 반면, 5.5%는 한부모가정이었고 오직 0.8%만이 의붓부모 가정에서 거주하고 있었다(Yu, Jeong Jin, 2011: 692~703). 다른 설문조사 자료에서도 청소년의 약 90%가 양 부모와 함께 살고 있다고 조사되었다(Hwang and Akers, 2006: 51~69). 이 설문조사 중 부모와 함께 살지 않는 남녀 학생들이 부모 중 1명 이상과 거주하는 학생보다 건강 상태가 좋지 않다는 '자가 보고'를 했다(Cho and Khang, 2010: 169~178). 이와 유사하게 '청소년기 우울증'에 대한 연구에 따르면, 함께 사는 부모가 없는 학생이 우울증 비율이 가장 높았고 한부모가정의 학생이 그 뒤를 이었으며 마지막으로 양 부모와 함께 지내는 학생들의 우울증 비율이 가장 낮았다(Park, H.Y. et al., 2012). 에리히 프롬이 주장한 바와 같이, 9세 정도 이전의 대부분의 아이들에게 주된 문제는 사랑받는 것, 아이의 존재 자체가 사랑받는 것이다. 그러한 사랑이 존재한다면 그것은 축복과 같은 일이다. 하지만 결여되어 있다면 "삶의 모든 아름다움이 사라져버린 것과 같다"라고 한다(Fromm, 1956: 37).

어머니가 홀연히 사라지고 부모가 이혼했을 때 준철은 7살이었다. 이것은 준철의 내면에 '상황을 거부하는 깊은 감정'을 남겼다. 준철은 어머니의 빈자리를 그리워하며 어머니가 왜 자신을 버리고 떠났는지 정확히 알고 싶은 마음이 간절했다. 이러한 실존적 물음에 대해 해답을 구하는 과정에서 준철은 거리를 맹목적으로 방황했고, 청소년범죄 행위에 가담하면서 결국 아버지와 계모와의 갈등이 고조되는 결과를 낳았다.

준수의 부모는 준수가 8살 때 이혼했다. 이후 준수와 여동생은 친삼촌 가족과 함께 살게 되었다. 하지만 준수의 친척들은 준수가 야뇨증(폭력에 노출된 아동이 보이는 흔한 현상)이[4] 있음을 알고 그를 비난하며 다그쳤고, 결국 준수는 도망쳤다. 그 후 준수는 고모의 집으로 거처를 옮겼으나 지속적인 야뇨증으로 '심하게 야단맞은' 후 다시 도망쳤다. 2011년 부모님이 정식으로 이혼한 이후 아버지와 단 한 번도 연락하지 않은 상태였다. 흔적도 없이 자취를 감추기 전에 준수의 아버지는 인터넷 카페에 장기간 중독되어 있었다. 더불어 준수의 아버지는 준수와 어머니에게 종종 폭력적이었으며 가족을 돌보지 못했다. 그렇기에 준수의 가족들이 아버지에 대해 좋은 감정이 없다는 사실은 놀라운 일이 아니었다. 하지만 어이없게도 준수는 그의 아버지를 "관대하고 사려 깊다"라고 묘사했다.

성격 차이로 윤지의 부모는 자주 싸웠다. 윤지가 5세였을 때 어머니는 집에서 도망쳤다. 그 후 10여 년이 지났지만 윤지는 여전히 어머니와 연락을 하지 않는다. 윤지는 문장 완성 검사에서 확실히 기억하는 장면을 묻는 항목에 '부모님이 이혼한 순간'이라고 썼다. 놀라운 일도 아니지만, 윤지는 자신의 약점을 '엄마'라고 썼다. 이 깊은 상처는 '우리 엄마'로 시작하는 문장을 완성하도록 요청받았을 때 나타났으며, 윤지는 '우리 엄마는'이라는 글자 옆에 간단히 "없다"라고만 적었다. 이렇게 어머니는 윤지의 마음속에는 존재하지만 실존하지 않았기 때문에, 윤지는 아버지 밑에서 성장했다. 윤지는 어머니가 있는 친구들을 부러워했고 종종 '나는 왜 엄마가 없을까?'라고 스스로에게 묻곤 한다. 어머니를 잃은 것에 대한 의도하지 않은 결과 중 하나는 윤지와 여동생이 서로 정서적으로 의존할 만큼 매우 가까워졌다는 것이다. 이 정서적 의존은 때로는 서로의 행동에 부정적인 영향을 미쳤다. 예를 들어, 한 번은 (어머니처럼) 함께 도망친 적이 있었다. 윤지는 그녀의 가족 문제에 대해 설명해 달라는 질문을 받고 다음과 같이 말했다. "부모님이 이혼하시고 전 아주 슬펐기 때문에 모든 게 어려웠어요. 우리는 경제적으로 어려웠고 저희 아버지는 두 딸을 혼자 키우셔야 했어요. 이건 조금 어려운 일인 것 같아요."

사건 관련 자료는 1930~1940년대 글릭의 선구적인 종단적 비교 연구의 핵심 연구 결과와 일치한다. 500명의 청소년범죄자와 500명의 일반 남학생을 구분하는 것이 무엇인지 알아보기 위한 연구에서, 글릭은 청소년범죄자들의 가정 중 아주 높은 비율이 내버림(가출)과 부모의 별거 또는 이혼으로 파괴되었다는 사실을 발견했고, 이러한 파괴적인 상황 대부분은 아동기 초기에 발생했다는 공통점도 도출했다.[5] 또한 부모의 이혼 또는 별거 이후 청소년의 반사회적 범죄적 행동이 크게 증가한 사실도 알아냈다.[6] 코펜하겐에 거주하는 500명의 남학생을 대상으로 조사한 결과, 이혼 후 부모가 바뀐 경우 자녀의 범죄율(65%)이 가장 높게 예측되었다. 이혼 후 안정기를 맞이한 상태(42%)와 이혼하지 않은 경우(28%)가 그 뒤를 이었다(Mednick, Baker and Carothers, 1990: 201~220). 마찬가지로 영국에서의 연구는 5세 이전에 부모의 이혼 또는 별거를 경험한 남자아이들이 32세 이전에 전과자가 될 위험이 두 배로 높다고 밝혔다(Kolvin et al., 1988: 80~90). 또한 뉴질랜드의 더니든(Duniden)에서 실시한 종단 연구는 부모의 불화를 경험했거나 일차 양육자가 자주 변경된 아동들에게 반사회적이고 비행적인 경향이 있다고 밝혔다(Henry et al., 1993: 97~118). 이와 같은 행동 문제는 명백히 타인을 괴롭히는 형태를 취하고 있었다. 한국 중학생들의 학교폭력에 대한 연구 결과 '온전한' 가정에서 자란 아이들이 '온전하지 않은' 가정에서 자란 아이들에 비해 학교폭력에 가담할 확률이 낮았다(47.1% 대 61.8%)(Kim, Koh and Leventhal, 2004: 740).

패터슨은 이러한 아동의 분리 후 행동 문제(부모의 이혼 후 훈육이 더 엄격해지는 경우 발생하는 문제 — 옮긴이)가 부모의 애정과 반응성 및 개입 감소와 이에 동반되는 부모의 성급함과 체벌 증가에 대한 반작용으로 발생할 수 있다고 주장했다(권위적 양육)(Patterson, DeBaryshe and Elizabeth, 1989: 329~335). 따라서 부정적인 결과는 단순히 분리로 인해 가정이 '파괴'되어 초래되는 것이 아니라 가정이 파괴된 방법과 파괴 이후 발생한 상황과 더 관련이 있다는 것이다. 패터슨의 주장은, 예를 들면 다음과 같은 질문이 아동에게 더욱 적절하다는 것이다.

① 아동이 부모의 일관된 사랑과 도움을 받고 있는가?
② 부모가 만성 스트레스로부터 아동을 보호하고 있는가?
③ 만약 1명의 부모 또는 양 부모가 모두 재혼했다면, 아동과 의붓부모(또는 가족) 간에 긍정적인 관계가 형성되었는가?

가정 파괴와 관련된 10건의 사례 중 어느 것도 이 질문에 자신 있게 '그렇다'라고 답변할 수 없었다.

2) 부재와 방임: 유대감과 의사소통의 결여

이혼을 경험한 아이들 중 절반은 방임되거나 1명 또는 양 부모의 부재를 경험하게 되는 한편, 부모의 근로 상황에서 비롯된 소통의 결여 역시 방임 또는 부모의 부재라는 경험을 초래하는 데 중요한 역할을 하며, 이는 결국 아동과 부모의 관계, 아동의 행동과 아동의 성격에 다양한 방식으로 영향을 미친다. 여러 연구가 부모와 아동의 불충분한 소통과 청소년범죄 사이에 관련이 있다는 것을 시사한다(Farrington and Loeber, 1999: 229~329). 영국의 한 연구는 아동의 하루 활동에 대한 부모의 개입이 낮은 경우 그 아동의 청소년범죄 가능성을 우려해 볼 수 있다고 밝혔다(Lewis, Newson and Newson, 1982). 한편 패링턴이 남부 런던 출신 411명의 노동자 계층 가정 소년들을 대상으로 한, 청소년범죄와 반사회적 행동 발달에 대한 종속적 설문조사인 '비행 발달에 관한 케임브리지 연구(Cambridge Study in Delinquent Development)' 결과에 따르면, 아들의 여가 활동에 한 번도 참여하지 않은 아버지를 둔 소년들은 향후 전과자가 될 위험이 2배 증가하는 것으로 밝혀졌다(West and Farrington, 1973). 마찬가지로 글릭의 연구도 청소년범죄를 저지른 남자아이들의 부모가 자신의 아이에 대한 감독에 훨씬 더 부주의했으며, 어떤 경우는 의문스러운 수준으로 방임하기도 했던 것으로 조사되었다. 이 남자아이들은 부모가 자신의 행복에 관심이 없다고 느꼈고, 결과적으로 아이들은 부모에 대한 유대감을 형성하지 못했다(Glueck and Glueck, 1950: 281).

부모의 부재와 방임은 남학생들의 사건 11건 중 최소한 일곱 건에 존재하는 한편, 여덟 건은 학생과 1명의 부모 또는 양 부모 사이에 소통이 결여되어 있거나 이혼 또는 부재로 전혀 소통이 없는 경우였다. 여학생들 중 5명은 어머니가 부분적으로 또는 완전히 부재 상태인 반면, 한 건을 제외한 모든 사건에서 적어도 1명의 부모와 소통이 결여되어 있었다. 이러한 부모와의 소통 결여는 형제자매가 있는 19건 중 최소 11건에서 존재한 형제들과의 친밀하고 애정 어린 유대(부모와의 껄끄러운 관계에 따른 부작용으로서의 유대)와 대조적으로 보일 수 있다.

개념적으로 아동의 건강한 발달에 영향을 미치는 이러한 부모 중심적 경험은 '외부 체계'의 영역에 위치해 있을 수 있다. 브론펜브레너의 아동발달의 생태학적 이론에 따르면, 외부 체계는 2개 또는 그 이상의 '미시환경' 간의 상호작용으로 구성되며, 여기서 하나의 환경(예를 들어 부모의 근로 환경) 내의 사건들은 간접적으로 다른 미시 환경(예를 들어 가정) 내의 과정들에 영향을 미친다(Bronfenbrenner, 1994: 1643~1647). 따라서 이혼과 일 같은 부모 중심의 인생사건들이 우연히 아동의 성격과 행동에 영향을 미칠 수 있는데, 이는 부모가 집에서 아이와 긍정적인 상호작용을 하고 감독하며 관리할 시간이 적기 때문이다(Hong and Eamon, 2009: 611~625). 마찬가지로 부모의 일 관련 스트레스는 부모의 양육 행태를 훼손시킬 수 있으며 이는 간접적으로 아동의 가정생활과 아이들의 성격 발달에 영향을 미칠 수 있다(Hong, J. S. et al., 2011: 1120~1126).

준철은 7살 이후 사라진 어머니와 소통이 없었을 뿐만 아니라 아버지와 계모, 의붓형제와도 거의 소통하지 않는다. 아버지는 계모와 작은 종이 포장 사업체를 운영하며 장시간 근로하고 불규칙적으로 일한다. 준철의 아버지는 밤 8~9시쯤 귀가한 후 보통 TV를 보거나 컴퓨터를 켜놓고 시간을 보낸다. 준철은 아버지의 말을 실제로 신경 쓰지 않으며 아버지는 "나한테 관심이 없다"고 기록했다. 반대로 형과는 친근하고 원만한 관계라고 말했다.

미영은 아버지가 (아침 7시부터 저녁 8시까지) 일에만 몰두해서 아쉬울 뿐만 아니라 미영에게 대놓고 적대적이며 폭력적인 어머니와 이야기하는 것이 짜증 났기 때문에 어머니와의 대화를 피했다. 미영은 마음속으로는 어머니와 대화하기를 원했지만, 퇴근해서 들어온 미영의 어머니는 바로 잠자리에 들라고 야단을 쳤다. 미영의 어머니는 아침 9시부터 10시까지 일을 했기 때문에, 그녀가 일과 후 지치는 것은 당연했다. 여성가족부의 연구가 시사하는 바와 같이, 미영의 어머니가 일 때문에 늦게 귀가하고 지쳐 있는 몸으로 자신의 아이와 놀아주고 이야기할 수 있는 시간을 내기 어렵다는 것은 비단 미영 어머니만이 직면한 어려움은 아니다(Lee, 2015). 그렇지만 미영이 구금된 후 부모가 미영에게(그리고 분류심사관에게) 사실상 등을 돌렸을 때, 미영은 부모의 무관심을 가장 뼈저리게 느꼈을 것이다.

3) 부적응적 양육: 갈등, 학대, 권위주의적 폭력

갈등과 폭언, 정서적 학대와 권위주의적 폭력과 같은 형태의 부적응적 양육은 사건 파일들 전반을 아우르는 큰 줄기이다. 미국심리학회가 결론 내린 것과 같이, 이러한 부적응적 양육 관행은 아동이 폭력적으로 행동하는 이유를 이해하는 데 매우 중요하다. "가혹하고 신체적이며 일관성 없는 체벌의 대상이 된 아동의 경우, 공격적이고 폭력적인 행동에 대해 일관된 패턴이 발달하는 경향이 있다."[7]

11건의 남학생 사건 중 9건에서 권위주의적 폭력이 분명히 존재했다(두 건의 비폭력 사건 중 한 사건인 외동아들 종민의 경우, 과잉보호가 가장 문제였으며, 재준의 경우는 또래와의 관계가 가장 두드러진 문제였다). 최소 남학생 2명과 여학생 2명의 경우, 그들은 폭력적인 형제의 영향을 받기도 했다. 이와 유사하게, 모든 여학생들이 남학생들과 마찬가지로 자신들의 청소년범죄 행위에 대한 부모의 반응으로서 심각한 유형의 부적응적 양육을 경험했으며, 따라서 이 청소년들의 행동은 자녀 발달을 억제하는 부모의 가정 관리 방식에 대한 반작용이었다. 4명의 여학생은 폭언 또는 폭행을 행사하는 아버지를 두었고, 다른 4명의 여학생들은 폭력적인 성향의 어머니를 두었다. 여학생 5명 중 3명의 부모가 여러 종류의 심각한 부부 갈등을 겪고 있었다. 이는 최소 7명의 여학생들이 부모의 싸움을 빈번히 목격해 왔다는 것을 의미한다.

하지만 한국의 양육 관행은 '가혹하거나 방임적이고, 심리적 통제를 이용하고 지나치게 관대한' 것으로 묘사되어 왔다(Hong et al., 2014: 433~442). 따라서 사건 파일 자료에서 가장 부적응적인 양육 사례와 일반적 청소년의 경우를 간단히 비교해 볼 만한 가치가 있다. 앞서 언급한 한국 청소년패널조사는 2003년부터 2008년까지 매년 2개의 청소년 집단을 추적했다. 첫 번째 패널은 2004년 당시 초등학교 4학년으로 약 10세인

2844명이 대상이었고, 두 번째 패널은 2003년 당시 중학교 2학년으로 약 15세인 청소년이 대상이었다. 2008년에 첫 번째 패널은 중학교 2학년이 되었고(약 15세), 두 번째 패널은 대학교 1학년(약 20세)이 되었다. 2008년 첫 번째 패널은 다음과 같은 문항을 받았다. "부모의 가정불화, 이혼 등으로 가정에 대한 불만이 높다." 지난 1년간의 상황을 묻는 질문에 대한 답을 다음 보기에서 선택할 수 있었다.

① 잘 모르겠다   ② 전혀 그렇지 않다 ③ 그렇지 않은 편이다
④ 보통이다   ⑤ 그런 편이다   ⑥ 매우 그렇다

이 질문에 답변한 2448명의 15세 청소년 중 7.7%가 "보통이다"라고 답변했고, 3.6%가 "그런 편이다", 0.8%는 "매우 그렇다"고 답변했다. 두 번째 패널의 경우 2003년부터 2008년까지 매년 이 질문을 받았다. 6년 간 이 질문에 응답한 총 1만 8683명 중 9.0%가 "보통이다"라고 답했으며, 3.7%가 "그런 편이다", 1.1%가 "매우 그렇다"라고 답변했다.

이 조사 자료는 사건 파일 자료와 극명한 대조를 보일 뿐만 아니라, 또한 필자가 직접 서울소년원에서 수행했던 조사와 비교가 가능하다. 이 질문에 응답한 비행청소년으로 알려진 195명 중 21%가 "보통이다", 10.7%가 "그런 편이다", 2.5%가 "매우 그렇다"라고 답변했다. 이를 모두

표 6-5. 부모의 가정불화, 이혼 등으로 가정에 대한 불만이 높다

(단위: %)

	청소년패널조사(15세)	청소년패널조사(15~20세)	서울소년원(15~20세)
보통이다	7.7	9.0	21
그런 편이다	3.6	3.7	10.7
매우 그렇다	0.8	1.1	2.5
총합	12.1	13.8	34.2

표 6-6. 나는 부모님으로부터 심하게 맞은 적이 많이 있다

(단위: %)

	청소년패널조사(15세)	청소년패널조사(15~20세)	서울소년원(15~20세)
거짓도 사실도 아니다	11.2	10.4	25
어느 정도 사실이다	3.8	3.7	10
매우 사실과 같다	2.2	1.4	4.5
총합	17.2	15.5	39.5

표 6-7. 나는 우리 부모님이 상대방을 때리는 것을 자주 목격한다

(단위: %)

	청소년패널조사(15세)	청소년패널조사(15~20세)	서울소년원(15~20세)
거짓도 사실도 아니다	8.8	10.4	13.5
어느 정도 사실이다	2.7	3.4	5.5
매우 사실과 같다	1.3	1.0	2.5
총합	12.8	14.8	21.5

종합한 자료는 다음과 같다.

'나는 부모님으로부터 심하게 맞은 적이 많이 있다'라는 질문에 대해서도 비교해 봤다. 이러한 (그리고 다음과 같은) 질문에 매년 2개의 한국청소년패널조사 패널(각각 1만 3181명과 1만 8674명의 응답자)과 서울소년원에 수용된 200명이 답변했다.

그리고 "나는 우리 부모님이 상대방을 때리는 것을 본적이 많다"라는 질문에 대해서도 비교해 볼 수 있다.

이와 같이 부적응적 양육을 보고한 비율은 청소년 폭력으로 법원의 판결에 따라 소년원 구금자들의 경우에 훨씬 높았다. 일반 청소년의 경우보다 대부분 2~3배 높게 나타났다.

이러한 부적응적 양육이 아동 발달에 미치는 영향에 대해, 2014년 190개 국가의 아동에 대한 폭력을 조사한 유니세프(UNICEF) 보고서는 폭력에 대한 조기 및 장기간의 노출은 아동의 이후 '**발달 사슬**'에 영향을 미친다고 결론을 내렸다.[8] 결과적으로, 폭행을 당한 아동들은 자존감이 낮은 경향이 있으며 우울증을 겪고, 이는 결국 반사회적 행동, 그리고 자해 행동으로 이어질 수 있다. 또한 폭력을 목격하는 것은 유사한 고통을 야기할 수 있으며, 이로써 분쟁을 해결하는 방식으로 자신의 배우자와 자녀에게 폭력과 학대를 반복적으로 행사하고 그러한 행동을 내면화하게 된다. 유사하게 글릭의 연구 결과에서도 비행소년이 된 남자아이들의 부모 중 대다수가 아이들에게 무관심하거나 노골적으로 적대적이었다.[9] 합리적이고 정당한 처분 관행을 적용하는 대신, 부모들은 종종 혼란스러울 정도로 극단적 관대함과 가혹한 방식을 오가며 양육했다. 더욱이 비행청소년들의 부모는 아이들을 돌보는 데 훨씬 부주의했다. 글릭은 이런 종류의 가족 내 분열은 성장하는 아동에게 심각하고 부정적인 결과를 끼친다고 주장했다. 이것은 적절한 책임감과 반사회적 행동의 억제를 위한 효과적인 메커니즘 발달을 저해할 수 있다. 부모는 사회의 요구 사항을 성장기 아동에게 전달하는 일을 맡은 **사회의 심리적 대리인**이기 때문에 (Fromm, 1955: 80), 가족 내부의 불안정성으로 아동은 적절한 윤리적 지지대가 없는 상태로 방치될 수 있다. 한 번도 사람들과 적절히 어울리지 못해본 아이들은 반사회적 성향이 지속적으로 발달할 위험이 커진다.

의붓부모와 함께한 경험이 있는 여섯 건의 모든 사례에서, 의붓부모와의 관계는 (심각한 오해와 갈등을 동반한) '문제투성이'로 묘사될 수 있었다. 가정법원 관계자가 한 부모 또는 양 부모의 재혼 이후 아동학대 가능성에 대한 우려를 폭넓게 언급한 바와 같이, 학대받은 아이들의 40%는 알려진 바에 따르면 한 부모 또는 재혼한 가정의 자녀들이었다(Kim, 2016). 또한 2명의 보호자가 있는 14건 중 최소 여덟 건의 사건에서 가정의 자녀 관리 방식은 '일관성 없음'으로 간주될 수 있었다. 패터슨과 디시온이 언급한 바와 같이, 1명은 권위주의적이고 1명은 자유방임적인 부모로 구성된 '일관성 없는' 가정환경에서의 성장은 청소년범죄의 강력한 예측 변수 중 하나로 간주된다(Patterson and Dishion, 1985: 63~79).

상현의 아버지는 50세에 심장병 합병증으로 상현이 구금되기 두 달 전 세상을 떠났다. 아버지가 병원에서 생사를 넘나드는 동안 상현은 가출을 했다. 아버지의 사망 직전까지 상현은 아버지의 권위적 양육에 저항하며 대부분의 시간을 보냈다. 상현이 유치원에 다니던 시절부터 상현의 아버지는 체벌에 회초리를 사용하곤 했다. 아버지의 권위적 양육과 그에 대한 아들의 반항으로, 아버지와 아들은 거의 대화를 나누지 않았다. 그의 상담자는 폭력적인 아버지, 그 후의 아버지의 죽음, 반복되는 비행이 상철에게 '심리적 충격'을 안겨주었다고 믿었다. 상현의 아버지가 엄격한 권위주의적 양육을 한 반면, 반대로 어머니는 상현을 지도하고 훈육하는 데 자유방임적이어서 상현이 원하는 것을 하도록 그저 내버려 두었다.

서영 및 수현과 마찬가지로, 주리도 물건을 자주 던지는 부모를 두었다. 주리는 자신의 아버지를 상냥하다고 표현한 반면, 대형 할인점에서 매니저로 일하는 어머니에 대해서는 짜증 난다고 표현했다. 이러한 짜증의 일부는 어머니가 주리의 남동생만 편애한다고 느끼기 때문이었다. 어머니가 주리가 아닌 동생만 사랑한다고 생각하는 한 가지 이유는, 주리가 어머니의 말을 제대로 듣지 않으면 어머니는 때때로 주리에게 '맞았을 때 치명적일 수 있는 위험한 물건'을 던지거나 바닥에 누우라고 강요한 뒤 발로 밟는 식으로 반응했기 때문이다. 이러한 폭력은 주리가 초등학교 5학년 때부터 시작되었으나 최근에는 줄어들었다. 주리는 어머니의 행동에 반복적인 가출로 대응했고, 서영과 마찬가지로 주리는 가족에 대해 증오를 표현했다. 남동생의 행동이 증오를 유발하기도 했다. 미영과 마찬가지로 주리는 남동생과 거의 대화를 하지 않았다. 어머니와 마찬가지로 남동생이 주리를 폭행했기 때문이다. 이러한 강압적 가정환경에 노출되면서, 승희처럼 주리도 자해 행위를 하게 된다. 어머니가 자신을 폭행하기 시작한 후부터 승희는 칼을 들어 상처를 냈고, 그 상처는 지금도 남아 있다.

패터슨은 건강한 자녀의 적응에 영향을 미치는 이혼과 부부 갈등, 가정 폭력과 같은 스트레스 요인이 대부분 **가정 관리 방식**을 통해 매개된다고 주장했다. 따라서 이러한 스트레스 요인이 친사회적 양육 방식을 방해한 다면, 아동은 적응 문제를 겪을 위험에 처한다(Patterson, DeBaryshe and Ramsey, 1989: 329~335). 패링턴에 따르면 이러한 친사회적 양육 방식을 적용하려면 확실한 규칙을 설정하고 아이에게 어느 정도의 자율성(점진적으로 증가)을 허용하는, 정서적으로 소통이 가능하고, 즉각 대응하며, 따뜻하고, 의사소통이 잘되고 지지해 주는 **권위 있는** 부모가 필요하다(Farrington, 2010: 203~222). 대다수 연구에 따르면, 권위주의적 양육이 **체계**와 **자유**를 함께 제공함으로써 청소년의 건강한 심리사회적 발달과 성인기로의 이행을 용이하게 한다(Steinberg, Chung and Little, 2004: 21~38). 이러한 '확고하고 따뜻한' 권위주의적 양육 방식은 '확고하나 따뜻하지 않은' 권위주의적 양육과 대조되며, 후자는 최악의 경우 지배적이고 체벌 위주의 가혹하며 까다롭고 때때로 냉정한 부모들의 특징이 된다(Farrington, 2010: 203~222). 패링턴의 '비행 발달에 관한 케임브리지 연구'는 권위주의적 부모가 추후 폭력 전과를 설명하는 두 번째로 중요한 예측 변수(과잉 활동과 집중력 부족)라고 밝혔다(Farrington, 1994: 215~240). 또한 케임브리지 연구는 권위주의적 부모의 존재가 폭력과 비폭력 범죄로 유죄 판결을 받은 청소년들을 구분하는 가장 중요한 아동 위험 요소였다고 밝혔다(Farrington, 1991: 5~29). 정반대로 미국에서의 연구에 따르면 권위주의적 부모를 둔 청소년범죄자들은 심리사회적으로 더욱 성숙하고, 학업 성취 역량이 더 높으며, 내면화된 고통에 덜 취약하며 문제 행동에 관련될 확률이 낮다고 한다(Steinberg, Blatt-Eisengart and Cauffman, 2006: 56).

유사한 방법으로 한국 아동의 공격성에 대한 부부 갈등과 양육 행위, 형제자매 관계의 영향을 조사한 연구에 따르면, 체벌과 심리적 통제를 빈번히 사용한 부모를 둔 자녀는 동급생들에게 공격적이었다(Kim and Doh, 2001: 149~166). 더욱이 **가족 기능과 청소년범죄의 관계**에 대한 한국에서의 연구에 따르면, 비행청소년들의 환경은 다음과 같이 보고되었다(Kim and Kim, 2008: 439~453).

① 제 기능을 못하는 어머니와 아버지의 양육 태도(체벌 위주의 엄격하고 일관성 없는 양육)
② 낮은 가족 안정성(가족 구성원 간의 낮은 협동심, 가족 내 긴장감, 부부 간의 불화)
③ 더욱 문제가 많은 부모와 자녀의 관계

간단히 말하자면, 범죄를 저지르지 않는 성향의 청소년과 비교했을 때 한국의 비행청소년들은 제 기능을 못하는 가정환경에서 양육되었을 확률이 높다. 패터슨의 사회적 상호작용 모델과 연계해 그들의 행동 문제는 다음에서 기인한다. "부모의 방임, 애정 결핍, 가족 내의 지원 결여"(Kim and Kim, 2008).

하지만 부모의 학대 행위를 단지 비난하기 전에, 요주의 대상이 된 아동학대 성인의 80%가 아동기에 학대당하고 방치되었거나 혹사당한 사람들이었다는 대전시 아동보호전문기관장의 말에 귀를 기울여야 한다(Chung, 2016). 가보르 마테는 ADHD와 중독, 괴롭힘과 같은 생물심리사회적 문제의 발달을 이해하기 위해서는 **다세대적 요인**을 고려해야 한다고 주장해 왔다. 마테는 우리의 생물학적·심리학적·사회적 구성과 아동기의 사회화가 조부모의 무의식적 작용과 태도 및 행동들이 부모의 발달 기간 동안에 부분적으로 영향을 미친 결과라고 생각한다. 따라서 개인을 완전히 이해하기 위해서는 세대 내에서 그리고 세대를 아울러 전개되는, 마테가 동심원적인 '**이야기 내부의 이야기**'라고 말한 내용을 이해할 필요가 있다. 마테는 각 세대가 자신들이 존중하는 가치뿐만 아니라 대부분의 부정적인 경험 역시 다음 세대에게 전한다고 생각한다(하지만 보통의 경우, 이는 의식적으로 전해지는 것은 아니다).[10]

아버지가 사라지기 전 부모의 다툼을 빈번히 목격하고, 계부에게 성폭행을 당했으며, 자신에게 자주 물건을 던지는 어머니를 둔 수현은 현재까지의 자신의 삶을 다음과 같이 적었다.

> 나는 어린 시절에 관한 좋은 기억이 별로 없다. 그 이유는 내가 눈을 뜨면 엄마는 공장에 일하러 나가신 후라 아무도 없었기 때문이다. 그리고 엄마는 내가 잠자리에 들 때도 없었다. 우리 엄마와 아빠는 나를 임신해서 결혼하셨고 그 이유로 나는 때때로 이 결혼의 원인이라는 비난을 받았다. 그리고 그 후, 내 여동생이 태어났다. 여동생은 부모님의 사랑을 독차지했기 때문에 나는 동생에게 질투를 느꼈다. 하지만 난 외가의 사랑을 많이 받았다. 내 어린 시절은 반은 행복했고 반은 불행했다. 앞으로는 행복한 날만 있었으면 좋겠다.

4) 불안정과 불안: 사회경제적 위태로움

혼란과 불안정, 불안은 (즉, 위태로움은) 고추, 소금, 설탕, 젓갈, 마늘, 생강, 양파가 김치를 만들기 위해 배추 속으로 퍼지는 것과 같이 서서히 사건화되었다. 이러한 위태로운 삶의 방식은 다음과 같은 결과로 나타날 수 있다.

① 아이들과 그 부모의 '불규칙한 요요 현상'

② 아이들이 노출되고 대응한, 다양한 양육 방법의 일관성 없고 파괴적인
성격

③ 아이들의 '자발적' 또는 '충동적인(불안정한) 성격'

무엇이 청소년들을 비행으로 이끄는지 알아보는 연구에서 글릭은 비
행청소년들의 부모들이 (범죄 성향이 없는 청소년들의 부모와 대조적으로)
이상적인 가족을 꾸리지도 못하고 사회적 의무를 충족하지도 못하는 것
을 발견했다. 이것은 부모 스스로가 행동에서 다양한 종류의 물리적·지
적·정서적 혼란을 드러냈기 때문이다. 그들은 술로 인해 고통받았을 가
능성이 높고, 좋지 않은 근무 습관이 있거나 자금 관리 기술이 부족할 수
있으며, 자신의 상황을 개선할 수 있는 자존감과 의욕이 낮고, 전과가 있
을 가능성이 높았다. 부모는 이런 부정적인 경험을 아이에게 전달할 뿐
만 아니라, 아이들을 어머니의 감독과 일상 및 안정이 결여된, 볼품없고
홀대받는 가정환경에서 자라게 했다. 따라서 이 책에 제시된 사건과 마
찬가지로, 아이들은 건강하고 행복하며 규범을 따르는 아동으로 양육하
는 데 도움이 되지 않는 환경에서 성장했다. 하지만 우리는 오늘날 한국
의 청소년들이 지킬 것으로 예상되는 바로 그 규범에 대해 반드시 의문
을 제기해야 한다. 그 규범 자체가, 특히 학업 성취에 대한 기대와 관련
한 규범은 '부정적 청소년기의 결과'(괴롭힘과 자살 등)를 초래하는 중요한
부분이기 때문이다. 그럼에도 글릭은 비행청소년들이 혼란과 불안정성
이 결속과 안정성을 지배하는 세계에 살았던 것이 비행의 결정적인 요인
이었다고 결론 내렸다.[11]

지성은 한 살 때 부모가 이혼한 후 중학교에 입학할 때까지 조부모와
함께 살았고, 그 후에는 수원시에서 빈곤층을 위해 마련해 준 임대주택
에서 아버지, 의붓어머니와 함께 살았다. 따라서 지성은 그의 발달기를
부모가 부재한 채로, 그 대신에 조부모의 관대한 보살핌을 받으며 보냈

다. 돌보기는 하지만 대체로 자유방임적인 조부모의 양육을 받던 지성은 그에게 때때로 소리를 지르는 아버지와 주기적으로 그를 야단치며 자신의 행동에서 늘 흠을 찾아내는 계모의 보호를 갑자기 받게 되었다는 것을 깨달았다. 아버지가 본 바에 따르면 지성은 할머니가 사망한 후 종종 우울해 보였다. 구조조정으로 오랫동안 근무했던 안정적인 직장에서 해고당한 지성의 아버지는 이후 학원버스 기사와 같은 임금이 낮고 불안정한 일을 했으며, 이는 지성의 계모와 마찬가지로 지성의 아버지가 오후와 밤에 집을 비우고 지성을 방치하게 되는 현실을 만들었다. 지성의 아버지가 사건이 발생한 후에야 아들이 일진과 관련됐다는 사실을 알았다고 말한 것은 놀랍지 않다. 기계공업고등학교에 입학한 지성은 1학년 때 흡연을 이유로 퇴학당했다. 그 뒤 지성은 학교에서 퇴학당했거나 적응 문제를 겪고 있는 학생들을 위한 학교에 입학했다. 하지만 지성은 7~8명의 친한 친구와 떨어져 지내면서 학교에 적응하지 못하는 문제에 직면했다. 지성의 중학교 2학년 담임교사는 지성이 매우 예민한 아이이며 그의 행동에 악의적인 의도는 없었다고 기억했다. 지성의 중학교 3학년 담임교사는 (마치 요요처럼) 지성의 기분이 좋아졌다 나빠졌다를 반복하며 감정 기복이 심한 모습을 보였다고 말했다. 소년원에서 한 심리검사에서는, 결과를 고려하지 않고 내키는 대로 행동하는 기질 때문에 지성을 '충동성'이 높고 '부정적 자아상'을 갖고 있는 것으로 결론 내렸다.

미영의 가족은 저소득층이었다. 불같은 성격의 어머니는 아침 9시부터 오후 10시까지 보석 공장에서 일을 했고 아버지는 아침 7시부터 저녁 8시까지 비정규 저임금 육체노동에 지속적으로 종사했다. 이러한 사회경제적 조건 때문에 부모는 미영과 불같은 성격의 아들을 감독하거나 그들과 대화할 시간이 없었고, 이러한 결핍은 미영이 아버지를 향해 "오직 일만 한다"라고 불만을 표시하고 (부재중인) 어머니와 가까워질 기회가 계속 사라지는 것을 한탄하는 모습에서 나타난다. 종종 미영 부모의 갈등에 촉매로 작용한 재정적 어려움은 '니트족(NEET: Not in Education, Employment or Training)'(직장에 다니는 것도 아니고 교육이나 훈련을 받는 상태도 아닌 젊은이)이며 정신질환이 있는 아들의 처지 때문에 더욱 압박을 받았다. 장기화된 부재와 지속적인 갈등을 근거로 미영의 분류심사관은 미영의 부모에게 자녀 보호 능력이 결여되었다는 결론을 내렸다.

이렇듯 우리는 사회경제적 불이익으로 발생한 어려움들로 인해 비행청소년들과 범죄자들이 모두 낮은 사회경제적 지위의 가정에서 불균형적으로 배출되었음을 확인했다(Farrington, 1993: 404). 하지만 패터슨이 언급한 바와 같이, 사회경제적 불이익의 와해적인 영향은 지성과 미영의 경우처럼 자녀 양육 기술이 형편없고, 가감 없이 부정적인 성격을 드러내며, 사회경제적 불이익에 따른 와해적인 효과를 상쇄할 수 있는 개인적 자원이 빈약한 부모를 둔 경우에 증폭된다(Patterson, DeBaryshe and Ramsey, 1989: 329). 하지만 사회경제적 불이익이 향후 비행의 가장 강력한 예측변수 중 하나로 간주되는 반면(Lipsey and Derzon, 1998: 86~105), 글릭은 우리가 단지 비행에 대한 원인을 사회계층적 문제에 한정하는 것을 경고한다. "경제적으로 불우한 가정에서 자란 각각의 비행청소년의 경우, 불충분한 소득으로 곤란을 겪는 이들의 가정에서도 준법정신을 지닌 청소년이 성장할 수 있다.[12]

20개 사건의 형제자매들 중 많은 수가 같은 환경에서 자라고 동일하게 강압적인 가정환경의 영향을 받았지만 학교폭력 관련 행동에 관여하지 **않았다**는 사실에서 이러한 점을 확인할 수 있다. 또한 학교폭력에 관련된 아이들의 실존적 특징은 내면 깊숙이 자리한 위태로움이지만, 지그문트 바우만은 근대적 존재의 끊임없이 변화하는 중심부는 위태로움을 생성하는 소재로 조합되어 있다고 주장해 왔다. 액체근대를 만드는 데 사용되는 핵심 재료는 **변화**와 **불확실성**이다. 이것이 바우만이 액체근대를 개념화하기 위해 다음과 같은 격언을 고수하는 이유이다. "변화는 **유일**

한 영속성이며 불확실성은 **유일한** 확실성이다"(Bauman, 2013: 90).

지속적이고 강박적이며 막을 수 없는 변화는 결국 우리가 '**존재**'(안정적이고 온전한 정체성)의 상태가 아닌 '변해가는'(절대 가만히 있지 않으며, 완전히 끝나는 적이 없고, 언제나 미완성인) 상태로 영원히 남아 있게 하며 그 과정에서 일시성, 연약함, 취약성, 중복성 등을 낳는다. 집요하게 '완벽한 마지막 상태'를 추구한 근대의 고체성과는 대조적으로, 이제 현대적이라는 의미는 구식이며 유통기한이 지난 이전 구조를 대체하는 각각의 새로운 구조는 단지 또 다른 순간적인 해결책에 불과하며, 더 적절한 새로운 것이 나올 때까지 일시적인 것으로 간주되는 영원한 개선이다(Bauman, 2013).

4. 학교생활

학교 환경 내에서 비행청소년들과 평범한 아이들 간의 차이를 파악하고자 하는데, 글릭은 학교가 양날의 검이 될 수 있다는 언급으로 시작했다. 한편으로 행동에 특정한 기준을 부여하고 특정한 제한과 처벌을 가하는 가정을 벗어난 세상에서 아이들이 권력의 맛을 처음으로 체험하는 학교는 기술의 실현과 성취를 통해 정서적 만족감을 제공할 수 있으며, 결국 이것은 사회적으로 용인되는 야심을 도발할 수 있다. 또한 학교 환경에서 아이들은 자신들이 모방하고자 애쓰는 '역할 모델'과 교류할 수도 있다. 그러나 다른 한편으로는, 학교에서의 경험이 발달기 아동의 마음에 오래 지속되는 상처를 남기고, 반사회적 행동과 잠재적으로 권위에 대한 저항의 발달을 촉발하는 상처를 남길 수 있다. 글릭은 평범한 아이들을 담당한 교사의 보고와 비교할 때 비행청소년들은 학교에 대한 관심이 낮고, 학교를 싫어하며, 학교에 있는 동안 말썽을 피우고, 학교에 나오고 싶어 하지 않으며, 무단결석을 하고, 결과적으로 낮은 성적을 받을 가능성이 더 높았다. 또한 그들은 반항적이고 부정직하며 무질서하고 저항적이며 반을 지배하려는 성향이 강했고, 이는 외설적이며 잔혹하고 파괴적이며 약자를 괴롭히는 행동으로 표출되었다. 이러한 태도는 학년이 바뀌어도 더디 진전되고 학업성취도가 낮다는 의미였다.[13] 따라서 연구자들은 학교에서의 부적응과 잘못된 행동은 "**비행청소년에게 정서적 어려움과 반사회적 습관이 고착되어 있다는 것**"을 암시한다고 보았다.[14]

다른 연구들도 이러한 뿌리 깊은 정서적 어려움과 이후 학교에서의 어려움 사이의 연관성을 보여주기는 마찬가지였다. 예를 들면 '비행 발달에 관한 케임브리지 연구'에서, 비행소년이 된 남학생들의 경우, 담임교사들은 학생들이 지나치게 활동적이며 집중력이 낮은 경향이 있었고 그 영향으로 학업 성취가 낮아졌다고 보고했다(Farrington, 1995: 929~964). 또한 앞에서 언급된 유니세프 보고서는 '심각하게 학대당했거나 방치된' 아이들이 학습장애를 경험할 가능성이 높고, 그렇기에 그런 아이들은 결석률이 높고 성적이 낮으며 학교에서 정학을 당하거나 중퇴할 가능성이 높은 등등 다양한 유형으로 학업 부진을 겪을 위험이 높다고 결론 내렸다.

사건 파일 자료는 글릭의 연구와 앞의 다른 연구 결과들과 매우 유사한데, 특히 학교에 적응하는 문제, 학교에서의 문제적 행동, 학교에 대한 낮은 관심, 높은 결석률, 낮은 성적에서 그러했다. 간단히 말해서 이들은 학교에서의 행동과 성적이 형편없었다. 이들의 학업 성취와 성과는 1993년과 2013년 사이의 공식 청소년범죄 통계와 비교할 수 있으며, 이 통계는 고등학교를 졸업하지 못한 청소년 중 범죄자가 된 수가 범죄를 저지르지 않은 사람의 수보다 약 5배 많다는 것을 보여주었다.[15]

1) 적응, 신경 끄기, 자퇴

교육열 높은 한국에서 학업 부진아들은 일반적으로 '실패'한 존재로 여겨진다. 연구 결과에 따르면 이러한 부진은 결국 우울증, 불안, 약물남용, 비행과 자살 행동의 원인이 될 수 있다(Yang and Shin, 2008: 1328~1335). 자녀의 교육적 성공에 대한 부모의 지대한 욕구는 결국 자녀의 심리적·정서적 건강을 간과하는 결과를 초래할 수 있다.

사건 파일에서 비행청소년들의 학교에 대한 낮은 관심과 낮은(일반적으로 최저) 성적이라는 일관된 양상을 확인할 수 있을 뿐만 아니라, 이들의 결석률은 대개 해가 갈수록 높아졌고, 그들 절반은 학교를 중퇴하는 양상도 볼 수 있었다. 남학생들 중 3명, 여학생들 중 7명이 학교를 중퇴했고, 여학생들 중 6명은 고등학교 1학년 때 중퇴했다. 하지만 주리는 중학교를 중퇴했으며, 중퇴 후 3년을 그저 빈둥거리며 보냈다. 주리는 교사에 대한 증오로 자퇴를 결심했다고 말했다. 중학교를 마치지 못했으나, 주리는 최근 고등학교 입학시험에 통과했고 이를 통해 대학에 진학할 수 있다는 희망이 생겼으며, 계속해서 성공을 향한 여정으로 나아가고 있다. 남학생들의 경우 스포츠, 특히 축구에 대한 높은 관심과는 반대로 학업에 대한 관심은 낮았다.

글릭이 주장한 바와 같이 학교에 대한 아이들의 부적응은 무단결석(및 가출)을 통해 나타난다. 무단결석을 통해 아이들은 어렵고 불쾌한 사회적 상황과 의무에서 벗어나 더욱 즐겁고 흡인력 있는 활동으로 도망칠 수 있다.[16] 그러나 이러한 것들은 훗날 많은 사람들이 깊이 후회하게 될 결정이다. 어느 날, 서울소년원에서 필자가 가르치고 있는 약 12명의 소년 자원봉사자에게 각자 원하는 마법의 힘을 선택해 보라고 했다. 4명의 봉사자가 시간 여행을 선택했는데, 그중 3명은 정확히 7년 전으로 돌아갈 수 있는 능력을 원한다고 했다. 아이들은 7년 전으로 돌아가서 이전에 자신들이 밖으로 돌아다녔던 것과는 반대로 공부를 열심히 하겠다는 선택을 했다. '과거로 돌아가는 것'에 대한 아이들의 열망은 자신의 비행에 대한 후회를 비롯한(비록 마법 같은 일이긴 하지만), '새로운 시작'을 할 수 있기를 원하는 열망의 표출이었다. 준수는 다음과 같이 적었다. "만약 내가 과거로 돌아갈 수 있다면, 공부를 잘했던 초등학교 시절로 돌아가고 싶다."

인표는 제주도에서 초등학교를 졸업했고, 그 시절의 성적은 평균이었으나 체육, 특히 축구에 대한 재능과 관심이 매우 높았다. 축구선수가 인표의 꿈이었으므로, 학교에서는 그의 부모에게 인표를 축구팀에 가입시키라고 추천했으나, 부모는 아들이 오직 공부에 집중하길 원해 거절했다. 꿈이 깨지고 의욕이 꺾인 상태로 인표는 중학교에 입학했고, 공부에 대한 집중은 결여되었다. 그 대신 재미를 추구하고 친구들과 어울리는 것에 대한 호기심이 커졌고, 이후 '나쁜 친구들'과 어울리기 시작했다.

수현은 학교를 중퇴하기 전 종종 결석했으며 성적은 아주 낮았다. 수현의 높은 결석률은 계부의 성적 학대와 직접적으로 관련이 있었고, 이것이 수현이 자주 가출하고 '나쁜' 친구들과 밤늦게 또는 새벽까지 어울리는 이유였다. 어머니가 두 번 이혼하는 것을 보며 (어쩌면 이것이 계기가 되어) 수현은 웨딩 플래너가 되는 것이 꿈이라고 말했다.

브론펜브레너의 '생태 체계' 접근이 제시한 바와 같이, 가정과 학교는 고립된 섬들이 아니다. 이러한 생태학적 접근은 가정과 학교라는 '마이크로시스템'과 같이 사회의 다양한 '내포된 구조'가 비행과 폭력적 행위의 잠재적인 생산에서 어떻게 상호작용을 하고 역할을 수행하는지 더 잘 이해할 수 있도록 도와준다. 인생 경로 각 과정에 존재하는 관계의 복잡한 체계는 아동의 발달에 중대한 영향을 끼친다. 아동의 인생 경로를 이해하기 위해, 생태학적 접근에 따르면 아동의 환경 내 상호작용은 양방향적으로 바라보는 것이 좋다. 예를 들면 다음과 같다.

① 성인은 아동의 행동에 영향을 미치고, 아동은 다시 성인의 행동에 영향을 미친다.

② 가정환경은 학교에서의 아동의 행동에 영향을 미치고, 학교에서의 아동의 행동은 가정환경에 영향을 미친다.

③ 아동은 친구들에게 영향을 받고, 아동은 다시 친구들에게 영향을 미친다.

부모의 가혹하고 일관성 없는 체벌의 대상이 된 아동들이 다른 상황에서 또래들에게 공격적이고 폭력적인 행동의 일관된 행동 패턴을 발달시키는 경향이 있기 때문에, 폭력적인 가정은 공격적이고 반사회적인 행동 발달에서 가장 높은 '위험 요소들' 중 하나로 여겨져 왔다(Bowers, Smith and Binney, 1994: 215~232). 간단히 말하면 가정에서 배운 것이 학교와 직장 등 가정 밖에서의 자녀의 행동을 형성한다는 것이다(Flores, 2005: 80).

진규가 부모님과 함께 살고 아직 순진했던 초등학교 시절, 그는 반에서 부반장으로 선출되었고 성적도 괜찮았다. 중학교 시절 부모님의 이혼과 진규의 요요 현상이 시작된 이후, 진규의 성적은 최하위권으로 떨어졌다. 진규가 어머니와 자신이 증오하는 행동을 하는 계부와 함께 지내던 중학교 3학년 때까지 36회 결석하고 18회 지각했다. 진규의 불안정한 가정생활과 학업 성취 저하 사이의 이런 우연한 상호 관계는 진규의 중학교 생활기록부에서 나타난다. 진규의 중학교 1학년 담임교사는 진규가 예의 바르고 이해력이 높고 성숙하다고 생각했고, 진규가 얼마나 빨리 반 친구들과 친해지는지 기록했다. 이렇듯 진규는 학기 초에 떨어진 성적을 올리려고 늘 노력했고, 학업에 높은 의욕을 보였다. 따라서 선생님은 그의 긍정적 성장을 기대했다. 중학교 2학년 담임교사는 진규가 매사에 긍정적이고 성실하며 친구들과 잘 지낸다고 판단했다. 하지만 현재 진규는 공부에 대한 의욕이 부족하고, 약간의 산만함(집중력 결여)을 보인다. 또한 진규는 자신의 가정 상황으로 스트레스가 높았고 다소 우울해 보였다. 따라서 담임교사는 진규에게 신중한 배려와 관심이 필요하다고 판단했다. 진규의 3학년 담임교사는 진규가 예민하고 온화하지만 친구와 어울릴 때면 강하고 과격하다고 생각했다. 진규의 학업 태도는 현재 '나쁨'으로 평가되고 있다. 중학교 마지막 시절 진규의 꿈은 건축가가 되는 것이었다. 이러한 꿈은 진규가 교내에서 흡연을 해 고등학교 1학년 때 퇴학당하면서 사라져버렸다. 하지만 퇴학당하기 전, 진규의 어머니는 진규가 공부를 열심히 할 것이며 고려대학교(모든 부모의 꿈인)에 진학할 것이라고 말했다고 밝혔다. 진규의 어머니는 그 당시 진규가 공부에 별로 관심이 없는 것처럼 보였으므로 진규의 원대한 야심에 놀랐다. 하지만 어머니는 진규가 공부를 열심히 하는 모습을 보고 진규의 진심을 믿게 되었다. 큰아들인 진규는 '가장'으로서 미래에 가족을 부양해야 한다는 기대로 스트레스를 받았다고 말했다. "장남인 저에 대해 기대가 너무 커요"라고 진규는 자신의 걱정을 기록했다. "그래서 저는 잘해야 돼요. 제가 그 기대를 만족시키지 못하면 어쩌나 정말 걱정돼요."

5. 사회생활

패터슨은 비행청소년들이 반사회적 행동 때문에 보통 학교에서 인기가 없고, 보통의 또래들에게 미움을 받고, 따라서 자연스럽게 비행청소년들 부류로 '표류'한다고 주장했다. 하지만 이렇듯 '평범한' 또래 사회에 적응하고 그 나이에 걸맞은 책임감을 갖는 일과 멀어지면서 비행청소년들과 가까워지는 표류는 학교에서 시작되는 것이 아니라, 그들의 부모가 아이들의 반사회적 행동을 효과적으로 추적하고 감독하며 훈육하지 못했던 어린 시절부터 시작된다. 강압적 가정환경의 한 가지 중요한 영향은 아동의 친사회적 기술을 결여시킨다는 것이며, 이로써 아이들은 '평범한' 친구들과 어울리기 더욱 어려워지고 자신들과 비슷한 또래들과 어울리기 쉬워진다. 이러한 일반적인 '기술 부족'은 직접적으로 학업 실패와 일탈적 또래 집단을 향한 표류와 헌신에 기여하는 것으로 여겨진다. 이러한 과정은 부모가 자신의 아이와 비행청소년들의 관계를 통제하지 못함으로써 촉진된다(부모들은 자신의 아이가 일탈적 또래 집단과 관련되어 있는 것을 제대로 인지하지 못한다). 비행청소년 또래 집단에 점점 빠져들면서 결국 청소년범죄에 직접적으로 기여하게 된다. 이는 일탈적 또래 집단이 심리적·사회적 지원을 제공하는 중요한 기능을 할 뿐만 아니라, 그들의 반사회적 기술을 제련하고, 비행 활동을 시작하며, 반사회적 가치를 가르쳐주기 때문이다(Patterson and Dishion, 1985: 63~79).

다음에서 자세하게 살펴볼 청소년 사회생활의 주요 주제는 다음과 같다.

① 대규모 우정 모임(불량 서클, 동류의식을 가진 일탈적 또래들)
② '제3의 장소'(PC방, 노래방, 오락실) 자주 가기
③ 섹스, 약물, 술(자극과 자가 처방)
④ ('나쁜' 친구들과) 가출
⑤ 아르바이트(불규칙적이며 '미래가 없는' 일)

1) 불량 서클

범죄학 분야에서는 또래가 청소년범죄에 강력한 영향을 미치는 것으로 인식되어 왔다. 부분적으로는 위계적 집단의식이나 개인적 관심보다는 상호 의존의 중요성을 강화하는 전통적 유교 가치에 따라, 한국에서 또래의 영향과 관계는 청소년 일탈 행위의 핵심 위험 요소로 지적되어 왔다(Schwartz et al., 2002: 113~125). 따라서 다수의 연구에 따르면 또래의 영향은 음주와 흡연과 같은 행동에서 중요한 위험 요소이다.[17] 부산에서 진행된 한 연구는 고등학생들의 부모, 또래 요소, 약물 사용의 관계

를 살펴보았다. 해당 연구는 모든 종류의 약물 사용에서 또래라는 요소가 양육적 요소보다 청소년 약물 사용에 더 강력한 예측 변수인 것으로 보인다는 결론을 내렸다(Hwang and Akers, 2006: 51~69).

부모에게 과잉보호를 받으며 일부 상급생과 따돌림을 주도하는 학생들의 희생양이 된 종민은 인생 과정 도표에 등장하는 인물들 중 유일하게도 큰 무리의 친구들(비행청소년들)과 어울리지 **않았다**. 미영은 자신에게 100명의 친구들이 있고, 이 중 50명이 학교에 다니지 않는다고 말했다. 윤지가 속한 '모임(서클)'의 40명의 친구들은 공식적인 일진의 일부는 아니며 그저 일진과 "친한 친구들"이라고 말했다. 한편 수현은 20명의 친한 친구들과 어울렸고, 이 중 7명은 학교를 중퇴했으며 6명은 수현의 폭행 사건에 관련되어 있었다. 준수와 태영은 모두 자신과 이웃해 살고 있는 약 15명의 친구들과 어울리는 것을 좋아한다고 말했다. 무엇을 잘하는지 물어보는 질문에 수연은 단순히 "놀기"라고 적었다. 또한 수연은 가장 행복했던 순간을 묻는 질문에는 "10명의 친구와 함께 있을 때"라고 적었다.

모두 자신의 친구들로 인해 일관되게 잘못된 길로 들어섰는데도, 이 학생들은 '진정한 우정은 무엇이라고 생각하는가?'라는 질문에 유사하지만 모순적인 답변을 내놓았다. "내가 나쁜 길로 들어섰을 때 잘못된 행동을 하지 않도록 막아주는 사람이 진정한 친구다"라는 진규의 답변에서 이러한 정서가 잘 포착된다. 분류심사관의 최종 의견과 권고 사항이 판사의 결정에 지대한 영향을 미치므로, '분류와 심사' 기간 동안 자신들에 대해 좋은 인상을 전달하는 것이 중요하기 때문에 이 학생들이 단순히 담당 분류심사관이 듣고 싶어 하는 대답을 적는다고 결론 내리는 것은 어렵지 않다. 담당 분류심사관은 이러한 '경향'을 잘 인지하고 있을 뿐만 아니라, 이러한 시각은 구금 상태에서 아이들이 거쳐야 하는 성찰(반성)의 과정을 고려하지 않은 것이다. 이 아이들이 이상적이고 심지어 마법 같은 가족의 모습을 창조해 내는 것처럼, 이러한 우정의 이상적인 모습을 묘사하는 대답은 아이들이 '진정한 우정'은 어떤 것이어야 하며 어떤 것일 수 있는지에 대해 인지하고 있음을 보여준다. 이 아이들의 우정이 그러한 이상적인 형태에 더 가까웠다면 이들은 애초에 그렇게 곤란한 상황에 처하지 않았을 수도 있었다.

소년원장에 따르면, 도착할 당시 이들은 일반적으로 분노하고 낙담한 상태이다. 이때 느끼는 분노와 낙심은 본인과 가족, 사회에 대한 것이다. 하지만 후회의 마지막 종착지는 일반적으로 본인 자신이며, 그들은 공통적으로 "나는 멍청했어요", "생각이 짧았어요"라고 말하거나 진규처럼 다음과 같이 말한다.

지금까지 제가 너무 충동적이었고 스스로를 통제 못했다고 생각해요. 전 언제나 환경에 통제당했고 그래서 도덕적 기준 없이 행동했어요. 언제나 제 문제가 생기면 환경 탓을 했고 때때로 변명을 하고 저를 제외한 모든 것의 탓으로 돌렸어요. 전 너무 약했고, 위험과 마주쳤을 때 도망치곤 했어요. 하지만 아버지와 일하며 전 바뀌었어요. 모두가 약하고 친구들은 믿을 수 없어요. 전 바뀔 것이고 생각도 자랄 거예요. 저 스스로를 더 가치 있는 사람이라고 생각할 거예요.

소년원장은 불우했던 어린 시절의 성장 환경에도 불구하고 대부분의 청소년들이 '강한 회복력'이 있다고 믿는다. 이 아이들은 천천히 성장하고 있고 자신들의 곤란한 상황에서 빠져나오고 있으며, 자신의 삶에 더욱 책임감 있는 사람이 되고 싶어 한다. 이는 '가장'이 되어야 하는 것에 대한 남학생들의 우려가 반영된 것이다. 명훈은 소년원에 대한 본인의 생각에 대해 묻자 이렇게 답했다. "제가 저지른 범죄에 대한 대가를 치르고 있기 때문에 괜찮아요." 이들의 강한 회복력은 낮은 재범률에서도 확인할 수 있다. 1998년부터 2009년 사이에 전국의 소년원 10곳 중 1곳에 구금된 3102명의 청소년을 대상으로 진행한 조사에서, 61.6%가 출소 이후 범죄를 저지르지 않았으며, 13.5%의 청소년들이 범죄 활동을 그만두기까지 단 한 건의 범죄만 저질렀다. 전 세계적인 연구 결과에 따르면, 약 6%의 청소년들만이 '평생 범죄자'(일명 만성적인 범죄자)가 되었다.[18)]

2) '제3의 장소' 자주 가기

'불량 서클' 내 아이들은 일반적으로 공원, 놀이터, PC방, 노래방 또는 오락실과 같은 장소에서 어울린다. 이러한 장소들은 가정과 학교라는 제1, 제2의 장소를 넘어 중요한 사회적 상호작용이 발생하는 공간(미시 환경)이기 때문에 '제3의 장소'라고 불린다(Chee, 2006: 225~239). 하지만 이러한 제3의 장소가 이른바 일진에게 얼마나 중요한지 이해하려면 제1 공간과 제2공간의 조건과 상황 및 이들과 일진의 관계를 이해할 필요가 있다. 불만, 불편, 실망, 불만족으로 가득한 가정과 학교와는 대조적으로, 이러한 제3의 장소와 그곳에 머무르는 사람들은, 한편으로는 가정과 학교에서는 결여된 심리적인 상호 지원과 편안함을 제공함으로써 이들에게 일종의 '안전한 피난처'를 제공한다. 그러나 다른 한편으로 이러한 장소들은 또한 일탈(흡연, 음주, 본드 흡입, 성관계, 문신, 갈취, 절도, 협박, 괴롭힘 등)을 조장하는 장소이기도 하다.

준철과 5명의 친구들은 보통 잡담과 흡연을 위해 공원을 찾고 이후 당구장 또는 오락실로 향한다. 준철은 집에 가기 싫었기 때문에 줄곧 밖에서 어울렸다. 준철은 보통 자정이 넘기 전에는 귀가하지 않았다. 오전 10시쯤 기상해 친구들이 학교를 마칠 때까지 기다려야 했기에, 준철은 TV를 보거나 온라인 게임을 하며 낮 시간을 보냈다. 준철은 부모와 대화를 하지 않았기 때문에 자신은 집에서 '그림자'와 같았으며 귀신과 같이 존재감 없는 사람으로 살았다고 말했다.

미영은 중학교에 입학한 이후 동네에 사는 또래 아이들과 어울리기 시작했고, 일상적으로 흡연과 음주를 하기 시작했다. 오후가 되면 미영은 보통 PC방에서 친구와 게임을 했고 8시쯤 PC방을 나섰다. 때때로 미영은 집에 가지 않고 외박을 했다. 주말에는 PC방과 노래방을 다녔다. 미영은 아버지가 주는 매월 10만 원의 용돈을 이렇게 여가 활동을 하는 데 사용했다.

3) 섹스, 약물, 술

한국의 성인 남성들은 전 세계에서 음주와 흡연율이 가장 높은 부류 중 하나로서(Kim and Baik, 2004: 1595~1603), 한 연구에 따르면 한국 남성 4명 중 1명은 과음을 하고 있다.[19] 일반 청소년에 대한 2005년의 연구는 15.3%의 응답자가 흡연과 음주를 동시에 하고 있다고 밝혔고(Kim, 2005: 40~68), 2006년의 연구는 12.8%의 청소년이 스스로를 현재 흡연자로 간주한다고 발표했다.[20] 또한 한국청소년패널조사에서는 17세 이전에 표본 응답자의 46%가 음주를 했고 28%가 흡연을 했으며, 14.5%는 음주 활동을 활발히 했고, 4.5%는 하루 평균 한두 번 흡연을 한 것으로 나타났다(Chung and Chun, 2010: 252~256). 더욱이 비행청소년과 일반 청소년 사이의 불법 약물 사용 빈도를 비교하면, 1996년의 조사에서는 8.6%의 중학교 학생들과 16.2%의 고등학교 학생들이 불법 약물을 사용해 본 것으로 보고되었다. 이와는 매우 대조적으로, 64%의 비행청소년이 불법 약물 경험이 있다고 말했다.[21] 종민을 제외한 모든 남학생들이 구금 중 흡연을 했으며, 이들 중 8명은 주기적으로 술을 마셨다고 인정했다. 마찬가지로 서영을 제외한 모든 여학생들이 구금 중에 흡연과 음주를 했다. 더욱이 이 중 6명의 여학생들은 성 경험이 있었으며, 최소한 3명 이상으로 짐작되는 남학생들과 성관계를 했다고 인정했다. 남학생들은 재미 또는 일 때문에 오토바이에 매력을 느낀 반면, 여학생 중 3명은 자해 행위와 관련이 있었다. 앞서 아동 피해자에 대한 유니세프 보고서에서 언급했듯이, 학대와 방치를 당하고 폭력을 목격했거나 폭력적인 가정에서 성장한 아동들은 자해할 위험이 높다.

약물 사용 시작에 대해 학생들이 밝힌 공통된 이유가 '호기심에서' 또는 다른 사람의 '추천'인 반면, 우리는 약물(흡입 또는 다른 방법으로 인체에 들어와 생리적 영향을 미치는 화학적 물질)(Clinard and Meier, 1998)이 괴로움과 불쾌감을 일시적으로 완화하고 단기적인 만족감을 제공한다는 사실을 반드시 인지해야 한다. 예를 들어 니코틴은 항우울제와 같은 효과가 있다(Semba et al., 1998: 389~391). 중독 전문가 가보르 마테는 중독은 언제나 고통과 방치, 학대에 기인하므로, 이것이 단지 '도덕적 실패'의 신호로 해석되기보다 괴로움의 신호로 해석되어야 한다고 말했다(Maté, 2008). 또한 연구에서 밝혀진 바와 같이, 청소년범죄자 중 정신적 장애를 겪는 비율은 일반 청소년 인구에 비해 최소 3배 가까이 높을 수 있다(Teplin, 2002: 1133~1143).

이런 의미에서 우리는 학생들의 약물 사용, 성적 행위, 온라인 게임, 오토바이 타기, 노래방 가기 등을 이들 인생의 모든 국면과 반드시 연결해야 한다. 특히 인생의 부정적 사건들이 유발하는 부정적 감정을 누그러뜨리기 위해 이러한 약물과 활동들을 활용하고 동시에 '또래와의 사회적 결속 매개체'로서 이러한 시도를 한다는 것과 연결시켜야 한다(Tyas and Pederson, 1998: 409~420). 즉, 개인(또는 일진과 같은 집단)과 환경 사이의 복잡한 상호 관계에서 파생되는 음주와 흡연, 약물 사용에 대한 '생태학 기반의 위험 요소'를 조사해야 한다는 것이다(Jun et al., 2011: 1120~1126).

예를 들어 한국 청소년의 정신 건강에 대한 한 연구는 조부모 슬하에서 자랐거나 한부모가정에서 자란 학생들이 양 부모가 모두 있는 학생들보다 이른바 '게임중독'에서 높은 점수를 기록했다고 밝혔다(Mo and Kim, 2014: 6). 또 다른 연구는 '우울증 증상'이 흡연의 주요 예측 변수라고 밝혔다(우울증에 빠진 10대가 그렇지 않은 10대보다 흡연을 시작하고 1년 이상의 상습적 흡연자가 될 가능성이 2.4배 높았다)(Park, S., 2009: 93~103). 더불어 다수의 문제 행동에 연루되는 것과 삶에 대한 만족도가 낮은 것도 한국 청소년의 흡연 가능성을 증가시켰다. 많은 연구에 따르면 한국 10대의 음주 및 흡연과 가족의 기능, 가족 내 폭력, 부모-아동 관계와 양육 태도 및 행동 등 가족 내 변수들 간에는 일관된 연관성이 있었다(Hong, Jun Sung et al., 2011: 1120~1126). 요약하자면, 음주와 흡연을 하지 않는 이들이 흡연과 음주를 하는 이들보다 부모와 긍정적인 관계를 맺을 가능성이 더 높았다(Lee, H. K. et al., 2001: 23~36). 달리 말하면, 약물 사용의 위험이 있거나 약물을 이미 사용하고 있는 청소년들이 제 기능을 하지 못하는 가정에서 자라고 이혼한 부모와 살았을 가능성이 더 높다는 것이다(Kim, Y. H, 2006: 351~358). 종합하자면 종단 연구 결과 부모와 관련된 아동기의 부정적 인생사건들이 남학생의 경우에는 약물 사용과 관련한 일로, 여학생의 경우에는 우울증과 같은 청소년 비행과 관련한 일로 나타났다(Kim, D. S., 2007: 218~226). 간단히 말해, 가혹한 양육 관행은 한국 청소년의 음주, 흡연과 연관된다는 연구 결과가 도출된 것이다(Lee, H. J. et al, 2002: 1194~1203).

명훈은 14세에 호기심으로 음주를 시작해 한 달에 10번 정도 음주를 했으며, 보통 회당 세 병의 소주를 마셨다고 말했다. 더욱이 명훈의 흡연 횟수는 하루 30개비까지 증가했다. 중요한 것은, 명훈의 음주와 흡연은 심리적으로 명훈에게 영향을 미쳤다고 할 수 있는 할머니의 사망과 축구에 대한 몰두로 학업에 적응하기 어려워진 후 시작되었다는 것이다.

주리는 12세에 어머니가 자신을 공격하기 시작한 직후 처음으로 자해를 시도했다. 또한 12세에 흡연을 시작했으며 구금 시점의 흡연 정도는 하루에 12개비로 증가했다. 음주는 13세에 시작했고 나중에는 한 달에 소주 12병가량으로 주량이 늘었다. 14세에는 본드 흡입을 시작했으며, 주리는 본드 흡입을 1년에 두 번씩 해왔다고 말했다. 그녀는 처음에는 성 경험이 없다고 주장했으나, 나중에는 5명의 남학생들과 성관계를 했고 이 중 한 번은 임신으로 이어졌다고 말했다.

승희의 첫 경험은 중학교 3학년 시절 실직한 선배와 모텔에서 있었다. 승희는 경찰에 강간으로 신고했으나 증거 부족으로 선배는 체포되지 않았다. 승희는 같은 해에 흡연과 음주를 시작했고, 그해 말에 처음 자해를 시도했다. 승희는 '외로움'을 느껴서 부엌칼로 여러 번 그었다. 승희는 그 다음 해에도 학교를 중퇴하던 시점에 자해를 했다. 구금 시점에 승희는 하루에 30~40개의 담배를 피우고 매월 4병의 소주를 마셨다고 한다.

4) 가출

한국 경찰의 자료에 따르면, 연간 대략 20만 명의 청소년들이 가출을 한다. 조사 보고서는 가출 여학생 중 약 40%가 성폭행 경험이 있으며, 이들 중 약 절반이 성매매 산업으로 유인되었다고 밝혔다. 10대들의 가출을 자극했던 이유를 알아보기 위해 여성가족부가 실시한 어느 조사에 따르면, 절반의 경우 '부모와의 갈등'이 가출 사유였다. 또한 18.5%가 '학교와 공부를 증오'하기 때문에 가출했고, 13%는 '학업 성적에 대한 압박'으로 가출했다고 밝혔다(Chang, Jennifer, 2012). 남학생들 중 최소 8명은 여러 번 가출한 경험이 있었다. 마찬가지로 희연과 효진을 제외한 모든 여학생들은 여러 번의 가출 경험이 있었다. 대상을 더 확장해 보자면, 83명의 소년원 구금자에 대한 조사 결과 10명 중 8명에게 가출 경험이 있었다. 가출이 가장 많이 발생하는 시기는 13~15세 사이였고, 가출 인구의 거의 4분의 1이 12세가 되기 전에 처음 가출을 했다.[22] 가출과 비행의 증가 사이에는 상관관계가 존재하는데, 이들은 집 밖에서 스스로를 보호해야 했기 때문이다. 먹을 것과 쉴 곳이 필요해 비행을 저지르는 실용주의적 측면도 있지만, 놀기 위해 돈을 구하려는 동기도 있었다. 이론적으로 일반 대중은 모두 가출 학생들의 절도와 갈취 행위의 잠재적 대상이지만, 실제로 가출 학생들은 주로 하급생을 대상으로 하는 경향이 있다(말하자면 그들이 '쉬운 사냥감'이기 때문이다).

초등학교 6학년 시절 공부에 관심을 잃은 이후, 수연은 늘어난 자유 시간을 친구들과 어울리며 보냈다. 중학교 2학년 때 수연은 처음으로 일주일 동안 가출을 했고, 최대 3주까지 장기로 가출하기도 했다. 가출 중에 수연은 협박과 갈취 혐의로 체포되었다. 이에 대해 수연은 다음과 같이 말했다.

제가 이런 일을 한 이유는 친구들과 함께 가출 중이었고 돈이 없었기 때문이에요. 학교를 지나쳐갈 때 친구가 우리가 돈을 얻을 수 있는 하급생을 1명 알고 있다고 말했어요. 그래서 우리는 그 아이가 나오기를 기다렸고, 만 원을 뺏었어요. 그다음 노래방에 가고 음식을 사며 돈을 썼어요. 그 후 다른 하급생한테도 5000원을 뺏었는데 그 아이가 부모님에게 이야기하고, 부모님이 경찰에 신고를 했어요. 제가 저지른 일을 진심으로 후회하고 있어요.

5) 아르바이트

모든 남학생들이 부모 또는 나이가 많은 형제들한테서 다양한 금액의 용돈을 받고 있었던 반면, 남학생들 중 5명은 편의점이나 식당 또는 피자나 치킨 오토바이 배달과 같은 노동을 경험했다. 비슷하게 여학생들 중

4명 또한 최저임금의 아르바이트를 했다. 하지만 모든 학생들이 이러한 일을 하면서 어려움을 겪은 것으로 보이고, 이는 학생들이 한 달 또는 두 달 이후 '너무 힘들다'는 이유로 일을 그만두는 경향에서 나타난다. 그들은 급여를 받았을 때 유일하게 만족감을 느낀 것 같았다. 좀 더 일반적으로 말해, 그곳의 직원들에 따르면 소년분류심사원이나 소년원에 수용된 이들 대부분이 자신들의 학력 때문에 미래에 취업 기회의 폭이 매우 좁아질 거라는 사실을 알고 있기에 자신들의 취업 가능성에 대해 상당히 걱정한다고 한다(Moffitt, 1993: 674~701). 그들이 장차 무엇이 될 것인지에 대한 너무나도 현실적인 공포는 아마도 편의점에서 일하는 파트타임 비정규직 근로자를 다룬 한국 영화 〈이것이 우리의 끝이다〉에 잘 담겨 있다.

미래에 대한 꿈은 없으나 요리를 배우는 데 관심이 있는 준철은 기계 공업고등학교를 그만둔 이후 레스토랑에서 웨이터로 얼마간 일했다. 하지만 준철은 웨이터 일이 너무 힘들고 지루하다고 생각해 그만두었다. 그리고 한 달 정도 호텔 종업원으로 근무했으나 다시 그만두었다. 소년원에 들어오기 직전 준철은 편의점에서 일했다. 준철에게 일을 하면서 얻은 긍정적인 것들을 일기장에 적어보도록 했다. 준철은 "돈을 벌면 아주 기분 좋았다"라고 적었다. 한편, 일을 할 때 가장 어려웠던 점은 "무례한 고객들을 상대하는 것"이라고 답했다.

미영은 거리에서 전단지를 배포하는 일과 함께, 최저임금을 받으며 작은 식당의 종업원으로 일했다. 하지만 '너무 힘들었기 때문에' 그 일을 그만두었다. 미영은 그 일의 가장 힘든 측면을 "쉬지 않고 일하는 것"이라고 적었다. 일을 하면서 무엇을 느꼈는지를 묻는 질문에는 "부모님을 이해할 수 있게 되었다"라고 적었다.

6. 정신생활

2013년 소년원에 구금된 전체 인원 중 25%가 심리치료를 요청했으며, 약 13%가 도착과 동시에 약물치료를 받았다. 소년원장에 따르면, 한 가지 문제는 소년원에서 행동이 불안정해지고 예측이 불가능해 최악의 경우 통제 불능이 될 수 있어 심리치료를 요청했으나 약물치료를 받지 않은 이들이 약 12%였다. 마찬가지로, 서울소년원에서 (놀랍게도) 4명의 남학생 중 1명이 ADHD 판정을 받았다. **과잉진단**을 고려할지라도,[23] 연구 결과에 따르면 비행소년들은 ADHD 검사에서 일반 청소년 인구보다 높은 점수를 기록했고(Offord et al., 1979: 734~741), ADHD 증상을 보이는 비행청소년들은 조기에 반사회적 행동을 보이고 더 높은 빈도로 심각한 형태의 행동 문제를 일으키는 경향이 있었다(McGee, Williams and Silva, 1984: 270~279). 따라서 ADHD 유사 증상 검사에서 높은 점수를 기록한 남학생들은 특히 청소년범죄(의 조기 발생)에 취약하다는 유추가 가능했다(Loeber, 1988).

'자기통제 결여'와 **'충동성'**을 강조하면서, 사건 파일에 대한 분류심사관의 분석은 '자기통제이론'을 지지하고 있다. 사회통제이론의 일부인 자기통제이론은 청소년의 비행은 (기회가 주어질 경우) 자기통제력이 낮아서 발생한다고 주장한다. 낮은 자기통제력 자체는 부모가 (좋은 행동에 대해서는 보상을 하는 반면) 잘못된 행동에 대해서 면밀하고 적절하게 관찰·인지하고 체벌하지 않은 비효과적인 아동기 사회화의 결과라고 한다. 자기통제력이 낮은 사람들은 충동적인데, 이는 만족감의 추구를 미루는 것이 어렵고 장기적 결과에 대해 적절히 고려를 하지 않고 충동에 따라 행동하는 경향이 있다는 의미이다. 또한 그들은 육체적 활동과 좀 더 쉽게 달성할 수 있는 일들을 선호하고, 모험적이며 위험추구형이라고 한다. 심리적으로 보자면, 그들은 좀 더 자기중심적이고 다른 사람들의 감정에

둔감하며 성미가 급하고 좌절에 대한 포용력이 낮은 것으로 판단되며, 이는 갈등에 대해 언어적 대응보다는 신체적 대응을 하는 것에서 나타난 다(Hwang and Aker, 2003: 39~57). 한 연구가 이러한 시각을 뒷받침하는 것으로 보이는데, 따돌림에 동참한 한국의 10대들이 '충동성'과 '지배'에 대한 척도에서 피해자들보다 높은 점수를 기록했다(Lee, 2000). 이러한 특징들은 사건 파일에 항상 존재하는 반면, 앞에서 언급한 바와 같이 주 목해야 할 점은 (기회가 지속적으로 있었지만) 소년원 구금자 4분의 3이 재 범을 저지르지 않거나 추가 범죄를 한 번만 저질렀다는 것이다. 테리 모 핏(Terrie Moffitt)의 유명한 주장과 같이, 그들은 '청소년기에 한정된 범 죄자'로 간주될 수 있다(Moffitt, 1993: 674~701). 하지만 자기통제이론에 따르면 낮은 자기통제력은 인생 초기에 형성되기 때문에 그들에게 범죄 행위는 평생에 걸쳐 고질적인 특징이 된다(Gottfredson and Hirschi, 1990).

낮은 자기통제력이 초래하는 이와 같은 문제는 '일반긴장이론(GST: General Strain Theory)'을 이용해서도 분석되어 왔다. 일반긴장이론은 청소 년 비행이 행위자 기저의 심리적 긴장과 부정적 감정이 행위로 표현된다 고 가정한다. 즉, 이에 따르면 일탈적 행위에 관련될 가능성이 높은 사람 들은 다양한 유형의 긴장과 스트레스를 경험한 사람이다. 일탈 행위로 이어질 가능성이 있는 이러한 긴장 요소는 다음과 같다(Agnew, 2001: 319~361).

① 부모의 거부   ② 발달에서 중요한 인물에 의한 신체적·심리적 학대
③ 범죄 피해   ④ 핵심 목표 달성 실패
⑤ 거주지 없음   ⑥ 2차 노동시장 종사

긴장을 유발하는 요인들에 대한 노출은 결국 불안과 분노, 우울함과 같

은 부정적 감정의 경험으로 이어진다. 이후 이러한 감정은 긴장과 일탈을 연결하는 매개 역할을 하는데, 감정적으로 분노 또는 우울함을 느낀 개인이 부정적 감정을 완화하는 방법으로 자기파괴 또는 공격적인 행위와 관련될 가능성이 높은 것으로 간주된다. 한 연구에서는 일반긴장이론이 학교폭력을 설명하는 데 사용될 수 있는지 시험하기 위해 한국청소년패널조사 자료를 사용했다(Moon, Morash and McCluskey, 2012: 827~855). 일반긴장이론을 한국의 학교폭력에 적용한 결과 부분적으로 도움이 된다고 판단한 연구진은 부모와의 갈등과 이전의 피해 경험(폭행을 당한 경험 포함)으로 긴장 상태에 있는 청소년들이 폭행과 관련될 가능성이 매우 크다고 결론 내렸다. 또한 낮은 자기통제력을 지닌 채 비행청소년 또래들과 밀접하게 연관된 학생들은 다른 사람을 괴롭힐 확률이 더욱 높은 반면, 부모와의 관계가 긍정적인 학생들은 그럴 가능성이 더 낮음을 확인했다.[24] 따라서 요약하자면, 연구진은 폭력 피해 경험이나 부모와의 갈등이 낮은 자기통제력 및 비행청소년 또래와의 친교와 상호작용 해 긴장을 먼저 유발하고 나면 폭행과 같은 일탈적 행위로 이어진다고 주장했다.

1) 정신측정 검사

비행청소년들을 대상으로 다음의 항목을 판단하기 위해 소년원에서 수행된 정신측정 검사를 실시했다(〈표 6-8〉).

표 6-8. 정신측정 검사 항목

IQ 점수	학업 적성
태도 적성	단어 사용 수준
논리적 사고 수준	심리 대응 기술
인지 속도	의사결정 능력
독립심 수준	감정 발달

표 6-9. '성격'과 '정서적 불안정' 측정 검사 항목

인식 장애	반사회적 행동	공격성 수준
자기 성찰	충동성, 불안감	우울함
편집증	자살 경향	자존감
자기 신뢰	자기 옹호	성실성

또한 '성격'과 '정서적 불안정'을 측정하기 위해 학생들은 〈표 6-9〉와 같은 항목을 검사받았다.

학생들의 IQ 검사 결과 학생들은 평균 93을 기록했다(이는 우연하게도 글릭의 청소년 비행 연구에서 언급된 점수와 같은 점수이다). 반장으로 선출되었지만 학교 성적은 낮았던 종민이 가장 낮은 82를 기록했다. 결석률이 높았고 학교 성적이 낮았던 준수가 가장 높은 107을 기록했다. 대체로 IQ 점수는 90과 110 사이가 평균으로 간주되고 약 50%의 인구가 이 범위 내에 분포한다. 테스트를 받은 6명의 학생들이 기록한 80과 89 사이의 점수는 평균 이하 또는 둔한 평균 지능으로 간주되는 점수이며 16~23%의 일반 인구가 이 범주에 속한다.

그러나 정신 측정 검사 결과는 일부 상식에 부합하는 결과에도 실제 상황과 비교할 때 종종 일관성이 없기 때문에 여기에 많은 비중을 두는 것은 곤란하다. 우리는 지성의 사건 파일에서 이러한 개연성의 단절을 확인할 수 있다. 지성의 우울증과 절망 수준은 모두 정상으로 측정되었기 때문이다. 아버지의 관찰에 따르면, 어머니가 지성이 유아일 때 사라졌음에도, 지성은 사랑하는 할머니의 사망 이후 종종 우울해 보였다고 한다. 반사회적이며 공격적인 지성의 성향 역시 정상 범위에 속한 것으로 여겨졌으나, 지성은 하급생을 여러 차례 갈취, 협박, 폭행한 혐의로 체포되어 구금되었다. 하지만 지성의 자존감이나 자기 옹호, 성공 수준은 다소 낮게 나타났다. 이에 따라 지성은 아마도 부정적 자아상을 갖고

있다고 판단되었다. 지성의 분류심사관은 지성에 대해 소년원에서 당당하게 생활한 외향적이고 개방적인 태도를 지닌 청년으로 묘사했다. 한편, 수현의 성격은 지루하거나 어려운 일을 할 때 최선을 다하는 학생으로 기록되었다. 하지만 수현은 학교를 중퇴하기 전 결석을 자주 했을 뿐만 아니라, 계부의 성폭행으로 인해 습관적으로 가출을 했다. 또한 개인의 자아상에 성폭행이 끼치는 영향에 대해 알려진 내용과 수현이 극도의 불안과 공포 속에 살고 있다고 적은 분류심사관의 기록을 고려할 때, 놀랍게도 수현은 자신감 있고 긍정적이며 스스로에게 만족하는 것으로 평가되었다.

하지만 대부분의 남학생들은 자존감과 자기신뢰감, 자기 옹호가 낮은 것으로 나타났다. 대체로 남학생들은 부정적 태도를 보였고 평범한 삶은 의미 없다고 생각했다. 따라서 자신이 불행하다고 느끼고 있었다. 이러한 심리적·정서적 문제는 때때로 학생들의 환경으로 거슬러 올라가서 '스트레스 상황에 대한 예상 가능한 대응'으로 해석되어야 하는 반면, 간과된 부분은 이러한 생각과 감정이 부분적으로 정부 기관에 구금된 결과일 수 있다는 가능성이다. 예를 들어, 준수는 소년원에 있을 때 숨이 막히는 느낌이었다고 말했다. 다른 학생들과 마찬가지로 준수는 자신의 욕구와 감정을 조절하기 힘들어했다. 준수는 다음과 같이 자신의 정서적 상태를 표현했다.

'나는 왜 살고 있나'라고 생각했고 내가 저지른 범죄 때문에 또 가정이 불행했기 때문에 죽고 싶다고 생각했다. 하지만 최근 직업을 갖게 되고 내가 좋아하는 새 여자 친구를 만났기 때문에 살고 싶고, 그래서 사회생활을 잘하고 있는 중이다. 하지만 난 실수를 했고 그 결과 여기에 오게 되었다. 여기를 벗어나고 싶고, 벗어날 수 있다면 사회생활을 잘해낼 것이며, 더 이상 범죄를 저지르지 않을 것이다.

2) 문장 완성 검사

모든 구금자들은 문장 완성 검사에 응해야 했다. 구금자들의 문장 완성 검사 내용을 확인했을 때, 이들 대부분은 스스로와 자신의 삶(특히 학교생활)과 그곳에 있는 사람들에 대해 솔직하고 비판적이었다. 하지만 동시에 가족 상황에 대한 희망적인 미래와 부모에 대한 긍정적인 인식을 나타내는 경향을 보였다. 중요한 것은, 평범하고, 행복하며, 조화로운 가정생활에 대한 이러한 시각은 구금자들의 실제 상황과는 (종종 확연하게) 대조를 이룬다. 이러한 현실과 현실로부터의 도피에도, 구금자들은 가족에 대해 중요한 의미와 희망을 부여했다(이것은 '행복해지는 보물'이다). 예를 들어, 수현은 학대받았고 아버지가 없다는 사실을 언급한 반면, 어머니의 지도 아래 자신의 삶에서 최우선순위인 평범하지만 행복한 가족과 주말을 보낼 때 가장 행복하다고 적었다. 하지만 수현의 사건 파일을 통해 수현이 부모가 결혼하게 된 원인 제공자로 비난받았고, 10년 전 사라진 정신질환이 있는 아버지, 화가 나면 수현에게 물건을 던지는 어머니, 자신을 성폭행한 정신질환이 있는 계부를 두었다는 사실을 알 수 있다. 아마도 수현은 "가족과 행복하게 지내고 싶어요"라고 간단히 적으며 사랑하는 가족의 일부가 되고 싶은 바람을 가장 분명하게 표현한 것일 수도 있다.

또한 이 학생들은 어린 시절 자신들이 '착하고' '순수한' 아이였다고 말하는 경향이 있었다. 하지만 이는 현시점에서 그들이 마주한 문제들을 나열하면 상쇄되는 특징이었다. 이러한 현상은 이 학생들에게 확실히 기억하는 사건을 생각해 보도록 요청했을 때 관찰할 수 있었다. 반면 일부 학생들은 자신들의 재판 또는 구금에 더욱 집중해 긍정적인 과거 사건들을 회상했다. 또한 (태영이 "멋있고 인기 있다"라고 적은 것과 같이) 이 학생들은 자신의 모습과 친구들의 자신에 대한 인식을 긍정적으로 표현하는 경향이 있었다. 인기 있고 싶어 하는 욕구는 (준철이 "관심받고 싶다"라고 적은 것과 같이) 타인에게 무시당하는 데 대한 강한 반감과 심지어 분노를 지속적으로 표현하는 그들 자신과 관련된다. 또한 남학생들의 경우 자신의 약점을 대단치 않다고 생각하는 경향이 있었으며, 축구나 운동을 제외하고 잘하는 것이 아무것도 없다고 적기도 했다. 남자 청소년들은 특별히 잘하는 것이 없다고 느끼고 있지만, 자신들의 현재 문제를 극복한다면 (그런 뒤 새 사람이 될 수 있다면) 밝은 미래가 자신들을 기다리고 있을 것이라고 믿는 경향이 있었다. 그리고 장차 (가부장적) 가족의 가장이 되어야 하는 데 대한 일반적 우려와 관련해, 그들은 남성을 '강하고' '책임감 있어야 하는' 사람으로 개념화하는 경향이 있었고, 이와는 대조적으로 여성은 '약하고' '부드러운' 그렇기 때문에 '(남성의) 보호를 받아'야 한다고 생각하고 있었다.

준수의 SCT는 이를 보여주는 좋은 사례이다. 준수는 자신의 실제 상황과는 매우 상이하게 자신과 가족에 대해 희망적인 상상을 표현하는 한편, 자신에게 손해가 될 수 있는데도 공책의 여백에 소년원에 대한 깊은 반감을 표현했다.

어렸을 때 − 나는 정말 행복했다.

우리 아버지는 − 인자하고 사려 깊다.

어머니는 − 역시 사려 깊고 나를 잘 돌봐주신다.

내 가족은 − 말할 필요 없이 소중하다.

다른 집과 비교 했을 때 우리 집은 − 어떤 면에서는 행복하고, 어떤 면에서는 불행하기도 하다.

학교에서 나는 − 착한 학생이 아니었다.

최근 나는 − 걱정거리가 많다.

나의 모습은 − 귀엽고 잘생겼다.

내가 잘하는 것은 − 축구이다.

나의 약점은 — 없다.

나에 대한 다른 친구들의 생각은 — 착한 친구이다.

다른 사람에게 무시당했을 때 — 기분이 좋지 않다.

남자는 — 여자에게 친절하고 다정해야 한다.

여자는 — 보호받아야 한다.

한 가지 분명하게 기억하는 것은 — 분류심사원을 벗어나고 싶다.

어려운 일을 마주했을 때는 — 잠깐 쉬어간다.

내가 어른이 된다면 — 면허증을 딸 것이다.

가장 행복한 순간은 — 분류심사원을 벗어났을 때

내가 가장 싫어하는 것은 — 분류심사원

만약 내가 — 이곳을 벗어난다면 오직 일만 하며 행복하게 살 것이다.

현실과 상이한 가족의 모습을 표현하는 이유를 이해하려는 시도로 '**가족 신화**' 개념을 인용해 보고자 한다. 가족 신화는 현실**이어야** 하는 것(또는 현실이기를 **바라는** 것)이 현실보다 더 중요하게 서술되는 가족에 대한 묘사를 말한다. 따라서 가족 신화는 일반적으로 가족과 구성원의 사랑과 지원, 보살핌이라는 본질에 대한 **이상화**이다(Mark and Cervini, 2015). 우리가 '마법의 가족'이라고 부르는 것은 일종의 방어기제로 이해될 수 있다(Erikson, 1950: 167~168). 마법의 가족을 상상함으로써 그들이 진짜 가족과 대면해야만 하는 상황에서 자신을 방어하며 이상적 가족의 모습을 유지하는 것이다. 안전하다는 느낌은 조화로운 마법의 가족을 인지하는 데서 비롯되지만, 그들이 정면으로 마주한 실제 가족 상황은 그들이 불안전하다는 것을 만천하에 드러낸다. 이것은 불쾌한 현실을 부정하는 것이 공통적인 인간 행동 양식이라는 프로이트의 주장을 상기시킨다. 아동과 청소년은 부모에게 여전히 의존하고 있고 새로운 가정(자신의 이상과 희망에 더 부합하는 가정)을 꾸려서 이 문제를 극복할 수 없기 때문에 이러한 현상은 더욱 현저하게 나타난다.

연구에 따르면 사람들은 자신의 삶과 중요한 관계를 진실로 바라보아야할 때 장밋빛 안경을 착용함으로써 자신의 상황을 부풀리는 과정을 통해 불쾌한 현실을 외면한다(이에 따르면 설문지와 정신 측정 검사 결과는 의심의 여지가 있다)(James, 2003). 마찬가지로 마법의 가족은 500명의 청소년범 죄자를 조사한 글릭의 자료에서도 나타났다. 예를 들어 '레온'은 폭력 행위로 인한 전과 기록이 있고 변덕스러운 훈육을 했으며 알코올중독자로 간주될 뿐 아니라 9명의 자녀와 가정환경을 등한시했던 자신의 부모에게 애착을 느낀다고 말했다. 헨리 또한 자주 집에 들어오지 않고 폭력적이며 헨리의 어머니가 과대망상으로 정신병원에 입원시키기 전까지 폭음을 일삼았던 아버지를 매우 좋아한다고 말했다(Laub and Sampson, 2003).

프롬이 주장한 것처럼 정신분석가는 종종 부모를 전혀 비판할 능력이 없거나 자신에게 고통을 준 실제 행동을 비판하지 못하는 환자를 다뤄야 한다. 부모를 비판하거나 부모에게 분노하는 경우 이들은 곧 죄책감이나 불안감을 느낀다(Fromm, 1947: 152). 이것은 사건 파일에서뿐만 아니라 청소년 교정 센터와 서울소년원에서의 사회관계에서도 볼 수 있다. 관계자에 따르면, 구금자가 가장 듣기 싫어하는 말은 다른 구금자 또는 교사들이 부모를 묘사하거나 비판할 때 사용하는 경멸적인 말이라고 한다. 즉, 자신의 대부분의 문제가 가족에 기인하고 때로는 부모를 향한 (뿌리 깊은) 증오를 품고 있음에도 가족에 대해 매우 보호적이고 방어적이다.

서울소년원에서 실시한 시를 이용한 교정 수업에서, 막 알려지기 시작한 시인 무지개는 「세상에서 가장 듣고 싶은 말」이라는 마법 같은 시를 썼다.

아들아, 실수해도 괜찮아
너는 아직 자라는 나이잖니

실수란 누구나 할 수 있는 거란다

아들아, 네가 실수를 해도
너는 내게 하나뿐인 아들이니 괜찮아
네가 무슨 실수를 해도
아버지는 너를 사랑하기 때문에 괜찮아

7. 요약

글릭은 인간의 동기 부여와 행동에 대한 연구에서 '다원적 접근'을 옹호했고, 인생의 여러 단계를 고찰하며 **곤란을 겪는 문제아**라고 부를 수 있는 개인의 발달을 이해하려고 했다. 그의 다학제적이며 다차원적인 접근법을 적용하기 위해서는 개인의 인생에서 **사회적 세력이 영향을 미치는 시점**을 면밀하게 살펴봐야 한다. 개개인은 다양한 생물학적·심리적 특성을 지니고 있을 뿐만 아니라, 다양한 유형의 유년 환경에서 성장한다. 이렇게 서로 다른 개개인의(부모와 조부도 포함) 다양한 신체적·정신적·사회적 구성은 이들이 대인관계적·문화적·사회경제적 세력과 상호작용 하는 방식에 지대한 영향을 미친다.[25] 이 책은 이 접근법을 조심스럽게 시도해 본 것이다. 구체적으로 이 장에서는 일탈, 가정생활, 학교생활, 사회적·심리적 생활과 관련된 사회적 세력이 영향을 미치는 지점을 찾기 위해 학교폭력에 연루되어 검거된 청소년들의 세대 내 또는 세대 간의 **이야기 속 이야기**를 활용하고자 했다.

비행청소년의 부모가 자녀에게 부정적 경험을 전달하는 것을 보여주면서, 글릭은 다음과 같이 질문한다. 부모에게서 건강하고 조화로운 양육을 받지 못한 채 일련의 발달장애에 직면했을 때, 그러한 부정적 환경과 경험이 불가피하게 자녀의 마음과 정신에 상처를 남기지 않을 수 있을까?(Glueck and Glueck, 1952: 43) 하지만 가정생활과 부모의 기준과 행동이 열악하다는 상황 자체가 자녀가 일탈로 빠지는 **충분조건**이라고 성급하게 결론을 내리는 것을 경계하라고 그는 지적한다. 왜냐하면 **문제를 일으키지 않는** 학생들 중에는 비슷하게 가정환경이 열악한 경우도 꽤 있다는 사실이 연구를 통해 밝혀졌기 때문이다(Glueck and Glueck, 1952: 55). **같은 환경 조건이라도 모든 사람에게 동일하게 영향을 주는 것은 아니기** 때문에(Glueck and Glueck, 1952: 184), 만약 우리가 정서적 왜곡과 결함이 있는 성격 발달에 대한 원인을 부적응적 부모-자녀 관계 때문이라고 제한한다면, 비행청소년이 아닌 일부 청소년들 또한 건강한 발달에 불리하다고 간주되는 몇몇 조건들을 경험했다는 사실을 설명하지 못한다. 글릭은 청소년범죄를 설명하는 데 직접적 인과관계를 발견할 수 있다는 견해에 반대하면서, 결국 밝혀진 것은 개략적인 **인과적 설명**일 뿐이라고 결론지었다. 그 설명이 '개략적인' 이유는 다양한 수준에서 발생하는 서로 다른 변수들과 아이들에게 영향을 미치는 경로 사이에서 일어나는 비결정적이고 우발적인 **동적 상호작용**의 결과이기 때문이다 (Glueck and Glueck, 1952: 184에서 재인용).

앞서 강조한 바와 같이, **학교폭력의 희생자로서의 과거 경험**은 학교폭력 가해자를 예측하는 변수라는 연구 결과가 있다. 이와 유사하게, 사회 학습 이론가들은 인간은 학교폭력에 노출되거나 폭력의 피해자가 된 경험을 통해 타인을 괴롭히는 행동을 배운다고 주장한다(Baldry, 2003: 713~732). 특히 폭력적 가정은 공격성과 반사회적 행동 발달에서 가장 위험한 요인 중 하나로 간주되어 왔다(Bowers, Smith and Binney, 1994: 215~232). 따라서 가정폭력에 노출된 아이들이 단기적·장기적으로 부정적 결과를 초래할 위험이 더 크다(예를 들어 폭력을 사용해 문제를 해결하려는 것)(Kolbo, Blakely and Engleman, 1996: 281~293). 따돌림에 관한 연구는 자녀가 가족과 상호작용 하는 방식과 그러한 상호작용에 대한 아이의 주관적 인식이 이후 폭력적 행동에 강력하게 영향을 준다고 밝혔다. 예를 들어, 부모의 폭력과 아동학대에 대한 노출은 왕따 행동의 강력한 예측 변수로 밝혀졌다(Baldry, 2003: 713~732). 마찬가지로 체벌과 적대적인 양육이나 양육 거부와 같은 부적응적 행동을 포함한 권위주의적 양육 방식은 폭력적 행동에 강한 영향을 미칠 뿐만 아니라 아이의 부정적 자아상과 정서 조절 장애를 낳기도 한다.[26]

간단히 말해서, 피해 경험은 K폭력 사이클에 불을 붙인다. 즉, **문제는 또 다른 문제를 낳고, 폭력은 폭력을 낳고, 피해는 피해를 낳는다**(폭력적인 성인은 과거에 폭력의 직접적인 희생자였거나 대인관계에서 폭력을 목격했을 가능성이 높다)(Widom, 2000: 2~9).

그러나 글릭의 연구가 상기시키듯이, 폭력의 희생자였지만 비행이나 범죄를 저지르거나 극심한 폭력성을 **보이지 않는 경우들은** 늘 존재할 것이다. 이 사실은 아마도 특정한 행동을 배우는 것만으로는 배운 것을 실행에 옮기기에 충분하지 않다는 점을 지적한다. 특히 학습한 행동이 도덕적·사회적 또는 법적 규범을 위반해 잠재적으로 부정적이고 억압적인 제재를 수반할 때 그렇다. 학습과 노출 외에도, 노출을 통해 배운 것을 실행하려는 '동기부여'가 필요하다. 따돌림과 폭력에 연루된 과거 희생자에 관해서는, 폭력의 동기가 (직접적 또는 간접적인) **보복**일 수 있다. 에리히 프롬이 주장했듯이, 이 '악성적-파괴적' 공격성은 인간 특유의 성격에 기반을 둔 열정과 실존적 필요에 뿌리를 두고 있다. 프롬에 따르면, 성격에 기반을 둔 열정은 (본능이라기보다는) 대체로 사회적·문화적 환경의 영향을 받는 사회생물학적·역사적 현상이다. 성격에 기반을 둔 열정은 우리의 육체적 생존을 위한 것이 아니라, 유기체 전반의 생명과정 유지를 위한 기능적 측면에서 봐야 한다. 이러한 의미에서 열정은 생명과 삶에 대한 개인의 관심(열의와 자극)에 대한 기초를 형성하며, 따라서 생명을 살

만한 가치가 있는 혹은 파괴해야 할 존재로 만든다. 한마디로 **인간은 드라마와 자극을 추구한다**. 우리의 실존적 필요가 감소하거나 단축되거나 거절되거나 혹은 더 높은 차원에서 만족스럽지 못할 때, 사람들은 파괴의 드라마를 창조한다(Fromm, 1973: 29). 불만족과 불만과 실망은 학교폭력을 주도하는 아이들이 직면하는 흔한 실존적 딜레마이다.

프롬에 따르면, 선과 악을 포함한 인간의 열정은 자신의 존재 이유를 설명하고 단순히 생명을 연장하는 삶을 초월하려는 인간의 몸부림이다 (Fromm, 1973: 31). 이러한 의미에서 **왕따**와 **일진**은 서로 반대쪽 극단에서 있는 것이 아니라 오히려 그들의 존재 이유를 찾으려는 '같은' 목적의 시도이다. 프롬에게는 심지어 극도로 파괴적이고 폭력적이며 (사악한) 인간도 사람일 뿐 아니라, 성인과 다르지 않다. 인간의 파괴성이나 잔인함은 소름끼친다고 생각되고, 그 잔인하고 악한 인간은 그들의 존재 이유에 대해 적절한 답을 찾지 못한 인간이라고 치부된다. 하지만 프롬은 그런 사람은 그저 구원(실존적 필요에 답하는 과정에서 자신의 건강과 안녕을 보호하는 것)을 찾아 떠나는 여정에서 잘못된 길로 빠져든 사람일 뿐이라고 설명한다. 간단히 말해서, 프롬에게는 악덕도 미덕과 마찬가지로 인간의 속성인 것이다.

잔인하고 심지어 가학적인 사람들의 행동은 희생자들의 인생과 몸과 정신을 파괴시킬 뿐 아니라 가해자 스스로를 파괴하기도 한다. 프롬은 이런 과정이 모순의 일부라고 지적한다. 프롬에 따르면 **그들은 삶의 의미를 찾기 위해 노력하다가 오히려 인생에 등을 돌린다**(Fromm, 1973: 31). 이와 같은 분석은 어떤 방식으로든 잔인하고 파괴적인 행동을 용인하는 것은 아니다. 반대로 그들을 이해하려고 노력함으로써 **사회적 세력이 영향을 미치는 시점**과 그 세력들이 어떻게 **역동적 상호작용**을 통해 가해자들의 파괴성을 증가시키고 또 어떻게 그 파괴성을 감소시킬 수 있는지 알 수 있다.

'돼지 재홍'이라는 필명을 쓰는 잔인하고 파괴적인 한 서울소년원 학생은 「가족사진」이라는 시를 썼다.

철창 밖이 어두워지고 있다
싸늘한 방안을 뒹굴다 보게 된
가족사진 한 장
사진 속 얼굴들은 웃고 있다
아빠, 엄마, 동생들, 그리고 나
언제 저렇게 웃어 보았지?
행복해 보인다

지금의 나는 혼자다
웃을 수도 없다
아무도 나에게 신경 써주지 않는다

늘 혼자라 느끼게 했던 가족들
내 잘못은 생각지도 않고
무관심하다고, 혼내기만 한다고
원망만 했던 부모님

보고 싶다
생각해 보면 늘 함께였던 그들이었다
사진 속 행복했던 때로 돌아가고 싶다
행복한 웃음을 만들어가고 싶다
만들 수 있을까?

이 책에서 말하려고 하는 것 중 하나는 왕따와 폭력에 '연료'를 제공하는 힘은 바로 한국의 역사, 문화, 경제, 사회, 그리고 사회관계의 구조와 얽혀 있다는 점이다. 하지만 아쉽게도 개인이나 가정은 뿌리 깊이 박혀 있는 그런 사회적 힘을 저지할 힘이 없다. 그러려면 한국 사회의 '후배 대 선배'로 요약되는 계층구조, 권위와 착취라는 뿌리 깊고 견고한 전통적·사회경제적·문화적 힘을 감소시켜야 한다. 다행히 문명화 과정의 관점에서 본 것처럼, 이 측면에서 느린 진보가 이루어지고 있다. 그러나 이러한 진보는 탈규제, 사유화, 개별화, 불평등(사회경제적 불이익)과 한국 사회의 소비주의적 측면의 핵심인 소외 같은 '액체' 사회경제와 문화 세력의 강력한 역풍을 맞고 있다.

그러나 발달범죄학이 제시하듯, 따돌림과 폭력적 행동을 배양하는 중심 역할의 근원은 가정 근처에서도 발견할 수 있다. '돼지 재홍'과 같은 아이들이 '사진 속 행복했던 시절로 돌아갈 수' 있도록 서울소년원은 이 책이 집필되는 동안 가족치료법을 성공적으로 시작했다. 가정에서 어려움에 처한 비행청소년들에게 가족치료는 성인 초기의 재범률을 감소시킬 뿐만 아니라, 장기적으로는 시민의 세금을 상당히 절약하게 해준다(Loeber, Farrington and Petechuk, 2013). 비행청소년에 대한 가족치료가 청소년범죄에 대한 국가의 대응 체계와 더욱 긴밀하게 통합되어야 하지만, 청소년 비행 발달 경로가 전개되는 것을 막으려면 인생의 초기 단계에 친사회적이자 보호적인 양육 기술이 필요하다. 이는 가정에서 배운 것이 학교와 이후 직장과 같은 상황에서 자녀의 행동을 형성하기 때문이다. 지금까지 정부는 학생이 주도한 학교폭력을 다루기 위해 주로 학교 보안에 중점을 둔 방안을 모색해 왔지만, '권위주의적' 양육을 줄이고 '권위 있는' 양육을 확대시키는 가족 관리 중심의 조치들이 장기적으로 **부모의 부재로 인한 분노**를 예방하는 데 훨씬 효과적일 것이다.

주

1장 들어가며: 한국의 아이들, 안녕들 하십니까

1) 2명 이상이 가담한 폭행은 집단 폭행이고, 특수 절도는 공범이 1명 또는 그 이상 있는 경우다.

2) *The Korea Times*, 2015.11.5, "Anger as apartment guards forced to bow to residents," http://www.koreatimes.co.kr/www/news/nation/2015/11/511_190369. html(검색일: 2015.11.10).

3) *The Korea Times*, 2015.8.9, "Alcohol blamed for domestic and sexual violence," http://www.koreatimes.co.kr/www/news/nation/2015/08/116_184456.html(검색일: 2015.8.10).

4) 인류학자 클리퍼드 기어츠(Clifford Geertz)는 어떤 행동이 외부인에게 의미가 있으려면 인간 행동의 '중층기술(thick description)'이 그 행동과 맥락 모두를 반드시 설명해야 한다고 했다. *The Interpretation of Cultures: Selected Essays* (New York: Basic Books, 1973).

5) Pew Research Center, 2012, "The Global Religious Landscape," http://www. pewforum.org/files/2014/01/global-religion-full.pdf(검색일: 2015.10.15).

6) *The Korea Times*, 2013.5.4, "Troubling Snapshot of Average Korean Teenager," http://www.koreatimes.co.kr/www/news/nation/2013/05/116_135109.html(검색일: 2013.5.4).

7) 모든 시는 한들출판사에서 나온 서울소년원 원장 한영선이 소년원 남학생들의 시로 엮은 『꿈을 향하여 날아오르다』에서 인용했습니다.

8) 이는 2013년 EBS 다큐멘터리 〈학교폭력〉에 나왔다.

2장 점화: 학교폭력의 현대사

1) 승민의 자살 유서는 다음 블로그 주소를 통해 처음으로 공개되었다. http://blog. naver.com/juwon6320?Redirect=Log&logNo=150127488530.
유서 일부는 다음 기사에 실렸다. Yim Seung-hye. 2011.12.26. "Student bullied over game commits suicide," *Korea Joongang Daily*, http://koreajoongangdaily.joins. com/news/article/article.aspx?aid=2946117(2012.10.12).

2) 2013년 SBS 다큐멘터리 〈학교의 눈물〉에서 나왔다.

3) 한국법제연구원 법령번역센터. "학교폭력예방 및 대책에 관한 법률". http://elaw.klri.re.kr/ kor_service/lawView.do?hseq=24031&lang=ENG에서 검색.

4) 같은 글.

5) Yonhap, 2014.8.1, "Sex abuse allegations emerge over dead draftee," *The Korea Times*, http://www.koreatimes.co.kr/www/news/nation/2014/08/205_162178.html (검색일: 2015.8.15).

6) Yonhap, 2014.8.1, "Sex abuse allegations emerge over dead draftee," *The Korea Times*.

7) 같은 글.

8) *The Korea Times*, 2012.2.20, "2 teenagers get jail term for bullying friend until suicide," http://www.koreatimes.co.kr/www/news/nation/2013/08/117_105283.html (검색일: 2012.10.14).

9) MBC 뉴스, 2011.12.30, "대구 여학생도 담임교사에 왕따 신고했다 자살", http://news.naver.com/@main/read.nhn?mode=LPOD&mid=tvh&oid=214&aid=0000199392(검색일: 2012.10.14).

10) nbnTV, 2014.7.30, "여학생 줄세워 뺨 때리는 여교사 영상 논란", http://www.nbntv.co.kr/nm/atc/view.asp?P_Index=20042(검색일: 2014.8.5).

11) MBC 뉴스, 2011.12.30, "대구 여학생도 담임교사에 왕따 신고했다 자살".

12) *The Korea Herald*, 2012.5.9, "Teenager gets prison term for bullying classmate until suicide," http://www.koreaherald.com/view.php?ud=20120905001352(검색일: 2012.10.5).

13) *The Korea Herald*, 2012.5.9, "Teenager gets prison term for bullying classmate until suicide".

14) 같은 글.

15) 2013년 SBS 다큐멘터리 〈학교의 눈물〉에서 나왔다.

16) 같은 글.

17) 블로그는 'Caperture Laboratories'라고 부른다. 그는 한국 학교폭력 역사에 관한 글을 5편 올렸다.
   Blog 1: http://blog.naver.com/jjy0501/100152772193.
   Blog 2: http://blog.naver.com/jjy0501/100153198591.
   Blog 3: http://blog.naver.com/jjy0501/100153299538.
   Blog 4: http://blog.naver.com/jjy0501/100153539548.
   Blog 5: http://blog.naver.com/jjy0501/100153589147.

18) "education," Life in Korea. http://www.lifeinkorea.com/information/education.cfm (검색일: 2014.7.20).

19) '교육', 한국민족문화대백과사전, http://encykorea.aks.ac.kr/Contents/Index?contents_id=E0005524(검색일: 2014.7.20).

20) 다음 사이트에서 그림을 확인할 수 있다. https://en.wikipedia.org/wiki/Seodang.

21) "South Korea – SOCIETY," Mongabay.com, http://www.mongabay.com/reference/country_studies/south-korea/SOCIETY.html(검색일: 2014.7.19).

22) ① 지향 틀과 헌신, ② 근원, ③ 융합, ④ 결과, ⑤ 흥분과 자극이 포함되어 있다.

23) ≪경향신문≫, 1957.12.5. "학원에서 폭력은 축방해야 한다", http://newslibrary.naver.com/viewer/index.nhn?articleId=1957120500329201004&editNo=1&printCount=1&publishDate=1957-12-05&officeId=00032&pageNo=1&printNo=3814&publishType=00020(검색일: 2014.7.14).

24) ≪경향신문≫, 1958.3.25, "학생깡패의 온상은 어디있는가", http://newslibrary.naver.com/viewer/index.nhn?articleId=1958032500329201005&editNo=2&printCount=1&publishDate=1958-03-25&officeId=00032&pageNo=1&printNo=3923&publishType=00020(검색일: 2014.7.15).

25) ≪동아일보≫, 1959.10.20, "소풍철 맞아 폭력사태", http://newslibrary.naver.com/viewer/index.nhn?articleId=1959102000209103001&editNo=2&printCount=1&publishDate=1959-10-20&officeId=00020&pageNo=3&printNo=11519&publishType=00010(검색일: 2014.7.15).

26) ≪동아일보≫, 1959.11.6, "폭력에 떠는 교실", http://newslibrary.naver.com/viewer/index.nhn?articleId=1959110600209103001&editNo=2&printCount=1&publishDate=1959-11-06&officeId=00020&pageNo=3&printNo=11536&publishType=00010(검색일: 2014.7.14).

27) Blog 2: http://blog.naver.com/jjy0501/100153198591.

28) 시간대별 학교폭력의 상황을 다음의 주소에서 인용했다. http://bbungou.blog.me/10146456135.

29) ≪동아일보≫, 1963.5.24, "학교가기가 무섭다", http://newslibrary.naver.com/viewer/index.nhn?articleId=1963052400209202001&editNo=2&printCount=1&publishDate=1963-05-24&officeId=00020&pageNo=2&printNo=12790&publishType=00020(검색일: 2014.7.14).

30) ≪경향신문≫, 1963.3.28, "내아들 죽음은 학교책임: 백만원 청구소송", http://newslibrary.naver.com/viewer/index.nhn?articleId=1963032800329207015&editNo=5&printCount=1&publishDate=1963-03-28&officeId=00032&pageNo=7&printNo=5359&publish Type=00020(검색일: 2014.7.15).

31) Blog 3: http://blog.naver.com/jjy0501/100153299538.

32) ≪동아일보≫, 1975.1.16. "신고꺼리는 청소년피해", http://newslibrary.naver.com/viewer/index.nhn?articleId=1975011600209207001&editNo=2&printCount=1&publishDate=1975-01-16&officeId=00020&pageNo=7&printNo=16397&publishType=00020(검색일: 2014.7.15)

33) ≪동아일보≫, 1982.2.16, "두려운 등하교길", http://newslibrary.naver.com/viewer/index.nhn?articleId=1982021600209211001&editNo=2&printCount=1&publishDate=1982-02-16&officeId=00020&pageNo=11&printNo=18575&publishType=00020(검색일: 2014.7.16).

34) http://blog.naver.com/jjy0501/100153539548(연합뉴스, 1995.2.11, "청소년들, 염세.열등감으로 고민", http://news.naver.com/main/read.nhn?mode=LSD&mid=shm&sid1=102&oid=001&aid=0003914033에 관련 내용이 있다 — 옮긴이).

35) ≪경향신문≫, 1996.3.20, "살인까지 부른 학교폭력" http://newslibrary.naver.com/viewer/index.nhn?articleId=1996032000329103007&editNo=40&printCount=1&publishDate=1996-03-20&officeId=00032&pageNo=3&printNo=15714&publishType=00010(검색일: 2014.7.16).

36) 이현도, 1997.7.14. "일본만화는 「폭력 교과서」", ≪동아일보≫. http://newslibrary.naver.com/viewer/index.nhn?articleId=1997070400209137001&editNo=45&printCount=1&publishDate=1997-07-04&officeId=00020&pageNo=37&printNo=23584&publishType=00010(검색일: 2014.7.17).

37) ≪동아일보≫, 1997.7.8, "청소년 보호법" http://newslibrary.naver.com/viewer/index.nhn?articleId=1997070800209121001&editNo=45&printCount=1&publishDate=

1997-07-08&officeId=00020&pageNo=21&printNo=23587&publishType=00010(검색일: 2014.7.17).

38) ≪경향신문≫, 1997.7.24, "'천국의 신화' 음란시비 증폭 이현세씨 어제 소환조사후 귀가", http://newslibrary.naver.com/viewer/index.nhn?articleId=1997072400329122002&editNo=45&printCount=1&publishDate=1997-07-24&officeId=00032&pageNo=22&printNo=16168&publishType=00010(검색일: 2014.7.17).

39) http://bbungou.blog.me/10146456135.

3장 연료: 소비문화, 왕따, 윤리와 아이돌

1) Yonhap News Agency, 2013.2.25. "Full text of Park's inauguration speech," http://english.yonhapnews.co.kr/national/2013/02/25/95/0301000000AEN20130225001500315F.HTML.(검색일: 2013.4.1).

2) *The Korea Herald*, 2013.5.14. "Park calls for deregulation to facilitate M&As of venture firms," http://www.koreaherald.com/view.php?ud=20130514001150(검색일: 2014.5.17).

3) *allkpop*, 2013.5.7, "Girl's Day participate in campaign to end school violence with free hugs," http://www.allkpop.com/2013/05/girls-day-participate-in-campaign-to-end-school-violence-with-free-hugs(검색일: 2013.5.9).

4) *The Korea Herald*, 2013.5.23, "Editorial: An anxious society", http://www.koreaherald.com/view.php?ud=20130523000506(검색일: 2013년 5월 26일).

5) 같은 글.

6) 이 말은 TV에서 인터뷰를 들었다.

7) *The Korea Times,* 2015.3.31, "Korean men use 13 cosmetic products on average," http://koreatimes.co.kr/www/news/nation/2015/03/113_176220.html(검색일: 2015.4.1).

8) *The Korea Times*, 2015.8.5. "HR staff consider applicants' looks," http://www.koreatimes.co.kr/www/news/nation/2015/08/116_184279.html(검색일: 2015.8.6).

9) *The Chosun Daily*, 2015.8.4, "Voice-Changing Procedure a Hit in Gangnam Clinicsm,"http://english.chosun.com/site/data/html_dir/2015/08/01/2015080100456.html(검색일: 2015.8.4).

10) allkpop, 2010.3.25, "Was M to M using noise?," http://www.allkpop.com/article/2010/03/was-m-to-m-using-noise-marketing(검색일: 2010.3.27).

11) dong-A.com. 2012.6.15. "검, 지난해 자살한 '왕따 여중생사건' 학교 압수수색하자…," http://news.donga.com/3/all/20120615/47032621/1(검색일: 2012.7.14).

12) Omona They Didn't, 2014.10.12. "Thunder also leaving MBLAQ + G.O tweets about the departures + J.Tune Statement + FINAL ALBUM IN NOV," http://omonatheydidnt.livejournal.com/14331278.html(검색일: 2014.10.14).

13) 2012년 8월 5일 처음으로 유튜브 채널에서 공개되었다. http://www.youtube.com/watch?v=3vrClQTyVy4.

14) allkpop, 2012.8.4. "Angry T-ara fans egg Core Contents Media building," http://

www.allkpop.com/article/2012/08/angry-t-ara-fans-egg-core-contents-media-building(검색일: 2012.8.6).

15) allkpop, 2012.7.30. "T-ara/Hwayoung Controversy: Cliff Notes Edition," http://www.allkpop.com/article/2012/07/t-ara-controversy-cliff-notes-edition(검색일: 2012.8.5).

16) allkpop, 2012.7.28. "T-ara members' tweets following Budokan concert receive some criticism," http://www.allkpop.com/article/2012/07/t-ara-members-tweets-following-budokan-concert-receives-some-criticism(검색일: 2012.8.15).

17) allkpop, 2012.8.2, "[OP-ED] Guilty until proven innocent: The lynch mob against T-ara and who's really to blame," http://www.allkpop.com/article/2012/08/op-ed-guilty-until-proven-innocent-the-lynch-mob-against-t-ara-and-whos-really-to-blame(검색일: 2012.8.2).

18) allkpop, 2012.8.3, "T-ara representative remarks, "Hwayoung got arrogant," http://www.allkpop.com/article/2012/08/t-ara-representativeremarks-hwayoung-got-arrogant(검색일: 2012.8.5).

19) allkpop, 2012.7.28, "T-ara members' tweets following Budokan concert receive some criticism".

20) 같은 글.

21) allkpop, 2012.7.28. "T-ara's Hwayoung leaves an ambiguous tweet," http://www.allkpop.com/article/2012/07/t-aras-hwayoung-leaves-an-ambiguous-tweet(검색일: 2012.7.28).

22) allkpop, 2012.7.30. "Fans demand T-ara's Eunjung be kicked off 'We Got Married' and 'Five Fingers'," http://www.allkpop.com/article/2012/07/fans-demand-t-aras-eunjung-be-kicked-off-we-got-married-and-five-fingers(검색일: 2012.8.6).

23) allkpop, 2012.7.30, "Full press release from Core Contents Media regarding Hwayoung's departure from T-ara," http://www.allkpop.com/article/2012/07/full-press-release-from-core-contents-media-regarding-hwayoungs-departure-from-t-ara(검색일: 2012.8.6).

24) 같은 글.

25) allkpop, 2012.4.8, "[OP-ED] Is T-ara's member change a way for Kim Kwang Soo to punish T-ara?" http://www.allkpop.com/article/2012/04/op-ed-is-t-aras-member-change-a-way-for-kim-kwang-soo-to-punish-t-ara(검색일: 2012.8.7).

26) 같은 글.

27) allkpop, 2012.7.30 "Full press release from Core Contents Media regarding Hwayoung's departure from T-ara".

28) allkpop, 2013.5.3, "Yoo In Na reveals what it was like being a YG Entertainment trainee for 11 years," http://www.allkpop.com/article/2013/05/yoo-in-na-reveals-what-it-was-like-being-a-yg-entertainment-trainee-for-11-years(검색일: 2013.5.5).

29) allkpop, 2013.4.29. "T-ara N4 confess they were nervous and scared about their comeback,"http://www.allkpop.com/2013/04/t-ara-n4-confess-they-were-nervous-and-scared-about-their-comeback(검색일: 2013.5.3).

30) 같은 글.

31) allkpop, 2013.5.14. "Lee Hyori becomes one of the 'bad girls' in her comeback teaser photo," http://www.allkpop.com/article/2013/05/lee-hyori-becomes-one-of-the-bad-girls-in-her-comeback-teaser-photo(검색일: 2013.5.17).

32) 이효리, 「배드 걸스」(작사 이효리, 작곡 네르민 하람베이직, 로빈 얀센, 로니 비다 스벤센, 안느 주디스 위크, 크리스 영), 2013년 B2M 엔터테인먼트, CJ E&M 음악사업부 제작.

33) Omona They Didn't, 2013.8.9. "Cramming for Stardom at Korea's K-pop Schools," August 9. http://omonatheydidnt.livejournal.com/11595322.html(검색일: 2013.8.13).

34) Hotshotlover30. 2012.6.8. "2PM's Nichkhun Involved in Drunk Driving Accident," *Soompi*, http://www.soompi.com/2012/07/24/2pms-nichkhun-involved-in-drunk-driving-accident/#.U7NwmLHm6B(검색일: 2012.7.24).

35) allkpop, 2013.5.11, "[Instiz] Witnesses report a different story to Nichkhun's drunk driving scandal," Netizen Buzz, http://netizenbuzz.blogspot.kr/2013/05/instiz-witnesses-report-different-story.html(검색일: 2014.6.8).

36) allkpop, 2013.5.27, "2PM Nichkhun's Mother Apologizes for DUI Incident and Thanks Fans," M Wave, http://mwave.interest.me/enewsworld/en/article/37129/2pm-nichkhuns-mom-apologizes(검색일: 2013.6.8)."

37) allkpop, 2010.1.13. "Kangin charged $8,000 for DUI and hit-and-run," http://www.allkpop.com/article/2010/01/kangin-charged-8000-for-dui-and-hit-and-run(검색일: 2014.6.8)

38) *The Chosun Daily*, 2013.8.12, "Go Young-wook: Pedophile or 'Behavioral Addict'?" http://english.chosun.com/site/data/html_dir/2013/04/12/2013041201187.html(검색일: 2014.6.9).

39) *The Korea Times*, 2013.5.19. "Celebrities born with silver spoons," http://www.koreatimes.co.kr/www/news/culture/2013/05/386_136004.html(검색일: 2013.5.20).

40) allkpop, 2011.10.5, "Big Bang's G-Dragon caught smoking marijuana," http://www.allkpop.com/article/2011/10/big-bangs-g-dragon-caught-smoking-marijuana(검색일: 2014.6.9).

41) allkpop, 2013.3.20, "New tomboy girl group GI(Global Icon) releases member images!" http://www.allkpop.com/article/2013/03/new-tomboy-girl-group-gi-global-icon-releases-mem ber-image(검색일: 2014.3.22)

42) 지드래곤, 「One of a kind(작사 지드래곤, 작곡 지드래곤, Choice 37)」, 2012년 YG 엔터테인먼트 제작.

43) The Hankyoreh, 2009.12.22. "Children in South Korea caught up in a spec and competition craze," http://english.hani.co.kr/arti/english_edition/e_national/394805.htm(검색일: 2014.2.12).

44) 이슈맨닷컴, 2013.10.25, "취업 8대 스펙: 이것만 알면 취업 성공?", http://issueman.com/112(검색일: 2013.11.7).

45) Special Reporting Team. 2014.7.10, "In Korea, there's no room at the juvenile

prisons," *Korea Joongang Daily*, http://koreajoongangdaily.joins.com/news/article/article.aspx?aid=2991818& cloc=joongang dailylhomeltop(검색일: 2013.7.10).

46) *The Sydney Morning Herald*, 2013.4.19. "The price of fame," http://www.smh.com.au/lifestyle/celebrity/the-price-of-fame-20130418-2i31d.html(검색일: 2013.4.19).

47) *The Korea Times*, 2013.5.19, "Celebrities born with silver spoons".

48) 같은 글.

49) allkpop, 2013.5.14, "B1A4's Sandeul's guitar instructor mistook him for a delinquent student?" http://www.allkpop.com/article/2013/05/b1a4s-sandeuls-guitar-instructor-mistook-him-for-a-delinquent-student(검색일: 2014.5.11).

50) al Jazeera, 2011.11.10, "South Korea's exam suicides," http://www.aljazeera.com/video/asia-pacific/2011/11/20111110121212136117.html(검색일: 2014.7.2).

51) Ask A Korean, 2011.11.7, "Suicide in Korea Series: III. Sociology of Suicide in Korea,"http://askakorean.blogspot.kr/2011/11/suicide-in-korea-series-iii-sociology.html(검색일: 2014.7.6).

52) 같은 글.

53) *The Korea Times*, 2013.12.17, "How are you all doing?" http://www.koreatimes.co.kr/www/news/opinon/2013/12/202_148137.html(2013.12.18).

54) https://www.facebook.com/helljoseon?fref=ts.

55) *The Korea Times*, 2016.1.18, "Koreans want to leave 'Hell Joseon'," http://www.koreatimes.co.kr/www/news/nation/2016/01/116_195720.html(검색일: 2016.1.19).

4장 화재: 직장 내 성인들의 따돌림과 폭력

1) *The Korea Times*, 2015.8.21. "Rebellious ex-baseballer in tears over past," http://koreatimes.co.kr/news/culture/2015/08/135_185307.html(검색일: 2015.8.24).

2) Radio Free Asia. 2007.3.21, "North Korean Defectors Face Huge Challenges", *World Corporal Punishment Research*, http://www.corpun.com/krs00703.htm#19022(검색일: 2015.1.12).

3) *The Korea Times*, 2003.9.8, "7 in 10 Schools Allow Corporal Punishment," http://www.corpun.com/krs00309.htm#11994(검색일: 2015.9.8).

4) *The Korea Times*, 2010.11.2, "Opinion: Ban on corporal punishment," http://www.koreatimes.co.kr/www/news/opinon/2011/01/202_75641.html(검색일: 2015.1.12).

5) ≪뉴스1≫, 2015.7.9, "학부모들의 눈물…"1일 왕따제 교사 전출을"", http://news.naver.com/main/read.nhn?mode=LSD&mid=sec&oid=421&aid=0001516907&sid1=001(검색일: 2015.7.10).

6) *The Korea Times*, 2014.11.30. "Sexual abuses on campuses" http://www.koreatimes.co.kr/www/news/opinon/2014/12/202_169041.html(검색일: 2014.12.2).

7) *The Korea Times*, 2014.11.30, "Sexual abuses on campuses".

8) SBS, 2015.8.8, 〈그것이 알고싶다〉, 997회, '쓰싸'와 '가스', http://www.ajunews. com/view/20150816133335721(검색일: 2015.8.14).

9) *The Korea Times*, 2015.7.14, "Professor forced student to eat human waste: police," http://www.koreatimes.co.kr/www/news/nation/2015/07/113_182720.html (검색일: 2015.7.15).

10) 이 인터뷰는 2013년 EBS 다큐멘터리 〈학교폭력〉 1부에 나왔다.

11) *The Korea Times*, 2014.6.22, "Opinion: Shooting rampage," http://www. koreatimes.co.kr/www/news/opinon/2014/06/202_159565.html(검색일: 2014.6.23).

12) 이번 분석은 다음 글에서 가져왔다. James Turnbull, 2010.3.31 "Sex as Power in the South Korean Military," *The Grand Narrative*, http://thegrandnarrative.com/2010/03/31/sexual-violence-korean-military/(검색일: 2014.8.14)

13) Ask A Korean!, 2009.4.3, "Military Service Series: Part II - Life in the Korean Military," http://askakorean.blogspot.co.nz/2009/04/military-service-series-part-ii-life-in.html(검색일: 2015.1.22).

14) Ask A Korean!, 2009.4.19, "Military Service Series: Part III – Korean Military and Korean Society".

15) *The Korea Times*, 2014.9.1, "'Backstabbed' by colleague? You're not alone," http://www.koreatimes.co.kr/www/news/nation/2014/09/511_163967.html(검색일: 2014.9.1).

16) Ministry of Employment and Labor. 1999. *Prevention Measures Concerning Bullying At Work*, Ministry of Employment and Labor. www.kdi.re.kr/infor/ep_view_source.jsp?num=34531&menu=1(검색일: 2015.12.18).

17) *The Korea Herald*, 2013.5.8, "Editorial: Predatory practices," http://www. koreaherald.com/view.php?ud=20130508000616(검색일: 2013.5.8).

18) *The Chosun Daily*, 2007.12.13. "Koreans Face Unfriendliest Working Conditions in OECD," http://english.chosun.com/site/data/html_dir/2007/12/13/2007121361017. html(검색일: 2015.7.30).

19) The Hankyoreh, 2014.12.9, "Editorial: Korean Air princess is a like a despot with her little kingdom," http://english.hani.co.kr/arti/english_edition/e_editorial/668200. html(검색일: 2014.12.2).

20) 같은 글.

21) *The Korea Herald*, 2014.12.15, "Editorial: Outrage over nut rage," http://www. koreaherald.com/view.php?ud=20141215000630(검색일: 2014.12.16).

22) The Hankyoreh, 2014.12.9. "Editorial: Korean Air princess is a like a despot with her little kingdom".

23) *The Korea Times*, 2014.8.26, "Apartment security guards frequently abused," http://www.koreatimes.co.kr/www/news/nation/2014/08/511_163615.html(검색일: 2014.8.28).

24) The Hankyoreh, 2016.4.5. "Editorial: Chaebol's high-handedness causes crisis of

ethics in S. Korea," http://english.hani.co.kr/arti/english_edition/e_editorial/738319. html(검색일: 2016.4.11).

5장 폭발: 학교폭력에 대한 정치적·개인적 반응

1) 연합뉴스, 2013.3.13, "경산 '학교폭력' 자살 고교생 유서 전문", http://news.naver. com/main/read.nhn?mode=LSD&mid=sec&sid1=102&oid=001&aid=0006144949(검색일: 2013.3.20).

2) 같은 글.

3) Special Reporting Team. 2014.7.10, "In Korea, there's no room at the juvenile prisons," *Korea Joongang Daily*, http://koreajoongangdaily.joins.com/news/article/ article.aspx?aid=2991818& cloc=joongangdailylhomeltop(검색일: 2014.7.11).

4) *The Korea Times*, 2013.3.18, "No more violence." March 18. http://www. koreatimes. co.kr/www/news/nation/2013/03/115_132323.html(검색일: 2013.3.20).

5) *The Korea Times*, 2013.5.13. "Editorial: Bullying in schools," http://www.korea times.co.kr/www/news/opinon/2013/03/202_132020.html(검색일: 2014.5.14).

6) 저자는 2013년 한국 경찰대학에서 열린 학교 폭력에 관한 컨퍼런스에 참가해 본 연구를 발표했다.

7) *The Korea Times*, 2013.1.27, "Respect your children," http://korea times.co.kr/ www/news/opinon/2013/01/137_129522.html(검색일: 2013.2.1).

8) Yonhap News Agency, 2013.2.25, "Full text of Park's inauguration speech".

9) Yonhap News Agency, 2013.5.16, "Top court recognizes marital rape as crime for first time," http://english.yonhapnews.co.kr/national/2013/05/16/3/0302000000AEN 20130516003100315F.HTML(검색일: 2013.12.14).

10) The Associated Press. 1999.2.4, "South Korea Doesn't Spare the Rod," *The New York Times*, http://www.nospank.net/n-e21.htm(검색일: 2015.7.19).

11) *The Korea Times*, 2015.8.21, "Koreans happy to have a foreign fling," http:// www.koreatimes.co.kr/www/news/nation/2015/08/116_185311.html(검색일: 2015.8.24).

12) 남들보다 빠르게 새로운 정보나 제품을 받아들여 평가를 내리고 주변에 특성을 알려주는 성향을 가진 일련의 빠른 추종자 모델을 말한다.

13) 이 논의는 2013년 EBS 다큐멘터리 〈학교폭력〉에서 이뤄졌다.

6장 여파-피해: 학교폭력 가해자들의 발달 과정

1) B.A.P, 「배드맨」(작사 강지원, 김기범, 방용국, 작곡 강지원, 김기범), 2013년 TS엔터테인먼트에서 제작.

2) 엄밀히 말하면 '반사회적' 행동은 단체 혹은 반응성 행동이라는 점에서 '사회적' 행동이다. 이에 관해서는 John. H. Laub and Robert J. Sampson, 2001, "Understanding Desistance from Crime," *Crime and Justice*, Vol.28, pp.1~69 참고.

3) G.R. Patterson, Barbara D. DeBaryshe and Elizabeth Ramsey, 1989, "A Developmental Perspective on Antisocial Behavior." *American Psychologist*, Vol.44,

Issue 2, p.329. 이에 관해서는 ① R. Loeber and T. J. Dishion, 1983, "Early predictors of male delinquency: A review," *Psychological Bulletin*, Vol.94, pp.68~99. ② W. McCord, J. McCord and A. Howard, 1963, "Familial correlates of aggression in nondelinquent male children," *Journal of Abnormal and Social Psychology*, Vol.62, pp.79~93 참고.

4) UNICEF. 2014. *HIDDEN IN PLAIN SIGHT: A statistical analysis of violence against children*, p.12. New York: United Nations Children Fund.

5) Sheldon Glueck and Eleanor Glueck, 1952, *Delinquents In the Making. Paths To Prevention*, New York: Harper & Brothers Publishers.

6) E. Mavis Hetherington et al., 1979. "Family interaction and the social, emotional, and cognitive development of children following divorce," in V. Vaughn and T. Brazelton(eds.), *The family: Setting priorities*, pp.174~201. New York: Science and Medicine 참고.

7) American Psychological Association, 1993, *Summary report of the American Psychological Association Commission on Violence and Youth*, Vol.1.

8) UNICEF, 2014, *Hidden in Plain Sight: A statistical analysis of violence against children*, New York: United Nations Children Fund.

9) Sheldon Glueck and Eleanor Glueck, 1950, *Unraveling Juvenile Delinquency*, p.281.

10) Gabor Mate. 2000. *Scattered: How Attention Deficit Disorder Originates and What You Can DO About It* , New York: Plume, p.106.

11) Sheldon Glueck and Eleanor Glueck. 1952. *Delinquents In the Making. Paths To Prevention*, p.43.

12) 같은 책, p.9.

13) Sheldon Glueck and Eleanor Glueck, 1950, *Unraveling Juvenile Delinquency*.

14) Sheldon Glueck and Eleanor Glueck, 1952, *Delinquents In the Making. Paths To Prevention*, p.80, 강조는 원저자.

15) Public Prosecutors' Office. 2013. *The Number of Juveniles Criminals According to the Types of Crimes and SES* (1993-2013). South Korean Statistical Information Service. http://kosis.kr/statHtml/statHtml.do?orgId=135&tblId=TX_13501_A151&vw_cd=MT_ZTITLE&list_id=135_13501_5&seqNo=&lang_mode=ko&language=kor&obj_var_id=&itm_id=&conn_path=E1#(검색일: 2015.11.22).

16) Sheldon Glueck and Eleanor Glueck, 1950, *Unraveling Juvenile Delinquency*, p.148.

17) ① S. H. Park, 2007, "Factors affecting cigarette use and an increase in smoking frequency among adolescents in South Korea," *Journal of Korean Academy of Child Health Nursing*, Vol.13, pp.318~328. ② J. Y. Kim and S. W. Park, 2009, "Predictors of current smoking among male students in a technical high school: A prospective study," *Journal of Preventive Medicine and Public Health*, Vol.42, pp.59~66 참고

18) 한영선, 「한국 소년범죄자의 범죄중단에 관한 연구」(2011).

19) *The Korea Times*, 2015.8.12, "One in four men engage in high-risk drinking," http://www.koreatimes.co.kr/www/news/nation/2015/08/116_184708.html(검색일: 2015.8.13)

20) Korea Centers for Disease Control and Prevention. 2007. *Statistics for youth behavior risk factor surveillance*. Seoul: Korea Centers for Disease Control and Prevention.

21) 문화체육부, 『청소년 약물남용 실태와 예방대책 연구』(1996).

22) 한영선, 「소년 범죄자의 범죄 중단에 대한 종단적 연구」.

23) '과잉진단(diagnostic inflation)'은 단순한 정신장애를 과잉진단 한 것으로 한국과 미국에서 큰 우려를 낳았다. 이에 관해서는 Allen Frances, 2014, *Saving Normal*, New York: William Marrow 참조.

24) 그러나 기대와 다르게 이번 시험에서도 GST(일반긴장이론)와 사회학습이론과 반대된 결과가 도출되었는데, 또래 집단과 반응에 부정적인 청소년이 다른 청소년을 괴롭힐 가능성이 더 낮았다. GST와 사회통제이론과 다르게 부모님과 애착 관계를 잘 형성한 청소년이 괴롭힘에 가담할 가능성이 더 높다고 나왔다. 다시 말해 GST가 부분적으로 사실이라는 점이다.

25) Sheldon Glueck and Eleanor Glueck. 1952. *Delinquents In the Making. Paths To Prevention*, p.4.

26) ① C. A. Christie-Mizell, 2003, "Bullying: The consequences of interparental discord and child's self-concept," *Family Process*, 42, pp.237~251. ② M. E. Curtner-Smith, A. M. Culp, C. Scheib, K. Owen, A. Tilley, M. Murphy et al., 2006, "Mothers' parenting and young economically disadvantaged children's relational and overt bullying," *Journal of Child and Family Studies*, 15, pp.177~189. ③ A. Shields and D. Cicchetti, 2001, "Parental maltreatment and emotion dysregulation as risk factors for bullying and victimization in middle childhood," *Journal of Clinical Child Psychology*, 30, pp.349~363 참고.

참고문헌

"A violent incident during the season of picnics." *Dong-A Daily*, 20 October 1959. http://newslibrary.naver.com/viewer/index.nhn?articleId=195910200020910 3001&editNo=2&printCount=1&publishDate=195910-20&officeId=00020&pa geNo=3&printNo=11519&publishType=00010. Accessed 15 July 2014.

Agnew, R. 2001. "Building on the foundation of general strain theory: Specifying the types of strain most likely to lead to crime and delinquency." *Journal of Research in Crime and Delinquency*, 38, pp.319~361.

Ah, Y.·W. Jeong and T. Cha. 2005. "The study on the actual conditions of bullying and the psychosocial factors affecting bullying behavior." *Journal of Fish and Marine Science of Education*, 17, pp.390~403.

Ahn, H. 2002. A Study of the Fact that 'Ijime' Affects 'Wangtta. Jechon-Shi, South Korea: Sae-Myung University.

"Alcohol blamed for domestic and sexual violence." *The Korea Times*, 9 August 2015. http://www.koreatimes.co.kr/www/news/nation/2015/08/116_184456.html. Accessed 10 August.

"American Psychological Association." 1993. *Summary Report of the American Psychological Association Commission on Violence and Youth*, Vol.1.

"Anger as apartment guards forced to bow to residents." *The Korea Times*, 9 November 2015. http://www.koreatimes.co.kr/www/news/nation/2015/ 11/511_190369.html. Accessed 10 November.

"Angry T-ara fans egg Core Contents Media building." allkpop, 4 August 2012. http://www.allkpop.com/article/2012/08/angry-t-ara-fans-egg-core-content s-media-building. Accessed 6 August.

"Apartment security guards frequently abused." *The Korea Times*, 26 August 2014. http://www.koreatimes.co.kr/www/news/nation/2014/08/511_163615.html. Accessed 28 August.

"As concern increases about obscenity in "Myth of Heaven", writer Lee Hyun Sae questioned by prosecutors yesterday then sent home." *Kyunghyang Shinmun*, 24 July 1997. http://newslibrary.naver.com/viewer/index.nhn? articleId=1997072400329122002&editNo=45&printCount=1&publishDate=19 97-07-24&officeId=00032&pageNo=22&printNo=16168&publishType= 00010. Accessed 17 July 2014.

Ash, Timothy Galton. 1998. *The File: A Personal History*. Vintage Books: New York.

"B1A4's Sandeul's guitar instructor mistook him for a delinquent student?" allkpop, 14 May 2013. http://www.allkpop.com/article/2013/05/b1a4s-sandeulsguitarinstructor-mistook-him-for-a-delinquent-student. Accessed 11 March 2014.

""Backstabbed" by colleague? You're not alone." *The Korea Times*, 1 September 2014. http://www.koreatimes.co.kr/www/news/nation/2014/09/511_163967.html. Accessed September 1.

Baldry, A. C. 2003. "Bullying in schools and exposure to domestic violence." *Child Abuse & Neglect*, 27, pp.713~732.

Bandura, Albert. 1999. "Moral disengagement in the perpetration of inhumanities." *Personality and Social Psychology Review*, 3(3), pp.193~209.

Bauman, Zygmunt. 2002a. "Eurozine." http://www.eurozine.com/articles/2002-11-08bauman-en.html. Accessed July 2, 2013.

Bauman, Zygmunt. 2002a. "Foreword by Zygmunt Bauman: Individually, together." in Ulrich Beck·Elizabeth Beck-Gernsheim(eds.) *Individualization*. London: Sage, p.xxii.

Bauman, Zygmunt. 2004. *Identity: Conversations with Bendetto Vecchi*. Cambridge: Polity Press.

Bauman, Zygmunt. 2006. *Liquid Fear*. Cambridge: Polity Press.

Bauman, Zygmunt. 2007. *Consuming Life*. Cambridge: Polity Press.

Bauman, Zygmunt. 2010. *44 Letters From The Liquid Modern World*. Cambridge: Polity Press.

Bauman, Zygmunt. 2013. "What Use of Sociology? Conversations with Michael-Hiviid Jacobsen and Keith Tester." Cambridge: Polity Press.

Bauman, Zygmunt and Donskis Leonidas. 2013. *Moral Blindness: The Loss of Sensitivity in Liquid Modernity*. London: Polity Press.

Bauman, Zygmunt and David Lyon. 2013. *Liquid Surveillance*. Cambridge: Polity Press.

Bauman, Zygmunt and Milena Yakimova. 2002. "A postmodern grid on the worldmap. Interview with Zygmunt." *Eurozine*, 8 November 2002. https://www.eurozine.com/a-postmodern-grid-of-the-worldmap. Accessed June 22 2014.

Beck, Ulrich and Elisabeth Beck-Gernsheim. 2002. *Individualization: Institutionalized individualism and its Social and Political Consequences*. London: Sage.

Bellis, Mark and Karen A. Hughes, Olivia Sharples, Tom Hennell and Katherine A Hardcastle. 2012. "Dying to be famous: retrospective cohort study of rock and pop star mortality and its association with adverse childhood experiences." *British Medical Journal* Open, 2: e002089. doi:10.1136/bmjopen2012-002089.

"Big Bang's G-Dragon caught smoking marijuana." allkpop, 5 October 2011.

http://www.allkpop.com/article/2011/10/big-bangs-g-dragon-caught-smoking-marijuana. Accessed 9 June 2014.

Blackshaw, Tony. 2005. *Zygmunt Bauman.* Abington, Oxon: Routledge.

Boulton, M. J. and P. K. Smith. 1994. "Bully/victim problems in middle-school children: stability, self-perceived competence, peer rejection and peer acceptance." *British Journal of Developmental Psychology*, 12, pp.315~329.

Bowers, L.·P. K. Smith and V. Binney. 1994. "Perceived family relationships of bullies, victims in middle childhood." *Journal of Social and Personal Relationships*, 11, pp.215~232.

Bronfenbrenner, Urie. 1979. The Ecology of Human Development. Massachusetts & London: Harvard University Press.

Bronfenbrenner, Urie. 1994. Ecological models of human development. In T. Husen and T. N. Postlethwaite(eds.), International Encyclopedia of Education, 2nd ed, pp.1643~1647. New York: Elsevier Science.

Byongook Moon·Merry Morash and John D. McCluskey. 2012. "General strain theory and school bullying: An empirical test in South Korea." *Crime & Delinquency*, 58(6), 827~855.

Callmenoona. 2014. "Core contents CEO Kim Kwang Soo being investigated for embezzling of company funds." Soompi, June 24. http://www.soompi.com/2014/06/24/core-contents-ceo-kim-kwang-soo-being-investigated-forembezzling-of-company-funds/#.U7IWb7Hm6BA. Accessed 26 June

Carla Sun-woo. 2014. "Koreans turn to Netizens, not docs, for counsel." *Korea Joongang Daily*, 6 January. http://koreajoongangdaily.joins.com/news/article/article.aspx?aid=2983016. Accessed 6 January.

"Celebrities born with silver spoons." *The Korea Times*, 19 May 2013. http://www.koreatimes.co.kr/www/news/culture/2013/05/386_136004.html. Accessed 20 May.

Chang, Jennifer. 2012. "South Korea's runaway teen prostitution." *Al Jazeera*, 12 November. http://www.aljazeera.com/indepth/features/2012/11/2012111263348392255.html. Accessed 22 July 2014.

Chee, Florence. 2006. "The games we play online and offline: Making Wang-tta in Korea." *Popular Communication*, 4(3), 225~239.

Chen, Minjun. 2013. "Conservatives destroy popular "How are you doing, Posters." *KoreaBang*, 26 December. http://www.koreabang.com/2013/stories/conservatives-destroy-popular-how-are-you-doing-posters.html. Accessed 4 March 2014.

"Children in South Korea caught up in a spec and competition craze." The Hankyoreh, 22 December 2009. Retrived February 12, 2014, from

http://english.hani.co.kr/arti/english_edition/e_national/394805.htm.
Accessed 12 February 2014

Cho, Chung-un. 2012. "T-ara case reveals K-pop's sinister side." *The Korea Herald*, 31
July. http://www.koreaherald.com/view.php?ud=20120731001374.
Accessed 3 August

Cho, Chung-un. 2014a. "Brokers insist on naked checkups of prospective foreign
brides." *The Korea Herald*, 9 January. http://m.koreaherald.com/view.php?ud=
20140109000765&ntn=0. Accessed 16 January.

Cho, Chung-un. 2014b. "Park goes overboard in use of 'scary' metaphors." *The Korea
Herald*, 27 November. http://www.koreaherald.com/view.php?ud=
20141127000904. Accessed 29 November.

Cho, Han-dae. 2015. Author expounds on 'Hell Joseon'. Korea Joongang Daily, 12
October. http://koreajoongangdaily.joins.com/news/article/article.aspx?aid=
3010170&cloc=joongang daily|home| online. Accessed 13 October.

Cho, Hong-Jun and Young-Ho Khang. 2010. "Family affluence scale, other
socioeconomic position indicators, and self-rated health among South
Korean adolescents: findings from the Korea Youth Risk Behavior
Webbased Survey (KYRBWS)." *Journal of Public Health*, 18, pp.169~178.

Choe, sang-hun. 2013. "Cramming for stardom at Korea's K-Pop Schools." *New York
Times*, August 9. http://omonatheydidnt.livejournal.com/11595322.html.
Accessed 11 August.

Choi, Sung-jin. 2016. "Most Korean workers victims of 'gapjil' on job." *The Korea
Times*, 20 April. http://www.koreatimes.co.kr/www/news/nation/2016/
04/116_203010.html. Accessed 22 April.

Choi, Tae-hwan. 2013. "School 2013." *The Korea Times*, 16 January. http://
koreatimes.co.kr/www/news/opinon/2013/01/137_128948.html. Accessed
18 January

Choi, Tae-hwan. 2014. "Violence in the school and the Army." *The Korea Times*, 24
August. http://www.koreatimes.co.kr/www/news/opinon/2014/08/162_
163461.html. Accessed 25 August.

Choi, Woo-ri and Jin Myeong-seon. 2014. "Growing number of sex crimes by South
Korea's "power elite"." The Hankyoreh, 13 November. http://english.hani.
co.kr/arti/english_edition/e_national/664325.html. Accessed   26   January
2015

Choi, Sook-hee. 2008. "Koreans' motivation to work." Samsung Economic Research
Institute, 11 June. http://www.seriworld.org/01/wldContVod.html?mn=B&mncd=
0101&sort=C&gubun=00&p_page=8&natcd=KR&key=20080611000001.
Accessed 23 July.

Choi, Woo-ri. 2014. "Korean kids do their own research into their slave-like study habits." The Hankyoreh, December 9. http://english.hani.co.kr/arti/english_edition/e_national/668207.html. Accessed December 12.

Christie-Mizell, C. A. 2003. "Bullying: The consequences of interparental discord and child's self-concept." *Family Process*, 42, pp.237~251.

Chu, Chung-un. 2013. "Teen's death spurs call for action against bullying." *The Korea Herald*, 13 March. from http://nwww.koreaherald.com/view.php?ud=20130313000936. Accessed 14 March.

Chun, In-sung and Sun-yoon Hwang. 2012. "'School's actions scrutinized after students' deaths." *Korea Joongang Daily*, 14 August. http://koreajoongangdaily.joins.com/news/article/article.aspx?aid=2987865&cloc=joongangdaily|home|newslist1. Accessed 15 August.

Chung, Ah-young. 2015a. "Japanese vestiges still haunt schools." *The Korea Times*, 10 August. http://m.koreatimes.co.kr/phone/news/view.jsp?req_newsidx=184563. Accessed 11 August.

Chung, Ah-young. 2015b. "Students vulnerable to sexual abuse." *The Korea Times*, 4 August. http://www.koreatimes.co.kr/www/news/nation/2015/08/116_184178.html. Accessed 5 August.

Chung, Ah-young. 2016. "Child abuse is society's dirty secret." *The Korea Times*, 20 January. http://www.koreatimes.co.kr/www/news/nation/2016/01/116_195909.html. Accessed 21 January.

Chung, Hyun-chae. 2016. "Bashed and abused, teachers lose authority." *The Korea Times*, 3 January. http://www.koreatimes.co.kr/www/news/nation/2016/01/116_194503.html. Accessed 4 January.

Chung, Ick-Joong and Jong-Serl Chun. 2010. "Co-occurring patterns of smoking and alcohol consumption among Korean adolescents." *The American Journal on Addictions*, 19, pp.252~256.

Chung, Kang-hyun and Ji-young Song. 2012. "Daegu teen suicides have striking commonalities." *Joongang Daily*, 16 October. http://koreajoongangdaily.joins.com/news/article/article.aspx?aid=2960870. Accessed 17 October.

Chung, Kang-hyun and Kyung-won Min. 2014. "In Korea, suicide worsens in scope." *Korea Joongang Daily*, 3 April. http://koreajoongangdaily.joins.com/news/article/Article.aspx?aid=2987334. Accessed 4 April.

Clinard, Marshall and Robert Meier. 1998. *Sociology of Deviant Behavior*, 10th ed. Fort Worth: Harcourt Brace College Publishers.

Cohen, Albert. K. 1955. *Delinquent Boys: The Culture of the Gang*. New York: Free Press.

Cohen, P. and J. Brook. 1987. "Family factors related to the persistence of

psychopathology in childhood and adolescence." *Psychiatry*, 50, pp.332~
345.

Cohen, Stanley. 1987. *Folk Devils and Moral Panics: The Creation of the Mods and Rockers*. Oxford: Blackwell Publishers.

Cohn, Tessa. 1987. "Sticks and stones may break my bones but names will never hurt me." *Multicultural Teaching*, 5(3), pp.8~11.

"Controversy over a video about a female teacher slapping female students standing in a line," nbntv, 30 July 2014. http://www.nbntv.co.kr/nm/atc/view.asp?P_Index=20042. Accessed 5 August.

"Cramming for Stardom at Korea's K-pop schools." Omona They Didn't, 9 August 2013. http://omonatheydidnt.livejournal.com/11595322.html. Accessed 13 August.

Cumings, Bruce. 1997. *Korea's Place in the Sun: A Modern History*. New York: W.W. Norton & Company.

Curtner-Smith, M. E.·A. M. Culp·C. Scheib·K. Owen·A. Tilley·M. Murphy et al. 2006. "Mothers' parenting and young economically disadvantaged children's relational and overt bullying." *Journal of Child and Family Studies*, 15, pp.177~189.

Denny, Stephen, 2015. "Is South Korea now 'Hell Chosun'?" *The Diplomat*, 25 September. http://thediplomat.com/2015/09/is-south-korea-now-hellchosun/. Accessed 15 October.

Donskis, Leonidas. 2011. *Modernity in Crisis: A Dialogue on the Culture of Belonging*. New York: Palgrave Macmillan.

Douglas, E. M. and M. A. Straus. 2006. "Assault and injury of dating partners by university students in 19 countries and its relation to corporal punishment experienced as a child." *European Journal of Criminology*, 3, pp.293~318.

Doward, Jamie. 2013. "Medicine's big new battleground: Does mental illness really exist?" *The Guardian*, 12 May. http://www.theguardian.com/society/2013/may/12/medicine-dsm5-row-does-mental-illnessexist. Accessed 22 July.

Editorial. 2013a. "Bullying in schools." *The Korea Times*, 13 March. http://www.koreatimes.co.kr/www/news/opinon/2013/03/202_132020.html. Accessed 14 March.

Editorial. 2013b. "An anxious society." *The Korea Herald*, 23 May. http://www.koreaherald.com/view.php?ud=20130523000506. Accessed 26 May.

Editorial. 2013c. "Predatory practices." *The Korea Herald*, 8 May. http://www.koreaherald.com/view.php%3Fud%3D20130508000616. Accessed 8 May.

Editorial. 2014a. "Korean Air princess is a like a despot with her little kingdom." The

Hankyoreh, 9 December. http://english.hani.co.kr/arti/english_edition/e_editorial/668200.html. Accessed 12 December.

Editorial. 2014b. "Outrage over nut rage." *The Korea Herald*, 15 December. http://www.koreaherald.com/view.php?ud=20141215000630. Accessed 16 December.

Editorial. 2016. "Chaebol's high-handedness causes crisis of ethics in S. Korea." The Hankyoreh, 5 April. http://english.hani.co.kr/arti/english_edition/e_editorial/738319.html. Accessed 11 April.

Education. Encyclopedia of Korean Culture(한국민족문화대백과사전). http://encykorea.aks.ac.kr/Contents/Index?contents_id=E0005524. Accessed 20 July 2014.

Education. Life in Korea. http://www.lifeinkorea.com/information/education.cfm. Accessed 20 July 2014.

Erikson, Erik. H. 1950. *Childhood and Society*. New York: W. W. Norton.

"Fans demand T-ara's Eunjung be kicked off "We Got Married" and "Five Fingers"." allkpop, 30 July 2012. http://www.allkpop.com/article/2012/07/fans-demand-t-aras-eunjung-be-kicked-off-we-got-married-and-five-fingers. Accessed 6 August.

Farrell, Colin. 2012. "South Korea: Corporal punishment in schools." World Corporal Punishment Research. http://www.corpun.com/counkrs.htm. Accessed 12 January 2015.

Farrington, D. P. 1991. "Childhood aggression and adult violence: Early precursors and later-life outcomes." in D. J. Pepler and K. H. Rubin(eds.) *The Development and Treatment of Childhood Aggression*, pp.5~30. Hillsdale, NJ: Lawrence Erlbaum.

Farrington, D. P. 1994. "Childhood, adolescent and adult features of violent males." in L. R. Huesmann(ed.) *Aggressive Behaviour: Current Perspectives*, pp. 215~240. New York: Plenum Press.

Farrington, D. P. 1995. "The development of offending and antisocial behaviour from childhood: Key findings from the Cambridge study in delinquent development." *Journal of Child Psychology and Psychiatry*, 360(6), pp. 929~964.

Farrington, D. P. 2010. "Family influences on delinquency." in D. W. Springer and A. R. Roberts(eds.). *Juvenile Justice and Delinquency*, pp.203~222. Sudbury, MA: Jones and Bartlett.

Farrington, D. P. and R. Loeber. 1999. "Transatlantic replicability of risk factors in the development of delinquency." in P. Cohen, C. Slomkowski and L. N. Robins(eds.), *Historical and Geographical Influences on Psychopathology*, pp.229~329. Mahwah, NJ: Lawrence Erlbaum.

Farrington, David. P. 1993. "Understanding and preventing bullying." *Crime and*

Justice, 17.

Fisher, H.L. · T.E. Moffitt · R.M. Houts · D.W. Belsky · L. Arseneault and A. Caspi. 2012. "Bullying victimisation and risk of self harm in early adolescence: Longitudinal cohort study." *British Medical Journal*, 344, e2683.

Flores, Roseanne. L. 2005. "Developmental aspects of school violence. A contextual approach." in Florence Denmark, Herbert H. Krauss, Robert W. Wesner, Elizabeth Midlarsky and Uwe P. Gielen(Eds.). *Violence in Schools: Cross-national and Cross-cultural Perspectives*. New York: Springer Science & Business Media.

"For Wang-tta suicide case, inspectors search and Seize Yang-Cheon-gu female middle school." dong-A.com, 15 June 2012. http://news.donga.com/3/all/20120615/47032621/1. Accessed 4 July.

Foucault, Michel. 1977. *Discipline and Punish: The Birth of the Prison*. Translated from the French by Alan Sheridan. New York Vintage Books.

Frances, Allen. 2014. *Saving Normal*. New York: William Marrow.

Fromm, Erich. 1947. *Man for Himself: An Inquiry into the Psychology of Ethics*. New York: Holt, Rinehart and Winston.

Fromm, Erich. 1955. *The Sane Society*. New York: Holt, Rinehart and Winston Fromm, Erich. 1956. The Art of Loving. Harper: New York.

Fromm, Erich. 1964. *The Heart of Man: Its Genius for Good and Evil*. New York: Harper & Row.

Fromm, Erich. 1973. *The Anatomy of Human Destructiveness*. New York: Holt Paperbacks.

Frost, Linda. 1991. "A primary school approach: What can be done about the bully?" in Michele Elliott(ed.), *Bullying: A Practical Guide to Coping for Schools*. Harlow: Longman.

"Full press release from core contents media regarding Hwayoung's departure from T-ara." allkpop, 30 July 2012. http://www.allkpop.com/article/2012/07/full-press-release-from-core-contents-media-regarding-hwayoungs-departure-from-t-ara. Accessed 6 August.

"Full text of Park's inauguration speech." Yonhap News Agency, 25 February 2013. http://english.yonhapnews.co.kr/national/2013/02/25/95/0301000000AEN20130225001500315F.HTML. Accessed 1 March.

Gabor Mate. 2000. *Scattered: How Attention Deficit Disorder Originates and What You Can Do About It*. New York: Plume.

"Girl's day participate in campaign to end school violence with free hugs." allkpop, 7 May 2013. http://www.allkpop.com/2013/05/girls-day-participate-in-campaign-to-end-school-violence-with-free-hugs. Accessed 9 May.

Glew, G.M. · M.Y. Fan · W. Katon · F. P. Rivara and M. A. Kernic. 2005. "Bullying, psychosocial adjustment, and academic performance in elementary school." *Archives of Pediatrics & Adolescent Medicine*, 159(11), pp.1026~1031.

Glueck, Sheldon and Eleanor Glueck. 1950. *Unraveling Juvenile Delinquency*. Cambridge, MA: Harvard University Press.

Glueck, Sheldon and Eleanor Glueck. 1952. *Delinquents in the Making: Paths to Prevention*. New York: Harper.

Go Young-wook. "Pedophile or "behavioral addict?" *The Chosun Daily*, 12 August 2013. http://english.chosun.com/site/data/html_dir/2013/04/12/2013041201187.html. Accessed 9 June 2014.

Gottfredson, Michael R. and Travis Hirschi. 1990. *A General Theory of Crime*. Stanford, CA: Stanford University Press.

Grisso, T. 2004. *Double Jeopardy: Adolescent Offenders with Mental Disorders*. Chicago: University of Chicago Press.

"Gyeongsan "School violence" case: The suicide note of the high school student." Yonhap News, 13 March 2013. http://news.naver.com/main/read.nhn?mode=LSD&mid=sec&sid1=102&oid=001&aid=0006144949. Accessed 20 March.

Han, Young Woo. 2010. *A Review of Korean History*. Vol. 2, Joseon Era. Translated by Hahm Chaibong. Paju Book City: Kyongsaewon Publishing Company.

Han, Youngsun. 2011. "Research for Desistance of Juvenile Delinquents." Ph.D Dissertation, Graduate School of Dongkuk University.

Han, Young-sun. 2012. Study of school bully's target-selection — Qualitative research by interview. Research presented at the Asian Criminological Society 4th Annual Conference, Seoul, 22 August 2012.

Hann, Michael. 2015. "Do musicians die young? The truth about the 27 Club." *The Guardian*, 2 April. http://www.theguardian.com/music/musicblog/2015/apr/02/do-musicians-die-young-truth-27-club. Accessed 3 April.

Harvey, David. 2010. *The Enigma of Capital and the Crisis of Capitalism*. London: Profile Books Ltd.

Hazlerr, Richard. J. · Jolynn V. Carney · Suzy Green · Richard Powell and Loren Scott Jolly. 1997. "Areas of expert agreement on identification of school bullies and victims." *School Psychology International*, 18(50).

Henry, B. · T. Moffitt · L. Robins · E. Earls and P. Silva. 1993. "Early family predictors of child and adolescent antisocial behaviour: who are the mothers of delinquents?" *Criminal Behaviour and Mental Health*, 3, pp.97~118.

Hetherington, E. M. · M. Cox and R. Cox. 1979. "Family interaction and the social, emotional, and cognitive development of children following divorce." in V. Vaughn and T. Brazelton(eds.). *The Family: Setting Priorities*, pp.174~201.

New York: Science and Medicine.

Hilton, Jeanne M. · Linda Anngela-Cole and Juri Wakita. 2010. "A crosscultural comparison of factors associated with school bullying in Japan and the United States." *The Family Journal: Counseling and Therapy for Couples and Families*, 18(4), pp.413~422.

Hodges, E.V. and D.G. Perry. 1999. "Personal and interpersonal antecedents and consequences of victimization by peers." *Journal of Personality and Social Psychology*, 76, pp.677~685.

Hong, J. S. and M. K. Eamon. 2009. "An ecological approach to understanding peer victimization in South Korea." *Journal of Human Behavior in the Social Environment*, 19, pp.611~625.

Hong, Jun-Sung, Chang-Hun Lee, Jungup Lee, Na Youn Lee and James Garbarino. 2014. "A review of bullying prevention and intervention in South Korean schools: An application of the social-ecological framework." *Child Psychiatry and Human Development*, 45, pp.433~442.

Hong, Sung Jun · Na Youn Lee · Andrew Grogan-Kaylor and Hui Huang. 2011. "Alcohol and tobacco use among South Korean adolescents: An ecological review of the literature." *Children and Youth Services Review*, 33, pp. 1120~1126.

Hotshotlover30. 2012. "2 PM's Nichkhun involved in drunk driving accident." Soompi, 24 July. http://www.soompi.com/2012/07/24/2pms-nichkhuninvolved-in-drunk-driving-accident/#.U7NwmLHm6B. Accessed 8 June 2014.

"How are you all doing?" *The Korea Times*, 17 December 2013. http://www.koreatimes.co.kr/www/news/opinon/2013/12/202_148137.html. Accessed 18 December.

"HR staff consider applicants' looks." *The Korea Times*, 5 August 2015. http://www.koreatimes.co.kr/www/news/nation/2015/08/116_184279.html. Accessed 6 August.

Huw. 2013. "Jealous over a girl, Students beat boy to death." *KoreaBang*, 11 September. http://www.koreabang.com/2013/videos/jealous-over-a-girlstudents-beat-boy-to-death.html. Accessed 16 September.

Hwang, Sunghyun and Roland L. Aker. 2003. "Substance use by Korean adolescents: A cross-cultural test of social learning, social bonding and social control theories." in Ronald L. Akers and Gary F. Jensen(eds.). *Social Learning Theory and the Explanation of Crime*, pp.39~57. New Brunswick, NJ: Transaction.

Hwang, Sunghyun and Ronald L. Akers. 2006. "Parental and peer influences on adolescent drug use in Korea." *Asian Criminology*, 1, pp.51~69.

Hwang, Su-young. 2013. "Investigating perpetrator of school violence —Victims increased to 8 students." Channel A, 16 March. http://news.ichannela.com/society/3/03/20130316/53750995. Accessed 20 March.

"I am afraid of going to school." *Dong-A Daily*, 24 May 1963. http://newslibrary. naver.com/viewer/index.nhn?articleId=1963052400209202001&editNo= 2&printCount=1&publishDate=1963-05-24&officeId=00020&pageNo= 2&printNo=12790&publishType=00020. Accessed 14 July 2014.

"[Instiz] Witnesses report a different story to Nichkhun's drunk driving scandal." Netizen Buzz, 11 May 2013. http://netizenbuzz.blogspot.kr/2013/05/instizwitnesses-report-different-story.html. Accessed 8 June 2014

Jacobsen, Michael-Hiviid and Keither Tester. 2014. "Introduction." in Zygmunt Bauman(ed.). *What Use is Sociology?* Cambridge: Polity Press.

James, Oliver. 1995. *Juvenile Violence in a Winner-Loser Culture: Socio-economic and Familial Origins of the Rise of Violence Against the Person.* London; New York: Free Association Books.

James, Oliver. 2003. "The Cassandra complex." *The Guardian*, 22 March. http://www. theguardian.com/society/2003/mar/22/health.healthandwellbeing. Accessed 22 February 2015.

James, Oliver. 2012. "Why didn't Pete Townshend die before he got old? Here are some answers." *The Guardian*, 24 December. http://www.theguardian.com/commentisfree/2012/dec/24/health-health-and-wellbeing. Accessed 27 December.

Jang, Mikyung and Mi-Sung Kim. 2004. "Korea." in Malley-Morrison Kathleen(ed.), *International Perspectives on Family Violence & Abuse*, pp.301~319. Mahwah, NJ: Lawrence Erlbaum Associates.

Jang, Hyeok-jin and Jin-kyu Kang. 2015. "Loudspeakers blared K-pop, news, even weather." *Korea Joongang Daily*, September 1. http://koreajoongangdaily. joins.com/news/article/article.aspx?aid=3008612&cloc=joongangdaily I home I newslist1. Accessed 1 September.

Jang, Joo-young. "Korea remains 'Republic of Suicide'." *Korea Joongang Daily*, 3 July 2014. http://koreajoongangdaily.joins.com/news/article/article.aspx?aid= 2991496&cloc=joongangdaily I home I newslist1. Accessed 5 July.

Jang, Jye-Hyeok. 2015. "Going to school is hell. The controversy of an elementary school teacher's 'One-Day 왕따' system'." *NEWSIS*, 7 July. http://news. naver.com/main/read.nhn?mode=LSD&mid=sec&oid=003&aid= 0006623682&sid1=001 Accessed 10 July.

Jennywill. 2013a. "[OP-ED] Do people forgive and forget?" allkpop, 27 May.

http://www.allkpop.com/article/2013/05/op-ed-do-people-forgive-and-forget. Accessed 1 June.

Jennywill. 2013b. "Hyungsik reveals Kwanghee grew tired of being jealous of him." allkpop, 14 October. http://www.allkpop.com/article/2013/10/hyungsik-reveals-kwanghee-grew-tired-of-being-jealous-of-him#axzz2hky5RVDK. Accessed 16 October.

Jeon, Sumin. 2014. "Bullying culture in the workplace. One case of bullying offence charged minimum of 15,480,000 won." *Kookmin Daily*, 10 October. http://news.kmib.co.kr/article/view.asp?arcid=0922810261&code=1113110 0&cp=nv. Accessed 18 December 2015.

Jeong Min-kyu. 2013. "Director and teacher suspended for abusing an infant at Busan child day care center." *Ohmy News*, 24 December. http://www.ohmynews.com/NWS_Web/View/at_pg.aspx?CNTN_CD=A0001941011&PAGE_CD=N0001&CMPT_CD=M0019. Accessed 29 December

Jeong Yong-soo and Seong-woon, Yoo. 2014. "Army prosecutor out of his depth, legal officers say." *Korea Joongang Daily*, 9 August. http://koreajoongangdaily.joins.com/news/article/article.aspx?aid=2993266&cloc=joongang daily l home l top. Accessed 12 August.

Jeong, Hunny. 2013. "How are you, really?" *The Korea Herald*, 19 December. http://www.koreaherald.com/view.php?ud=20131219000791. Accessed 21 December.

Jhoo, Dong-chan. 2015. "Lotte Group Chairman wins "Youth exploitation award"." *The Korea Times*, 22 October. http://www.koreatimes.co.kr/www/news/nation/2015/10/116_189228.html. Accessed 23 October.

Jin, Jun-hyun. "Kim Hong-do captures the essence of Joseon society." Koreana: A Quarterly on Korean Culture and Arts. https://www.koreana.or.kr:444/months/news_view.asp?b_idx=389&lang=en&page_type=list. Accessed 14 July 2014.

Jones, Eric. 1991. "Practical considerations in dealing with bullying in Secondary School." in Michele Elliott(ed.). *Bullying: A Practical Guide to Coping for Schools*, pp.16~17. Harlow: Longman.

Jun, Ji-hye. 2014a. "28th Division commander to be fired over soldier's death." *The Korea Times*, 4 August. http://www.koreatimes.co.kr/www/news/nation/2014/08/116_162292.html. Accessed 5 August.

Jun, Ji-hye. 2014b. "Army uncovers 3,900 violence incidents in barracks." *The Korea Times*, 3 August. http://www.koreatimes.co.kr/www/news/nation/2014/08/116_162219.html. Accessed 5 August.

Jun, Ji-hye. 2014c. "Shooting suspect claims officer beat him." *The Korea Times*, 1

July. http://www.koreatimes.co.kr/www/news/nation/2014/07/205_160136.html. Accessed 1 July

Jun, Ji-hye. 2014d. "Son of Gyeonggi governor investigated for hazing in Army division." *The Korea Times*, 17 August. http://www.koreatimes.co.kr/www/news/nation/2014/08/116_163064.html. Accessed 18 August.

Jun, Ji-hye. 2014e. "Two privates kill themselves at Army barracks." *The Korea Times*, 28 July. http://www.koreatimes.co.kr/www/news/nation/2014/07/116_161825.html. Accessed 28 July.

Jun, Ji-hye. 2015. "Army sergeant sentenced to death for shooting spree." *The Korea Times*, 3 February. http://www.koreatimes.co.kr/www/news/nation/2015/02/116_172960.html. Accessed 4 February.

Jung, Min-ho. 2014. "Four in 10 apartment guards suffer verbal abuse." *The Korea Times*, 31 October. http://www.koreatimes.co.kr/www/news/nation/2014/11/116_167325.html. Accessed 31 October

Jung Min-ho. 2015a. "Daycare center staffer arrested over child abuse." *The Korea Times*, 18 January. http://www.koreatimes.co.kr/www/news/nation/2015/01/116_171919.html. Accessed 18 January.

Jung, Min-ho. 2015b. "Professor arrested for 'torturing' student." *The Korea Times*, 14 July. http://www.koreatimes.co.kr/www/news/nation/2015/07/116_182751.html. Accessed 15 July

Jung, Min-ho. 2015c. "Spanking your children will be illegal." *The Korea Times*, 7 September. http://www.koreatimes.co.kr/www/news/nation/2015/09/116_186365.html. Accessed 9 September.

"Juvenile Protection Act." *Dong-A Daily*, 8 July 1997. http://newslibrary.naver.com/viewer/index.nhn?articleId=1986052300329211001&editNo=2&printCount=1&publishDate=1986-05-23&officeId=00032&pageNo=11&printNo=12509&publishType=00020. Accessed 17 July 2014.

Juvonen, J.·S. Graham and M. Schuster. 2003. "Bullying among young adolescents: The strong, the weak, and the troubled." *Pediatrics*, 112, pp.1231~1237.

Kang, Hyun-kyung. 2013. "Knife rampage turns classroom into nightmare." *The Korea Times*, 19 March. http://www.koreatimes.co.kr/www/news/nation/2016/04/116_132359.html. Accessed 21 March.

Kang, Hyun-kyung. 2014. "Sons often ruin dads' political career." *The Korea Times*, 18 August. http://www.koreatimes.co.kr/www/news/nation/2014/08/116_163144.html. Accessed 20 August.

Kang, In-sik and Bong-Moon Kim. 2014. "Bosses at Seoul Zoo acted like beasts, says report." *Korea Joongang Daily*, 1 December. http://koreajoongangdaily.joins.com/news/article/article.aspx?aid=2997933&cloc=joongangda

ily | home | newslist1. Accessed 1 December.

Kang, Jin-kyu, & Yoo Seong-woon. 2014. "Shooter in rampage felt ignored by lower ranks." *Korea Joongang Daily*, 27 June. http://koreajoongangdaily.joins.com/news/article/article.aspx?aid=2991237&cloc=joongangdaily | home | top. Accessed 28 June

Kang, Jin-kyu. 2013. "Handwritten appeals from the heart." *Korea Joongang Daily*, 26 December. http://koreajoongangdaily.joins.com/news/article/article.aspx?aid=2982579&cloc=joongangdaily | home | newslist1. Accessed 28 December

Kang, Jin-kyu. 2014. "In Daejeon, pope's words comfort the grieving." *Korea Joongang Daily*, 16 August. http://koreajoongangdaily.joins.com/news/article/article.aspx?aid=22993589&cloc=joongangdaily | home | top. Accessed 17 August.

Kang, Jin-kyu. 2014. "In suicide note, troubled soldier expressed regret." *Korea JoongAng Daily*, 25 June. http://koreajoongangdaily.joins.com/news/article/article.aspx?aid=2991116&cloc=joongangdaily | home | newslist1. Accessed 26 June Kang Jin-kyu. 2015. Teacher accused of earlier abuses. Korea Joongang Daily, 17 January. http://koreajoongangdaily.joins.com/news/article/article.aspx?aid=2999767&cloc=joongangdaily | home | top. Accessed 17 January.

Kang, Seung-woo. 2014a. "Drunken Navy captain sacked for sexual assault." *The Korea Times*, 18 July. http://www.koreatimes.co.kr/www/news/nation/2014/07/116_161276.html. Accessed 19 July.

Kang, Seung-woo. 2014b. "Army pledges zero-tolerance against hazing." *The Korea Times*, 20 August. http://m.koreatimes.co.kr/phone/news/view.jsp?req_newsidx=163284. Accessed 22 August.

Kang, Seung-woo. 2014c. "Park vows to send regulations to 'guillotine'." *The Korea Times*, 25 November. http://www.koreatimes.co.kr/www/news/nation/2014/11/116_168793.html. Accessed 27 November.

Kang, Seung-woo. 2015. "K-pop can weaken NK regime." *The Korea Times*, 13 September. http://www.koreatimes.co.kr/www/news/nation/2015/09/116_86730.html. Accessed 14 September.

Kang, Seung-woo. 2015. "No double handshake for soldiers of opposite sexes." *The Korea Times*, 29 January. http://www.koreatimes.co.kr/www/news/nation/2015/01/116_172654.html. Accessed 29 January.

Kang, Yewon. 2014. "Poll shows half of Korean teenagers have suicidal thoughts." *Korea Real Time*, 20 March. http://blogs.wsj.com/korearealtime/2014/03/20/poll-shows-half-of-korean-teenagers-have-suicidal-thoughts/. Accessed 22 March.

Kang, Yewon. 2014. "Poll shows half of Korean teenagers have suicidal thoughts." *Korea Real Time*, March 20. from http://blogs.wsj.com/korearealtime/2014/03/20/poll-shows-half-of-korean-teenagers-have-suicidalthoughts/. Accessed March 23.

Kang, Young-su. 2016. "Visiting professor at Seoul National University indicted after attempting to rape at graduate student following an afterwork gathering." *The Chosun Daily*, 22 April. http://m.news.naver.com/read.nhn?mode=LSD&mid=sec&sid1=102&oid=023&aid=0003167130. Accessed 26 April

"Kangin charged $8,000 for DUI and hit-and-run." allkpop, 13 January 2010. http://www.allkpop.com/article/2010/01/kangin-charged-8000-for-duiand-hit-and-run. Accessed 8 June 2014.

Kaufman, P.· X. Chen· S. P. Choy· S. A. Ruddy· A. K. Miller· K. A. Chandler· C. D. Chapman· M. R. Rand and P. Klaus, 1999. *Indicators of School Crime and Safety*. Washington, DC: Departments of Education and Justice.

Kazemian, Lila. 2007. "Desistance from crime, empirical, methodological, and policy considerations." *Journal of Contemporary Criminal Justice*, 23(1), February, pp.5~27.

Kim, Bo-eun. 2016. "Divorce won't be allowed without parental education." *The Korea Times*, 27 March. http://www.koreatimes.co.kr/www/news/nation/2016/03/116_201245.html. Accessed 28 March.

Kim, Bong-moon. 2015a. "Authorities looking into second abuse complaint." *Korea Joongang Daily*, 19 January. http://koreajoongangdaily.joins.com/news/article/article.aspx?aid=2999814&cloc=joongangdaily | home | newslist1. Accessed 20 January.

Kim, Bong-moon. 2015b. "Seoul education office takes action." *Korea Joongang Daily*, 7 August. http://koreajoongangdaily.joins.com/news/article/article.aspx?aid=3007605&cloc=joongangdaily | home | newslist2. Accessed 7 August.

Kim, Bong-moon and Jin-ho Noh. 2015. "Inspector allegedly drunk, abusive." *Korea Joongang Daily*, 13 August. http://koreajoongangdaily.joins.com/news/article/article.aspx?aid=3007843&cloc=joongangdaily | home | newslist1. Accessed 13 August.

Kim, Bong-Moon and Mo-ran Choi. 2015a. "Authorities see flood of child abuse complaints." *Korea Joongang Daily*, 22 January. http://koreajoongangdaily.joins.com/news/article/article.aspx?aid=2999971&cloc=joongangdaily | home | newslist1. Accessed 23 January.

Kim, Bong-moon and Mo-ran Choi. 2015b. "Private kindergarten teacher suspected of abuse." *Korea Joongang Daily*, 21 January. http://koreajoongangdaily.joins.com/news/article/article.aspx?aid=2999912&cloc=joongangdaily |

home | newslist2. Accessed 22 January.

Kim, Bong-moon and Myoung-soo Lim. 2015. "New details come to light in high school assault investigation." *Korea Joongang Daily*, 4 August. http://koreajoongangdaily.joins.com/news/article/article.aspx?aid=3007445&cloc=joongangdaily | home | newslist1. Accessed 4 August.

Kim, D. S. 2007. "Experience of parent-related negative life events, mental health, and delinquent behavior among Korean adolescents." *Journal of Preventive Medicine and Public Health*, 40, pp.218-226.

Kim, Daisy. 2007. "Improving human rights in the South Korean Military." International Affairs Journal at UC Davis.

Kim, Dong-han. 2013. "Gyeongsan suicide—Content in 'Counterstrike' of the student who committed suicide." *World Daily*, 19 March. Retrieved March 20 from http://www.segye.com/content/html/2013/03/18/20130318004182.html. Accessed 20 March.

Kim, Eui-kyum and Han-sol Ko. 2016. "Lashing out at "Hell Joseon", young'uns drive ruling party's election beatdown." *The Hankyoreh*, 15 April. http://english.hani.co.kr/arti/english_edition/e_national/739886.html. Accessed 18 April

Kim, Hak-hee. 2013. "Physical and verbal abuse. Desperate need to monitor day care centers." SBS News, 3 April. http://news.sbs.co.kr/news/endPage.do?news_id=N1001717028&plink=OLDURL. Accessed 6 April.

Kim, Hee-jin. 2014. "In abuse case, four to be liable for neglecting duty." *Korea Joongang Daily*, 15 August. http://koreajoongangdaily.joins.com/news/article/article.aspx?aid=2993548&cloc=joongangdaily | home | newslist1. Accessed 16 August.

Kim, Ho and Sung-eun Lee. 2016. "Student leaps from building, lands on passerby." *Korea Joongang Daily*, 2 June. http://koreajoongangdaily.joins.com/news/article/Article.aspx?aid=3019494. Accessed 4 June.

Kim, Hyung-jin. 2015. S. "Korean police say professor fed former student feces." Associated Press, 14 July. http://bigstory.ap.org/article/d5d43593e60a4cb99fd12e9722e0a802/s-korean-police-say-professor-fedformer-student-feces. Accessed 23 July.

Kim, Hyun-sil and Hun-soo Kim. 2008. "The impact of family violence, family functioning, and parental partner dynamics on Korean juvenile delinquency." *Child Psychiatry & Human Development*, 39, pp.439~453.

Kim, J. Y. and S. W. Park. 2009. "Predictors of current smoking among male students in a technical high school: A prospective study." *Journal of Preventive Medicine and Public Health*, 42, pp.59~66.

Kim, Jae-Hyun·Eun-Cheol Park·Jung-Mo Nam·SoHee Park·Jaelim Cho· Sun-Jung

Kim, Jae-Woo Choi and Eun Cho. 2013. "The werther effect of two celebrity suicides: An entertainer and a politician." *PLOS One*, 8(12).

Kim, Jae-won. 2013. "School violence unveils ugly aspects of Korea." *The Korea Times*, 18 March. http://www.koreatimes.co.kr/www/news/nation/2013/03/180_132285.html. Accessed 20 March.

Kim, Jeong-du. 1986. "Violent classrooms ··· followed by school transfer." *Kyunghyang Shinmun*, 23 May. http://newslibrary.naver.com/viewer/index.nhn?articleId=1986052300329211001&editNo=2&printCount=1&publishDate=1986-05-23&officeId=00032&pageNo=11&printNo=12509&publishType=00020. Accessed 16 July 2014.

Kim, Jeong-ho. 2013. "Day care center teacher exposed for child abuse." YTN, 13 November. http://m.media.daum.net/m/media/society/newsview/20131120155106650. Accessed 13 November

Kim, Jongyoung. 2011. "Aspiration for global cultural capital in the stratified realm of global higher education: why do Korean students go to US graduate schools?" *British Journal of Sociology of Education*, 32(1).

Kim, Koo. 2013. "Suicide of saleswoman prompts boycott of Lotte Conglomerate." *KoreaBang*, 6 May. http://www.koreabang.com/2013/stories/suicide-ofsaleswoman-prompts-boycott-of-lotte-conglomerate.html. Accessed 10 May.

Kim, Kyoung-hee. 2014. "Netizens in shock from 'Bupyeong il-jin collective bullying' video." *Seoul Economic Daily*, 15 July. http://news.naver.com/main/ read.nhn?mode=LSD&mid=sec&sid1=102&oid=011&aid=0002547050. Accessed 21 July.

Kim, M. J. and H. S. Doh. 2001. "The influence of parenting behaviors, marital conflict, and sibling relations on aggression in children." *Korean Journal of Child Studies*, 22, pp.149~166.

Kim, Mi-young. 2014. "The airline's reputation appears to have been damaged by harsh and entitled behavior by its owning family." *The Hankyoreh*, 10 December. http://english.hani.co.kr/arti/english_edition/e_national/668411.html. Accessed 12 December.

Kim, Myoung-sik. 2015. "Our wretched young generation." *The Korea Herald*, 5 August. http://www.koreaherald.com/view.php?ud=20150805000960. Accessed 15 October.

Kim, Oksso and Sunghee Baik. 2004. "Alcohol consumption, cigarette smoking, and subjective health in Korean elderly men." *Addictive Behaviors*, 29(8), pp.1595~1603.

Kim, Rahn. 2015a. "Abusive ex-professor gets 12 years in prison." *The Korea Times*,

26 November. http://www.koreatimes.co.kr/www/news/nation/2015/11/116_191846.html. Accessed 27 November.

Kim, Rahn. 2015b. "Heather Cho still has no sense of guilt." *The Korea Times*, 12 February. http://www.koreatimes.co.kr/www/news/nation/2015/02/116_173558.html. Accessed 12 February.

Kim, Rahn. 2015c. ""Monster nanny" angers moms." *The Korea Times*, 15 January. http://www.koreatimes.co.kr/www/news/nation/2015/01/116_171788.html. Accessed 16 January.

Kim, Rahn. 2015d. "Government to enforce rules against gender discrimination." *The Korea Times*, 3 November. http://www.koreatimes.co.kr/www/news/nation/2015/11/116_190161.html. Accessed 4 November

Kim, Sarah. 2014. "Reports of abuse in barracks surge." *Korea Joongang Daily*, 21 August. http://koreajoongangdaily.joins.com/news/article/article.aspx?aid=2993813&cloc=joongang daily l home l newslist1. Accessed 21 August.

Kim, Se-jeong. 2014a. "Korea has more low-wage earners." *The Korea Times*, 3 August. http://www.koreatimes.co.kr/www/news/nation/2015/08/116_184106.html. Accessed 4 August.

Kim, Se-jeong. 2014b. "Korea hits bottom in workers' rights." *The Korea Times*, 22 May. http://www.koreatimes.co.kr/www/news/nation/2014/05/116_157733.html. Accessed 24 May.

Kim, Se-jeong. 2015a. "Calls grow for death penalty abolishment." *The Korea Times*, 30 August. http://koreatimes.co.kr/www/news/nation/2015/08/113_185847.html. Accessed 1 September.

Kim, Se-jeong. 2015b. "Duksung Women's University professor under sexual harassment probe." *The Korea Times*, 16 February. http://www.koreatimes.co.kr/www/news/nation/2015/02/116_173742.html. Accessed 17 February.

Kim, Se-jeong. 2015c. "Reported child abuse cases jump by 30 percent." *The Korea Times*, 25 January. http://www.koreatimes.co.kr/www/news/nation/2015/01/116_172371.html. Accessed 26 January.

Kim, Se-jeong. 2015d. "Rules on daycare center will be toughened." *The Korea Times*, 16 January. http://www.koreatimes.co.kr/www/news/nation/2015/01/116_171872.html. Accessed 17 January.

Kim, Se-jeong. 2016. "Hazing rituals for freshmen still rampant on campus." *The Korea Times*, 28 March. http://www.koreatimes.co.kr/www/news/nation/2016/03/116_201344.html. Accessed 29 March.

Kim, So-ra. 2014. "So-you shines on her own." *Korea Joongang Daily*, 27 February. http://koreajoongangdaily.joins.com/news/article/article.aspx?aid=2985535&cloc=joongangdaily l home l online. Accessed 1 March.

Kim, T. H. 2014. "Kindergarten teacher "forced toddlers to hit each other"." *The Korea Times*, 29 July. http://www.koreatimes.co.kr/www/news/nation/2014/07/511_161927.html. Accessed 29 July.

Kim, Tae-gyu. 2013. "President vows to fight school violence." *The Korea Times*, 15 March. from http://www.koreatimes.co.kr/www/news/nation/2013/03/116_132192.html. Accessed 16 March.

Kim, Tong-hyung. 2013a. "Can military comedies be funny anymore?" *The Korea Times*, 21 July. http://www.koreatimes.co.kr/www/news/culture/2013/07/201_139657.html. Accessed 22 July.

Kim, Tong-hyung. 2013b. "Empowering bullies." *The Korea Times*, 18 June. http://www.koreatimes.co.kr/www/news/culture/2013/06/135_137698.html. Accessed 20 June.

Kim, Tong-hyung. 2014a. "Hazing deaths disturbingly unsurprising." *The Korea Times*, 7 August. http://www.koreatimes.co.kr/www/news/opinon/2014/08/164_162400.html. Accessed 8 August.

Kim, Tong-hyung. 2014b. "'Psycho' teacher tortures student over homework." *The Korea Times*, 25 June. http://koreatimes.co.kr/www/news/nation/2014/06/116_159798.html. Accessed 26 June.

Kim, Y. 2005. "A study on concurrent use of alcohol and cigarette among adolescents." *Mental Health and Social Work*, 20, pp.40~68.

Kim, Y. H. · Y. S. Eo and H. O. Ju. 2006. "A study on the differences of characteristics between potential substance-abuse group and healthy group in middle school students." *Journal of Korean Academy of Child Health Nursing*, 12, pp.351~358.

Kim, Y.T. and H.S. Park. 1997. "The survey on bullying among adolescents. Korean Youth Counselling Institute. Youth Counselling Problem Study." Report no. 29, 45~66.

Kim, Young Shin, Bennett L. Leventhal, Yun-Joo Koh, Alan Hubbard and Thomas Boyce, W. 2006. "School bullying and youth violence: Causes or consequences of psychopathologic behavior?" *Archives of General Psychiatry*, 63.

Kim, Young Shin, Koh, Yun-Joo and Bennett L. Leventhal. 2004. "Prevalence of school bullying in Korean Middle school students." *Archives of Pediatrics and Adolescent Medicine*, 158.

Kim, Young Shin · Yun-Joo Koh and Bennett L. Leventhal. 2004. "Prevalence of school bullying in Korean Middle school students." *Archives of Pediatrics and Adolescent Medicine*, 158.

Klug, Foster. 2015. "The islands of abuse: Inside South Korea's slave farms for the disabled." *The Independent*, 2 January. http://www.independent.co.uk/news/world/asia/the-islands-of-2abuse-inside-south-koreas-slave-farms-forthe-disabled-9954527.html. Accessed 5 August.

Ko, Dong-hwan. 2013. "High school graduates go frenzy over practical music programs." *The Korea Times*, September 13. http://www.koreatime.co.kr/www/news/nation/2013/09/116_142772.html. Accessed 14 September.

Ko, Dong-hwan. 2014. "90 percent young adults see Korea as unfair nation." *The Korea Times*, 2 May. http://www.koreatimes.co.kr/www/news/nation/2014/05/511_156566.html. Accessed 4 May

Kolbo, J. R. · E. H. Blakely and D. Engleman. 1996. "Children who witness domestic violence: A review of empirical literature." *Journal of Interpersonal Violence*, 11, pp.281~293.

Kolvin, I. and F. T. W. Miller, M. Fleeting and P. A. Kolvin,. 1988. "Social and parenting factors affecting criminal-offense rates." *British Journal of Psychiatry*, 152, pp.80~90.

Koo Dae-sun. 2011. "Bullying forces student to take his own life." The Hankyoreh, 24 December. http://english.hani.co.kr/arti/english_edition/e_national/511691.html. Accessed 15 October 2012.

Koo, Hyojin, Keumjoo Kwak and Peter K. Smith. 2008. "Victimization in Korean schools: The nature, incidence, and distinctive features of Korean bullying or Wang-Ta." *Journal of School Violence*, 7(4), pp.119~139.

"Korea Centers for Disease Control and Prevention." 2007. Statistics for youth behavior risk factor surveillance. Seoul: Korea Centers for Disease Control and Prevention.

"Korean men use 13 cosmetic products on average." *The Korea Times*, 31 March 2015. http://koreatimes.co.kr/www/news/nation/2015/03/113_176220.html. Accessed 1 April.

Korean Youth Association. 1996. "A research on present conditions and preventive strategies of adolescent drug abuse." Seoul, Korea: Ministry of Culture and Sports(Korean).

"Koreans face unfriendliest working conditions in OECD." *The Chosun Daily*, 13 December 2007. http://english.chosun.com/site/data/html_dir/2007/12/13/2007121361017.html. Accessed 30 July 2015.

"Koreans happy to have a foreign fling." *The Korea Times*, 21 August 2015. http://www.koreatimes.co.kr/www/news/nation/2015/08/116_185311.html. Accessed 24 August.

"Koreans want to leave 'Hell Joseon'." *The Korea Times*, 18 January 2016. http://www.koreatimes.co.kr/www/news/nation/2016/01/116_195720.

html. Accessed 19 January.

Kwon, Dae-kyoung. 2012. "30% of children used violence against colleagues at school: Survey." *The Korea Times*, 14 October. http://www.koreatimes.co.kr/www/news/special/2012/10/139_122182.html. Accessed 15 October.

Kwon, Insook et al. 2007. "Sexual violence among men in the military in South Korea." *Journal of Interpersonal Violence*, 22(8).

Kwon, Ji-youn. 2013. "Part-timers suffer abuse." *The Korea Times*, 23 April. http://www.koreatimes.co.kr/www/news/nation/2013/04/116_134462.html. Accessed 23 April.

Kwon, Mee-yoo. 2016. "Culture will become new growth engine." *The Korea Times*, 18 January. http://www.koreatimes.co.kr/www/news/culture/2016/01/135_195719.html. Accessed 19 January.

Kwon, Mee-yoo and Baek Byung-yeul. 2014. "Pope urges Asian youth to help the poor." *The Korea Times*, 17 August. http://www.koreatimes.co.kr/www/news/nation/2014/08/632_163082.html. Accessed 18 August.

La Fontaine, Jean. 1991. *Bullying: The Child's View*. London: Calouste Gulbenkian Foundation

Ladd, G.W. and W. Troop-Gordon. 2003. "The role of chronic peer difficulties in the development of children's psychological adjustment problems." *Child Development*, 74, pp.1344~1367.

Lagerspetz, K.M.J.· K. Bjorkqvist· M. Berts and E. King. 1982. "Group aggression among school children in three schools." *Scandinavian Journal of Psychology*, 23, pp.45~52.

Laub, John H. and Robert J. Sampson. 1988. "Unravelling juvenile delinquency: A reanalysis of the Gluecks." *Criminology*, 26(3), pp.355~380.

Laub, John. H. and Robert J. Sampson. 2003. "Shared Beginnings, Divergent Lives: Delinquent Boys to Age 70." *The British Journal of Sociology*, 57(2), Cambridge, MA: Harvard University Press.

Laub, John. H. and Robert J. Sampson. 2001. "Understanding desistance from crime." *Crime and Justice*, 28, pp.1~69.

Lee, Chang-sup. 2012. "South Korea and Racial Ostracism." Omona They Didn't, 24 May. http://omonatheydidnt.livejournal.com/9256900.html. Accessed 27 May.

"Lee Hyori becomes one of the "bad girls" in her comeback teaser photo." allkpop, 14 May 2013. http://www.allkpop.com/article/2013/05/lee-hyori-becomesone-of-the-bad-girls-in-her-comeback-teaser-photo. Accessed 17 May.

Maruna, S. 2001. Making Good: How Ex-convicts Reform and Rebuild their Lives. Washington, DC: American Psychological Association.

Lee, Hyo-sik. 2015. "WeMakePrice apologizes for abuse of recruits." *The Korea Times*, 5 February. Retrieved February 5 from http://www.koreatimes.co.kr/www/news/biz/2015/02/123_173084.html. Accessed 5 February.

Lee, Hyun-jeong. 2015. "Professor accused of sexually abusing student." *The Korea Herald*, 16 February. http://www.koreaherald.com/view.php?ud=20150216001046. Accessed 17 February.

Lee, Ji-hye. 2015. "Indie filmmaker rejects mandatory military service." *The Korea Times*, 26 January. http://www.koreatimes.co.kr/www/news/nation/2015/01/116_172462.html. Accessed 27 January.

Lee, Kyung-min. 2013. "Teacher-bashing student idolized." *The Korea Times*, 17 November. http://www.koreatimes.co.kr/www/news/nation/2013/12/116_147805.html. Accessed 18 November.

Lee, Kyung-min. 2014. "Court defends Korean Air for firing abusive worker." *The Korea Times*, 8 February. http://www.koreatimes.co.kr/www/news/nation/2015/02/116_173211.html. Accessed 8 February.

Lee, Kyung-min. 2015a. "Abusive parents may lose parental rights." *The Korea Times*, 8 February. http://www.koreatimes.co.kr/www/news/nation/2015/02/116_173212.html. Accessed 8 February.

Lee, Kyung-min. 2015b. "Constitutional Court abolishes "scarlet letter" law banning adultery." The Hankyoreh, 27 February.http://www.hani.co.kr/arti/english_edition/e_national/680075.html. Accessed 17 August.

Lee, Kyung-min. 2015c. "Freshman unconscious after drinking at orientation session." *The Korea Times*, 27 February. http://m.koreatimes.co.kr/phone/news/view.jsp?req_newsidx=174294. Accessed 28 February.

Lee, Kyung-min. 2015d. "Online hotline may be available for sexually abused students." *The Korea Times*, 5 August. http://www.koreatimes.co.kr/www/news/nation/2015/08/116_184287.html. Accessed 6 August.

Lee, Kyung-min. 2015e. "Sex offenders abuse positions of power." *The Korea Times*, 10 August. http://m.koreatimes.co.kr/phone/news/view.jsp?req_newsidx=184562. Accessed 11 August.

Lee, Kyung-min. 2015f. "Working parents have little time for children." *The Korea Times*, 14 July. http://www.koreatimes.co.kr/www/news/nation/2015/07/116_182755.html. Accessed 15 July.

Lee, Su-hyun. 2015. "The controversy of an elementary school teacher who made student 'wang-tta 'for not doing homework." MBC News, 8 July. http://news.naver.com/main/read.nhn?mode=LSD&mid=sec&oid=214&aid=0000515048&sid1=001. Accessed 10 July.

Lee, Sung-eun and Chun In-sung. 2015. "Ministry to urge colleges to assess student integrity." *Korea Joongang Daily*, 23 January. http://koreajoongangdaily. joins.com/news/article/article.aspx?aid=3000013&cloc=joongangdaily丨 home丨newslist1. Accessed 24 January.

Lee, Sung-eun. 2015. "Teacher's smack outrages nation." *Korea Joongang Daily*, 16 January. from http://koreajoongangdaily.joins.com/news/article/article. aspx?aid=2999737&cloc=joongangdaily丨home丨top. Accessed 16 January.

Lee, Woo-young. 2012. "More teachers insulted by students, parents." *The Korea Herald*, 9 April. http://www.koreaherald.com/view.php?ud= 20120409001207. Accessed 12 April.

Lee, C. 2000. "Analysis of differences in personality traits and sociometric status of bully/victim." Chungbuk: Korea National University of Education.

Lee, Chang-Hun. 2010. "Personal and interpersonal correlates of bullying behaviors among Korean middle school students." *Journal of Interpersonal Violence*. 25(1), pp.152-176.

Lee, Claire. 2015a. "Child abuse surges by 50 percent in Korea." *The Korea Herald*, 30 July. http://www.koreaherald.com/view.php?ud=20150730001121. Accessed 1 August.

Lee, Claire. 2015b. "Drinking significant factor in domestic violence in South Korea." *The Korea Herald*, 19 August. http://www.koreaherald.com/view.php?ud= 20150819001115. Accessed 14 December.

Lee, H. J. · Hong S. · Joung Y. · H. J. ark and S.-S. Choi. 2002. "The characteristics of adolescent substance abuse by the age of the first exposure to substances." *Journal of the Korean Neuropsychiatric Association*, 40, pp.1194-1203.

Lee, H. K., S. J. Kim·S. C. Yoon·S. Y. Bong and S. Y. Park. 2001. "A survey of adolescent substance uses in a small city." *Journal of the Korean Neuropsychiatric Association*, 40, pp.23~36.

Lee, Hyun-do. 1997. "Japan comics are textbooks for violence, the truth and the cause of school violence." *Dong-A Daily*, 4 July. http://newslibrary. naver.com/viewer/index.nhn?articleId=19970704002.09137001&editNo= 45&printCount=1&publishDate=1997-07-04&officeId=00020&pageNo=37& printNo=23584& publishType=00010. Accessed 17 July 2014.

Lee, J. 2006. Collective ostracism among youth in Korea. In C. Daiute, Z. Beykont, C. Higson-Smith, L. Nucci(eds.) *International Perspectives on Youth Conflict and Development*, pp.124~138, Oxford: Oxford University Press.

Lee, Jaeyeol. 2003. "The social networks of Koreans." in Korean National Commission for UNESCO(ed.), *Korean Anthropology: Contemporary Korean Culture in Flux*, pp.505~529. New Jersey; Seoul: Hollym.

Lee, Jeong-yeon. 1982. "Scary teenagers are getting more cruel." *Kyunghyang Shinmun*,

9 March. http://newslibrary.naver.com/viewer/index.nhn?articleId=
1982030900329203003&editNo=2&printCount=1&publishDate=1982-03-
09&officeId=00032&pageNo=3&printNo=11213&publishType=00020.
Accessed 16 July 2014.

Lee, Joo-hee. 2013. "2 out of 3 women feel unsafe from sex crimes." *The Korea
Herald*, 2 August. http://m.koreaherald.com/view.php?ud=20130802000575&
ntn=0. Accessed 4 August.

Lee, Kyung-min. 2015. "Teachers face dismissal over sexual abuse claims." *The Korea
Times*, 31 August. http://www.koreatimes.co.kr/www/news/nation/2015/09/
116_185913.html. Accessed 1 September.

Lee, M. H. 2015. "Alleged child abuse case erupts in Ulsan." *The Korea Times*, 20
January. http://www.koreatimes.co.kr/www/news/nation/2015/01/511_
172097.html. Accessed 22 January.

Lee, Seung-eun. 2014a. "Abused guard sets himself on fire." *Korea Joongang Daily*, 13
October. http://koreajoongangdaily.joins.com/news/article/article.aspx?aid=
2995976&cloc=joongangdaily丨home丨newslist1. Accessed 15 October.

Lee, Seung-eun. 2014b. "KCTA says abuse of watchmen must cease." *Korea Joongang
Daily*, 14 October. http://koreajoongangdaily.joins.com/news/article/article.
spx?aid=2996018. Accessed 15 October.

Lee, So-ah and Ho-jeong Lee. 2015. "WeMakePrice chief apologizes after hiring
uproar." *Korea Joongang Daily*, 6 February. http://koreajoongangdaily.
joins.com/news/article/article.aspx?aid=3000611%26cloc=joongangdaily%
7Chome%7Cnewslist1. Accessed 7 February.

Lee, Soo-bum. 2014. "Survey: after-school academies the biggest source of students'
stress." The Hankyoreh, 6 May. http://english.hani.co.kr/arti/english_
edition/e_national/635740.html. Accessed 12 December.

Lee, Sung-eun and Ji-eun Seo. 2014. "Korean Air heiress could be facing arrest
warrant." *Korea Joongang Daily*, 15 December. http://koreajoongangdaily.
joins.com/news/article/article.aspx?aid=2998513&cloc=joongangdaily丨
home丨newslist1. Accessed 15 December.

Lee, Sun-min. 2015. "Controversy over child's violent poem rages on." *Korea
Joongang Daily*, 12 May. http://koreajoongangdaily.joins.com/news/article/
article.aspx?aid=3004058&cloc=joongangdaily 丨home丨online. Accessed 14
May.

Lee, Yong-hwan. 1997. "President Kim orders school violence to be eradicated."
Mae-il Newspaper, 9 July. http://newslibrary.naver.com/viewer/index.nhn?
articleId=1997070900099102009&editNo=15&printCount=1&publishDate=
1997-07-09&officeId=00009&pageNo=2&printNo=9801&publishType=

00010. Accessed 17 July 2014.

Lewis, C., L. J. Newson and E. Newson. 1982. "Father participation through childhood." in N. Beail and J. McGuire(eds.). *Fathers: Psychological Perspectives*. London: Junction.

Lipsey, M. W. and J. H. Derzon. 1998. "Predictors of violent or serious delinquency in adolescence and early adulthood: A synthesis of longitudinal research." in Rolf Loeber and David P. Farrington(eds.), *Serious and Violent Juvenile Offenders: Risk Factors and Successful Interventions*, pp.86~105. Thousand Oaks, CA: Sage.

Loeber, R. and T. J. Dishion. 1983. "Early predictors of male delinquency: A review." *Psychological Bulletin*, 94, pp.68~99.

Loeber, Rolf and Le Blanc, Marc. 1990. *Toward a developmental criminology*. *Crime and Justice*, 12, pp.375~473.

Loeber, Rolf. 1988. "Behavioral precursors and accelerators of delinquency." in W. Buikhuisen & S. A. Mednick(eds.). *Explaining Crime*. London: Brill.

Loeber, Rolf·David P. Farrington and David Petechuk. 2013. "Bulletin 1: From juvenile delinquency to young adult offending. Study Group on the Transitions between Juvenile Delinquency and Adult Crime".

Maltz, Michael D. and Jacqueline M. Mullany. 2000. "Visualizing lives: New pathways for analyzing life course trajectories." *Journal of Quantitative Criminology*, 16(2), pp.255~281.

Marcus, Stephanie. 2014. "Selena Gomez has a new tattoo that reminds her to love herself." *Huffington Post*, 16 July. http://www.huffingtonpost.com/2014/07/16/selena-gomez-tattoo_n_5592685.html?utm_hp_ref=entertainment&ir=Entertainment. Accessed 19 July.

Mark Sichel, LCSW and Alicia L. Cervini. "The family myth." psybersquare. http://www.psybersquare.com/family/myth.html. Accessed 22 February 2015.

Maté, Gabor. 2008. *In the Realm of Hungry Ghosts: Close Encounters with Addiction*. Toronto: Vintage Canada.

Mathiesen, Thomas. 1997. "The viewer society: Michel Foucault's "Panopticon" Revisited." *Theoretical Criminology*, 1(2), pp.215~234.

McCarthy, Kevin. E. 2007. "Juvenile delinquency and crime theory in blackboard jungle." *Journal of Criminal Justice and Popular Culture*, 14(4).

McCord, W.·J. McCord and A. Howard. 1963. "Familial correlates of aggression in nondelinquent male children." *Journal of Abnormal and Social Psychology*, 62, pp.79~93.

McGee, R.·S. Williams and P. A. Silva. 1984. "Behavioral and developmental characteristics of aggressive, hyperactive and aggressive-hyperactive boys."

Journal of the American Academy of Child Psychiatry, 23, pp.270~279.

Mednick, B. R.·R. L. Baker and L. E. Carothers. 1990. "Patterns of family instability and crime: The association of timing of the family's disruption with subsequent adolescent and young adult criminality." *Journal of Youth and Adolescence*, 19(3), pp.201~220.

"Middle school student commits suicide after talking with home room teaching telling her she was a wang-tta." MBC News, December 30, 2011. http://news. naver.com/main/read.nhn?mode=LPOD&mid=tvh&oid=214&aid= 0000199392. Accessed 14 October 2012.

Midlarsky, Elizabeth and Helen Marie Klain. 2005. "A history of violence in the schools." in Florence Denmark, Herbert H. Krauss, Robert W. Wesner, Elizabeth Midlarsky and Uwe P. Gielen(eds.). *Violence in Schools: Crossnational and Cross-cultural Perspectives.* New York: Springer Science & Business Media.

Min, Pyeong-uk. 2010. "The beginnings of Wangtta and school violence." 18 August. http://navercast.naver.com/contents.nhn?rid=47&contents_id=3431. Accessed 14 July 2014.

Ministry of Employment and Labor. 1999. "Prevention measures concerning bullying at work." Ministry of Employment and Labor. www.kdi.re.kr/infor/ep_view_source.jsp?num=34531&menu=1. Accessed 18 December 2015.

Mo, Sang-Hyun and Hyung-Joo Kim. 2014. "A study on the mental health improvement policy for children and adolescents III: An investigation into the actual conditions of mental health of children and adolescents in 2013." *NYPI Youth Research Brief*, 3(2).

Moffitt, Terrie E. 1993a. "Adolescence-limited and life-course-persistent antisocial behavior: A developmental taxonomy." *Psychological Review*, 100(4), pp.674~701.

Moon, Seungsook. 2005. *Militarized Modernity and Gendered Citizenship in South Korea.* Durham and London: Duke University Press.

Na, Eun-Yeong and Chae-ho Cha. 2003. "Changes in values and generation gap during the past two decades (1979~1998)" in Korea. in Korean National Commission for UNESCO(ed.), *Korean Anthropology: Contemporary Korean Culture in Flux.* New Jersey; Seoul: Hollym.

Na, Jeong-ju. 2012a. "Concerns rise over misbehaving teens." *The Korea Times*, 8 November. http://www.koreatimes.co.kr/www/news/nation/2012/11/116_ 124273.html. Accessed 11 November.

Na, Jeong-ju. 2012b. "I felt fear of being buried alive." *The Korea Times*, 22 February. http://www.koreatimes.co.kr/www/news/special/2012/07/181_105463.htm

l. Accessed 20 June.

Na, Jeong-ju. 2012c. "Universities won't accept bullies." *The Korea Times*, 18 June. http://www.koreatimes.co.kr/www/news/nation/2012/07/113_113316.html. Accessed 20 June.

Naito, Takashi and Uwe P. Gielen. 2005. "Bullying and Ijime in Japanese schools: A sociocultural perspective." in Florence Denmark, Herbert H. Krauss, Robert W. Wesner, Elizabeth Midlarsky, & Uwe P. Gielen(eds.) *Violence in Schools: Cross-national and Cross-cultural Perspectives*, pp.169~190. New York: Springer Science & Business Media.

Nam, Hyun-woo. 2014. "'Salt farm slavery' causes uproar." *The Korea Times*, 17 February. http://www.koreatimes.co.kr/www/news/nation/2014/02/116_ 151780.html. Accessed 19 February.

Nansel, T. R.·M. Overpeck·R. S. Pilla·J. W. Ruan·B. Simons-Morton and P. Scheidt. 2001. "Bullying behaviors among U.S. youth: Prevalence and association with psychosocial adjustment." *Journal of the American Medical Association*, 285(16), pp.2094~2100.

Nansel, T. R.·W. Craig·M.D. Overpeck·G. Saluja and J. Raun. 2004. "Cross-national consistency in the relationship between bullying behaviors and psychosocial adjustment." *Archives of Pediatrics and Adolescent Medicine*, 158, pp.730~736.

"New tomboy girl group GI (Global Icon) releases member images!" allkpop, 20 March 2013. http://www.allkpop.com/article/2013/03/new-tomboy-girlgroup-gi-global-icon-releases-member-image. Accessed 22 March.

Nicks, Stevie. 1977. Dreams. Performed by Fleetwood Mac (Warner Bros).

Nishina, Adrienne. 2004. "A theoretical review of bullying: Can it be eliminated?" in C. E. Sanders and G. D. Phye(eds.). *Bullying: Implications for the Classroom*, pp.36~59, New York: Elsevier.

No more violence. *The Korea Times*, 18 March 2013. http://www.koreatimes.co.kr/ www/news/nation/2013/03/115_132323.html. Accessed 20 March.

Noh, Jin-ho and Baek, Min-kyung. 2015. "Penalty system kept students from coming forward." *Korea Joongang Daily*, August 5. http://koreajoongangdaily. joins.com/news/article/article.aspx?aid=3007499&cloc=joongangdaily| home|newslist1. Accessed 5 August.

O'Moore, Mona A. and Brendan Hillery. 1989. "Bullying in Dublin schools." *Irish Journal of Psychology*, 10, pp.426~441.

Ock, Hyun-ju. 2014. "Korean students sleep just 5.5 hours a day: Survey." *The Korea Herald*, 18 February. http://www.koreaherald.com/view.php?ud= 20140218000688. Accessed 19 February.

Offord, D.R.·K. Sullivan·N. Allen and N. Abrams. 1979. "Delinquency and hyperactivity." *Journal of Nervous and Mental Disorders*, 167, pp.734~741.

Oh, Chang-min, & Lee, Jae-deok. 2013. "Fair trade commission imposes a 12.3 Bn won fine on Namyang dairy." *The Kyunghyang Shinmum*, 9 May. http://english.khan.co.kr/khan_art_view.html?code=710100&artid= 201307091755457. Accessed 14 May.

Oh, Kyu-wook. 2013. "Seoul to increase security guards, cameras at schools." *The Korea Herald*, 14 March. http://www.koreaherald.com/view.php?ud= 20130314000717. Accessed 15 March.

Oh, Soo-young. 2014. "Why Korean youth die young." *Human Rights Monitor*, 6 May. http://www.humanrightskorea.org/2014/korean-youth-die-young/. Accessed 5 July.

Olewus, Dan. 1990. "Bullying among schoolchildren." in Klaus Hurrelmann and Friedrich Losel(eds.), *Health Hazards in adolescence*. Berlin: De Gruyter.

Olewus, Dan. 1993. *Bullying at School: What We Know and What We Can Do*. Cambridge, MA: Blackwell.

Olweus, D. 2003. "A profile of bullying." *Educational Leadership*, 60(6), pp.12~17.

"One in four men engage in high-risk drinking." *The Korea Times*, 12 August 2015. http://www.koreatimes.co.kr/www/news/nation/2015/08/116_184708.html. Accessed 13 August.

"[OP-ED] Guilty until proven innocent: The lynch mob against T-ara and who's really to blame." allkpop, 2 August 2012. http://www.allkpop.com/article/ 2012/08/op-ed-guilty-until-proven-innocent-the-lynch-mobagainst-t-ara-and-whos-really-to-blame. Accessed 5 August.

"[OP-ED] Is T-ara's member change a way for Kim Kwang Soo to punish T-ara?" allkpop, 8 April 2012. http://www.allkpop.com/article/2012/04/op-ed-is-t-arasmember-change-a-way-for-kim-kwang-soo-to-punish-t-ara. Accessed 7 August.

Opinion. 2010. "Ban on corporal punishment." *The Korea Times*, 2 November. Retrieved, from http://www.koreatimes.co.kr/www/news/opinon/2011/01/ 202_75641.html. Accessed 12 January, 2015

Opinion. 2014. "Shooting rampage." *The Korea Times*, 22 June. http://www. koreatimes.co.kr/www/news/opinon/2014/06/202_159565.html. Accessed 23 June.

Pakman. 2014. "Korean military to change ranking system in order to prevent bullying." allkpop, 14 October. http://www.allkpop.com/buzz/2014/10/ korean-military-to-change-ranking-system-in-order-to-preventbullying. 15 October.

Pakman. 2015. "Daycare center teacher charged with child abuse after throwing a 2-year-old to the ground repeatedly." allkpop, http://www.allkpop.com/buzz/2015/01/daycare-center-teacher-charged-with-child-abuse-after-throwing-a-2-year-old-to-the-ground-repeatedly, 9 January

Park Eun-jee. 2013. "Court argues ordinance cannot be 'nullified'." *Korea Joongang Daily*, November 29. http://koreajoongangdaily.joins.com/news/article/article.aspx?aid=2981236&cloc=joongangdaily l home l newslist1. Accessed 14 January 2014.

Park Su-yeon. 2013. "7 cm Knife scar photos in my 13 year old daughter's Kakao story." *Nate News*, 12 August. http://m.news.nate.com/view/20130812n02406?f=nate_app&sform=yes. Accessed 18 August.

Park, Dae-lu. 2012. "Mokdong middle-school girl who was bullied commits suicide, how was she bullied." *NEWSIS*, 7 February. http://news.naver.com/main/read.nhn?mode=LSD&mid=sec&sid1=102&oid=003&aid=0004327162. Accessed 11 February.

Park, Eun-jee. 2014. "More cases of exploitation uncovered." *Korea Joongang Daily*, 17 February. http://koreajoongangdaily.joins.com/news/article/article.aspx?aid=2985038&cloc=joongangdaily l home l newslist1. Accessed 19 February.

Park, H.Y·Heo Jongho·S.V. Subramanian·Kawachi Ichiro and Juhwan Oh. 2012. "Socioeconomic inequalities in adolescent depression in South Korea: A multilevel analysis." *PLoS ONE*, 7(10): e47025.

Park, Hye-min and Hyung-eun Kim. 2014. "Office drama strikes a chord with workers." *Korea Joongang Daily*, 11 November. http://koreajoongangdaily.joins.com/news/article/article.aspx?aid=2997458&cloc=joongangdaily l home l online Accessed 20 November.

Park, Ji-won·Hyun-woo Nam·Byung-yeul Baek and Kyung-min Lee. 2013. "Why young workers quit so soon?" *The Korea Times*, 7 May. http://www.koreatimes.co.kr/www/news/culture/2015/07/399_135301.html. Accessed 8 May.

Park, Ju-min. 2014. " "Nut rage" prompts South Korea to consider law against high-handed conduct." *Reuters*, 15 February. http://www.reuters.com/article/2015/02/15/us-southkorea-nuts-backlash-idUSKBN0LJ05Z20150215. Accessed 18 February.

Park, S. 2009. "The causal association between smoking and depression among South Korean adolescents." *Journal of Addictions Nursing*, 20, pp.93~103.

Park, S. H. 2007. "Factors affecting cigarette use and an increase in smoking frequency among adolescents in South Korea." *Journal of Korean Academy of Child Health Nursing*, 13, pp.318-328.

Park, Si-soo. 2013a. "Root of K-pop." *The Korea Times*, 31 October. http://koreatimes.co.kr/www/news/culture/2013/10/135_145257.html. Accessed 2 November.

Park, Si-soo. 2013b. "Unstable stardom." *The Korea Times*, 5 September. http://www.koreatimes.co.kr/www/news/culture/2013/09/386_142285.html. Accessed 7 September.

Park, Su-ji and Sung-jin Choi. 2014. "Survey: Academic stress threatening South Korean children's very survival." *The Hankyoreh*, 5 November. http://english.hani.co.kr/arti/english_edition/e_national/663037.html. Accessed 12 December.

Park, Yeon-mi. 2014. "Yeon-mi Park: The hopes of North Korea's "Black Market Generation"." *The Washington Post*, 25 May. https://www.washingtonpost.com/opinions/yeon-mi-park-the-hopes-of-north-koreas-black-market-generation/2014/05/25/dcab911c-dc49-11e3-8009-71de85b9c527_story.html. Accessed 27 March 2016.

Patterson, G. R. 1980. "Children who steal." in Travis Hirschi & Michael Gottfredson (eds.), *Understanding Crime*. Beverly Hills, CA: Sage.

Patterson, G. R. 1986. "Performance model for antisocial boys." *American Psychologist*, 41(4).

Patterson, G. R. and D. eBaryshe.Barbara and Elizabeth Ramsey. 1989. "A developmental perspective on antisocial behavior." *American Psychologist*, 44(2), pp.329~335.

Patterson, G. R. and Dishion J. Thomas. 1985. "Contributions of families and peers to delinquency." *Criminology*, 23(1), pp.63~79.

Patterson, G. R.·T. J. Dishion·M. Stoolmiller and M. L. Skinner. 1991. "Family, school, and behavioral antecedents to early adolescent involvement with antisocial peers." *Developmental Psychology*, 27(1).

Pellegrini, A. 2004. "Bullying during the middle school years." in C. E. Sanders & G. D. Phye(eds.). *Bullying: Implications for the Classroom*, pp.177~202. New York: Elsevier.

Pepler, Debra·Depeng Jiang·Wendy Craig and Jennifer Connolly. 2008. "Developmental trajectories of bullying and associated factors." *Child Development*, 79(2), pp.325~338.

Pew Research Center. 2012. "The global religious landscape." http://www.pewforum.org/files/2014/01/global-religion-full.pdf. Accessed 15 October.

Piquero, Alex R.·David P. Farrington and Alfred Blumstein. 2003. "The criminal career paradigm." *Crime and Justice*, 30, pp.359~506.

"Professor forced student to eat human waste: police." *The Korea Times*, 14 July 2015. http://www.koreatimes.co.kr/www/news/nation/2015/07/113_182720.html. Accessed 15 July.

Public Prosecutors' Office. 2013. "The number of juveniles criminals according to the types of crimes and SES(1993~2013)." South Korean Statistical Information Service. http://kosis.kr/statHtml/statHtml.do?orgId=135&tblId=TX_13501_ A151&vw_cd=MT_ZTITLE&list_id=135_13501_5&seqNo=&lang_mode=ko&l anguage=kor&obj_var_id=&itm_id=&conn_path=E1#. Accessed 22 November.

Radford, Tim. 2016. "Study shows human sacrifice was less likely in more equal societies." *The Guardian*, 4 April. https://www.theguardian.com/science/ 2016/apr/04/study-shows-human-sacrifice-was-less-likely-in- moreequal-societies. Accessed 5 April.

Radio Free Asia. 2007. "North Korean defectors face huge challenges." *World Corporal Punishment Research*, 21 March. http://www.corpun.com/ krs00703.htm#19022. Accessed 12 January 2015.

Ray, Larry. 2009. "Violent crime." in Chris Hale, Keith Hayward, Azrini Wahidin & Emma Wincup(eds.), *Criminology*. Oxford: Oxford University Press, pp.255~278.

"Rebellious ex-baseballer in tears over past." *The Korea Times*, 21 August 2015. http://koreatimes.co.kr/www/news/culture/2015/08/135_185307.html. Accessed 24 August.

"Respect your children." *The Korea Times*, 27 January 2013. http://koreatimes.co.kr/ www/news/opinon/2013/01/137_129522.html. Accessed 1 February.

Richardson, Hannah. 2013. "Overprotected children 'more likely to be bullied'." BBC News, 26 April. http://www.bbc.com/news/education-22294974. Accessed 28 April.

Rigby, K. and P. T. Slee. 1999. "Suicidal ideation among adolescent school children, involvement in bully/victim problems and perceived low social support." *Suicide and Life-threatening Behavior*, 29, pp.119~130.

Ross, D. 2002. "Bullying." in J. Sandoval(ed.). *Handbook of Crisis Counselling, Intervention, and Prevention in the Schools*, 2nd ed, pp.105~135. Mahwah, NJ: L. Erlbaum Associates.

Salem, Ellen. 2004. "The landowning slave: A Korean phenomenon." in Korean National Commission for UNESCO(ed.), *Korean History: Discovery of Its Characteristics and Developments*, pp.185~198, New Jersey: Hollym.

Salmivalli, Christina·Kirsti Lagerspetz·Kaj Bjorkqvist·Karin Osterman and Ari Kaukiainen. 1996. "Bullying as a group process: Participant roles and their relations to social status within the group." *Aggressive Behavior*, 22, pp.

1~15.

"School violence ends in murder." *Kyunghyang Shinmun*, 20 March 1996. http://newslibrary.naver.com/viewer/index.nhn?articleId=1996032000329103007&editNo=40&printCount=1&publishDate=199603-20&officeId=00032&pageNo=3&printNo=15714&publishType=00010. Accessed 16 July 2014.

"School violence should be kicked out from school." *Kyunghyang Shinmun*, 5 December 1957. http://newslibrary.naver.com/viewer/index.nhn?articleId=1957120500329201004&editNo=1&printCount=1&publishDate=195712-05&officeId=00032&pageNo=1&printNo=3814&publishType=00020. Accessed 14 July 2014.

Schuster, B. 1999. "Outsiders at school: The prevalence of bullying and its relation with social status." *Group Processes and Intergroup Relations*, 2, pp.175~190.

Schwartz, D., J. M. Farver, Chang L. and Lee-Shin Y. 2002. "Victimization in South Korean children's peer group." *Journal of Abnormal Child Psychology*, 30, pp.113~125.

Schwartzman, Nathan. 2009. "How Gangnam mothers choose their kids' friends." *Asian Correspondent*, 7 December. http://asiancorrespondent.com/26065/how-gangnam-mothers-choose-their-kids-friends/. Accessed 6 April, 2015.

Semba, J.·C. Mataki·S. Yamada·M. Nankai and M. Toru. 1998. "Antidepressant-like effects of chronic nicotine on learned helplessness paradigm in rats." *Biological Psychiatry*, 43(5), pp.389~391.

Seo Ji-eun and Yoo Seong-un. 2014. "Troubled corporals in twin suicide." *Korea Joongang Daily*, 13 August. http://koreajoongangdaily.joins.com/news/article/Article.aspx?aid=2993443. Accessed 15 August.

Seo Ji-eun. 2014a. "'Evil' in the military decried by Park." *Korea Joongang Daily*, 14 August. http://koreajoongangdaily.joins.com/news/article/article.aspx?aid=2993503&cloc=joongangdaily|home|newslist1. Accessed 15 August.

Seo, Ji-eun. 2014b. "Pope urges Koreans to come together." *Korea Joongang Daily*, 15 August. http://koreajoongangdaily.joins.com/news/article/article.aspx?aid=2993552&cloc=joongangdaily|home|top. Accessed 16 August.

Ser, Myo-ja. 2013. "Bill created to revise student rights ordinance." *Korea Joongang Daily*, 31 December. http://koreajoongangdaily.joins.com/news/article/article.aspx?aid=2982809&cloc=joongangdaily| home|newslist1. Accessed 14 January 2014.

Ser, Myo-ja. 2015. "Sentences reduced for four soldiers in abuse case." *Korea Joongang Daily*, 10 April. http://koreajoongangdaily.joins.com/news/article/article.aspx?aid=3002929&cloc=joongangdaily|home|newslist1. Accessed 10 April.

Serendipity. 2015. "GI (Global Icon) return with a new lineup and change in concept in "Doligo Doligo" MV!" allkpop, 2 September. Retrieved 4 September from http://www.allkpop.com/article/2015/09/gi-globalicon-return-with-a-new-li neup-and-change-in-concept-in-doligo-doligo-mv. Accessed 4 September.

Seth, Michael. 2011. "A History of Korea: From Antiquity to the Present." Plymouth: Rowman & Littlefield.

"Sexual abuses on campuses." *The Korea Times*, 30 November 2014. http://www. koreatimes.co.kr/www/news/opinon/2014/12/202_169041.html. Accessed 2 December.

Shields, A. and D. Cicchetti. 2001. "Parental maltreatment and emotion dysregulation as risk factors for bullying and victimization in middle childhood." *Journal of Clinical Child Psychology*, 30, pp.349~363.

Shin, Su-won. 2012. "Tiara bullying rumor brings about "Tiara game". Is this spilling over to become a social issue?" *Korea Daily*, 18 August. http://m. news.naver.com/read.nhn?mode=LSD&sid1=102&oid=038&aid= 0002289796. Accessed 25 August.

"Slapping and exposure to gas, I want to know, episode 997." SBS TV Program, 8 August 2015. http://www.ajunews.com/view/20150816133335721. Accessed 14 August.

Smith, Peter K. and Sonia Sharp. 1994. *School Bullying: Insights and Perspectives*. London; New York: Routledge.

Smith, Peter. 2004. "Bullying: Recent developments." *Child and Adolescent Mental Health*, 9(3), pp.98~103.

Smith, Peter. K. and Paul Brain. 2000. "Bullying in schools: Lessons from two decades of research." *Aggressive Behavior*, 26(1), pp.1~9.

Song, S. H. 2011. "Happiness index for Korean teenagers lowest among OECD states." *The Korea Herald*, 4 May. http://www.koreaherald.com/view. php?ud=20110504000521. Accessed 8 February 2015.

Song, Sang-ho. 2014. "Military culture under fire." *The Korea Herald*, 24 June. http:// www.koreaherald.com/view.php?ud=20140624000935. Accessed 25 June

"South Korea's exam suicides." *Al Jazeera*, 10 November 2011. http://www.aljazeera. com/video/asia-pacific/2011/11/20111110121212136117.html. Accessed 2 July 2014.

"South Korea-SOCIETY." Mongabay.com. http://www.mongabay.com/reference/ country_studies/south-korea/SOCIETY.html. Accessed 19 July 2014.

Special Reporting Team. 2014. "In Korea, there's no room at the juvenile prisons." *Korea Joongang Daily*, 10 July. http://koreajoongangdaily.joins.com/ news/article/article.aspx?aid=2991818&cloc=joongangdaily।home।top. Accessed 11 July.

Staff Writer. 2012. "Super Junior Yesung, '99% of the time idol members don't get along." *Kpop Starz*, 4 July. http://www.kpopstarz.com/articles/9978/ 20120704/super-junior-yesung-99-percent-of-the-time-idol-membersdont-get-along.htm. Accessed 7 August.

Starsung. 2013. "Lee Hyori makes it hard to believe she's in her thirties with her jaw-dropping bikini body for "Cosmopolitan"." allkpop, 19 June. http://www.allkpop.com/article/2013/06/lee-hyori-makes-it-hard-to-believe-shes-in-her-thirties-with-her-jaw-dropping-bikini-body-for-cosmopolitan. Accessed 21 June.

Statutes of the Republic of Korea. 2014. "Act on the prevention of and countermeasures against violence in schools." http://elaw.klri.re.kr/kor_service/lawView.do?hseq=24031&lang=ENG. Accessed 28 November.

Steinberg, L., H. L. Chung and M. Little. 2004. "Re-entry of young offenders from the justice system: A developmental perspective." *Youth Violence and Juvenile Justice*, 1(1), pp.21~38.

Steinberg, L., I. Blatt-Eisengart and E. Cauffman. 2006. "Patterns of competence and adjustment among adolescents from authoritative, authoritarian, indulgent, and neglectful homes: A replication in a sample of serious adolescent offenders." *Journal of Research on Adolescence*, 16(1).

Stuckleberger, Astrid. 2005. "A transgenerational perspective on peace and on violence prevention." in F. L. Denmark, H. H. Krauss, R. W. Wesner, E. Midlarsky and U. P. Gielen(eds.). *Violence in Schools: Cross-national and Cross-cultural Perspectives*. New York: Springer, pp.119~168.

Sukkyung, You, and Jule T. Hguyen. 2011. "Parents' involvement in adolescents' schooling: A multidimensional conceptualisation and mediational model." *Educational Psychology*, 31(5), pp.547~558.

Suzet, Tanya Lereya, Muthanna Samara and Dieter Wolke. 2013. "Parenting behavior and the risk of becoming a victim and a bully/victim: A metaanalysis study." *Child Abuse & Neglect*, 37(12), pp.1091~1108.

Sykes, Gresham and David Matza. 1957. "Techniques of neutralization: A theory of delinquency." *American Sociological Review*, 22, pp.664~670.

"T-ara members' tweets following Budokan concert receive some criticism." allkpop, 28 July 2012. http://www.allkpop.com/article/2012/07/t-ara-members-tweetsfollowing-budokan-concert-receives-some-criticism. Accessed 5 August.

"T-ara N4 confess they were nervous and scared about their comeback." allkpop, 29 April 2013. http://www.allkpop.com/2013/04/t-ara-n4-confess-theywere-nervous-and-scared-about-their-comeback. Accessed 3 May.

"T-ara representative remarks, "Hwayoung got arrogant"." allkpop, 3 August 2012.

http://www.allkpop.com/article/2012/08/t-ara-representative-remarks-hway oung-got-arrogant. Accessed 5 August.

"T-ara/Hwayoung Controversy: Cliff Notes Edition," allkpop, 30 July 2012. http://www.allkpop.com/article/2012/07/t-ara-controversy-cliff-notes-edition. Accessed 5 August.

"T-ara's Hwayoung leaves an ambiguous tweet." allkpop, 28 July 2012. http://www.allkpop.com/article/2012/07/t-aras-hwayoung-leaves-an-ambiguoustweet. Accessed 5 August.

"Teenager gets prison term for bullying classmate until suicide." *The Korea Herald*, 9 May 2012. http://www.koreaherald.com/view.php?ud=20120905001352. Accessed 15 October.

Teplin, L. 2002. "Psychiatric disorders in youth in juvenile detention." *Archives of General Psychiatry*, 59(12), pp.1133~1143.

"The 8 main specs for finding a job." Issueman.com, 25 October 2013. http://issueman.com/112. Accessed 7 November.

The Associated Press. 1999. "South Korea doesn't spare the rod." *The New York Times*, 4 February. from http://www.nospank.net/n-e21.htm. Accessed 19 July 2015.

"The centre for juvenile protection measures: Adolescents avoid reporting harm." *Dong-A Daily*, 16 January 1975. http://newslibrary.naver.com/viewer/index. nhn?articleId=1975011600209207001&editNo=2&printCount=1&publishDate= 1975-01-16&officeId=00020&pageNo=7&printNo=16397&publishType=00020. Accessed 15 July 2014.

The Children's Society. 2015. *The Good Childhood Report 2015*. London: The Children's Society.

"The classroom is shaking with fear from violence." *Dong-A Daily*, 6 November 1959. http://newslibrary.naver.com/viewer/index.nhn?articleId=195911060020910 3001&editNo=2&printCount=1&publishDate=195911-06&officeId=00020&pa geNo=3&printNo=11536&publishType=00010. Accessed 14 July 2014.

The Korean. 2009. "Military service series: Part II—Life in the Korean military." *Ask A Korean*, 3 April. http://askakorean.blogspot.co.nz/2009/04/military-service-series-part-ii-life-in.html. Accessed 22 January 2015.

The Korean. 2011. "Suicide in Korea Series: III. Sociology of suicide in Korea." *Ask A Korean*, 7 November. http://askakorean.blogspot.kr/2011/11/suicidein-korea-series-iii-sociology.html. Accessed 6 July 2014.

"The price of fame." *The Sydney Morning Herald*, 19 April 2013. http://www.smh. com.au/lifestyle/celebrity/the-price-of-fame-20130418-2i31d.html. Accessed 21 April.

"The school's responsible for my son's death: 1 million won compensation sought." Kyunghyang Shinmun, 28 March 1963. http://newslibrary.naver.com/viewer/index.nhn?articleId=1963032800329207015&editNo=5&printCount=1&publishDate=1963-03-28&officeId=00032&pageNo=7&printNo=5359 &publishType=00020, Accessed 15 July 2014.

"The tears of parents ⋯ "Remove the teacher who made the one-day wang-tta system"," News 1, 9 July 2015. http://news.naver.com/main/read.nhn?mode=LSD&mid=sec&oid=421&aid=0001516907&sid1=001. Accessed 10 July.

"The way to and from school is scary." Dong-A Daily, 16 February 1982. http://newslibrary.naver.com/viewer/index.nhn?articleId=198202160020921 1001&editNo=2&printCount=1&publishDate=198202-16&officeId=00020&pageN o=11&printNo=18575&publishType=00020. Accessed 16 July 2014.

"Thunder also leaving MBLAQ + G.O tweets about the departures + J.Tune Statement + FINAL ALBUM IN NOV." Omona They Didn't. 12 October 2014. http://omonatheydidnt.livejournal.com/14331278.html. Accessed 14 October.

Thunderstix. 2011. "[Discuss] G-Dragon's comeback too early?" Soompi, 10 December. http://www.soompi.com/2011/12/10/gdragons-return-tooearly/#.U7N_PbHm6BA. Accessed 9 June 2014.

"Top court recognizes marital rape as crime for first time." Yonhap News Agency, 16 May 2013. http://english.yonhapnews.co.kr/national/2013/05/16/3/0302000000AEN20130516003100315F. HTML. Accessed 14 December 2015.

"Troubling snapshot of average Korean teenager." The Korea Times, 4 May 2013. http://www.koreatimes.co.kr/www/news/nation/2013/05/116_135109.html. Accessed 6 May 2013.

Turnbull, James. 2010. "Fighting sexual harassment at Samsung: Part 1." The Grand Narrative, 10 August. http://thegrandnarrative.com/2010/08/10/sexual-harassment-samsung-korea. Accessed 6 March 2013.

Turnbull, James. 2010. "Sex as power in the South Korean Military." The Grand Narrative, 31 March. http://thegrandnarrative.com/2010/03/31/sexual-violence-korean-military. Accessed 4 August 2014.

Tyas, S. L. and L. L. Pederson, 1998. "Psychosocial factors related to adolescent smoking: A critical review of the literature." Tobacco Control, 7, pp.409~420.

Um, Dong-jin and Hyun-taek Park. 2014. "For Hyun-A, sexy sells." Korea Joongang Daily, 8 August. http://koreajoongangdaily.joins.com/news/article/article.aspx?aid=2993171&cloc=joongang daily ǀ home ǀ online. Accessed 10 August.

UNICEF. 2014. "Hidden in Plain Sight: A Statistical Analysis of Violence Against Children." New York: United Nations Children Fund.

Unnever, James D. 2005. "Bullies, aggressive victims, and victims: Are they distinct groups?" *Aggressive Behavior*, 31(2), pp.153~171.

Victoria. 2013. "South Korea—The suicide capital of the world." *Beyond Hallyu*, 16 May. http://beyondhallyu.com/culture/south-korea-the-suicidecapital-f-the-world. Accessed 5 July 2014.

"Voice-changing procedure a hit in Gangnam Clinics." *The Chosun Daily*, 1 August 2015. http://english.chosun.com/site/data/html_dir/2015/08/01/2015080100456.html. Accessed 4 August.

"Was M to M using noise?" allkpop, 25 March 2010. http://www.allkpop.com/article/2010/03/was-m-to-m-using-noise-marketing. Accessed 27 March.

Watts, Joesph·Oliver Sheehan·Quentin D. Atkinson·Joseph Bulbulia and Russell D. Gray. 2016. "Ritual human sacrifice promoted and sustained the evolution of stratified societies." *Nature: International Journal of Science*, 532, 228~231.

West, D. J. and D. P. Farrington. 1973. *Who Becomes Delinquent?* London: Heinemann.

"Where is the breeding ground for student gangsters?" *Kyunghyang Shinmun*, 25 March 1958. http://newslibrary.naver.com/viewer/index.nhn?articleId=1958032500329201005&editNo=2&printCount=1&publishDate=195803-25&officeId=00032&pageNo=1&printNo=3923&publishType=00020, Accessed 15 July 2014.

Widom, C. 2000. "Childhood victimization: Early adversity, later psychopathology." *National Institute of Justice Journal*, 1, pp.2~9.

Williamson, Lucy. 2014. "Kimchi: South Korea's efforts to boost its national dish." BBC News, 4 February. http://www.bbc.co.uk/news/world-asia25840493. Accessed 8 February.

Woo, Jaeyeon. 2013. "South Korea struggles to Rein in bullying, student suicides." *Korea Real Time*, 13 March. http://blogs.wsj.com/korearealtime/2013/03/13/south-korea-struggles-to-rein-in-bullying-student-suicides/. Accessed 16 March.

Wright Mill, C. 1959. *The Sociological Imagination*. Harmondsworth: Penguin Books.

Yang, S. and C. S. Shin. 2008. "Parental attitudes toward education: What matters for children's well-being?" *Children and Youth Services Review*, 30, pp.1328－1335.

Yang, S.·J. Kim·S. Kim·I. Shin and J. Yoon. 2006. "Bullying and victimization behaviors in boys and girls at South Korean Primary Schools." *Journal of the American Academy of Child & Adolescent Psychiatry*,Vol.45, pp.69~77.

Yi, Whan-woo. 2014a. "President calls for thorough investigation into soldier's death." *The Korea Times*, 5 August. http://www.koreatimes.co.kr/www/news/nation/2014/08/116_162372.html. Accessed 6 August.

Yi, Whan-woob. 2014. "SK C&C fined for abusing SMEs." *The Korea Times*, 11 February. http://www.koreatimes.co.kr/www/news/biz/2014/02/123_151381.html. Accessed 12 February.

Yim Seung-hye. 2011. "Student bullied over game commits suicide." *Korea Joongang Daily*, 26 December. http://koreajoongangdaily.joins.com/news/article/article.aspx?aid=2946117. Accessed 12 October 2012.

Yonhap. 2013a. "Park calls for deregulation to facilitate M&As of venture firms." *The Korea Herald*, 14 May. http://www.koreaherald.com/view.php?ud=20130514001150. Accessed 17 May 2013.

Yonhap. 2013b. "Day-care teachers in Busan abuse children." Yonhap News, 19 November. http://m.media.daum.net/m/media/society/newsview/20131119215205210. Accessed 23 November.

Yonhap. 2014. "Sex abuse allegations emerge over dead draftee." The Korea Times, 1 August. http://www.koreatimes.co.kr/www/news/nation/2014/08/205_162178.html. Accessed 5 August.

"Yoo In Na reveals what it was like being a YG Entertainment trainee for 11 years." allkpop, 3 May 2013. http://www.allkpop.com/article/2013/05/yoo-in-na-reveals-what-it-was-like-being-a-yg-entertainment-trainee-for-11years. Accessed 5 May.

Yoo, Seong-un, Ser Myo-ja. 2014. "Army attempts to curb abuse with peer system." *Korea Joongang Daily*, 11 September. http://koreajoongangdaily.joins.om/news/article/article.aspx?aid=2994666. Accessed 12 September.

Yoon, Min-sik. 2012. "High school student kills self over grades." *The Korea Herald*, 22 August. http://www.koreaherald.com/view.php?ud=20120822000768. Accessed 14 October.

Yoon, Min-sik. 2015. "Sex crimes at schools left unchecked." *The Korea Herald*, 9 August. http://www.koreaherald.com/view.php?ud=20150809000393. Accessed 10 August.

Young, Jock. 1999. *The Exclusive Society*. London: Sage.

Yu, Jeong Jin. 2011. "Reciprocal associations between connectedness and autonomy among Korean adolescents: Compatible or antithetical?" *Journal of Marriage and Family*, 73, pp.692~703.

Yun, Ji-lu. 2013. "58% of victims of school bullying were also bullied at the workplace," *World Daily*, 12 December. http://m.news.naver.com/read.nhn?mode=LSD&sid1=001&oid=022&aid=0002609020. Accessed 14 December.

"2 teenagers get jail term for bullying friend until suicide." *The Korea Times*, 20
     February 2012. http://www.koreatimes.co.kr/www/news/nation/2013/08/117_
     105283.html.Accessed 14 October.

"2PM Nichkhun's Mother apologizes for DUI incident and thanks fans." *M Wave*, 27
     May 2013. http://mwave.interest.me/enewsworld/en/article/37129/2pm-
     nichkhuns-mom-apologizes. Accessed 8 June 2014.

"7 in 10 schools allow corporal punishment." *The Korea Times*, 14 September 2003.
     http://www.corpun.com/krs00309.htm#11994. Accessed 8 September 2015.

지은이

트렌트 백스(Trent Bax)
트렌트 백스 박사는 뉴질랜드인으로 현재 이화여자대학교 사회학과 부교수이다. 담당하는 주요 과목과 관심 있게 연구하는 분야는 일탈의 사회학(sociology of deviance)이다. 뉴질랜드 와이카토대학교에서 학사학위를 받았고 홍콩대학교에서 석사학위와 박사학위를 받았다. 중국에서 불법 이주, 중국 서비스 산업과 중국 청소년 내 인터넷 중독 등 중국 관련 다양한 주제에 관한 연구를 발표했으며, 이에 관한 저서로 『중국 청소년과 인터넷 중독(Youth and Internet Addiction in China)』(2014)이 있다. 이화여자대학교에서 학생을 가르치기 시작한 2012년부터 사회적·심리적으로 문제가 된 인터넷 사용, 왕따와 폭력, 소년범죄와 탈비행(desistance from crime) 등 다양한 주제를 연구해 발표했다. 현재 뉴질랜드에서 메타암페타민(속칭 필로폰) 사용자 전체를 대상으로 한 생애 질적 연구를 처음으로 진행 중이다.

옮긴이

이은구 이화여자대학교 국제대학원 국제학과 박사과정 재학
심은지 이화여자대학교 국제대학원 한국학과 박사과정 재학
양성은 한영 전문 통번역사

한울아카데미 2215

외국인 사회학자가 본 한국의 집단 따돌림

K폭력

지은이 트렌트 백스 | **옮긴이** 이은구·심은지·양성은

펴낸이 김종수 | **펴낸곳** 한울엠플러스(주) | **편집** 최진희

초판 1쇄 인쇄 2021년 6월 21일 | **초판 1쇄 발행** 2021년 7월 9일

주소 10881 경기도 파주시 광인사길 153 한울시소빌딩 3층

전화 031-955-0655 | **팩스** 031-955-0656 | **홈페이지** www.hanulmplus.kr

등록번호 제406-2015-000143호

Printed in Korea.

ISBN 978-89-460-7215-2 93330 (양장)

   978-89-460-6870-4 93330 (무선)

※ 책값은 겉표지에 표시되어 있습니다.

※ 이 책은 강의를 위한 학생용 교재를 따로 준비했습니다.

   강의 교재로 사용하실 때는 본사로 연락해 주시기 바랍니다.